おそうざい十二ヵ月

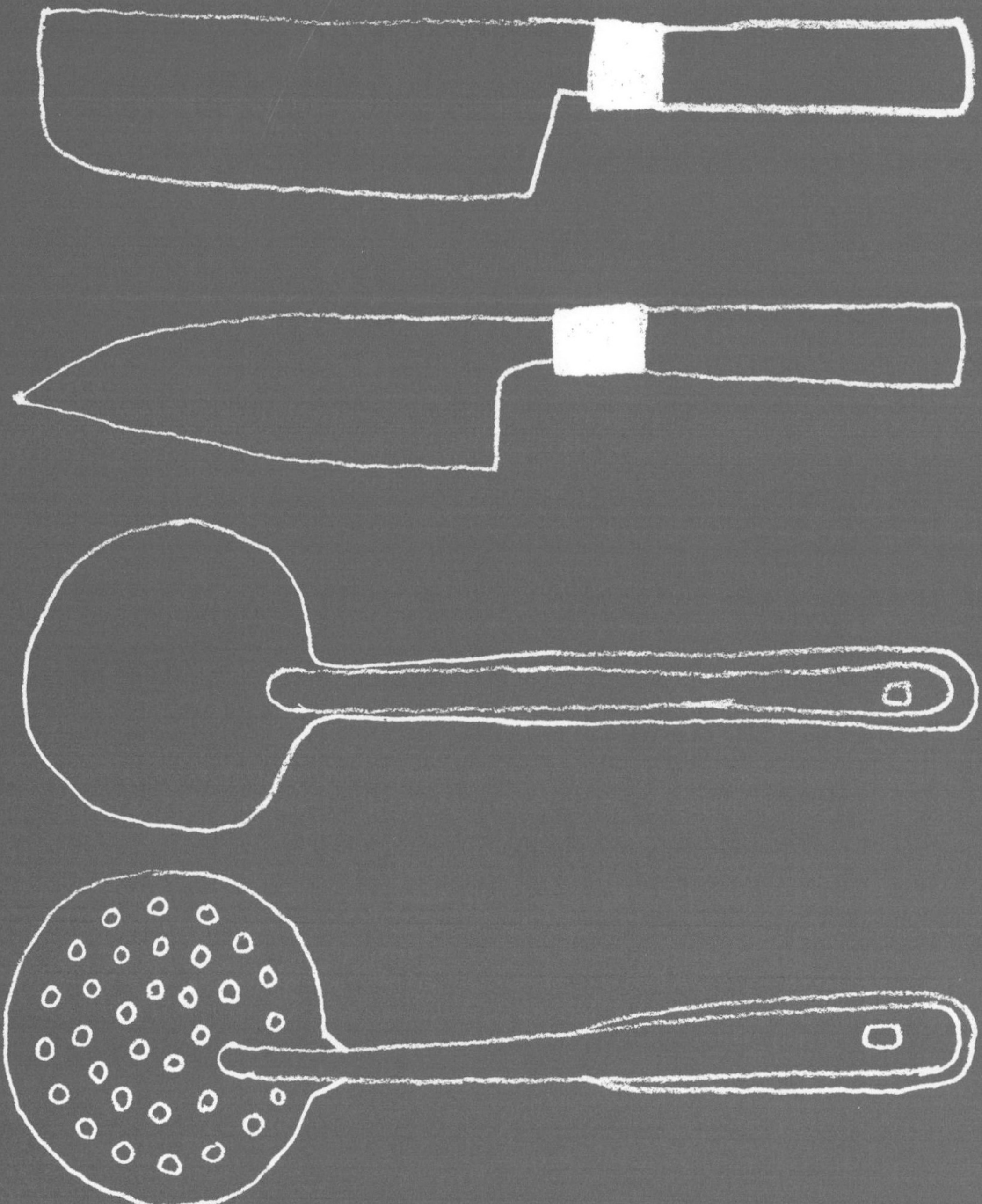

目次

春

夏

秋

冬

はじめに

●材料の分量は、はじめてのときは、このまま作ってほしいと思いますが、二度、三度作るうちに、たとえば大根の量が少しぐらい少なくても、じゃがいもの量が少しぐらい多くても、かぶのかわりに大根を使ったり、分量や材料を、そのときどきで適当にして下さって、もちろんけっこうです。

●この材料の分量は、だいたい五、六人前になっていますから、小人数、二、三人の場合は、材料は半分でいいと思います。ただし調味料やダシの分量は、半分より心持ち多めにします。

●しかし調味料の分量は、一つの味の目安とでもいいますか、この味なら、たいていの人にいいとおもう分量になっています。

　そのため、からいのが好きな人には甘すぎたり、淡味の好きな人には濃すぎたりということがあるでしょうし、また若い人だったらもう少し、しょう油をきかせた方が、ということがあると思います。

　これも、はじめはこの通りの味に作ってみて、二度目から、食べた人の批評をきいて、お塩をたしたり、お砂糖をへらしたり、しょう油をたすとかして、あなたのお家の好きな味にかえてゆくのが、本当だと思います。

●この本の料理に使ってある大サジはテーブルスプーンのことで、スープをのむときのスプーンで18cc入ります。

　茶サジはふつうの形のものは、6cc入ります。ですから、茶サジ3杯が大サジ1杯ということです。

●カップ1杯は１８０ccで、大サジ10杯分、1合です。お持ちの大サジが15cc入りでしたら、少し、多めに盛っていただけたら、いいわけですし、カップが２００ccだったら、水をこぼれない程度に、上を少しあけて下されば、１８０ccぐらいです。

●ふつうの、おつゆをすくうお玉は、1杯が90ccで、5勺、カップ半杯がすくえるようになっていますから、カップ1杯というときはお玉で2杯になります。

　〈カップ3杯のダシをとり〉というときはお玉でダシを6杯入れればいいわけで、お玉がカップ1/2ということを頭に入れてしまうと計量カップはいらないくらいです。

●大サジ1杯とか、茶サジ1杯というのは、ふつうにお砂糖をすくった場合をいいます。「すり切り1杯」というのは、スプーンに塩なり砂糖を入れて、ナイフのようなもので、上をすりとった量、「山1杯」というのはお砂糖なり、塩なりの中にサジをつっこんで、のせられるだけのせた量をいいます。

●なお作り方の中に、「ナベにミリン大サジ3杯入れて、煮切り」といったふうに、〈煮切る〉ということがたびたび出てきます。煮切るというのは、ミリンや日本酒などのアルコール分をとばしてしまうことです。

　ナベを火にかけてミリンを入れ、煮立ってきたら、マッチに火をつけて近づけますと、火がつきます。分量にもよりますが、燃え出してから、二十も勘定したら火を止めます。これでアルコール分が飛んで煮切れたわけです。マッチの火を近づけても火のつかないときは、そのお酒はアルコール分がとんでいます。

　しかし、お酒のにおいがきらいな人がいなければ、べつに煮切らなくてもけっこうです。

料理　小島信平

写真　松本政利

文章　暮しの手帖料理研究室

表紙・装画　花森安治

春

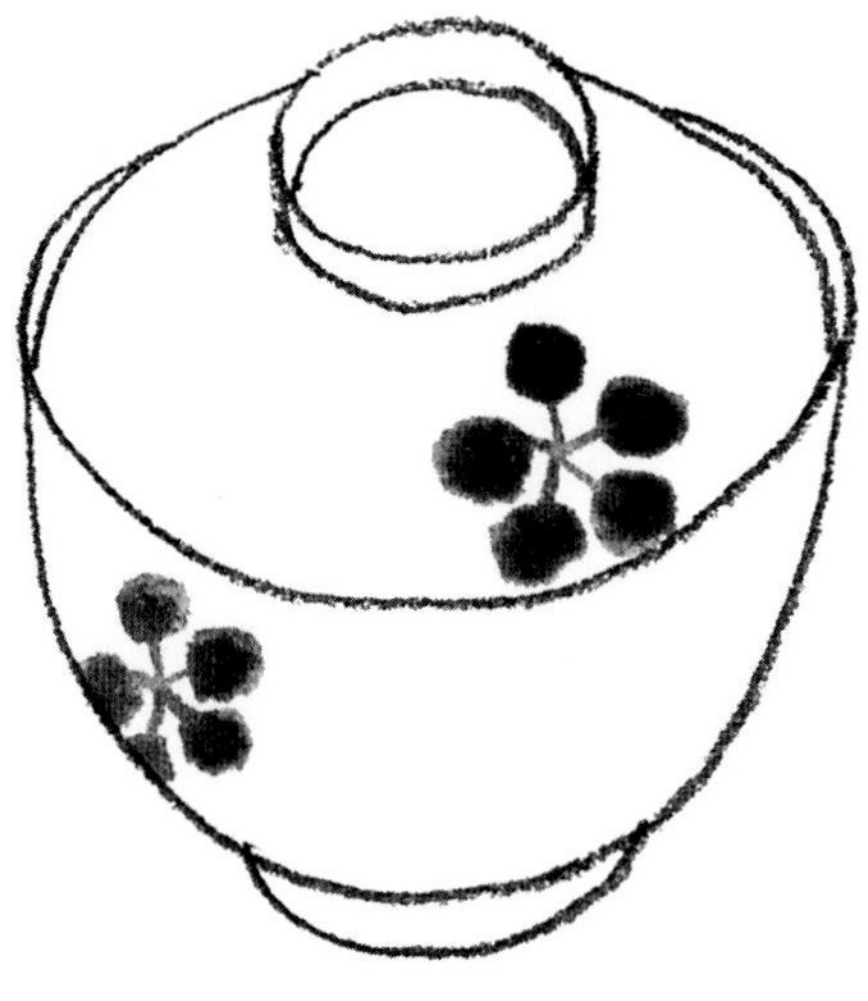

1 たけのことわかめとふきのたき合せ

たけのことフキをうす味に煮て、べつにトロリと煮こんだわかめをたっぷりからませていただきます。たけのこも、季節でなければ、ゆでたのでもいいし、フキも、なければ、いんげんとか、さや豆などでもけっこうです。

材料　干しわかめ　70グラム。たけのこ　2本（むいて約7百グラム）。フキ　7、8本。日本酒　（7、8人前）

作り方

1　たけのこは頭をおとして、中心にむかって身にとどくぐらいの深さに、ひとすじ庖丁を入れます。こうすると、ゆでるとき火が通りやすいし、皮もむきやすくなります。

2　ナベにたけのこを入れ、水をたっぷり入れて火にかけます。ヌカを二つかみ入れて、落しブタをしてゆでます。時間は一時間ちょっとぐらいですが、掘ってから日のたったものはかたいので、もっと時間が長くかかります。

竹串でもさしてみて、すぐ通るようになればゆで上っています。ゆだったら、とり出して、自然に冷たくなるまで、そのままにしておき、冷めたら皮をむいて、水につけてアクをぬきます。

2

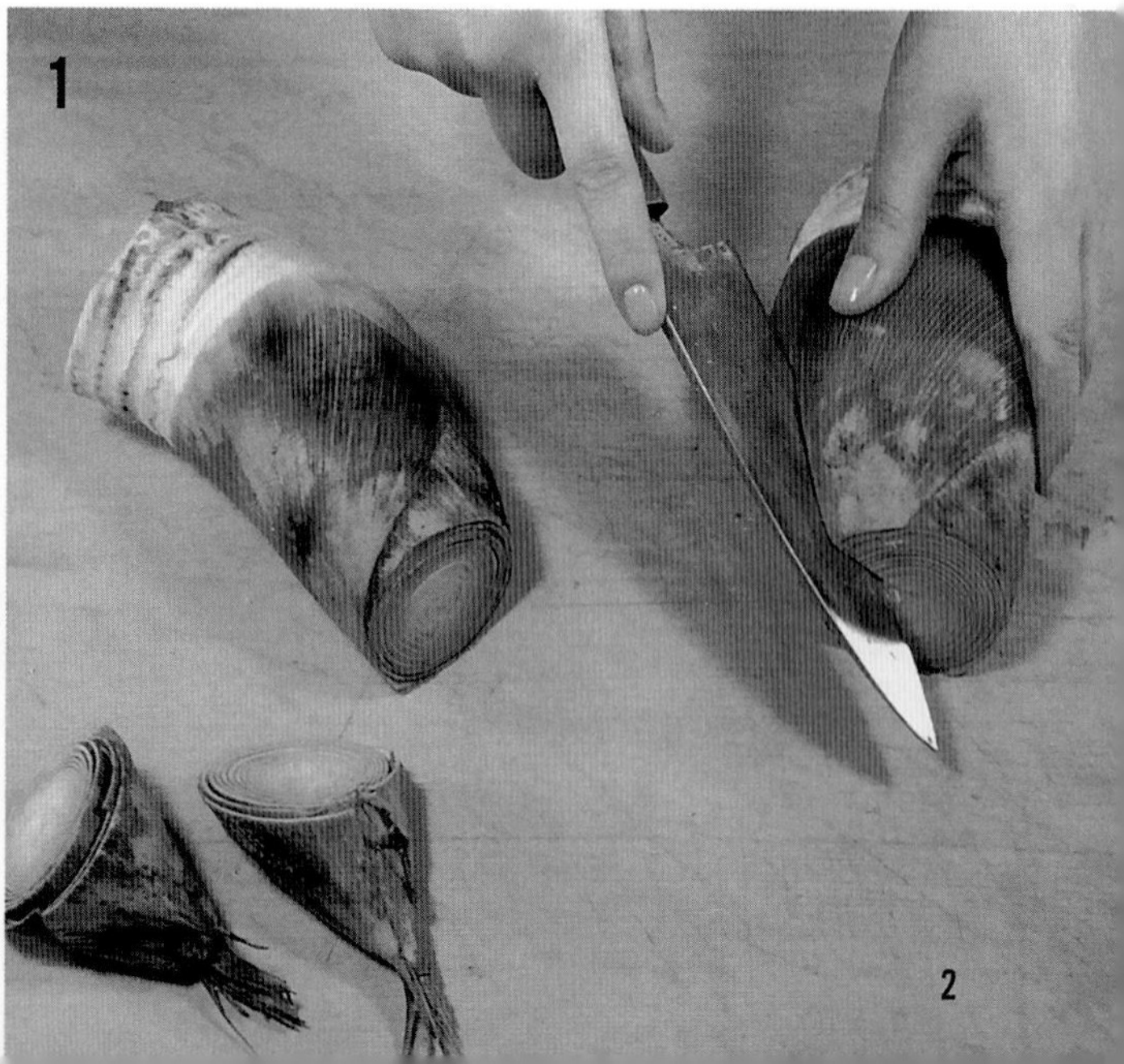

1

3

4

フキは、ナベの大きさに合せて、二つか三つに切り、ゆがきます。ゆで上ってから皮をむいて、5、6ｾﾝに切ります。

3　わかめは洗って、ぬるま湯につけ、もどします。やわらかくなったら、よく洗って、かたいスジをとり、3ｾﾝ幅ぐらいに切って、ザルに上げ、水気をきります。

4　わかめをナベに入れ、水をカップ4杯入れて火にかけ、日本酒カップ1/2杯、しょう油大サジ3杯、砂糖茶サジ山3杯、塩茶サジすり切り2杯入れて味をつけ、いの一番か、味の素を入れて煮てゆきます。

途中、アワがたってきますから、ときどきすくってください。

わかめはこげやすく、こがすとまずくなるから、注意してよくかきまぜます。しょう油の勝った味ですから、しょう油を加減して下さい。

5　たけのこを、タテ半分に割ってから1ｾﾝぐらいの厚みに切ります。大きければ、なお二つに切ります。

6　ナベに日本酒カップ1杯を入れ、つづいてダシカップ5杯を入れます。砂糖大サジ2杯、塩茶サジ1杯、しょう油茶サジ1杯、いの一番か味の素を加えて味をつけます。

ここへ、たけのこを入れ、たけのこにすっかり味がしみたら、フキを入れ、フキにも味がついたら火をとめます。

うつわに、フキとたけのこを盛り、上からたっぷりわかめを汁ごとかけます。

★生わかめのときは4百ｸﾞﾗﾑくらいです。

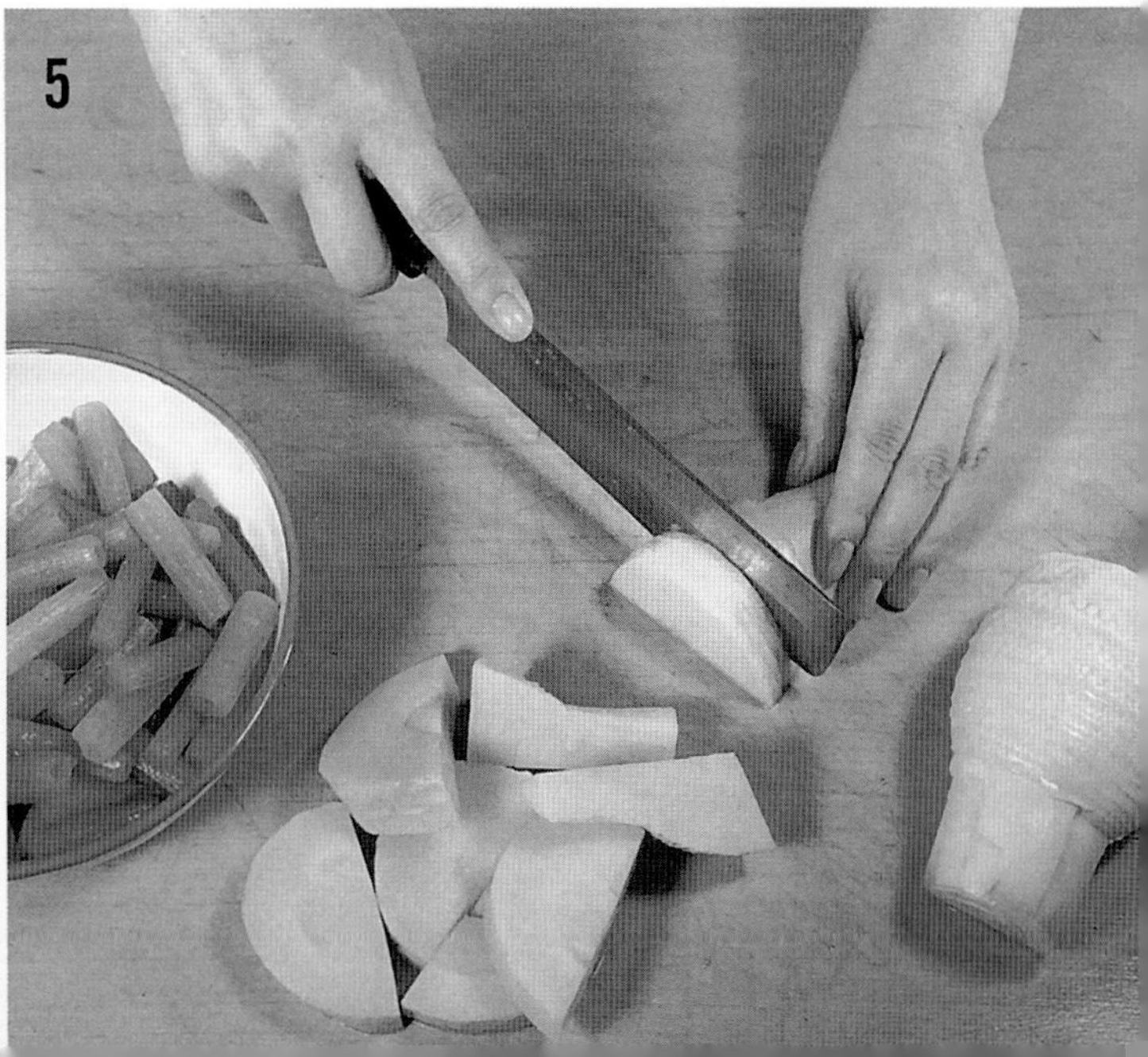

5

6

2 貝柱のさんしょ焼き

こんがりと焼けた平貝に木の芽をたっぷりかけます。しょう油の焼けた色に、木の芽のみどりが、さもおいしそうです。冷凍ものなら一年中あるので、気のきいたおかずです。

材料　平貝　大5コ。木の芽　一にぎり。ミリン　（3人前）

作り方

1　平貝の厚さにもよりますが、そのままでは厚すぎるので、写真のように3枚、厚みによっては4枚ぐらいに切ります。だいたい5ミリぐらいです。あんまり薄くすると、せっかくのおいしさがなくなります。

ボールにしょう油カップ1/2杯と、ミリンカップ1/2杯を合せ、つけじょう油を作ります。これに切った貝をつけておきます。ときどき、かきまぜます。

2　三十分もつけると味がしみますから、アミで焼きます。汁は、べつに小ナベに移してワーッと煮たたせ、ちょっと煮つめます。

貝が焼けてかわいてきたら、このタレにくぐらせ、二、三回くり返してテリがでるまで焼きます。火は中火。

焼き上ったらお皿にとり、タレをかけて、上から木の芽をたっぷり散らします。木の芽は、庖丁でちょっとたたくと、香りがずっとよくなります。

1

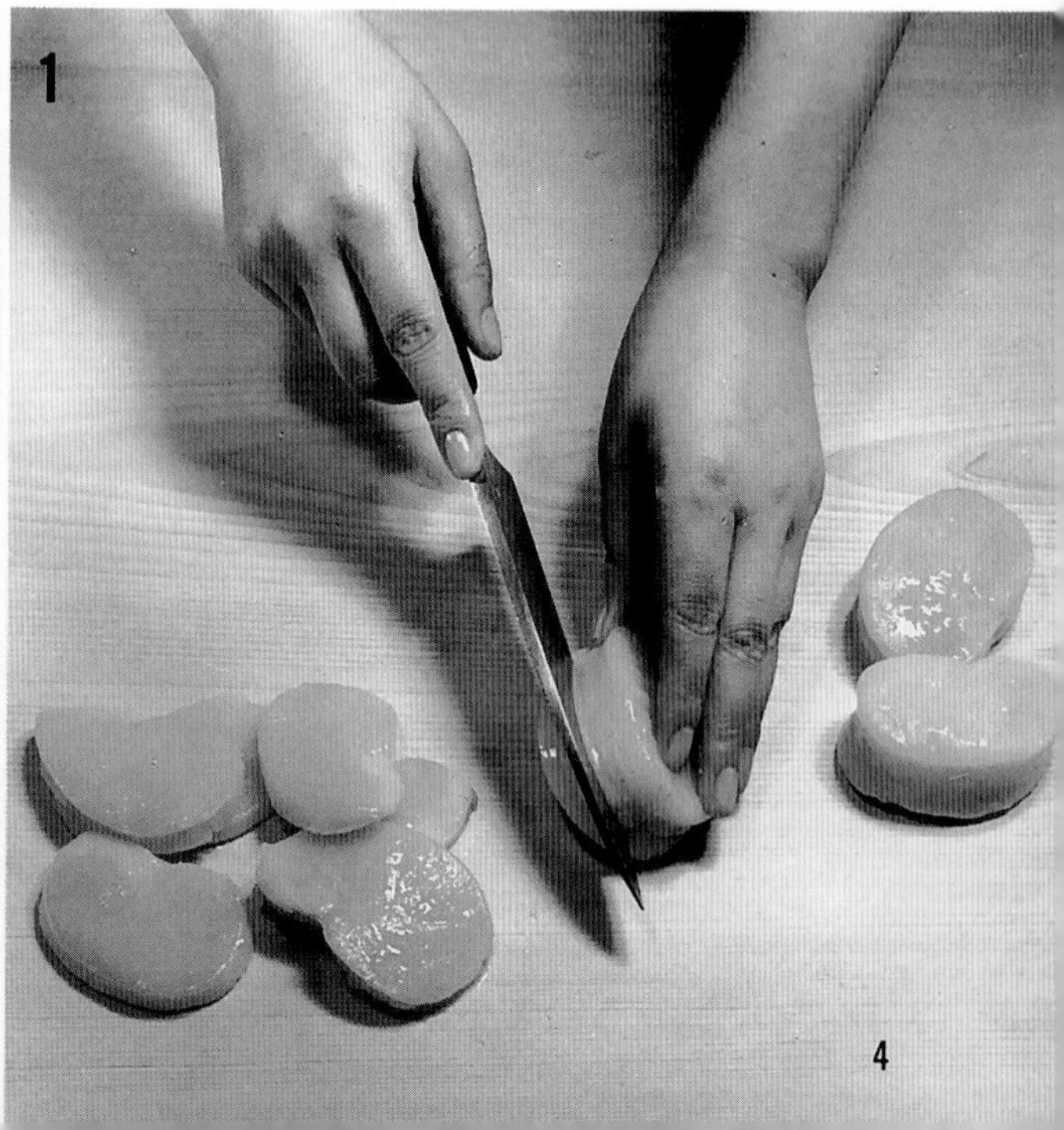

3　とうふのオイル焼き

とうふに片栗粉をまぶして、油で焼きます。しんまで熱くなったおとうふに熱いダシをかけて、熱い熱いところをいただきます。

材料　とうふ　2丁。大根。赤とうがらし粉。ねぎ。片栗粉。ミリン　（3人前）

作り方

1　まな板の上にふきんを敷いておとうふをならべ、上からもふきんをかけて、まな板を斜めにして軽く水を切ります。あまりよく水を切ってしまうとおいしくありません。

　水が切れたら、おとうふ1丁を二つに切って、各面に片栗粉をまんべんなく、しっかりまぶしつけます。

2　フライパンに油を流れるくらいとって、おとうふをいれ、両面とも色よく焼けるまで、とろ火でゆっくりと焼きます。

　六杯だしを用意します。六杯だしはミリン1、しょう油1、ダシ4の割です。はじめミリンをカップ1/2杯煮切って、しょう油をカップ1/2杯入れ、わいたらダシカップ2杯でのばします。

　焼きたてのおとうふに熱いダシをたっぷりかけ、薬味をそえます。薬味は、大根をおろして赤とうがらし粉をまぜたもみじおろしと、ねぎをこまかくきざんで水で洗ったさらしねぎです。

★おとうふが厚いときは、切ってから二枚にそぐと火の通りがよくなります。

4 牛肉のやはた巻

うなぎの八幡巻きをまねして、うなぎの代りに牛肉を、ごぼうの代りにフキを使いました。本ものよりおいしいという人が多いようです。フキの季節には一度はたべたいもの。牛肉はアブラの多いところが、おいしくできます。

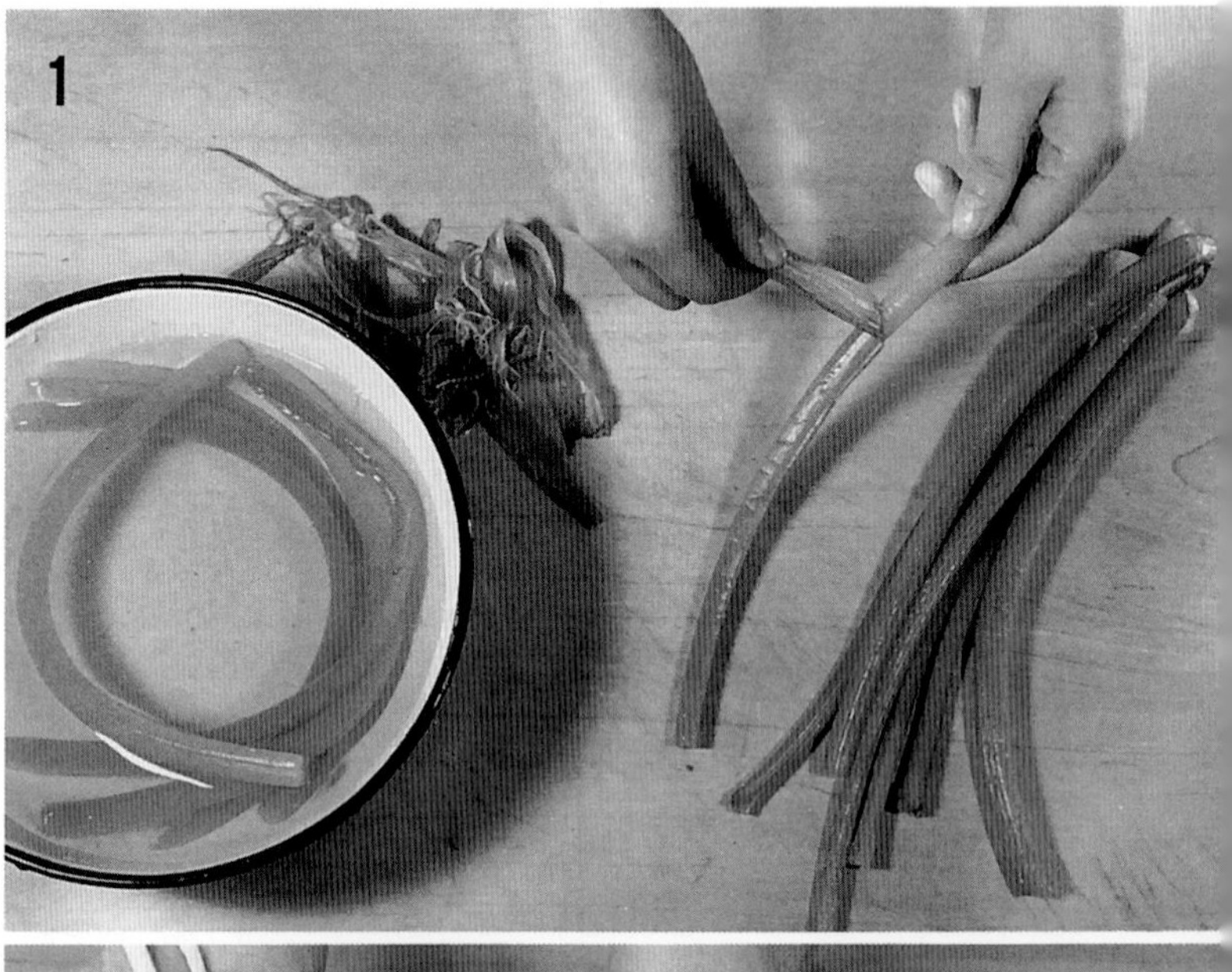

1

材料　牛肉　すき焼きぐらいに切ったもの3百50《グラム》。フキ　細め6本。ミリン。日本酒　（7、8人前）

作り方

1　フキは、コンロにかかる程度の長さに切ります。だいたい三つに切ったぐらい。熱湯でゆがき、皮をむきます。皮は上からも、下の方からも、両方からむくと、きれいにむけます。

2　牛肉は、巻くのですから細長めの方がけっこうです。これをミリンカップ

2

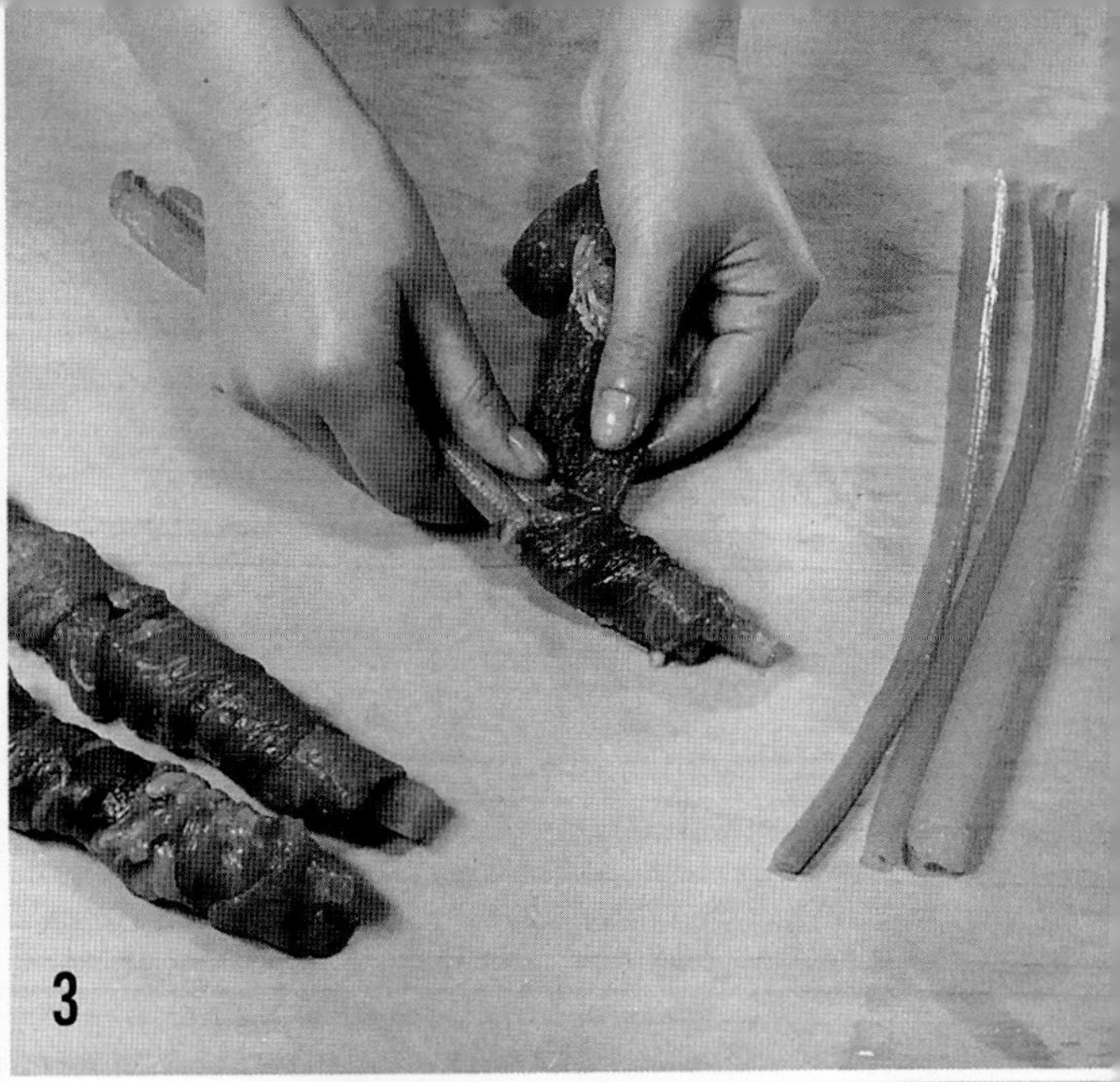

3

5

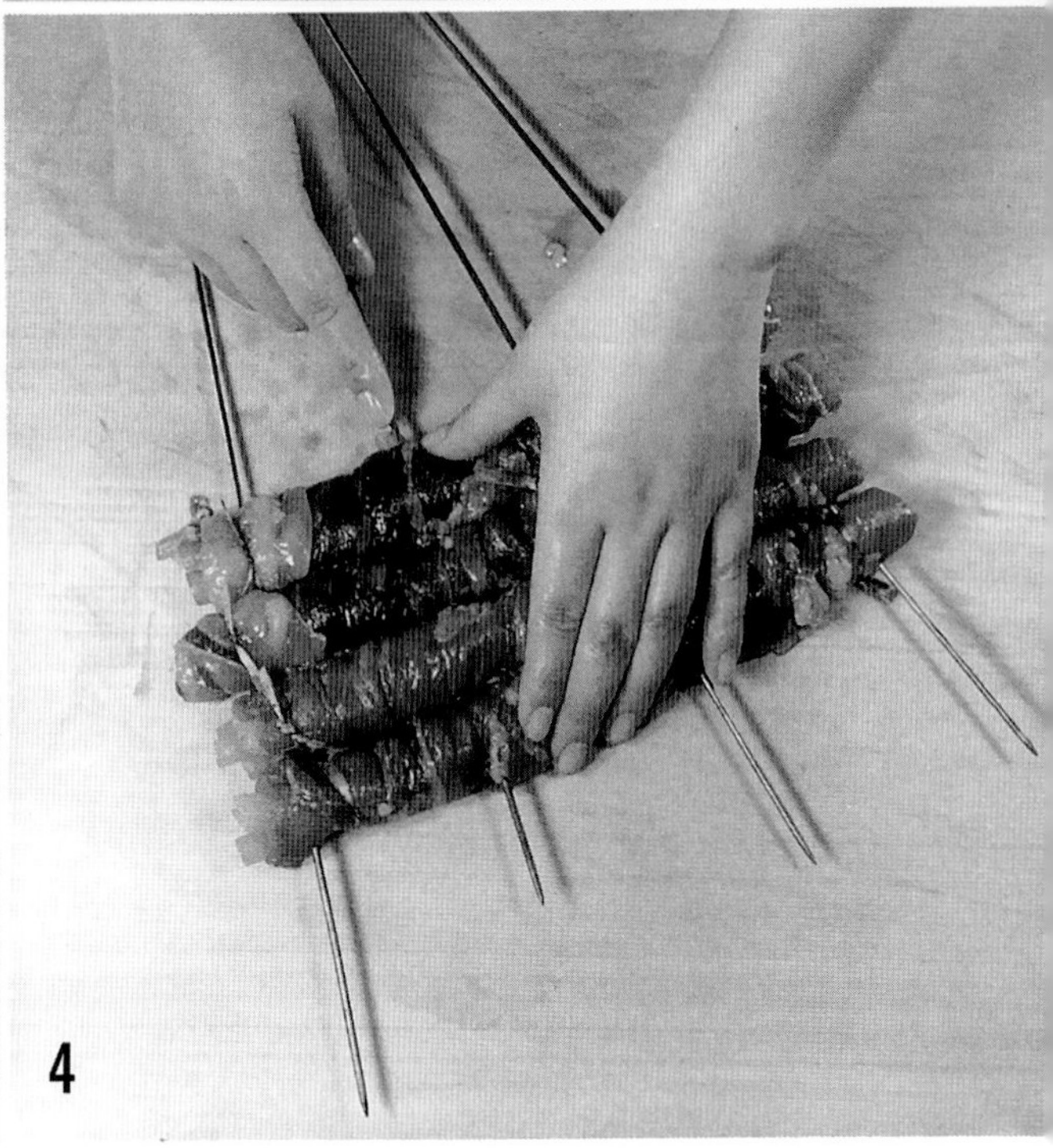

4

6

1/2杯、日本酒カップ1/4杯、しょう油カップ1/2杯を合せたタレをつくって、一回ずつこれにくぐらせます。

3　フキは同じ太さにそろえて、3本芯にして、これに牛肉をはしからぐるぐる巻いてゆきます。巻けたら、ごぼうと違ってやわらかいので、竹の皮か木綿糸で中央と両端を結んでおきます。

4　金串を4本、写真のように扇形に打ちます。

5　コンロに炭火をおこし、台に木切れでもおいて、少し火から遠ざけて、両面をこんがり焼きます。中央はとかくこげやすいので気をつけて下さい。

　ガスで焼くときは、コンロのまわりにレンガでもおいて高くして、遠火にすればよく焼けます。串がなければ一本一本魚焼きアミの上でころがして焼きます。

6　途中でタレを全体によく何回もかけて、また火にかけます。こうやって三、四回ほど、かけては焼き、かけては焼きします。

　竹の皮をとって、2ｾﾝ幅くらいに切ります。

★この本に使っているカップ1杯は180ccです。大サジはテーブルスプーンで18cc、茶サジは6ccです。つまり、茶サジ3杯分が大サジ1杯、大サジ10杯がカップ1杯です

5 豆ごはん

お豆を青くゆでて、玉子をあしらいます。お米は、あれば2割ほどもち米をまぜると、お豆とご飯がよくからまります。

材料　むきえんどう　カップ3杯。米カップ5杯。玉子　3コ。紅しょうが（5、6人前）

作り方

1　お米は洗って、ザルに上げておきます。豆は塩をちょっと加えた熱湯でゆがき、水に放してから、ザルに上げます。

つぎに、水カップ1杯に、塩茶サジすり切り1杯の割にとかした塩水の中に、この豆をしばらくつけ、味をしませておきます。

2　ご飯ナベにお米を入れ、水カップ6杯を加えます。あれば昆布を少し入れてふっとうしたらとり出します。これは、どちらかというと、やわらかめの水加減です。これに塩茶サジ山1杯と、いの一番か味の素を入れてたきます。

玉子をよくときほぐして、しょう油を二、三滴おとし、塩二つまみ入れて、うす焼き玉子をつくり、できるだけ細くきざみます。紅しょうがも、できるだけ細く針に切って、一度水で洗ってから甘酢につけ、色抜きをしておきます。

ご飯がたき上がったら、つけておいた豆の水気を切り、ご飯にまぜ合せます。茶わんによそってから、玉子と紅しょうがを飾ります。

1

2

1

2

3

6 なまりのなんばんふう

なまり、というと、ついしょう油で煮つけということになりますが、ちょっと手をかけて、煮るまえに油で揚げると、とろっとした風味が出ます、これを甘酢でいただきます。

材料　なまり　5切れ。ねぎ　3本。小麦粉。酢。油　（5人前）

作り方

1　なまりのまわりに、両面しっかり小麦粉をまぶして、上からよく押えます。粉がつかないようだったら切身に水をふって下さい。身が割れそうだったら、楊枝をよこにさしてとめます。

　ねぎは4、5㌢の長さに切っておきます。

2　油を熱くして、なまりをまわりにうっすらと狐色がつくまで揚げます。

3　甘酢のダシを作ります。ナベにダシをカップ$1\frac{1}{2}$杯とり、しょう油大サジ4杯、酢大サジ3杯、塩茶サジすり切り1杯、砂糖大サジ山2杯とり、いの一番か味の素を加えて煮たてます。

　ナベになまりをならべ、上からねぎをちらして甘酢ダシをかけ、ナベのフタをして中火で煮ます。ねぎが、やわらかくなったら火をとめます。

　皿にもって、汁をたっぷりかけます。

7 ふきとかまぼこの卯の花まぶし

こんなおかずはもう忘れてしまった味だ、とたべた人がいいました。魚も肉もおいしいが、こういったものもたまには作ってあげて下さい。男の人は案外おからがすきです。

材料　焼きかまぼこ　2枚。フキ　5本（葉つき5百グラム）。生椎茸　大8コ。おから　3百グラム。玉子　2コ（4、5人前）

作り方

1　かまぼこは板をはずしてから、写真のように、斜めにそぎ切りのように庖丁を入れて三角に切ります。このとき庖丁の刃先の方向をかえながら切ってゆくと、段がついて、ちょっと変ってみえます。

フキはサッとゆがいてから皮をむき、4、5センチに切ります。フキの皮は、上からむいて、もう一度下からもむくと、きれいにむけます。

椎茸はていねいに洗ってから、石づきを落して、四つか六つに切ります。

★この本に使っているカップ1杯は180ccです。大サジはテーブルスプーンで18cc　茶サジは6ccです

2

2　ナベに、ダシをカップ3杯とり、砂糖大サジ山2杯、塩茶サジ山1杯、しょう油大サジ2杯を入れて火にかけます。

煮上ってきたら、まずかまぼこを入れ、少しして、フキ、椎茸とつづけて入れます。火は強火です。

五分も煮て、椎茸がやわらかくなったら、ぜんぶザルに上げます。汁はあとで使うので、おいておきます。

3　こんどは、おからを作ります。おからがあまりブツブツしていたら、すり鉢でするとなめらかになります。

厚手のナベを火にかけて、油をたっぷり、流れるくらいとって、おからをほぐして入れ、ごはんしゃもじでかきまぜます。

油が一応まぶったら、まだおからの冷たいうちに火をとめて、玉子を割りこんでよくまぜます。おからが熱くなってしまうと、玉子だけボロボロに固まってだめです。

おからと玉子をよくまぜたら、強火でいりつけてゆきます。一通りいたまったら、前にとっておいた煮汁をぜんぶ入れて、焦がさないように強火で、かきまぜながら煮つめてゆきます。

五分くらいで、汁気が一応ひきますから砂糖大サジ山2杯、塩茶サジすり切り1杯より少なめに入れ、いの一番か味の素を入れて味をつけます。最後に油をもう大サジ1杯たらします。

このまま、つづけて、焦がさないように手まめにまぜながら、十分ほどいってゆきます。パラパラになれば出来上りです。

4　ボールに、かまぼこや野菜をとりおからをあけて、フキを折らないように気をつけながら、おからをじゅうぶんにまぶしつけます。

4

3

8 大根と糸こんにゃくのいため煮

大根と糸こんにゃくに、トリのうまみと、しょう油がしみこんで、おそうざいらしい味です。一晩おいて、つめたくなったのを、あたたかいご飯でたべるのもたのしみです。

材料　大根　7百グラム。トリのひき肉　2百グラム。糸こんにゃく　2玉　（4、5人前）

作り方

1　大根はよく洗って、皮をむかないで写真のような大きさに、エンピツをけずるような手つきで、そぎ切りにします。

　糸こんにゃくは、サッと熱湯でゆがいて、水にさらして、水をきり、たべよい大きさに切ります。

2　ナベに油をたっぷりとって、大根を入れていため、大根の水が出てすきとおってきたら、糸こんにゃくとトリを入れ砂糖を大サジ2杯入れて、いためます。

　そこへ、水カップ2杯、しょう油大サジ6杯を入れて味をつけて、はじめ強火にして、フタをしないで煮ます。煮たってきたら、ちょっと火を弱めて、汁気がなくなるくらいまで、こげないようにかきまわしながら煮つめます。

1

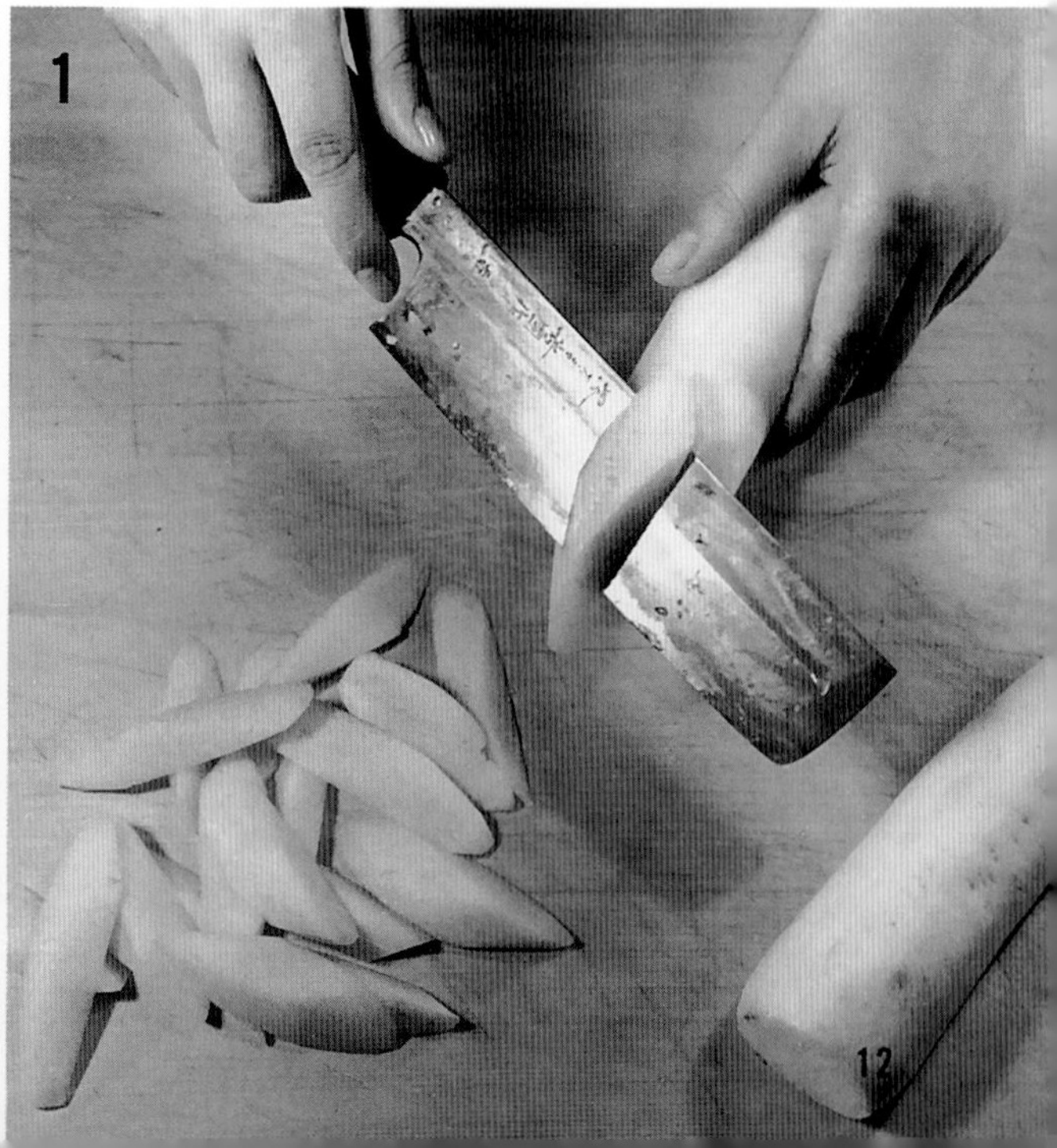

2

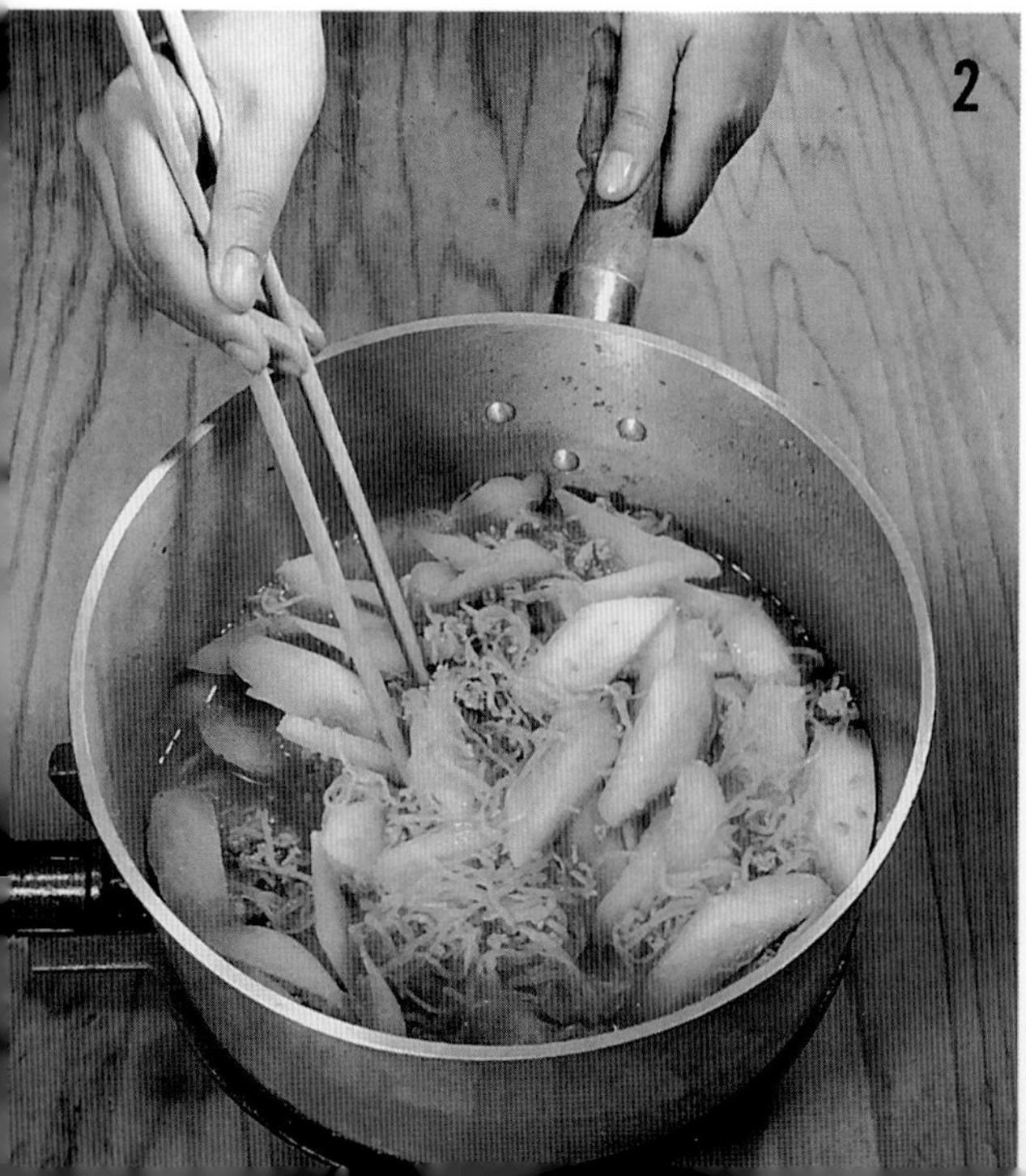

9 なっとう汁

納豆汁はみそ汁の中に、つぶした納豆を加えたもので、作り方はいたって簡単ですが、なかなか風味のあるものです。納豆の量は、好みで、もっとふやします。

材料　納豆　3包み（約百50グラム）。とうふ　2丁。ねぎ。信州みそ　百60グラム　（5人前）

作り方

1　納豆をすり鉢にとって、スリコギで、粒が半分つぶれるくらいまでつぶします。

2　ナベにダシをカップ6杯とり、中火にかけ、みそを入れてときます。みその量は使うみその味で加減して下さい。ダシは煮干しでも、かつおぶしでも濃いめにとります。

　みそがとけたら、納豆の中にカップ1杯ほど入れて、ゆるめてから、ナベに入れます。

3　煮上ってきたら、ねぎととうふを小さく切って入れ、いの一番か味の素を加えます。再び煮立ってきたら、火をとめます。

　納豆汁の実には、油揚げなどもよくあいます。

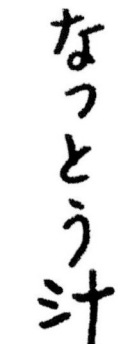

10 ひき肉のあられだんご

ひき肉にむきえんどうを加え、ふかしがまで蒸して、アンをかけます。家族が多ければ、大きめのものでいっしょに蒸して、あとで盛りわけます。お肉をへらして、お豆をふやすと、またちがった口当りになります。

材料　豚のひき肉　3百グラム。むきえんどう　カップ1杯。玉子の黄味　1コ。片栗粉。しょうが。ミリン（4、5人前）

作り方

1　小さいナベにお湯をわかして塩を少し入れて、煮たってきたらむきえんどうを入れてゆでます。ゆで上ったら水に落してさらし、ザルにとって水気を切ります。塩は、豆にほんのちょっと味のつく程度入れます。

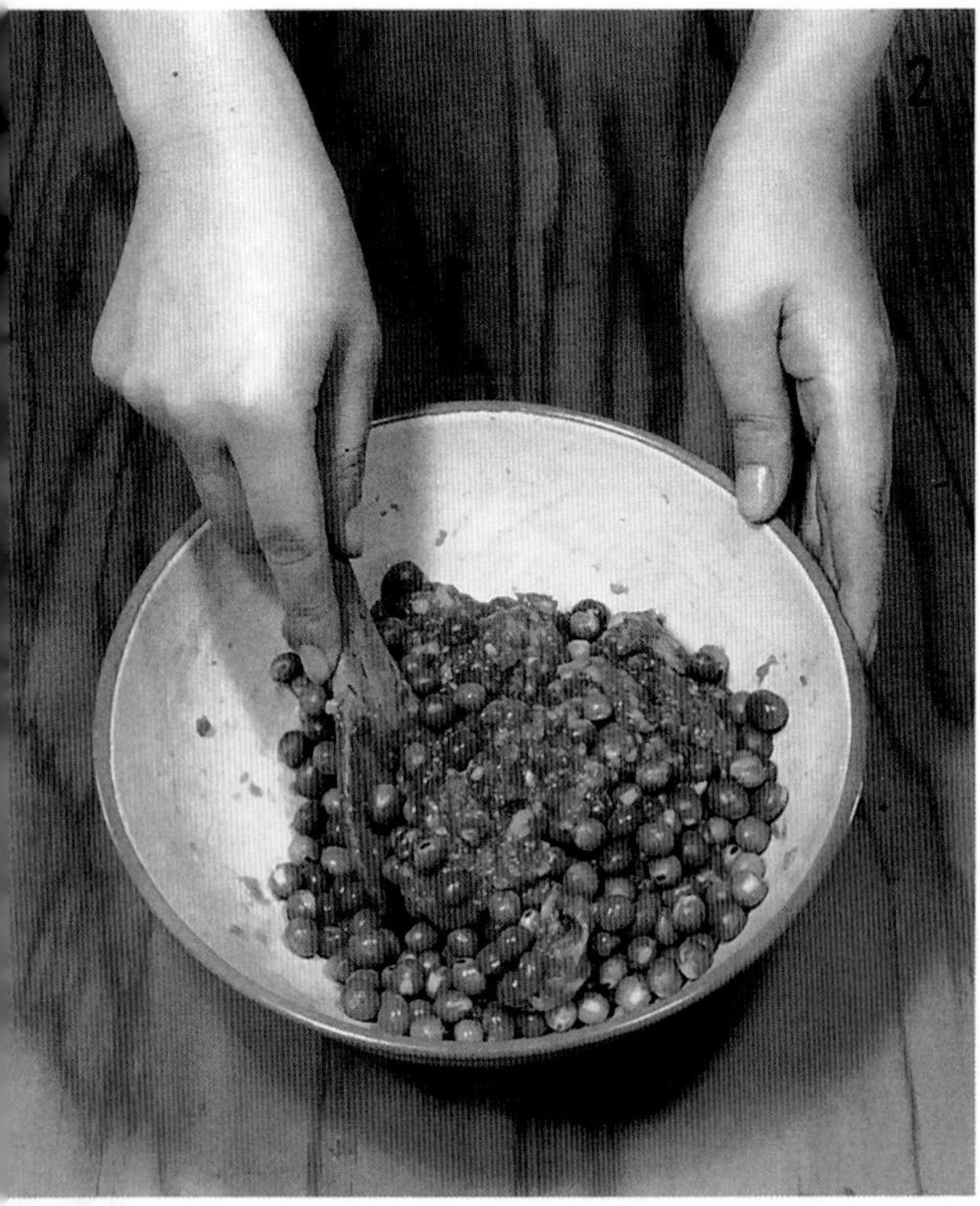

2　豚のひき肉は、アブラ身の少ないところがけっこうです。ボールにとって、上からしょう油大サジ2杯、砂糖茶サジ山1杯を入れて、しゃもじかなにかで切りこむようによくよくまぜます。そこへ玉子の黄味を入れてまぜます。

そこへザルにとってあるお豆を入れて、まぜ合せます。

★この本に使っているカップ1杯は180ccです。大サジはテーブルスプーンで18ccです。茶サジは6ccです。つまり、茶サジ3杯が大サジ1杯、大サジ10杯がカップ1杯になります

3　この肉を、しゅうまいぐらいの大きさのおだんごにまるめます。これを蒸し茶わんか、大きめの湯のみ茶わんなど、ふかしがまに入りやすいものに、三つか四つぐらいずついれます。

3

4　ふかしがまを煮立てて、むします。上からふきんをかけて、フタから落ちるしずくを防ぎます。十二、三分でむし上ります。

5　アンを作ります。まず、小ナベにミリン大サジ3杯を煮切り、しょう油大サジ3杯入れてワッと煮上ってきたら、ダシかお湯をカップ2杯入れてのばし、いの一番か味の素をふりこみます。

煮立った酒やミリンに、マッチで火をつけると、アルコール分が炎になって燃え切ります。こうして、くさみをとるのを、煮切るといいます。

煮立ってきたら、片栗粉大サジ2杯を水ときして、少しずつ、かきまぜながら、入れてゆきます。このとき、強火だとブツブツになりますから、火加減に注意して下さい。

むし上った肉の上に、たっぷりこのアンをかけます。好みで、しょうがをすって、アンの上に小指の先ほどのせます。

5

11 豚肉の酢みそあえ

酢みそといえば、魚とか貝を主に使いますが、豚やもやしを使ってみました。辛子がピリッときいて、若い人むきです。

材料　豚肉　ロース百20グラム。わけぎ　一にぎり、またはねぎ。もやし　一つかみ。赤みそ2百グラム。玉子　1コ。カラシ。日本酒。酢

（4、5人前）

作り方

1　豚肉は、すき焼きにするくらいの薄切りを一口くらいに切ります。これを熱湯でサッとゆがき、ザルに上げてさまします。

わけぎは3センチに切って、煮立った湯の中に白い根の方から先に入れ、手早くゆでます。たべたとき、まだコリコリする位。水に落さず、ザルにそのまま上げます。もやしも、サッとゆでて、ザルに上げてさまします。

2　みそは少し煮たのではナベにくっつく方が多いので、2百グラムたきます。4、5人分として、一回分百グラムもあれば充分ですから、これで二度分できるわけです。

ナベに赤みそ2百グラムをとり、玉子1コ、日本酒カップ1/3杯を入れ、中火にかけます。よくとけてドロッとしてきたら砂糖大サジ4杯入れて、こがさぬように、もとのみそのかたさ位になるまでねります。このときのみその重さは2百60グラムくらいになっています。

煮たねりみそを半分、ボールにとり、ときガラシを大サジすり切り1杯入れます。そこに酢をドロリとするくらいまで入れて、よくまぜ合せます。

この中に、豚肉、わけぎ、もやしを入れてあえます。

カラシは洋ガラシでも和ガラシでもけっこうです。早めによくねっておきます。

★こういうものは早くあえると水が出ますから、たべる直前にあえて下さい。

1

12 うす味の煮しめ

ふつうの煮〆と違うところは、糸こんにゃくが入っていることです。一度こんなふうに、うす味で煮てみて下さい、こういう味も、わるくありません。

1

材料　里いも　12コ。にんじん　中2本。ゆでたけのこ　5百グラム。糸こんにゃく　2コ(4、5人前)

作り方

1　里いもは皮をむいて、斜めに二つ切りにしてゆでます。にんじんは3センチぐらいにまわし切りにして、やはりゆがきます。

たけのこは、にんじんと同じぐらいに切って、これはサッと熱湯をかけます。

糸こんにゃくは、ゆがいてアクをぬいてから、2センチほどにザクザク切っておきます。

2

2　油大サジ3杯を、厚手の大きめのナベにとり、たけのこ、にんじん、里いも、糸こんにゃくを入れて、全体に火が通ってきたら砂糖を大サジ3杯入れて、よくいためます。火は中火。

充分に火が通ったら、ダシをカップ3杯入れ、しょう油大サジ3杯、塩茶サジ山1杯、いの一番か味の素で味をつけます。

ときどき、かきまぜなければなりませんが実をくずさないように注意して下さい。味が充分しみこむまで、ゆっくり煮しめます。

13 とりと野菜のきんちゃく煮

東京でいえばおでんの「ふくろ」です。油揚げの中に野菜、トリ、しいたけを入れてゆっくり煮ふくめたもの。ただし油揚げを買うとき、やぶれていないかよく見て下さい。

材料　油揚げ　5枚。にんじん　中1/2本。ごぼう　中1/2本。干椎茸3コ。トリ肉　百グラム。かんぴょう少々　（5人前）

作り方

1　油揚げを、はしから2センチほど切りおとし、やぶらないようにていねいに、そっと口をあけてフクロにします。

あけてから、ぜんたいに熱湯をかけて、油ぬきします。先に湯をかけるとやぶれやすくなります。

揚げの形では二つに切って下さい。

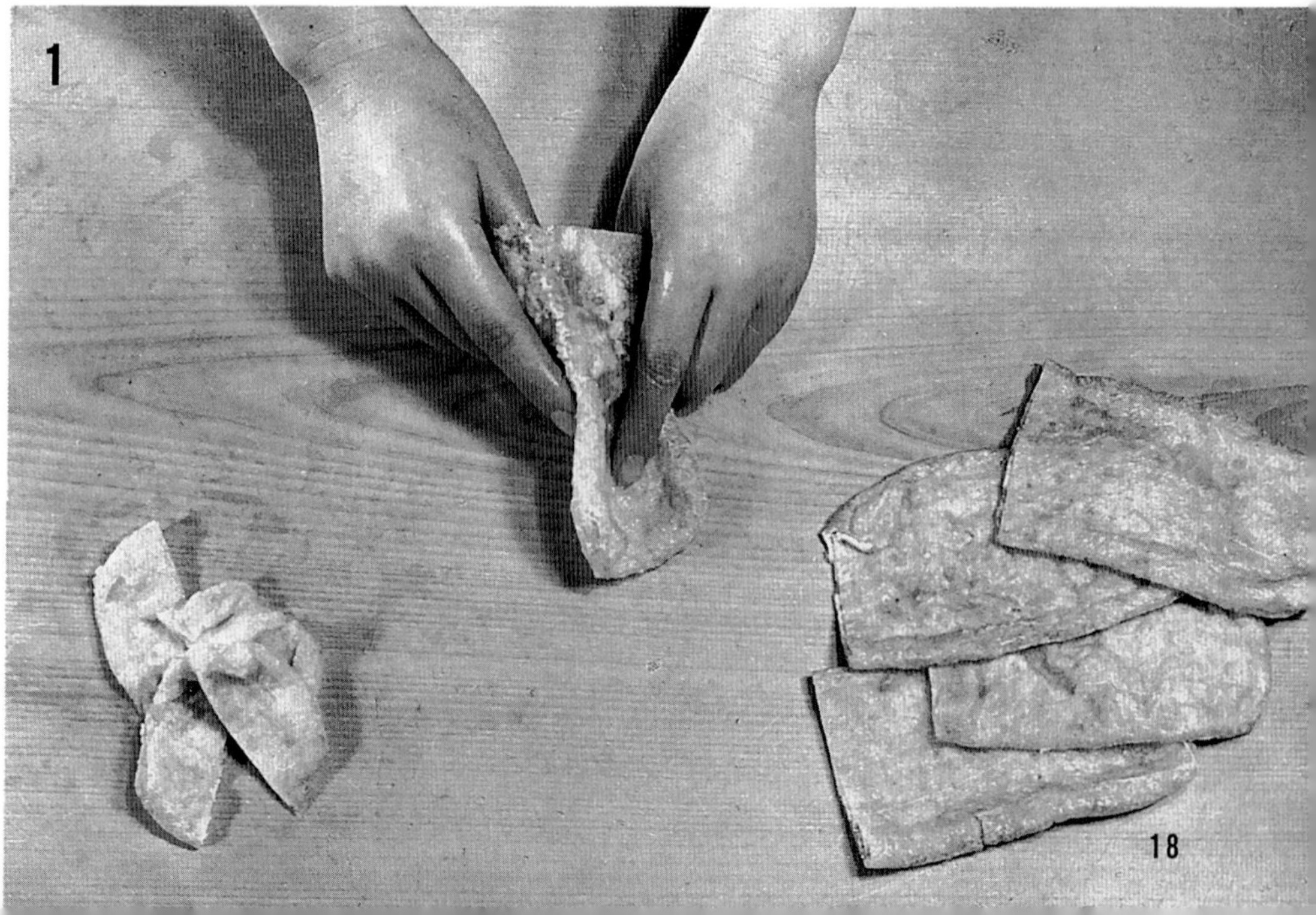

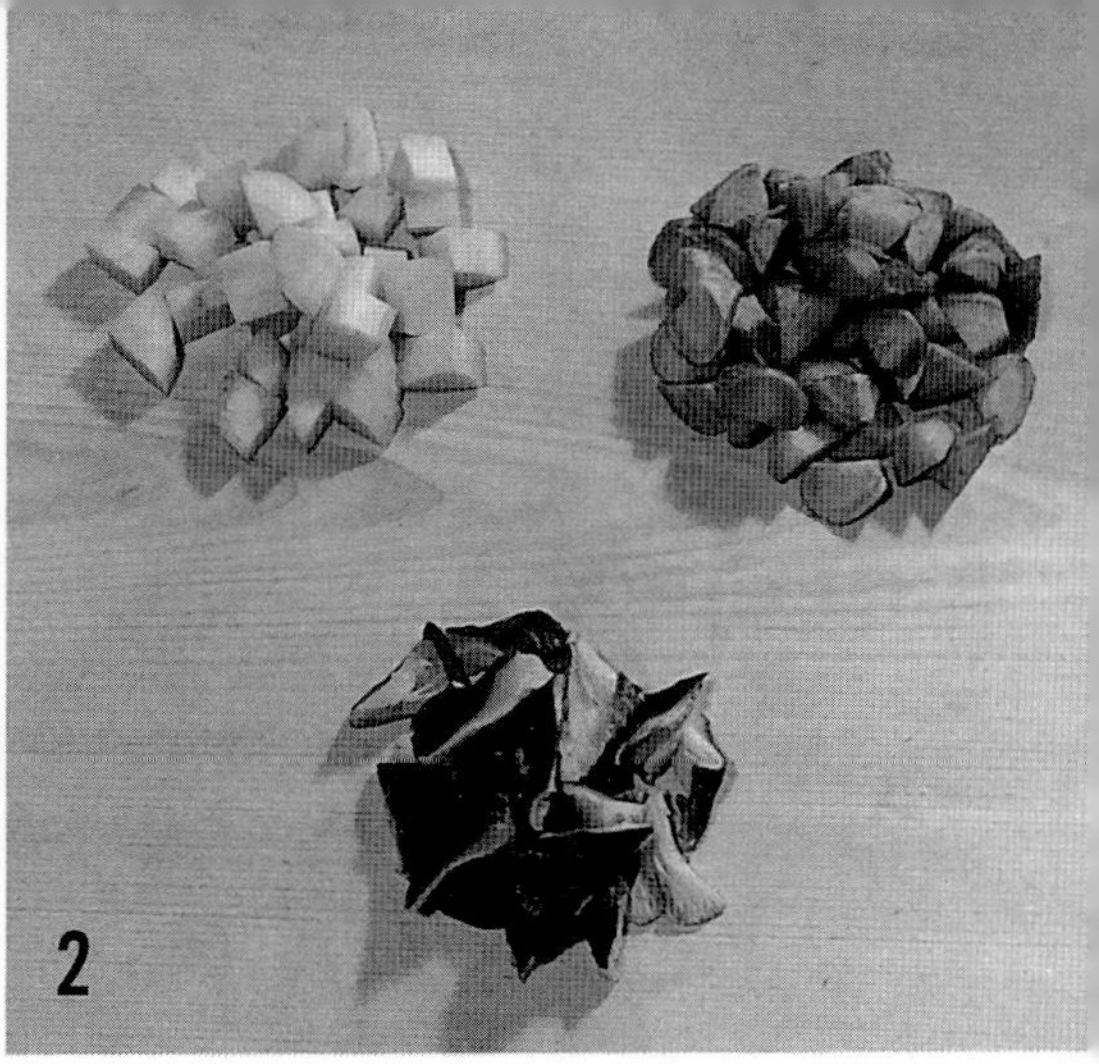

2

2　中に入れる具は、ごぼうは皮をこそげとり、小さくまわし切りにして、ヌカを入れた湯でゆがきます。ヌカのないときは、酢を少し入れます。これはアク抜きです。にんじんも、ごぼうと同じくらいの大きさに切ってゆでます。

椎茸は水にもどして、やはり小さく切ります。もどし汁はダシに使います。生椎茸だったら、じくもいっしょに使います。

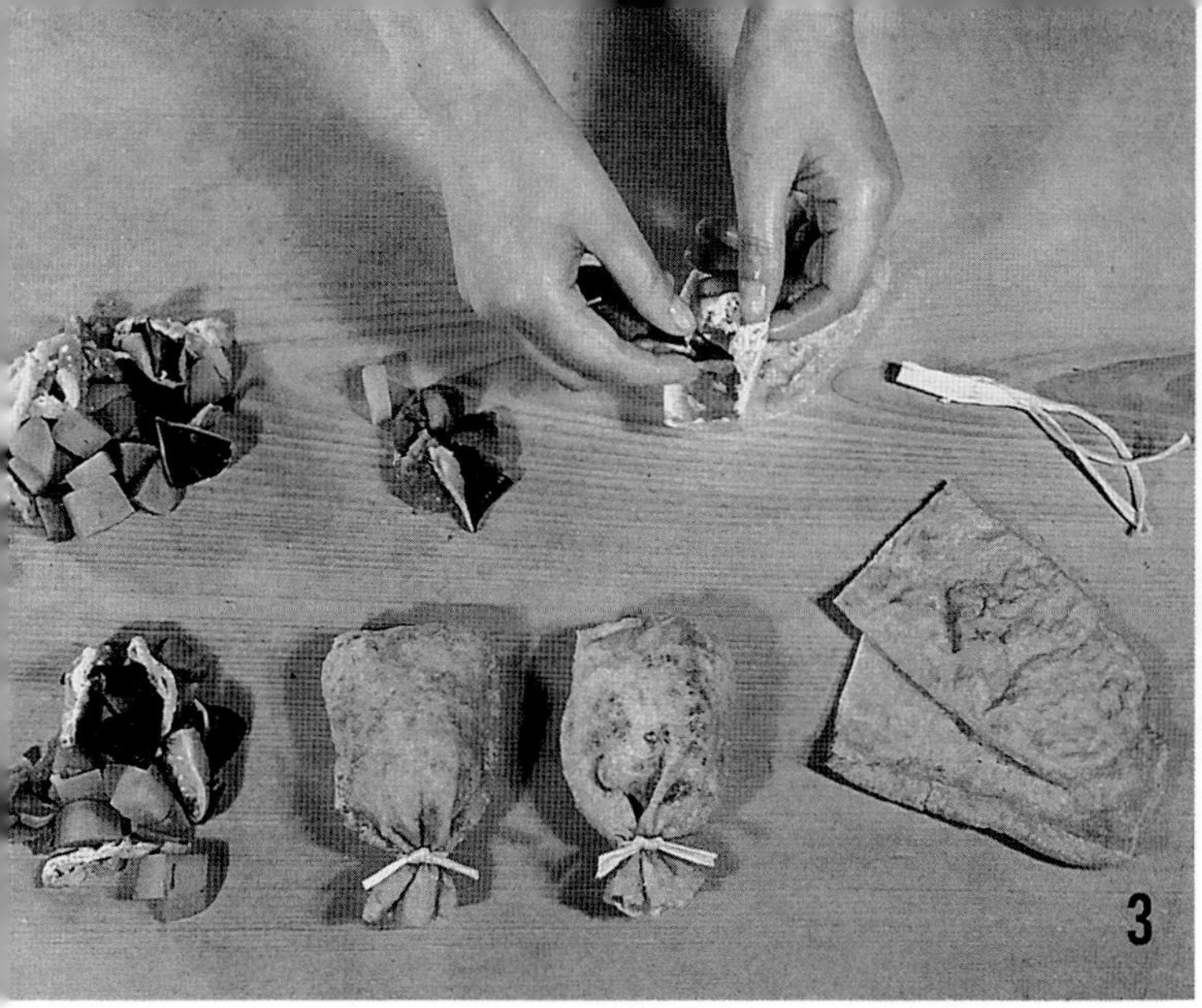

3

3　トリ肉も、小さく、小口から切ります。小さめに切らないと、味もしみにくく、フクロもやぶれやすくなります。

油揚げのはしのおとした分も、きざんで入れてしまいます。

具をまぜ合せ、五等分します。油揚げをやぶらないように気をつけて、この中につめます。七分目ぐらいがいいでしょう。あんまりつめこむとやぶれます。

形をきんちゃくになるようにととのえ、かんぴょうで結びます。

4

4　ナベに、ダシをカップ6杯とり、砂糖大サジ1$\frac{1}{2}$杯、しょう油大サジ2杯、塩茶サジ軽く2杯で味をつけ、いの一番か味の素を入れて味をととのえます。

ここにきんちゃくをいれ、小さめの落しブタをして、煮立ちそうになったら中火でトロトロたきます。強火にしておどらせると、やぶけます。やぶけたときの用意に、かんぴょうを少し入れていっしょに煮ておき、やぶれたら、これで結びます。

ダシが半分以下に煮つまってきたら、火をとめます。小一時間もゆっくり煮ふくめると、中まで味がしみこみます。

14 さつま汁

さつま汁には、豚肉とさつまいもとごぼうのささがきだけは必ず入れます、あとはみそに合うものなら、なんでもけっこうです。

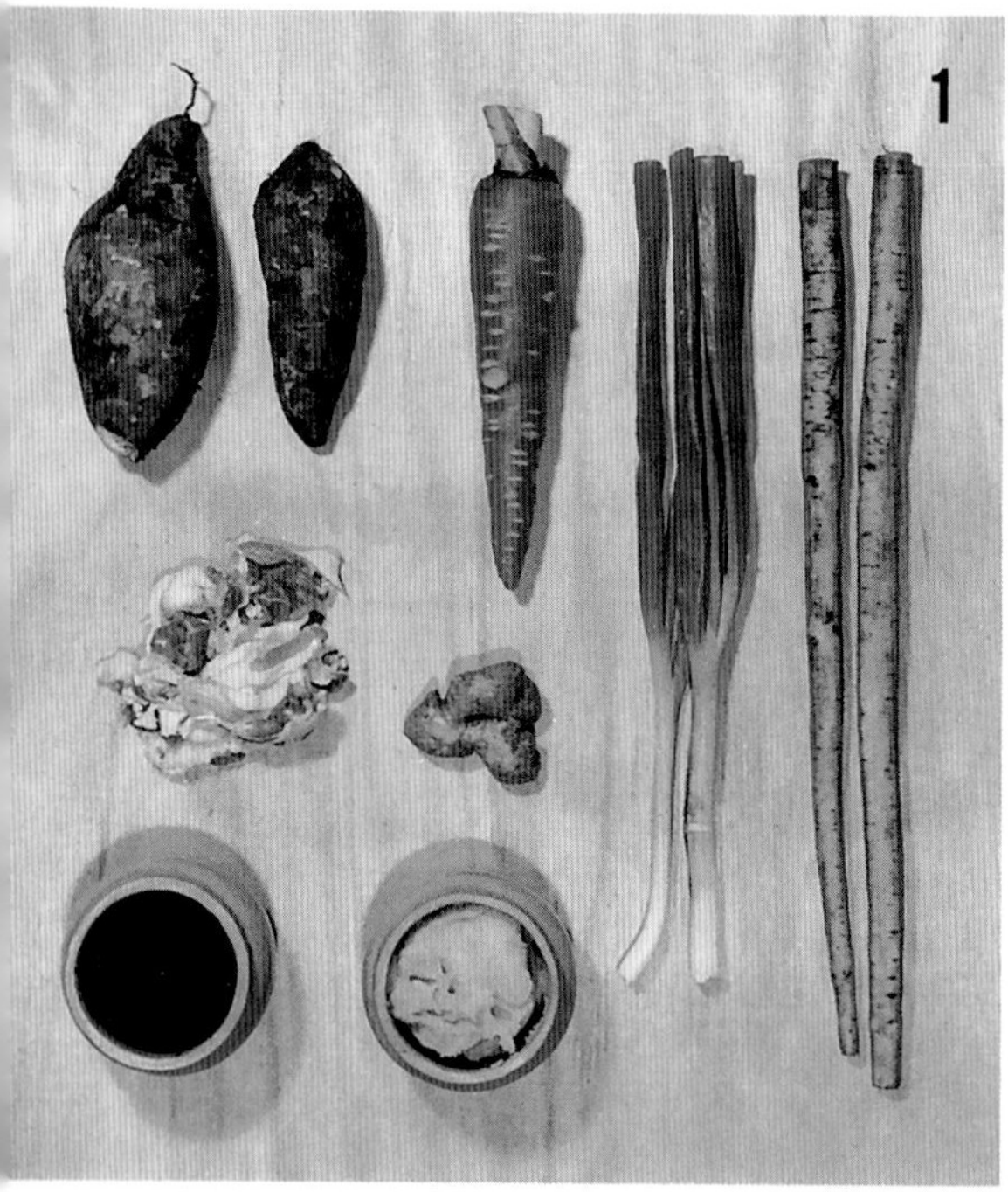

1

材料　豚肉　2百グラム。さつまいも　小2本。ごぼう　2本。にんじん　1本。ねぎ　小2本。しょうが　1コ。西京みそ(白みそ)　2百40グラム。赤みそ　百グラム　(5、6人前)

作り方

1　豚肉はアブラの多いところを薄く、一口でたべられるくらいに切ります。

　さつまいもは1センほどの厚さのいちょう形に、にんじんも3ミリ厚くらいのいちょう形に切ります。ごぼうはささがきにして、水にさらし、アクを抜いておきます。ねぎは小口からきざみます。しょうがは大サジ2杯分ほどミジン切りにします。

　合せみそは、白みそ7に赤みそ3の割合ですが、好みで、赤みそを多くして、白みそ6赤みそ4でもけっこうです。

2

2　ナベにダシをカップ12杯とり、すぐ豚肉を入れて、強火で煮立てます。肉が白くぷくっとしてきたら、火が通りましたから、ごぼうを入れます。ごぼうがやわらかくなったらにんじんとさつまいもを入れます。

　さつまいもがやわらかくなったらみそを入れます。みそがとけたら、ねぎとしょうがを入れます。これであとワーッと煮上ってきたら出来上りです。

★野菜の分量、みその分量は、少しぐらい多くても少なくても、こういうものの味はそう変りはありません。

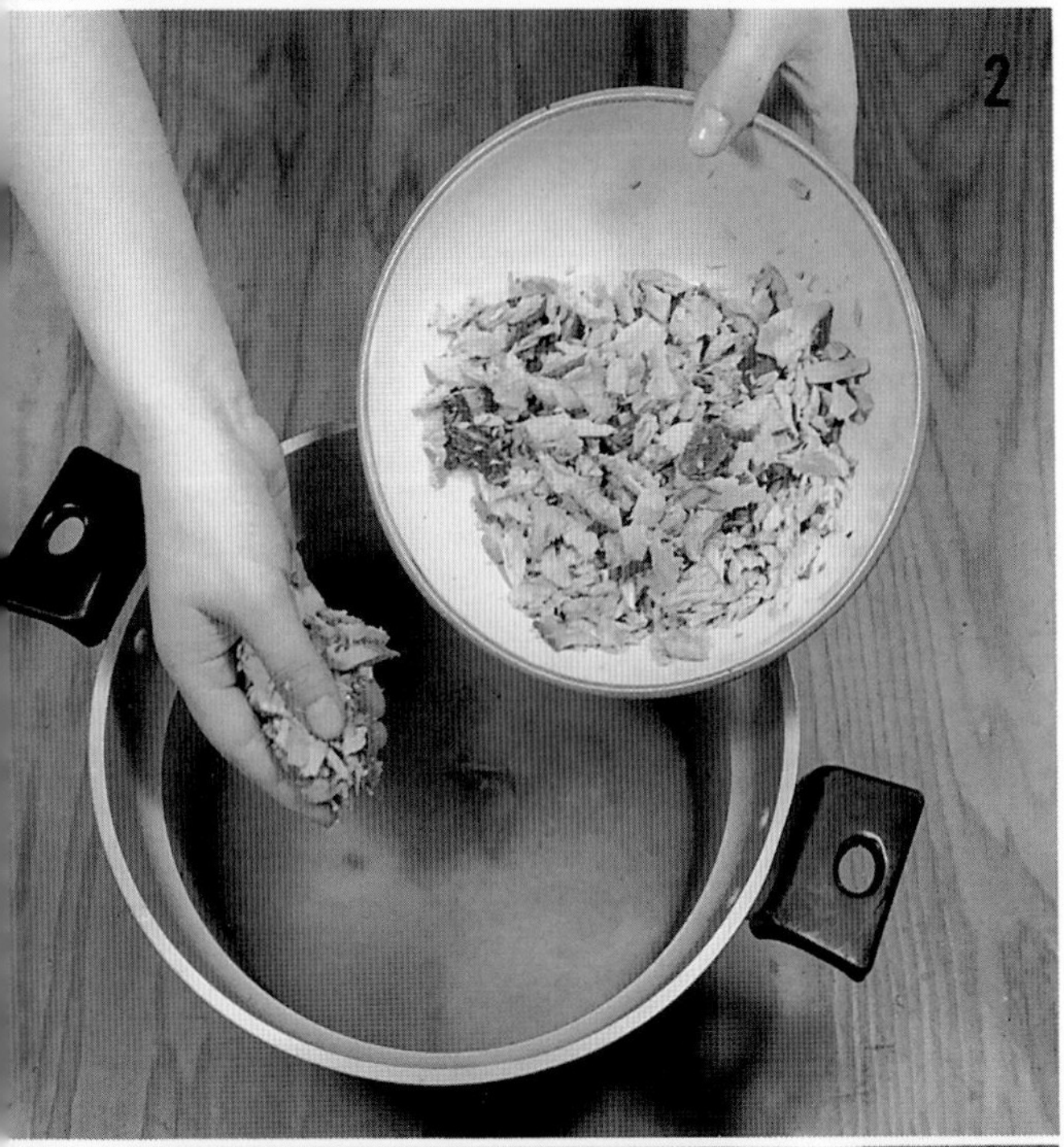

15 なまりめし

なまりはじめから炊きこんで、えんどうは上りに入れます。なまりのうまみが、すっかりご飯にうつっています。

材料　なまり　5切れ(3百グラム)。むきえんどう　カップ2杯。米　カップ5杯　(5、6人前)

作り方

1　なまりは骨をとりながら、ちょうど写真ぐらいの大きさにほぐしておきます。皮もすてずに適当に切っていれます。えんどうは塩を入れた湯で、色よくゆでます。これを海水ぐらいの濃さの塩水につけておきます。

2　米を洗ってザルにあげ、水をきっておきます。電気釜でもごはんナベでも、ダシカップ6杯をとって、しょう油大サジ1杯、塩茶サジ山1杯、砂糖茶サジ山1杯で味をつけ、いの一番か味の素をふって、米を入れます。

　つづいて、全体になまりを入れ、ふつうのごはんと同じように炊きます。

3　途中で水がひいてきたら、えんどうを入れ、火を細めてむらします。こげつきやすいので、火加減に注意します。

★電気釜ならスイッチが切れたときに、えんどうを入れます。

16 たけのこのつけ焼き

つけ焼きにすると、たけのこのにおいに、しょう油のこうばしさが加わって、一段とおいしさがひきたちます。
生のものならもちろんですが、ゆでたけのこでも、けっこうおいしくできます。

材料　たけのこ　小2本。木の芽　少々。ミリン。日本酒　（6、7人前）

作り方

1　たけのこは、前の晩にゆでておきます。皮のまま、頭の先を写真ぐらいに切りおとして、タテに一本、中の身にとどくほど深く庖丁を入れて、火が通りやすくします。皮をむいてゆでると、色がわるくなります。

2　水にヌカを二つかみほど入れて、その中でゆでます。大きさにもよりますが一時間以上はかかります。

竹串をさしてみて、通ればゆで上りですから、とり出して、さましておきます。さめたら皮をむき、ひと晩水につけて、アクをぬきます。

2

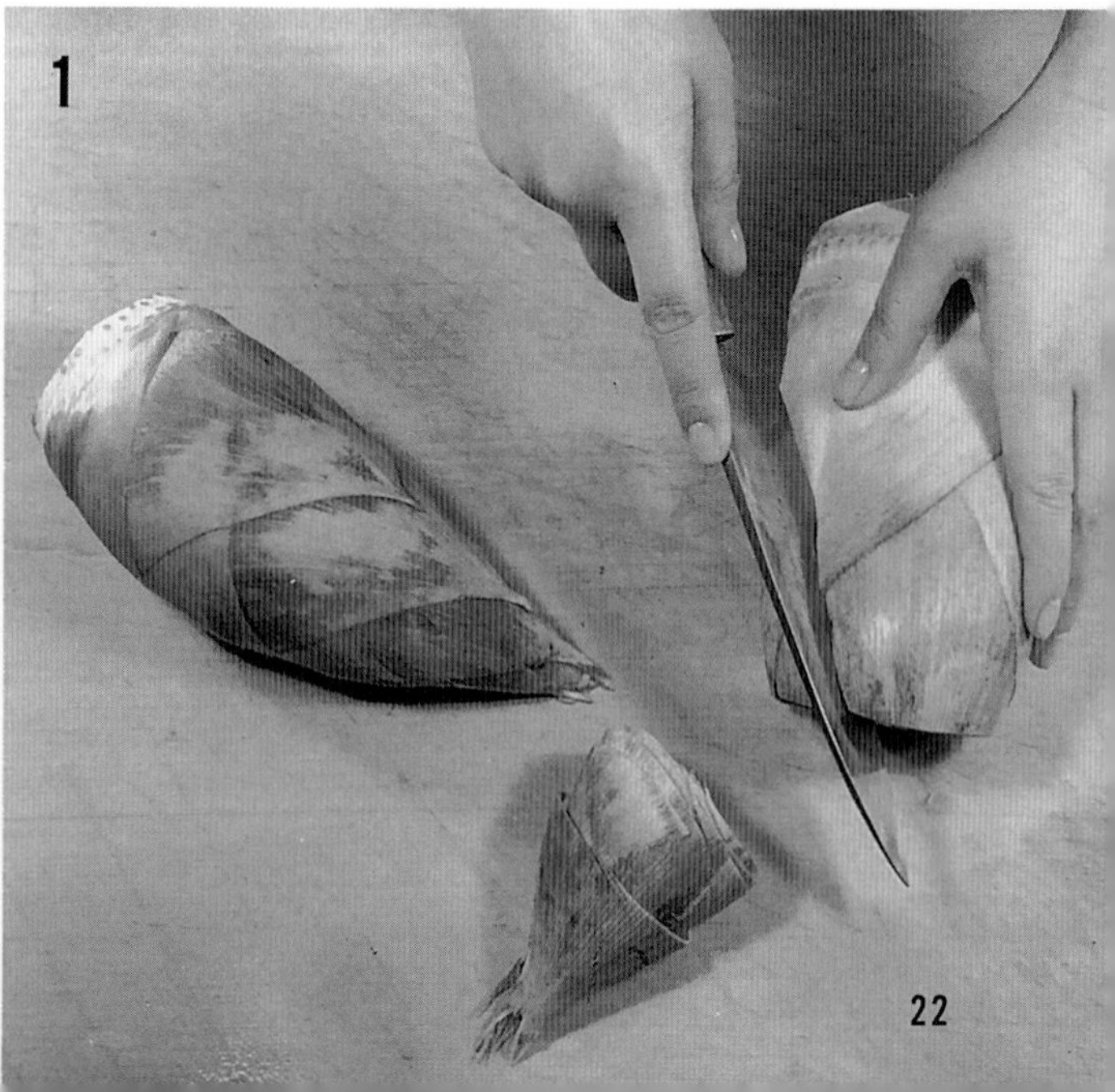
1

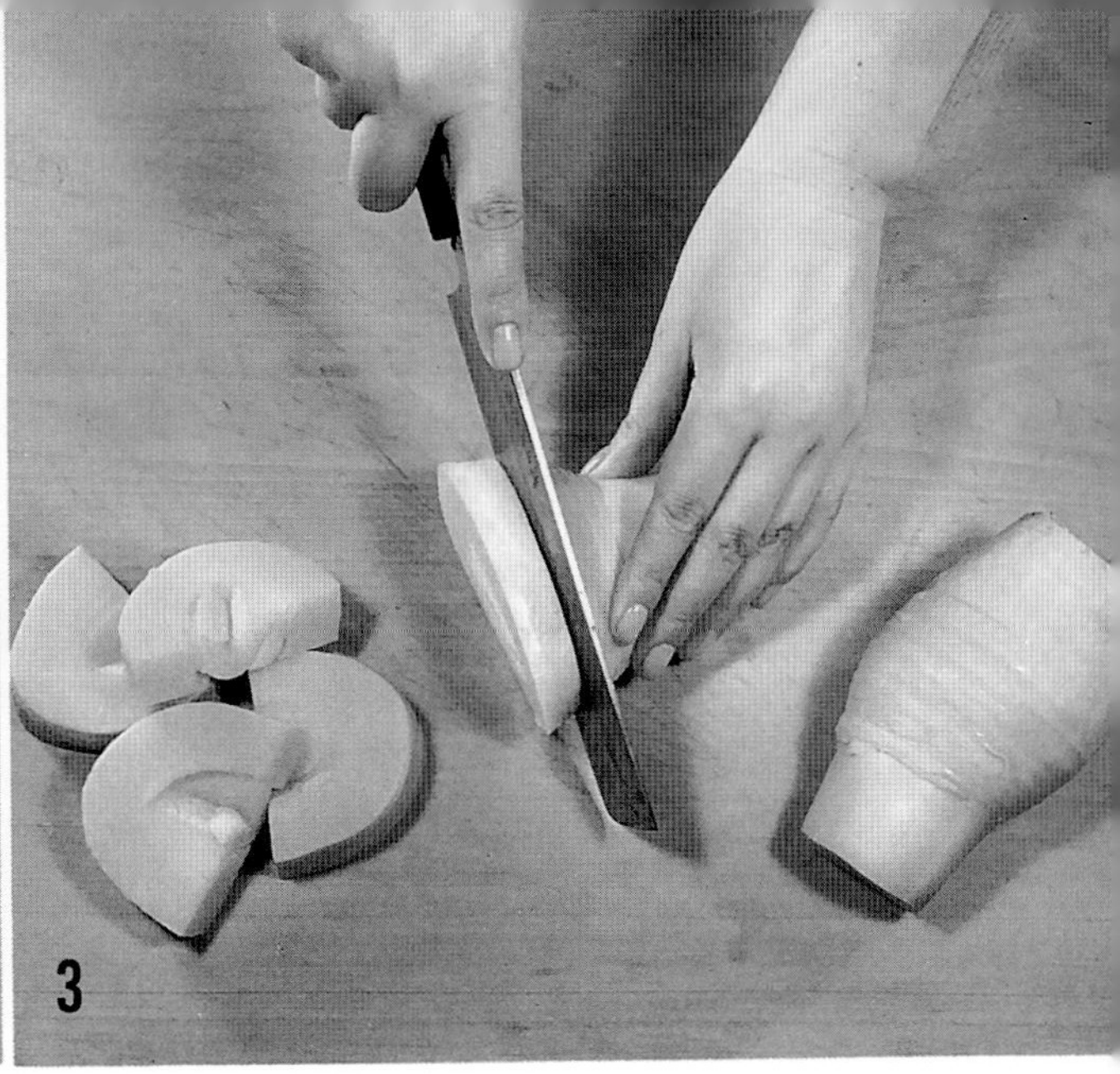
3

4

3　たけのこは1㌢ぐらいの厚さの輪切りにします。太いところは二つにわってください。つけじょう油がしみやすいようにタテ、ヨコに5㍉ぐらいの深さに、こまかく庖丁目を、表もウラも入れます。

4　つけじょう油は、しょう油4、ミリン3、日本酒1の割に合せてよくまぜ、この中にたけのこをつけ、三十分ぐらいおきます。途中、二、三度、ハシでかきまわします。

★この本に使っているカップ1杯は180ccです。大サジはテーブルスプーンで18cc、茶サジは6ccです。

5　とろ火で、つけじょう油をつけながら焼きます。軽くこげ目がついたら、タレを刷毛ではいては焼き、はいては焼きします。お皿にもり、残ったタレに火を通してかけ、あれば木の芽を小さくちぎって、散らします。

5

17 ぜんまいの卯の花まぶし

おからは、甘酢がふしぎにあうものです。ぜんまいと厚揚げを煮いて、甘酢のおからでまぶした、晩春のおそうざいです。

材料　ぜんまい　大きく一つかみ（2百50グラム）。おから　3百グラム。厚揚げ　3枚。玉子　2コ。酢　（4、5人前）

作り方

1　ぜんまいは熱湯をかけて水に放します。かたいところは落して3、4センチの長さに切ります。

厚揚げも熱湯をかけて、5ミリくらいの厚さに切ります。ナベにダシをカップ2杯とり、砂糖大サジ1½杯、塩茶サジ1杯、しょう油大サジ1杯で味をつけ、煮上ってきたらぜんまいを入れて、味がしみるころ厚揚げを入れます。味がついたらザルに上げておきます。

2　べつのナベに、油をたっぷり流れるほどとって、おからを入れ、玉子を割り入れ、よくつぶしてから、いっしょにいりつけます。

そこへぜんまいの煮汁カップ½杯と砂糖大サジ2杯、しょう油大サジ1杯、塩茶サジ1杯、酢大サジ3杯で味をつけ、いの一番か味の素を入れて、中火でいってゆきます。パサパサになるまでいってはいけません。まだしめり気ののこる程度で火からおろして下さい。

3　ここへ、ぜんまいと厚揚げを入れて、よくまぶします。

1

3

2

18 のりすい

これは上等のお吸い物の一つです。中身は、のりと針に切ったしょうがだけですが、のりのおいしさが忘れられません。のりは多いほどおいしくなります。

1

材料　のり　5枚。しょうが　50グラム。日本酒　（5人前）

作り方

1　針しょうがを作ります。しょうがの皮をむいてから、ヨコにして、出来るだけうすく、紙のようにへいでゆきます。それを重ねて、こんどはできるだけ細く、細く刻んでゆきます。

　なれないと、つい太く、爪楊枝ぐらいになりがちですが、これは文字通り針のように細いほど味がよいのです。これを刻んだはしから水にさらしておきます。

2

2　吸いかげんの吸いものダシを作ります。ダシは、かつおぶしと昆布でとり、カップ5杯に、塩茶サジ1杯、しょう油茶サジ1杯、日本酒大サジ1杯を加えます。しょう油の量は好みでふやして下さい。

　のりをあぶって、かわいたふきんにつつんで、こまかくもんで、乾いたおわんに盛ります。針しょうがをしぼって、一つまみほどのせ、あついダシを上からたっぷりかけます。

19 なまりとひじきの煮しめ

ひじきといえば、油揚げと煮くということになりますが、これはなまりを入れて煮てみたら、とてもおいしく、取り合せとはふしぎなものです。

材料 ひじき 40グラム。なまり 約百50グラム
（3、4人前）

作り方

1 ひじきは、水か、ぬるま湯につけてもどします。十分か十五分でじゅうぶんやわらかくなりますから、ザルに上げて水を切っておきます。

ナベに油をたっぷり流れるくらいとって、ひじきをこの中で、よくよく油炒りします。

2 その上に、なまりを指でほぐしながら、入れてゆきます。小骨があればとります。

つづいて味をつけます。まず砂糖を大サジ2杯入れ、とけてじゅうぶんにまわったら、ダシカップ2杯、しょう油大サジ5杯を入れ、いの一番か味の素を加えて、調味料が全体にゆきわたるようにかきまぜます。

その後はナベの中をあまりいじりまわさないこと、なまりがそぼろのようになってしまいます。火は中火に落として、水気がひくまで煮つめてゆきます。

1

2

20 にんじんごはん

にんじんはきらいだという人が、これならたべるという。こんにゃくと油揚げがうまく味を作ってくれます。ダシは昆布と煮干しです。ふつうより少しゆっくり炊きます。できれば赤い京にんじんで。

材料　にんじん　2本（約3百グラム）。こんにゃく　1枚。油揚げ　2枚。米　カップ5杯（5、6人前）

作り方

1　こんにゃくは、ヨコに二枚か三枚にそいで、はしからセンにきざんでから、ゆがきます。油揚げはミジン切りにします。

2　にんじんは頭の方から、写真のような大きさに、そぎ切ってゆきます。

3　ダシは、昆布と煮干しで濃いめにとって用意しておきます。お米を洗い、カップ6杯半のダシを加え、しょう油大サジ1杯、塩茶サジ軽く2杯を加えて、油揚げ、こんにゃく、にんじんを入れ、よくかきまぜて炊きます。電気釜でも。

21 高野どうふのおかんだ煮

高野どうふを油で揚げて、煮込んだものです。はじめてたべる人の十人が十人、何だろうとおっしゃいます。この味は、ほんのり甘いくらいのうす味。

材料　高野どうふ　5コ。つけ合せの野菜。日本酒。油　(5人前)

作り方

1　高野どうふの耳のあたりをよくみると、布目が残っているものです。湯につけても、ここがもどりにくく、なにか口当りがキシッとすることがあるので、もどす前に、この布目をおろし金でおろします。

1

2　この高野を、大きめのボールにならべ、浮かないように、落しブタをして、その上から熱湯をたっぷりかぶってしまうほど、そそぎます。熱湯は、たぎっているようでは熱すぎるので、たぎるちょっと前ぐらいのが、けっこうです。こうして五、六分もすると、すっかり大きくもどります。

2
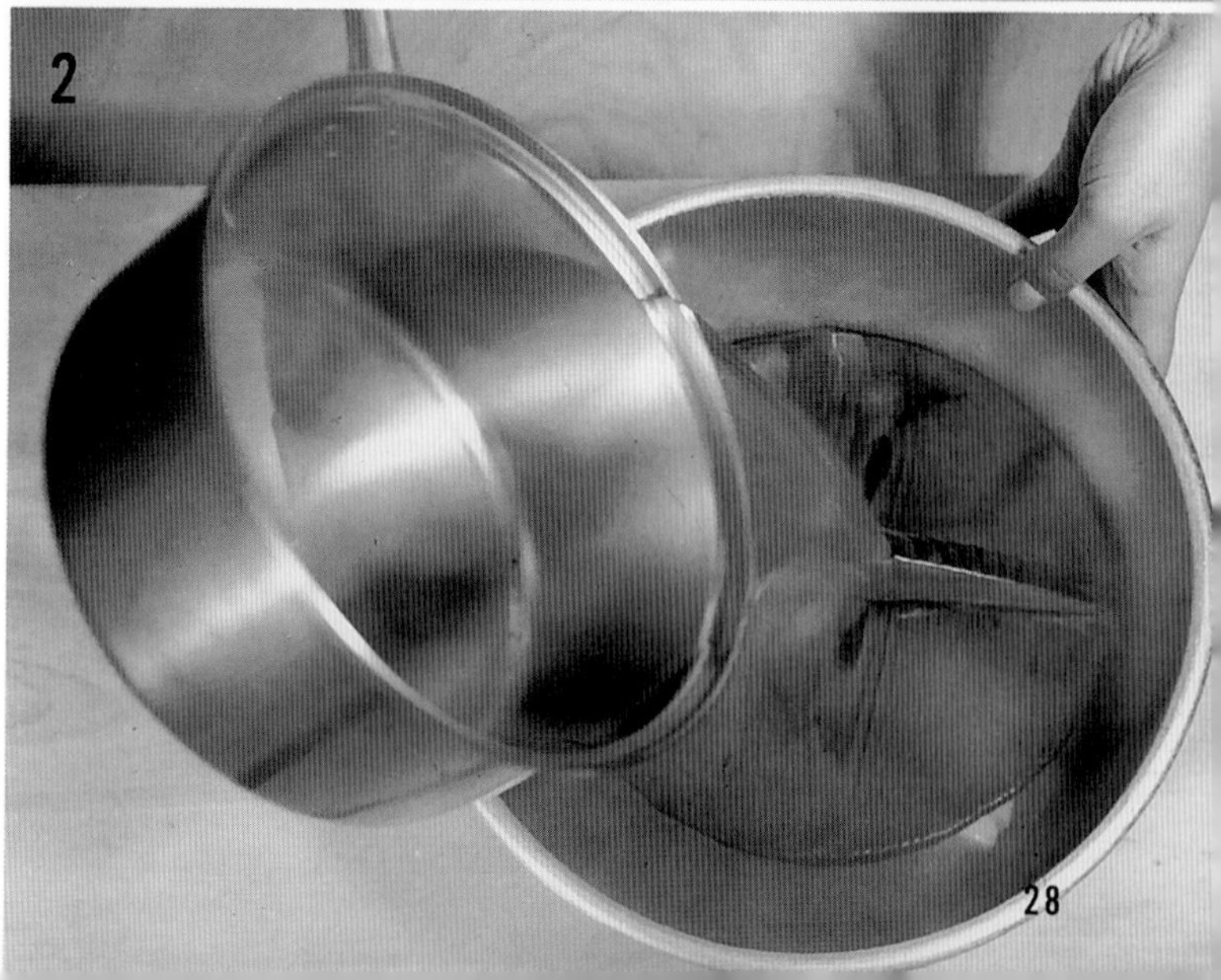

★この本に使っているカップ1杯は180cc です。大サジはテーブルスプーンで18cc 茶サジは6ccです

3　ふくれた高野の水気をふきんにつつんで、両手にはさんでキュッとしぼります。つづいて、たっぷりの水で、五、六回、白い色の水が出なくなるまで、しぼっては、水をとりかえ、しぼっては水をとりかえします。

最後によくよく水気をきり、斜めに庖丁を入れて、二つにします。ここでは高野を揚げますが、煮るときもやはり、この水をかえることを充分やって下さい。

フライパンに油を熱くして、天ぷらを揚げるコツで揚げます。うすく黄色くなったら上げます。三分間ぐらいです。揚がったらザルにならべ、上から熱湯をそそいで油抜きをします。

4　これを、ダシで、おいしく煮ふくませます。まず、ナベに日本酒をカップ1/2杯とり、火にかけて煮切ります。

この中にダシカップ3杯、しょう油茶サジ2杯、砂糖茶サジ山4杯、塩茶サジ1杯に、いの一番か味の素を加えて、煮立ってきたら揚げた高野を入れ、落しブタをして、中火でゆっくり、味のしみるまで煮ます。

あしらいに青くゆでたフキ、さんしょの葉、ねぎの色そのままに煮たものなども合います。

煮込まないで、揚げたてを、しょうがじょう油でいただくのもわるくありません。

鮭のてっぽうあえ 22

酢みそに辛子を加え、この中にカン詰のサケをほぐして入れます。こうすると、サケのうまみが加わって、みその味が格別。

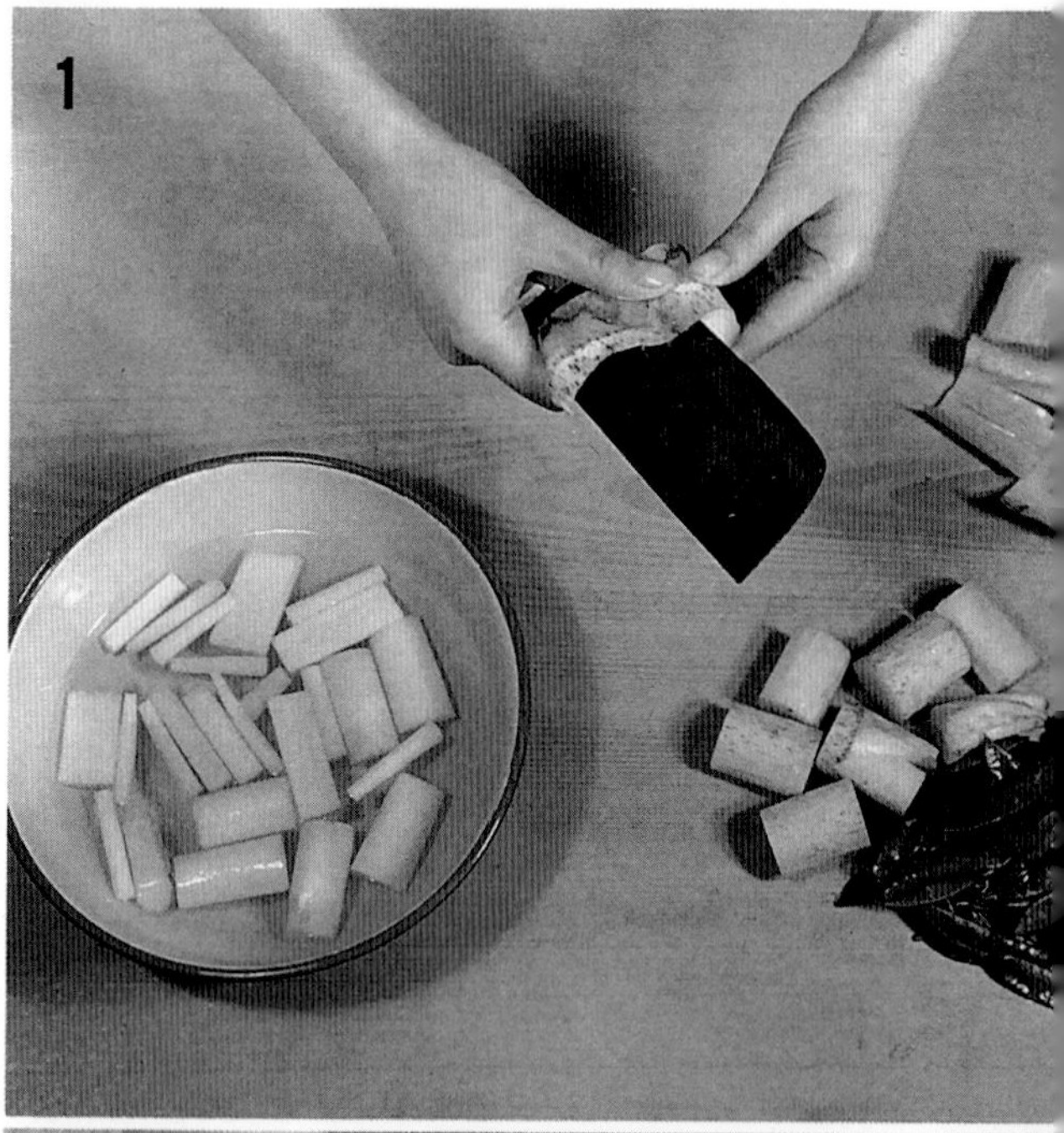

材料　鮭カン　1/2コ（百グラム）。うど　1本。さやえんどう　一つかみ。赤みそ　2百グラム。玉子　1コ。カラシ。日本酒。酢　（4、5人前）

作り方

1　うどは3センチぐらいに切って、皮をむき、太いところは四つ割、あとは二つ割ぐらいにします。アクが出ますから、はしから水に放します。

　熱湯に酢を少したらして、ゆがきます。あまりゆですぎないように、早めにあげます。

　さやえんどうはスジをとって、塩を少し入れた熱湯でサッとゆがきます。

　みそは少し煮たのではナベにくっつく方が多いので、2百グラムたきます。4、5人分として、これで二回分できるわけです。

　ナベに赤みそを2百グラムとり、玉子1コ、日本酒カップ1/3杯を入れて中火にかけます。よくとけてドロッとしてきたら、砂糖を大サジ4杯入れて、こがさぬように、もとのみそのかたさぐらいになるまで、ねりあげます。

2　ボールに、作ったねりみそ半分をとり、この中にときガラシを大サジすり切り1杯入れます。つぎに鮭を汁ごと入れ、ほぐしながらまぜます。これに酢をドロリとするまで入れてよくよくまぜ合せ、鮭みそを作ります。

　この中に、さましてあるうどと、さやえんどうを入れてあえます。

　カラシは、先にといておくこと。

23 たけのことハムと三つ葉のかき揚げ

かき揚げとはふしぎなものです。たけのことハムというような、変ったとりあわせでも、おいしくまとめてくれます。

材料　ゆでたけのこ　小1本。ハム　6枚。三つ葉。玉子　2コ。大根。ミリン。小麦粉。油（5、6人前）

作り方

1　たけのことハムはセン切り。三つ葉も5ｾﾝﾁぐらいに切ります。カン詰のたけのこを使うときは切ってから熱湯をかけます。

2　ボールに小麦粉大サジ山3杯、玉子の黄味2コをとり、どろりとするくらいに水を加えて、手早くかきまぜ、たけのこ、ハム、三つ葉を入れてさっさとかきまぜます。

3　フライパンに油を熱くして、手の上にひろげるようにして、一つずつおとしてゆきます。

天つゆは、ミリン1、しょう油$1\frac{1}{2}$、ダシ5の割。ミリンとしょう油を煮たてて、ダシでのばします。大根おろしをたっぷりそえます。

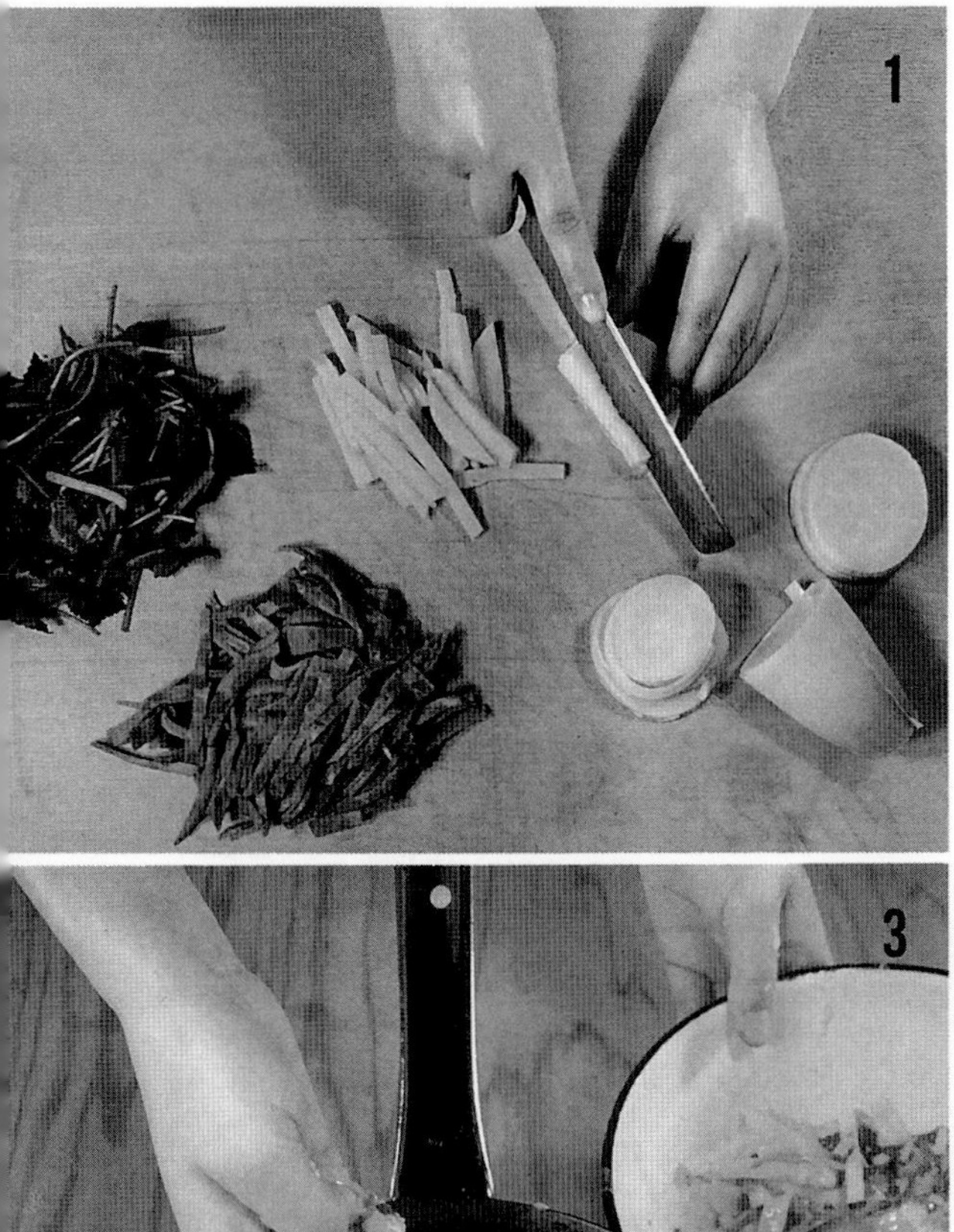

1

3

2

24 かれいのから揚げ

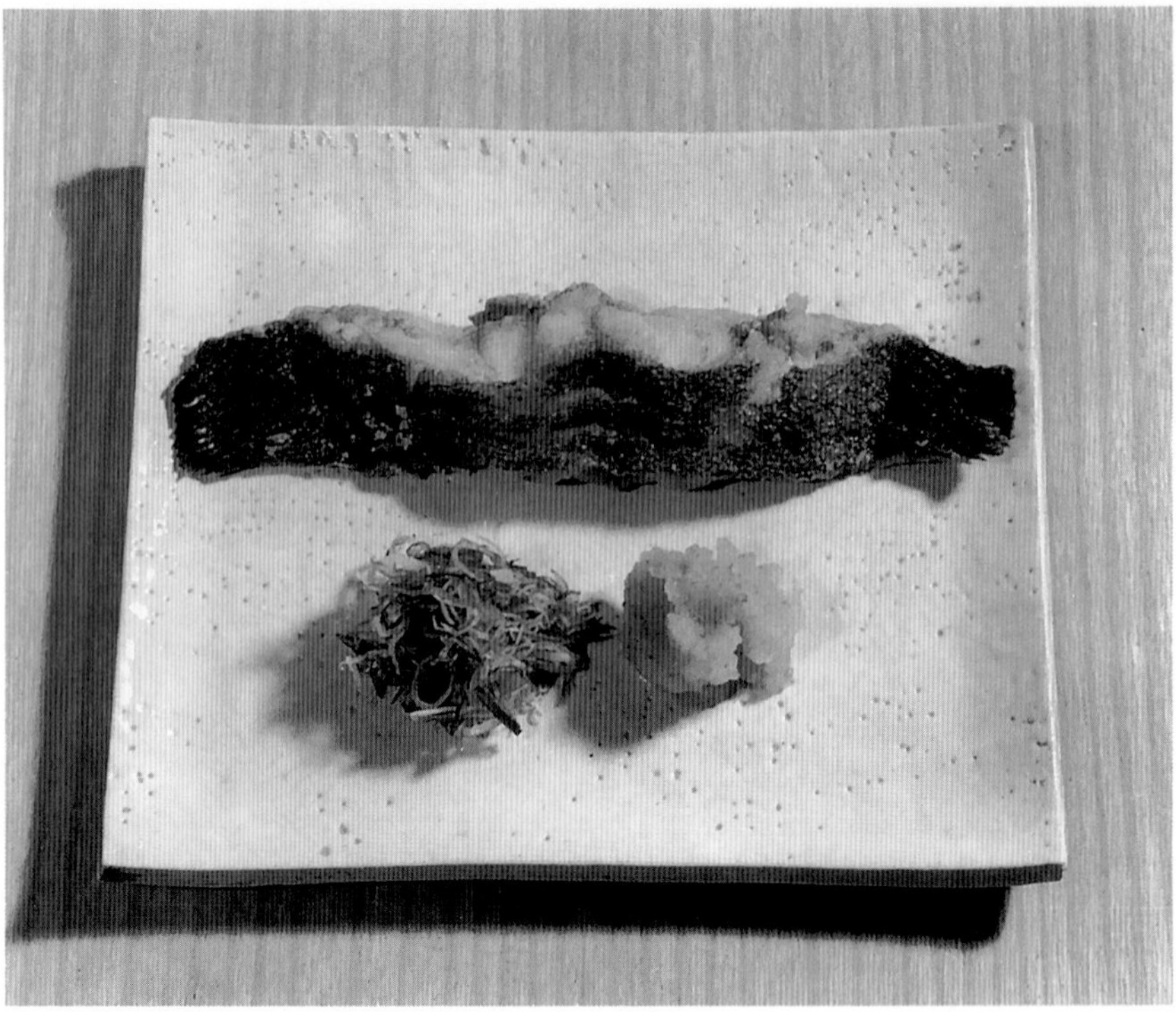

冷凍の魚も、油でゆっくりと揚げて、熱いうちに、大根おろしの入ったつけじょう油でいただけば、なかなかおいしいものです。

これは、かれいですが、平目でも、おひょうでも、白身の魚ならなんでも、こうして食べてみて下さい。

材料　かれい　6切れ。ねぎ　1本。小麦粉。大根　少々。ミリン。赤とうがらし粉。油　（6人前）

作り方

1　かれいの切身の両面に、火の通りのいいように、一、二本庖丁目を入れてから、全体に薄く塩をふって、しばらくおきます。

揚げる前に、切身に一つ一つ、写真のように薄く小麦粉をつけます。

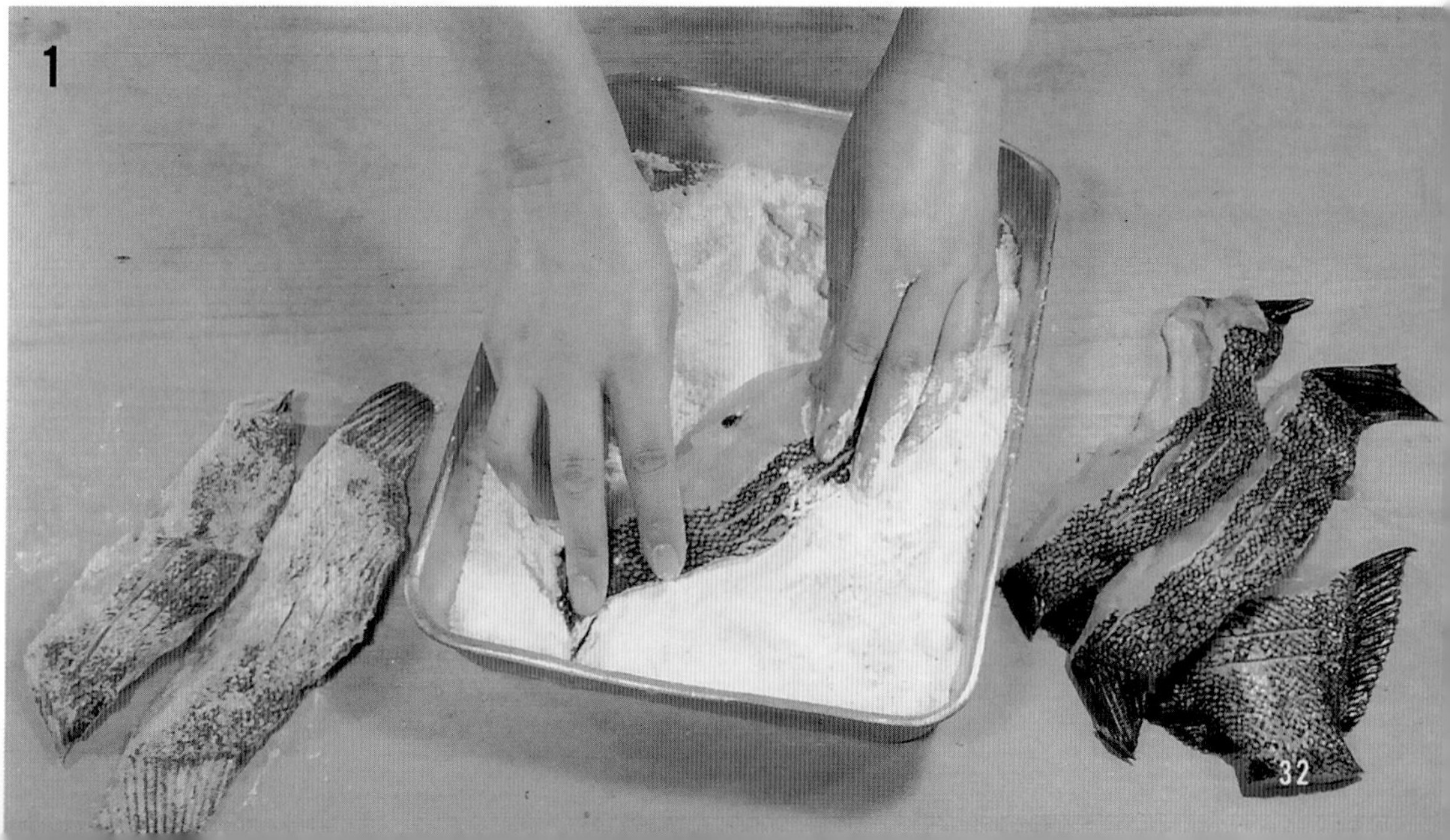

2　つけ汁を先につくっておきます。ナベにミリンをカップ$\frac{1}{2}$杯とって煮切り、そこへ、しょう油カップ$\frac{1}{2}$杯と、ダシをカップ$1\frac{1}{2}$杯入れて、煮上ってきたら、いの一番か味の素を加えます。

　薬味は、大根をおろして軽くしぼり、そこへ、赤とうがらし粉をまぜ合せたものと、ねぎをこまかくきざんで水洗いして用意します。

★この本に使っているカップ1杯は180ccです。大サジはテーブルスプーンで18cc、茶サジは6cc

3　フライパンに油をとって、熱くなってきたら切身を順に入れます。油が熱すぎると、中まで火が通らないうちに、外がこげてきますから、火を弱めて、ゆっくり揚げます。

　こういう魚は、はじめのうちは油がはねませんが、揚がりがけに、はねることがあります。

　つけ汁も熱くして、おろしとねぎをまぜ、揚げたての熱いところをいただきます。

25 しいたけごはん

椎茸をたっぷり入れたたきこみごはんです。たきこみごはんは、はじめ口に入れたとき、ちょうど頃合いの味では濃すぎます。うす味にするのが、いわばコツです。

1

2

材料　干椎茸　12コ。にんじん　小1本。油揚げ　$1\frac{1}{2}$枚。米　カップ5杯。ミリン。日本酒　（5、6人前）

作り方

1　椎茸は水につけておきます。あまりたくさんの水に長くつけると、椎茸のせっかくのうまみがすっかり出てしまいますから、水はひたひたぐらいにします。切れるようになったら、じくをとって、これを出来るだけ細いセンに切ります。

　にんじんも同じようにセンに切ります。油揚げはミジン切りに。

　お米は早めに洗いザルに上げておきます。

　煮干しの濃いめのダシに椎茸のつけ汁も加えて、カップ$5\frac{1}{2}$杯用意します。

2　ごはんをたくナベにミリン大サジ3杯を煮切り、ダシを入れ、日本酒カップ$\frac{1}{2}$杯入れます。味は塩茶サジ1杯、しょう油茶サジ2杯にいの一番か味の素を加えます。

　この中にお米、椎茸、にんじん、油揚げを入れます。水加減はやわらかめのが好きな人は、あとダシをカップ$\frac{1}{2}$杯ほどふやして下さい。電気釜でも同じように作ります。

　ふつうのごはんをたくのと同じ要領でたきあげます。小人数で、2、3人前なら、材料をちょうどこの半分にすれば、ほどよくたき上ります。

26 こんぶとふきのつくだ煮ふう

つくだ煮というと、しょう油味がすっかりしみこんで、そのものの味がわからないものが多いのですが、これはそこまで煮ません。昆布のうまみがすっかりフキにしみこんで、ついたべすぎるのが心配です。

材料　昆布　2百グラム。フキ　約20本。酢。

作り方

1　フキは皮をむきながら、4、5センチに折って、アクが出るので水の中に落しておきます。

昆布は1.5センチ角ぐらいにハサミで切って、ぬるま湯にとり、砂をとるように洗って、ザルにでもあげておきます。

ナベに、水カップ10杯と酢大サジ2杯を入れて、この中に昆布を入れて、強火で二十分ぐらいぐらぐら煮ます。昆布がやわらかくなったらフキを入れて、その上からしょう油カップ1杯入れて、煮上ってきたら火を中火にします。

2　こげつかせないように気をつけて、そろそろ煮つまる頃合いに火をとめます。

1

2

27 かに入りとうふの吉野汁

すりつぶしたおとうふに、カニをまぜて揚げ、それをおつゆにしたものです。そのまま揚げたてに、しょう油をつけただけでもおいしいものです。カニとおとうふの割合は適当に加減して下さい。

材料　とうふ　1丁。カニ　正味で2百グラム。玉子　小2コ。ねぎ、しょうが　少少。日本酒。片栗粉。油　(5、6人前)

作り方

1　とうふをふきんでつつみ、まな板をななめにした上にのせます。上から重いもので押して、ポロポロになるくらいまで、しっかり水を切ります。

　これをすり鉢にとって、うらごしするくらいの気持で、できるだけよくすります。すれたら玉子を割りこんで、もう一回すりこみます。

2　片栗粉大サジ1杯をふりこみ、塩茶サジすり切り1杯、砂糖茶サジ山1杯を入れて、全体によくかきまぜ、味をつけます。

　カニはカラから身をほぐします。カニ缶だったら骨とすじをとってから、身をくずし、まぜ合せます。

1

2

★この本に使っているカップ1杯は180ccです。大サジはテーブルスプーンで18cc、茶サジは6ccです。つまり、茶サジ3杯分が大サジ1杯、大サジ10杯がカップ1杯になります

3　フライパンに油を熱くして、これを少しずつ手でつまんで、落してゆきます。かるくキツネ色に揚がってきたら上げます。すぐ揚がるし、こげるとまずくなるので注意して下さい。これでだいたい30コほどでき上ります。

4　昆布か、かつおぶしでとったダシをカップ6½杯用意して、塩茶サジ1杯、しょう油茶サジ2杯で味をつけ、日本酒大サジ2杯といの一番か味の素を加え、火を一度強くして、わいてきたら中火に落します。

片栗粉茶サジ山3杯を大サジ2杯の水でといて入れ、くずをひきます。

ここに揚げただんごを入れて、煮たったらすぐ火をとめます。煮すぎると、すぐベロベロになるので注意して下さい。

いっしょに食べられない人の分は、汁も実も、べつにわけておいて、そのつど煮て下さい。

いただくときは、上からさらしねぎ、おろししょうがを、しぼるかのせます。

28 いかのたらこあえ

おさしみになるほどの新しいのが入ったら糸作りにして、たらことあえてみて下さい。おいしくて気のきいたものです。あったかいごはんによろこばれます。

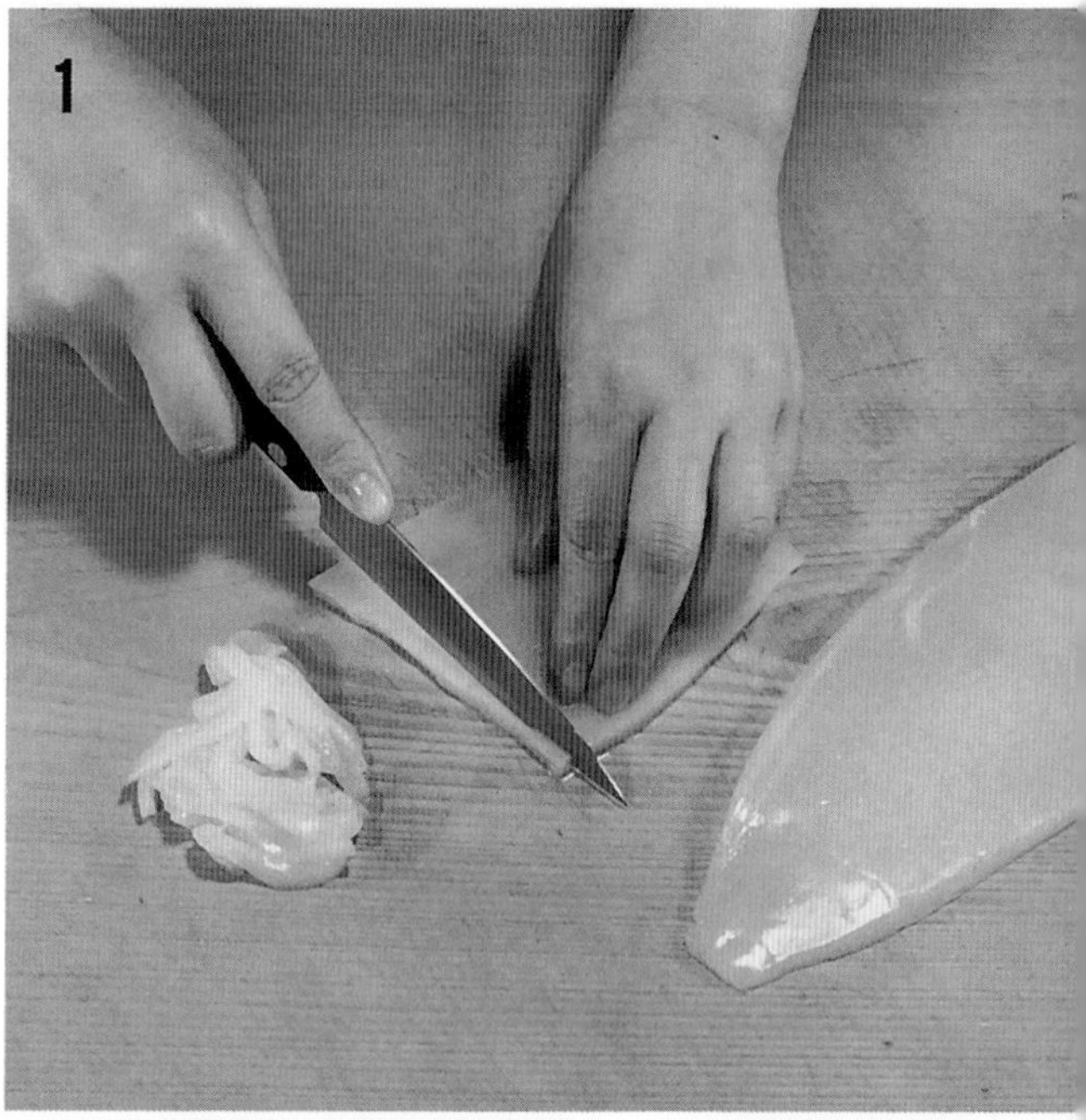

材料　イカ　2はい。たらこ　2はら（6、7人前）

作り方

1　イカは水洗いして、ひれとあしをとり、皮をむいて、するかしないかのうす塩をしておきます。少しおいてから、おさしみにするよりずっと細く、糸作りに切ります。

2　たらこは庖丁でそぎとり、身をほぐし、うす皮は捨てます。

3　イカをこのたらこでよくあえます。あればレモンの汁を少したらします。たらこは、なるたけ色のうすいのを使って下さい。イカのひれとあしは、焼いていただきます。たらこが少なければ、それはそれで、イカの味がいきてきます。

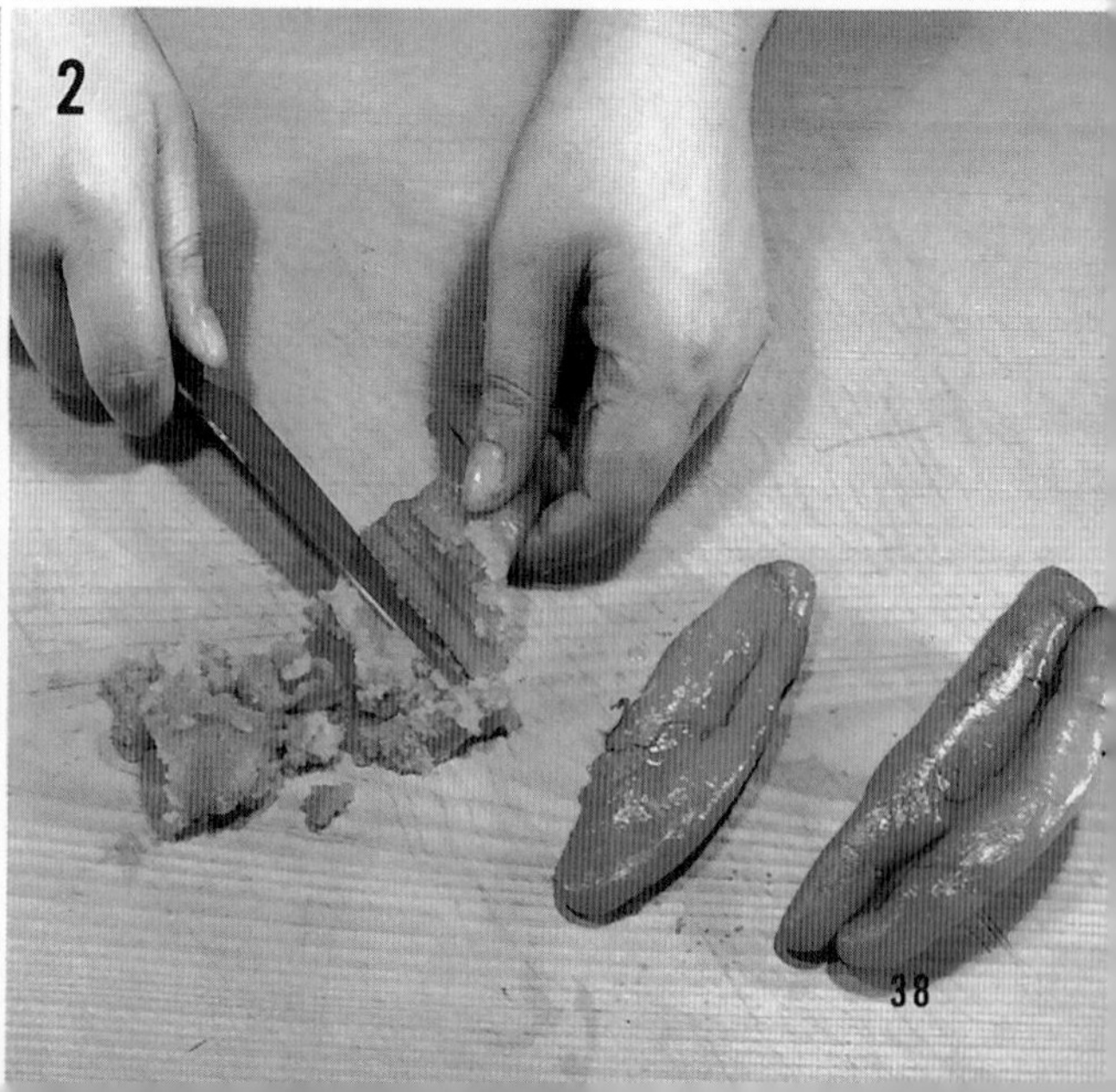

29 なまりとえんどうのくずよせ

なまりとえんどうとふきをたきあわせました。五月のなつかしい風味です。

材料　なまり　3切れ。フキ　細めのもの約7本。むきえんどう　カップ3杯。しょうが。片栗粉。日本酒　（5、6人前）

作り方

1　えんどうは塩ゆでにしたら、サッと水にさらしてザルに上げ、水を切っておきます。

　フキはサッとゆでて、水に落してから皮をむいて3、4㌢の長さに切ります。太いフキの場合は二つぐらいにさきます。

　ナベに、豆とフキを入れ、その上になまりを手でほぐして入れます。

2　これを火にかけ、まず水カップ$1\frac{1}{2}$杯と日本酒をカップ$\frac{1}{2}$杯入れます。

　つづいて、砂糖大サジ2杯入れ、砂糖がとけたら、しょう油大サジ4杯入れ、いの一番か味の素を加えて、中火にしてゆっくり煮ます。

　煮つまりかけてきたら、片栗粉大サジ山1杯を大サジ3杯の水でといて入れ、かきまぜます。

　いただくとき、好みで、上からしょうがをしぼります。

30 そうざいふう魚すき

関西ではよくやる魚のナベです。もちろんどの魚でもやりますが、ここでは、いきのいいサバとイカを使います。味は魚をいかして、さらりといただくのが身上です。

材料　サバ　いきのいいもの1尾。イカ1ぱい。白菜　中1/2コ。焼きどうふ　2丁。糸こんにゃくか白たき　2コ。ミリン（5、6人前）

作り方

1　サバは二枚におろして、2㌢ぐらいに、ヨコにそぐように切ります。頭はダシにするので、二つか三つぐらいに切っておきます。

イカはあしをぬいて開き、背に庖丁で、ななめにたべやすく切り目を入れてからタテに二つに切ります。これをやはり1㌢か1.5㌢ぐらいに細く切り、あしも食べよい大きさに切ります。

白菜はタテに庖丁を入れて、5㌢ぐらいに切ります。もとの白いところは庖丁をねかせて、そぎ切るようにすると、いくぶん薄く切れます。糸こんにゃくは湯がいてから、二つか三つに切ります。焼きどうふは八つぐらいに切ります。

2　魚をつけるつけじょう油を作ります。ミリンカップ1杯、しょう油カップ1/2杯、水カップ1/2杯、の割であわせます。
このつけじょう油を半分だけボールにとりこの中にサバとイカを二十分から三十分つけて、魚に下あじをつけておきます。こうやると魚の身もしまって、あとで煮たとき身がくずれにくくなります。

2

3

3　いよいよ下ごしらえができて、いただく段取りになったら、火の用意をし、すき焼きナベをかけます。
残っているつけじょう油に水カップ1/2杯を入れ、うすめてダシを作ります。

ナベに、このダシを入れ、いの一番か味の素を少したっぷり加えて、まず、サバの頭を入れます。ここにサバ、イカ、白菜、糸こんにゃく、焼きどうふを、ひと通り入れます。

煮上ってきたら、すき焼きを食べるように、食べては具をたし、食べては具をたしてゆきます。

野菜から水が出てダシがうすくなったら、魚をつけた濃いダシや砂糖、しょう油を好みにたします。

食べるとき、粉ザンショウをかけるのも、いい風味です。味がもう一つというときは日本酒を加えます。

31 青豆のうにたまご

ほんとうなら、玉子とウニだけでやるものですが、ウニは高いから、おとうふも入れました、決していじけた味ではなく、これはこれでわるくありません。

材料　むきえんどう　カップ山2杯。とうふ　1丁。塩ウニ　60グラム。玉子　2コ
（4、5人前）

作り方

1　えんどう豆は、たっぷりの水に塩茶サジ1/2杯ほど加えて、ゆでます。ゆで上ったら水にさらして、ザルにとっておきます。

　玉子は割って、よくほぐします。

2　とうふはつぶしてナベに入れ、ウニはよくねって、全体によくまじるように入れて、よくよくまぜ合せます。

　火は中火にして、水気がなくなるまでいるようにします。

　そこへ砂糖茶サジ軽く2杯、塩茶サジ1/2杯と、いの一番か味の素を加えて味つけをします。ウニには塩気がありますから、味をみて好みに加減して下さい。このあと、玉子でとじますから、少しハッキリと味がついていた方がいいとおもいます。

　そこへえんどう豆を入れて、手早くまぶします。

　火を弱くして、よくほぐした玉子を、この上からまんべんなく流しこみます。玉子がかたまらないうちに火からおろして、フタをしておきます。

　器にもる前に、上から下に大きくかきまぜます。ウニの量は、もう少し多くしたいところです。

1

2

32 とりうどん

トリ肉のたくさん入ったうどんです。うす味ならお酒の食卓に少しこいめに味をつけたらご飯のおかずにもなります。

材料　トリ肉　3百《グラム》。干椎茸　10コ。ニラまたはねぎ　3《センチ》ぐらいに切って一つかみ。うどん玉　4コ　（4、5人前）

作り方

1　まず煮干しで濃いめのダシをとります。椎茸は水でもどし、じくをとって四つ割にします。トリ肉は、ひとくちにたべられる大きさに切ります。

ナベにダシをカップ8杯とり、椎茸を入れて火にかけ、煮たってきたところで、トリ肉を入れます。このとき、ダシがたりないようだったら、椎茸のつけ汁をたして下さい。

2　トリが煮えてきたら、塩茶サジ1杯、砂糖茶サジ山1杯、しょう油大サジ4杯で味をつけ、いの一番か味の素を入れて味をととのえます。うどんを入れると味が淡くなるので、ちょっと濃いめがけっこうです。

味がついたら、うどんを入れます。ちょっと煮こんで、うどんが芯まであたたまったら、青みにニラかねぎを散らし、火をとめます。

33 わかめの茶わんむし

新わかめと竹輪をいっしょに、茶わんむしの実にしてみました。わかめが舌の先でとろけるようにおいしくいろいろ具の入ったのとまたちがい、玉子のうまみもいきています。

材料　新わかめ　一つかみ。細めのいい焼きちくわ　1本。玉子　3コ。しょうが　(4、5人前)

作り方

1　わかめは、水でよく洗って砂をおとしてから、ぬるま湯につけてもどします。新わかめなら五、六分もつければいいし、古いのなら、たっぷり十分はつけないとだめです。

ナベにわかめをとり、水をかぶるぐらい入れ、わき上ったら火をとめます。古いのならしばらく煮きます。ゆがいたあと、庖丁でたたくようにして小さく切ります。これをもう一度水にさらすように洗い、水を切っておきます。

焼きちくわは、熱湯をサッとかけてから、出来るだけ薄く小口からきざみます。

★この本に使っているカップ1杯は180ccです。大サジはテーブルスプーンで18cc、茶サジは6ccです

1

2　ボールに玉子をぜんぶ割りこみ、ダシカップ$3\frac{1}{2}$杯、塩茶サジすり切り1杯、しょう油大サジ1杯で味をつけ、いの一番か味の素を加え、泡立器でよくよくまぜます。アワがいっぱいたちますから、紙ででもよせてとります。

3　茶碗を用意し、ちくわと、わかめを、それぞれ等分に盛ります。

　ここに、玉子汁を、おたまで静かにつぎ入れてゆきます。だいたい一碗に、おたま2杯くらいの見当です。

4　これから蒸すわけですが、茶碗のフタはしないで、アルミ箔をかぶせます。こうすると中にぜんぜん水気が入りません。

　ふかしがまに湯を煮たて、そこへ入れて、中火で十五分ふかします。フタは、ハシ1本入るくらいすき間をあけておきます。いただくとき、しぼりしょうがをたらし、よく上下まぜていただきます。

34 こんにゃくなべ

こんにゃくと大根をゆでて、そのゆで上りにみそをたっぷりつけて、熱いところをふきふきいただきます。

1

材料　こんにゃく　3枚。大根　細めの$\frac{1}{2}$本。赤みそ　2百ｸﾞﾗﾑ。日本酒　（4、5人前）

作り方

1　こんにゃくと大根は、串に刺しやすく、たべよい大きさに切って、あらかじめ、ゆでておきます。

これに串を打ちます。串は先の方をあまり出さぬことです。出すと、みその器につっかえて、みそがつきにくくなります。

2

2　まず、みそをすり鉢でよくすってナベにとり、砂糖大サジ4杯、日本酒カップ$\frac{1}{2}$杯を入れてよくまぜ合せ、火にかけます。火は中火で、こげつかぬようにかきまぜながら、どろどろ煮つめてゆきます。

しゃもじで持ち上げてみて、ぽたっぽたっと落ちるぐらいになったら、出来上ります。

ナベに湯を入れ、深めの小丼か大きめの湯のみにみそを入れて、真中におきます。まわりに、こんにゃく、大根を入れます。火が通ったら、どっぷりみそをつけて小皿にとります。

35 白身の魚のちり酢あえ

白身の魚を焼いてほぐし、三つ葉とねぎと大根おろしであえて、レモン酢かだいだい酢でいただくのです。焼きざましの魚など焼きなおして、こんなふうに作ってみて下さい。

材料　白身の魚　2切れ。三つ葉　一にぎり。大根おろし　カップ1杯。わけぎ　5本、またはねぎ　太め1/2本。大きめのレモン　1コ、またはだいだい。七味とうがらし　（4人前）

作り方

1　魚はうす塩をして、しばらくおいてから、なるべくこがさないように、そして中まで充分に焼きます（子があったら、とり出して、これも中まで充分に焼きます）。骨をよくとり、ほぐしておきます。

2　三つ葉は3センチぐらいの長さに切りサッとゆがきます。わけぎかねぎは、薄く切って、庖丁でたたいてミジンにしておきます。大根おろしは軽くしぼります。

　レモンの汁1コぶんをしぼります。この量はカップ1/4杯ぐらいになります。これと同量のしょう油を用意します。

3　焼いてほぐした魚と三つ葉、ねぎ、大根おろしをボールにとり、まぜ合せます。そこへレモンの汁、しょう油にいの一番か味の素を加え、いっしょにあえます。とうがらしか七味とうがらしをふります。

★レモンはすっぱいので、だいだいと半々にするのもいい味です。

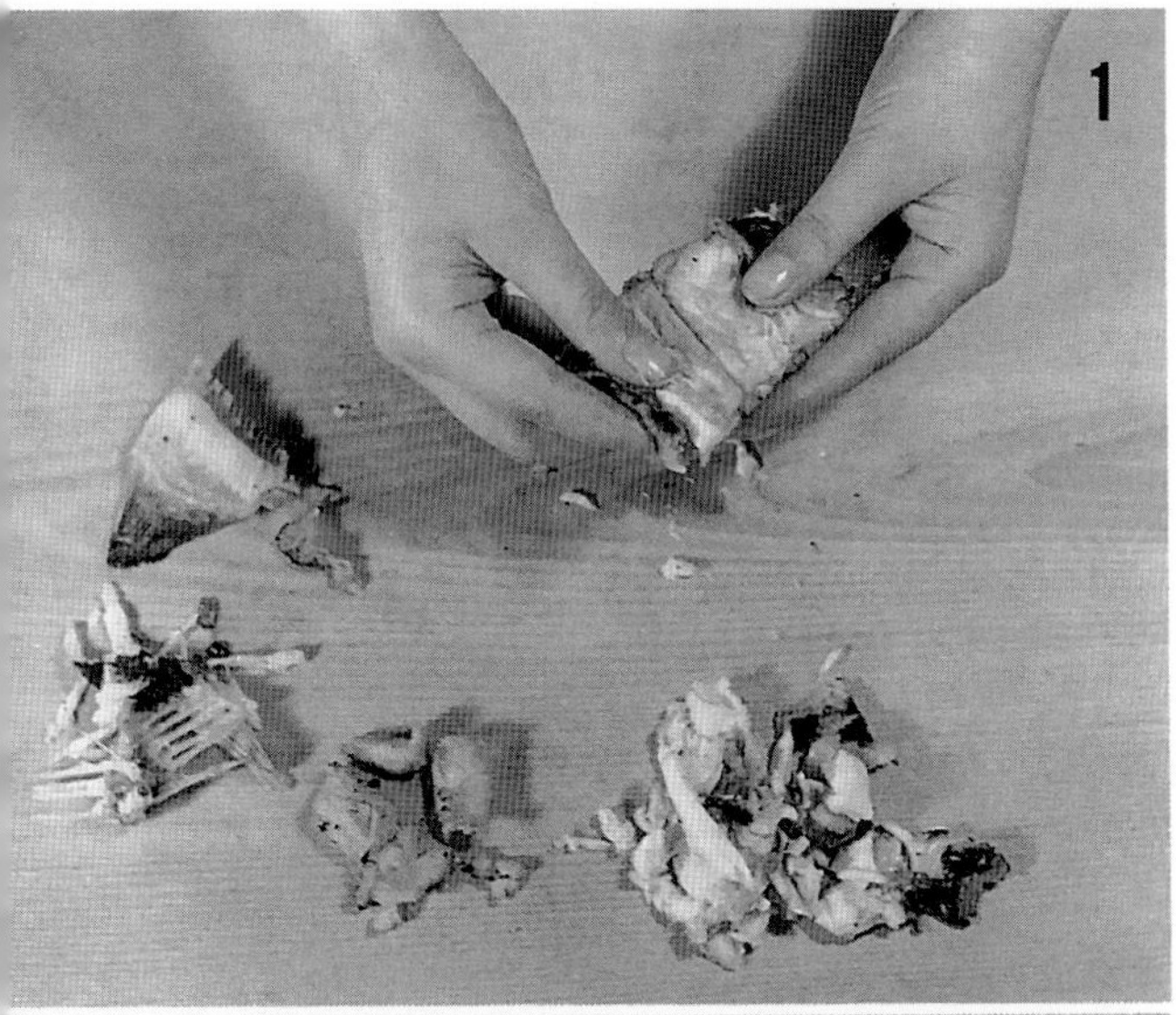

36 豚肉とふきとたけのこのうにまぶし

豚肉とたけのこと、ふきにうす味をつけてウニで和えた、上等なあえものです。たけのこはゆでたけのこでも、けっこうです。

材料　豚肉　うす切り3百グラム。ゆでたけのこ　3百グラム。フキ　細め6、7本。塩ウニ　70グラム。玉子の黄味　2コ。レモン1/2コ。日本酒　（4、5人前）

作り方

1　フキはナベの大きさに合せて切って、ふっとうしたお湯でゆでます。色よくゆでるときは、塩を茶サジにすり切り1/3杯ほど入れて、ゆでます。

ゆでたら水にさらし、皮をむきます。これを、金串か、木綿針の先で、タテに三つか四つにさいてから、3センチぐらいの長さに切ります。

小さいボールに、ダシをカップ1/2杯とり、しょう油茶サジ1杯、塩茶サジ1/3杯、砂糖茶サジ1杯で味をつけて、この中にフキをよくしぼって、味のしみるようにひたしておきます。

たけのこは、先の細いところはそのまま、太いところは二つか三つに切ってからうす切りにします。

豚肉は3センチくらいに切っておきます。

1

2

3

4

5

2　ナベにダシカップ2杯をとり、塩茶サジ1杯、しょう油大サジ1杯、砂糖茶サジ1杯を加えて火にかけ、ここへたけのこを入れてしばらく煮ます。たけのこに味がついてきたら、豚肉を入れて、味がしみたらザルにあげ、汁をきってさまします。

3　ウニは粒ウニだったら、うらごしにかけてから小ナベにとります。そこへ玉子の黄味を入れて、ウニをのばすようにかきまぜます。ここへ日本酒を大サジ2杯入れて、ねります。

　これを弱火にかけて、ダマになったりこげついたりしないように気をつけながら、ていねいにねりのばします。

4　すり鉢にこのウニをうつして、よくよく全体をすりまぜます。

　ここへレモンの汁をしぼりこみ、そのあと、砂糖茶サジ1杯ほどを加えて、すりまぜます。

5　この中へ、つけておいたフキを軽くしぼって入れ、豚肉とたけのこも入れてあえます。下から上へ、ウニがよくまぶるように、しゃもじであえ、いの一番か味の素をふりこんで味をととのえます。

★よくお酒の入ったねりウニがありますが、あれはどうもおいしくできません。

37 うろぬきごぼうのいためだき

四、五月ごろになると間びいた葉つきごぼうが出まわります。このクキを煮たものは、歯あたりがよく、おいしいものです。

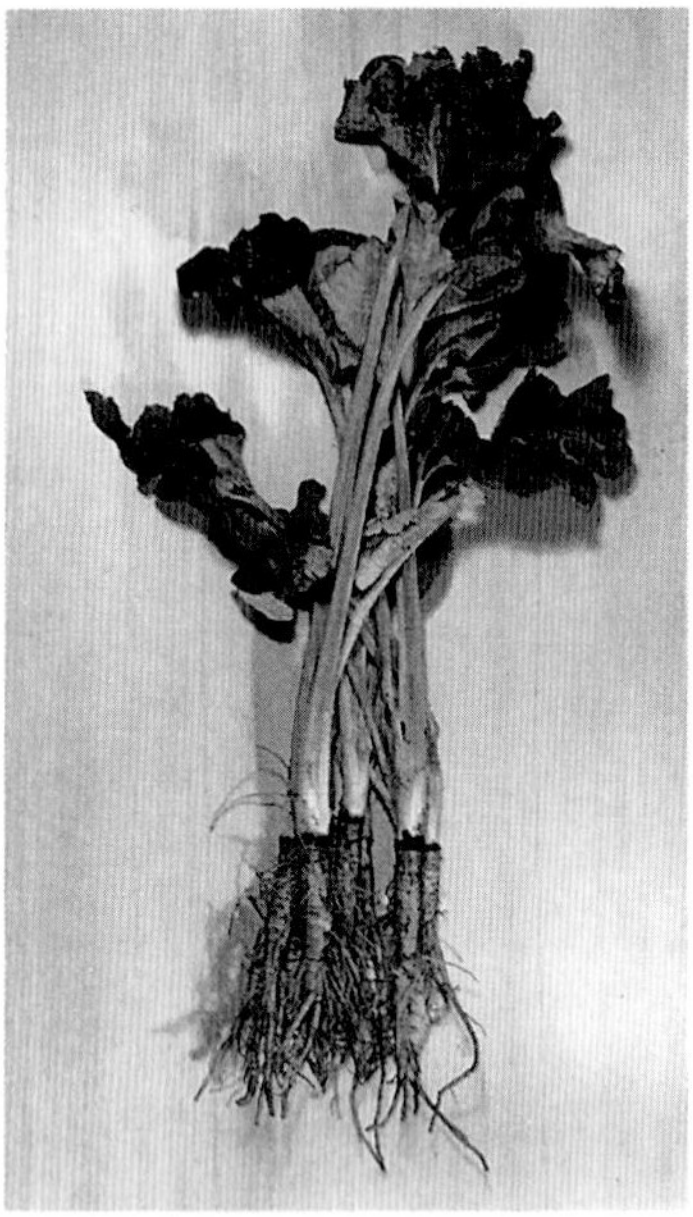

材料　葉つきごぼう　2束(約4百グラム)。いりこ(煮干し)　60グラム。赤とうがらし　2本(5、6人前)

作り方

1　いりこの頭と中骨をとって、三つくらいにタテにさいておきます。いりこがカチカチだったら、ぬれぶきんにつつんですこしおくと、らくにさけます。

ごぼうはよく洗って、根のヒゲをとり、葉はクキだけのこして、葉先はとってしまいます。クキは5センチぐらいにザクザク切り、根の方もやはり5センチぐらいに切って、これを薄切りにし、別々に水にさらし、煮るまえにザルに上げ、水気を切っておきます。

2　厚手のナベに油を流れるくらいとり、まず、ごぼうの根といりこをよくよくいためます。ごぼうがしんなりしてきたら、クキを入れ、砂糖大サジ1杯を入れてかきまぜます。つぎにしょう油大サジ4杯、赤とうがらしはタネをとり、こまかくきざんで入れます。

全体に味がしみて、汁気がなくなるまで、ハシでかきまぜながら煮上げます。

38 けいらん汁

玉子をこまかく散らして、その玉子を半熟ぐらいにあげるのがこの汁のいのちです。

材料　玉子　3コ。トリ肉　2百グラム。生椎茸　中3コ。にんじん　1本。小さい焼ふ20コ。三つ葉　一にぎり。しょうが。片栗粉（5人前、2杯ずつ）

作り方

1　トリ肉は、一口でたべられるくらいに切ります。椎茸はうす切りにします。にんじんは3、4センチの長さに細くきざみます。焼ふは水につけておきます。

　三つ葉は、はしからこまかくきざみます。三つ葉がないときは、ねぎをきざんでちょっと水にさらしたものでもあいます。

2　ナベにダシをカップ10杯とって、トリ肉を入れます。煮上ってきたら、塩茶サジ2杯としょう油茶サジ2杯入れます。

　ここに、にんじんと椎茸を入れ、やわらかくなったら、焼ふの水をしぼって入れます。すぐ煮えてきますから、手早く片栗粉大サジ2杯をカップ1/2杯の水でといて入れ、薄くとろみをつけます。

　ここで玉子をよくよくときほぐし、火を細めて少しずつ入れてゆきます。入れながら、ハシで、玉子をこまかくちらします。玉子が全部入ったらすぐ火をとめます。玉子は半熟ぎみとおもって下さい。

　おわんに盛って三つ葉かねぎを散らします。上からしょうがをしぼります。この量は「露しょうが」といって、ほんのポトリ、ポトリと二、三滴おとします。

39 いかと生椎茸の串焼き

焼いたときくずれないいものだったら、こうやって串に刺してたべるのも、感じがかわっていいものです。

ここで焼いたのは、いかと椎茸ですが、これにエビでも一枚加えたら、色どりがよく、お皿の上が一段と引き立ってきます。

材料　身の厚い刺身いか　片身（2百50グラム）。生椎茸　9コ。ミリン。日本酒　（3人前）

1

★この本に使っているカップ1杯は180ccです。大サジはテーブルスプーンで18cc、茶サジは6ccです

2

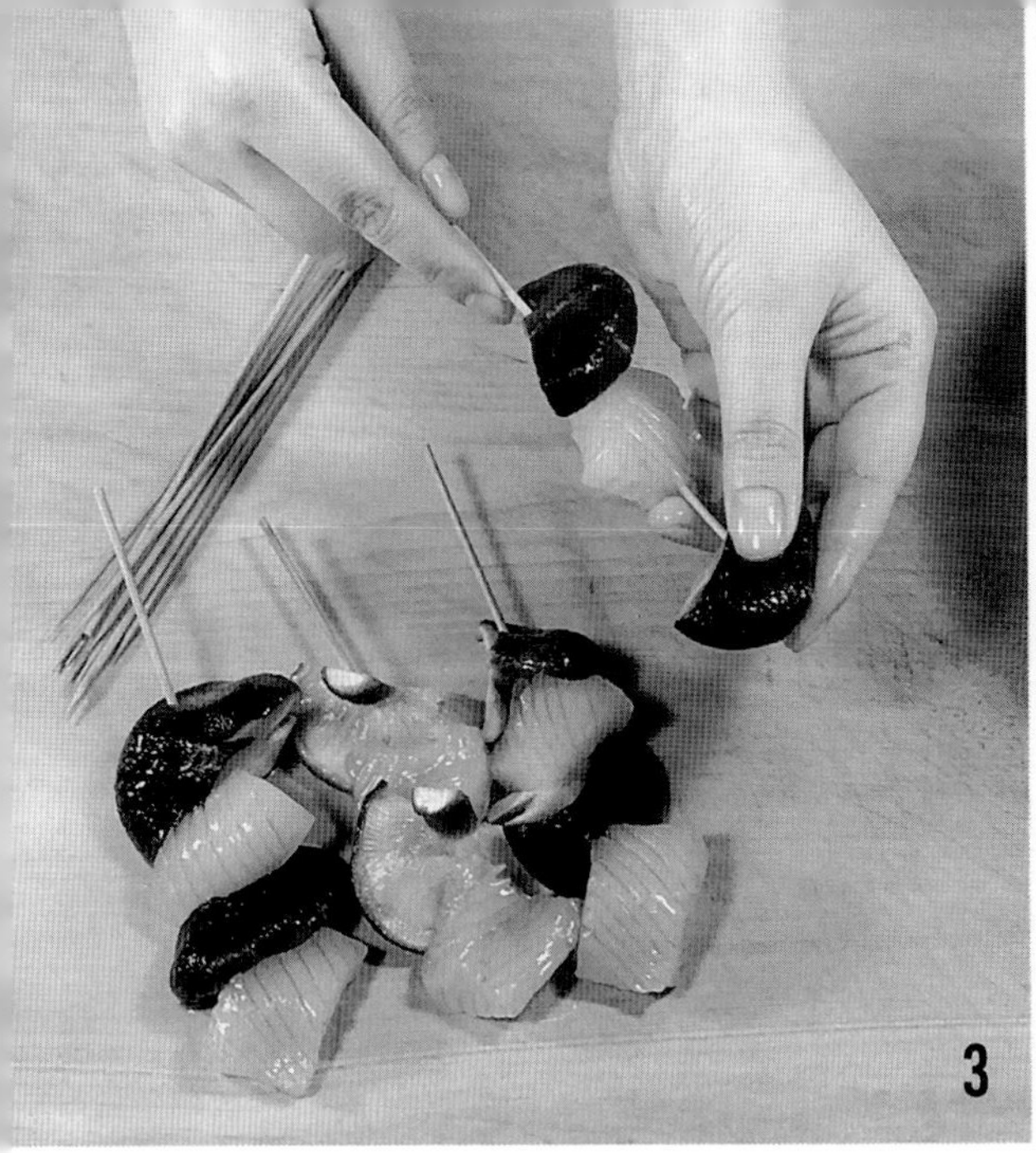

3

作り方

1　イカは薄皮をむいて、タテに3《セン》幅ぐらいに切ります。

タレがよくしみ、たべよいように、両面に斜めに3《ミリ》幅ぐらいにこまかく庖丁目を入れます。これをマッチ箱の半分くらいの大きさに切ります。

ふつうの身の厚くないイカだったら、片面だけに庖丁目を入れて、マッチ箱より一まわり小さいぐらいに切って、あとでまるめて串に刺します。

椎茸はよく洗って、じくを半分ぐらい落してから二つに割ります。

2　ボールにミリン大サジ2杯、日本酒大サジ1杯、しょう油大サジ2杯加えてよくまぜ合せ、この中に、イカと椎茸を入れてよくまぜながら味をしませ、しばらくおきます。

3　味がしみてきたら、竹串にイカと椎茸を交互にさしてゆきます。

4　アミを熱くしてから焼きます。

5　両面をサッと焼いたらかけじょう油をたっぷりかけて、また焼きつづけます。下地に味がついていますから、二、三回ほどくり返してつけ焼きすれば、じゅうぶんです。

かけじょう油の割合は、ミリン大サジ3杯に日本酒大サジ1杯加えて煮切り、しょう油大サジ3杯を加え、煮立てます。

冷めるとイカが固くなりますから、焼きたての熱いうちにいただきます。

季節で、さんしょの葉があれば、小さく切って、散らします。

4

5

40 牛肉の生じょう油やき

肉といえばフライパンとなりがち、これはなんでもないたべ方ですが、おいしさは格別、ただし、予算超過の心配がありそうです。ここでは炭火を使いましたが、火を細めて、魚焼きアミで焼けば、ガスでも、けっこうおいしく焼けます。

材料　牛肉。大根。

作り方

１　牛肉はすき焼きより心もち厚く切ってもらいます。あまり薄いと焼きにくいのです。これをお皿に平たくならべ、しょう油をほんのすこし、上からたらします。しみ込む程度です。多すぎるとからくてまずくなります。

２　炭はよくおこしておきます。火とアミとの間は遠い方がよく焼けます。

　焼けたそばから大根おろしをつけてたべます。好みで、おろしにレモンをしぼりこむのもよいでしょう。

1

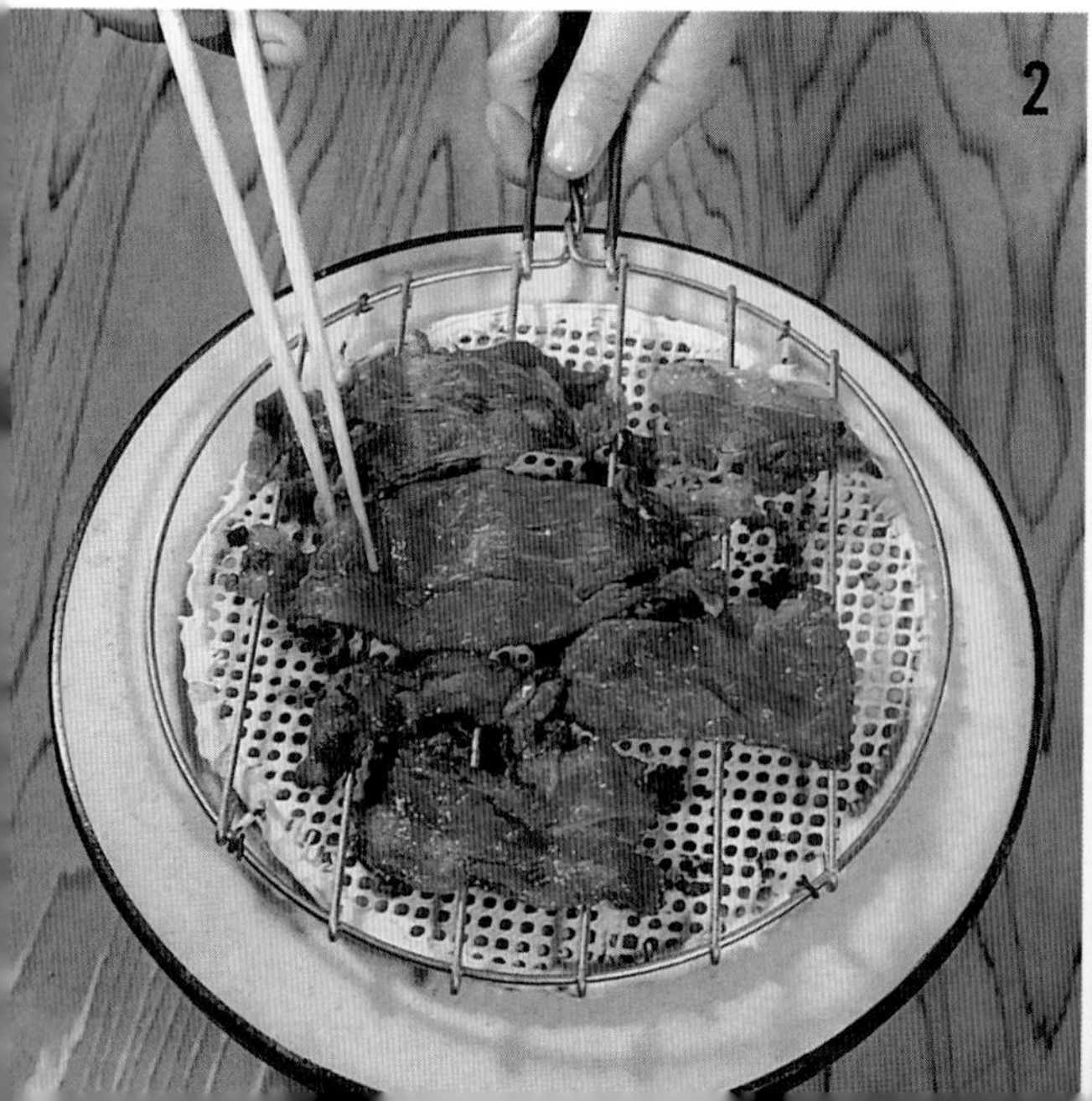

2

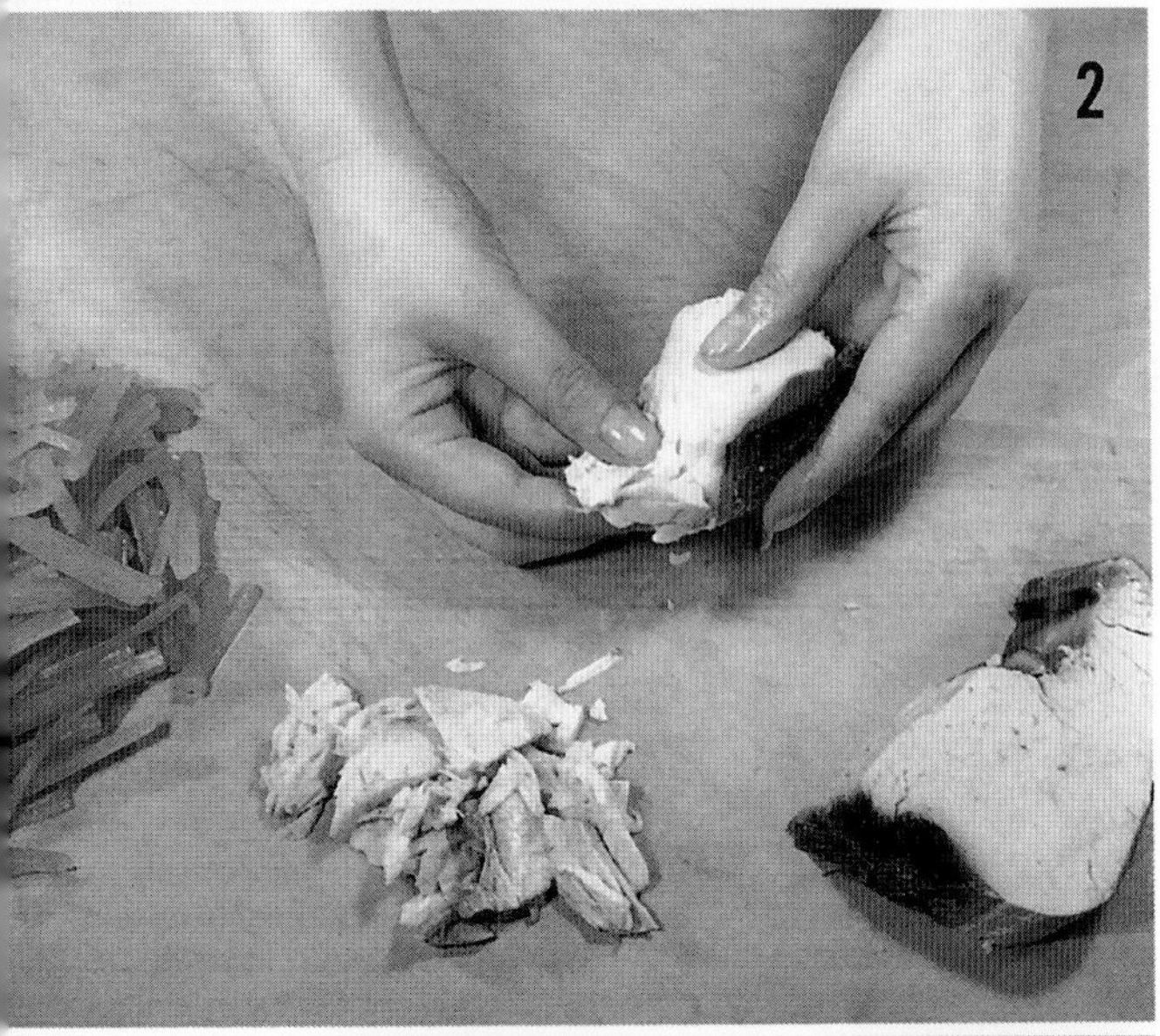

41 なまりとふきのわさびじょう油あえ

あえるのは粉わさびを使いましたが、わさび漬をつかっても、またちがったおいしさになります。

材料　なまり　2切れ。フキ　5、6本。粉わさび　といて大サジ山1杯。酢。のり　（5、6人前）

作り方

1　フキは、ナベに入る大きさに切ります。おナベの湯がふっとうしてきたら、塩を茶サジにすり切り$1\frac{1}{3}$杯ほど入れて、フキを色よくゆでます。

ゆだったら、水にさらして皮をむき、もめん針で、タテに三つか四つにさいて、それを5㌢ぐらいに切ります。

2　なまりは骨をとって、ていねいにほぐします。

3　しょう油カップ$\frac{1}{2}$杯と、といたわさび大サジ山1杯、酢茶サジ2杯をよくまぜ合せて、味の素かいの一番を加え、わさびじょう油を作ります。

酢はレモンでもポン酢でも、夏みかんでもけっこうです。この場合は少し多めに入れます。

いただく寸前に、フキの水気をしぼるぐらいにすっかりきって、なまりと合せて、わさびじょう油であえます。

盛りわけてから、もみのりをかけます。

42 いかと新ごぼうの天ぷら

間引いたごぼうは、くきも根もやわらかく、香りも高く、いろいろに使えます。ここでは、イカといっしょに揚げてみました。ごぼうの味とイカの味が一つにまじって、若い人にも年配の方にもよろこばれるでしょう。もちろん新ごぼうでけっこうです。

材料　新ごぼう　2本(約百50グラム)。うろ抜きごぼうなら　1束（8本ぐらい、約3百グラム。）イカ　2はい（約5百グラム)。玉子の黄味　2コ。小麦粉。大根。油　(5、6人前)

作り方

1　ごぼうはきれいに洗って、ヒゲ根をこすり落し、葉は根元から切りはなします。根のほうは、長さ3、4センの薄い短冊に切って、もう一度たっぷりの水でよく洗ってから、ザルに上げておきます。

葉は先のほうを手でちぎって捨て、茎をそろえて3セン位に切ります。茎は砂がついていることが多いので、切ってから も水をかえて、ていねいに洗います。あまり太いところは手で割っておきます。

1

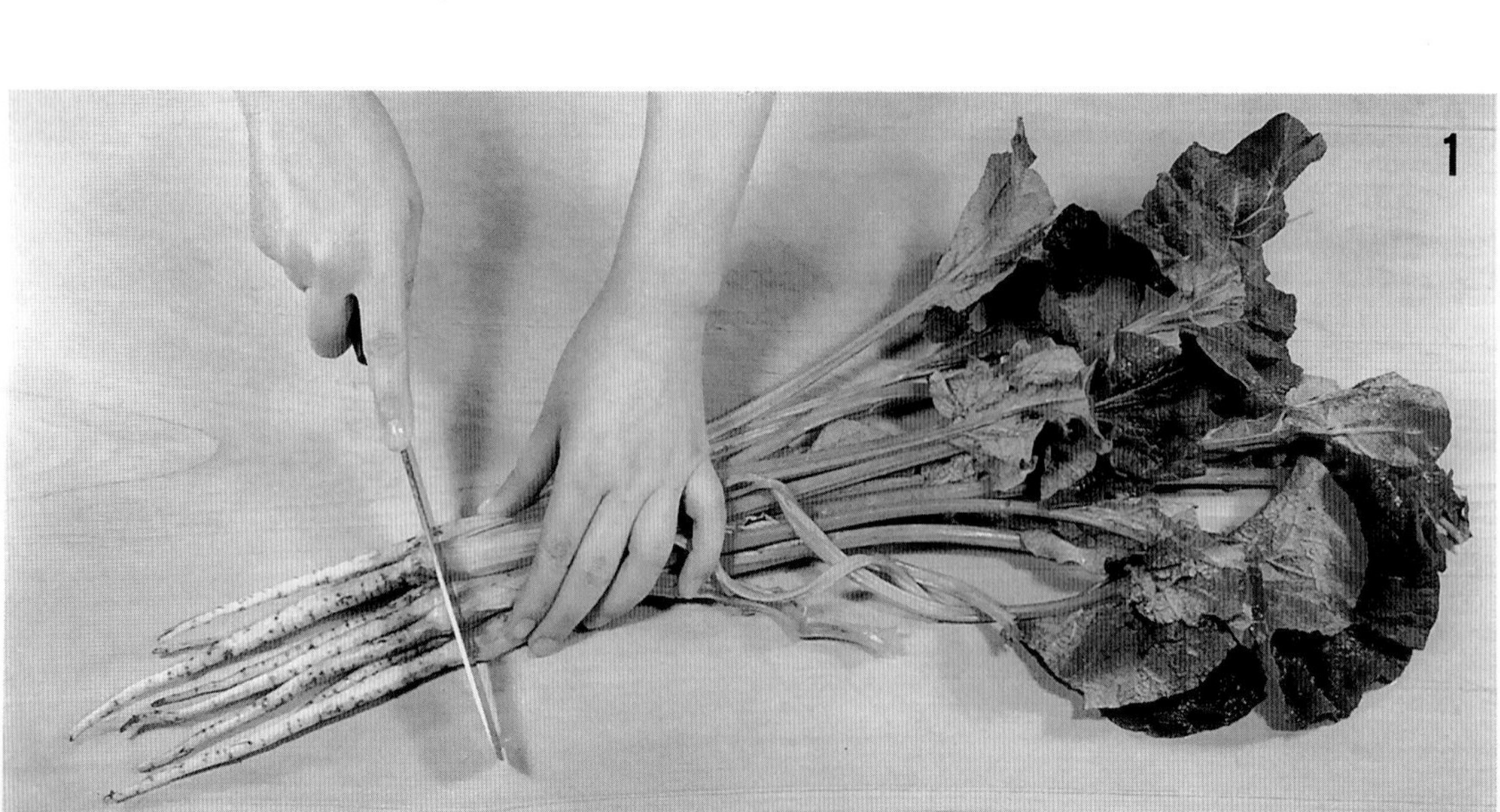

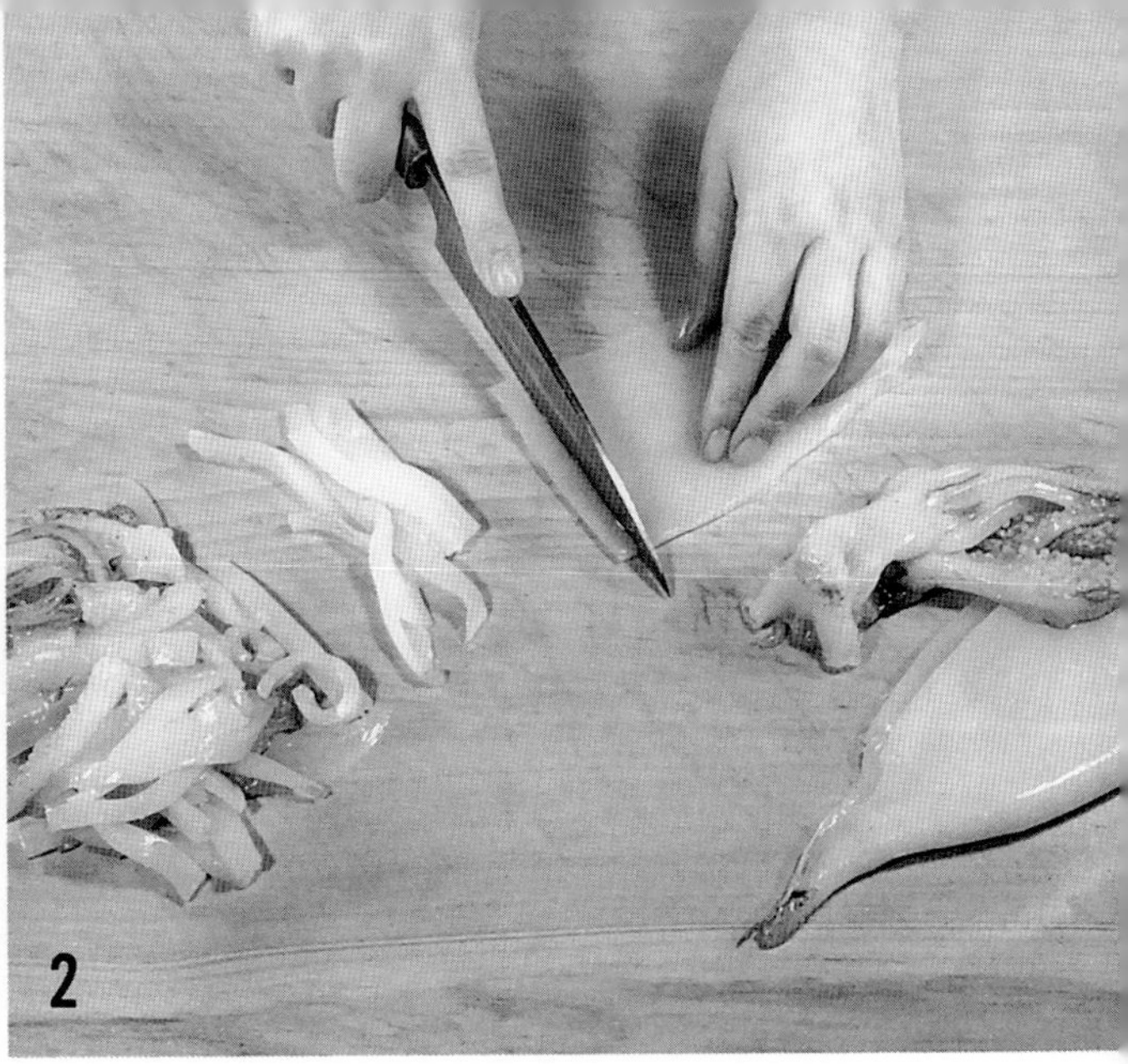

2　イカは足を抜いてよく洗ってから、皮をむきよくふいて水気をとります。
　身はタテに二つ割にしてから、5ミリくらいに細く切り、ヒレも同じように切ります。大きいイカなら、三つ割にします。足は、一本一本切りはなしてから、長いのだけ適当に切っておきます。

3　ボールに玉子の黄味を2コとり、水をカップ$\frac{1}{2}$杯、小麦粉大サジ山5杯を入れ、箸でかきまぜ、コロモを作ります。コロモはふつうのてんぷらのときより、少しかためです。これに茎と根とイカを入れ、ねらないように箸で大きくまぜ合せます。

4　ナベに新しい油をとり、熱くなってきたら、タネをフライ返しか、ご飯しゃもじに適当な分量だけのせ、形をととのえてから、すべらせるように入れて揚げてゆきます。
　こういう揚げものはタネが細切りなので、アミのようにならべ、間のあくように気をつけて揚げると、軽く揚がります。

　つけ汁は、大根をたっぷりおろして、しょう油をかけます。天つゆなら、ミリンカップ$\frac{1}{2}$杯を煮切り、しょう油カップ$\frac{1}{2}$杯を入れて煮上ってきたら、ダシをカップ$\frac{1}{2}$杯入れ、いの一番か味の素を加えて作ります。

1

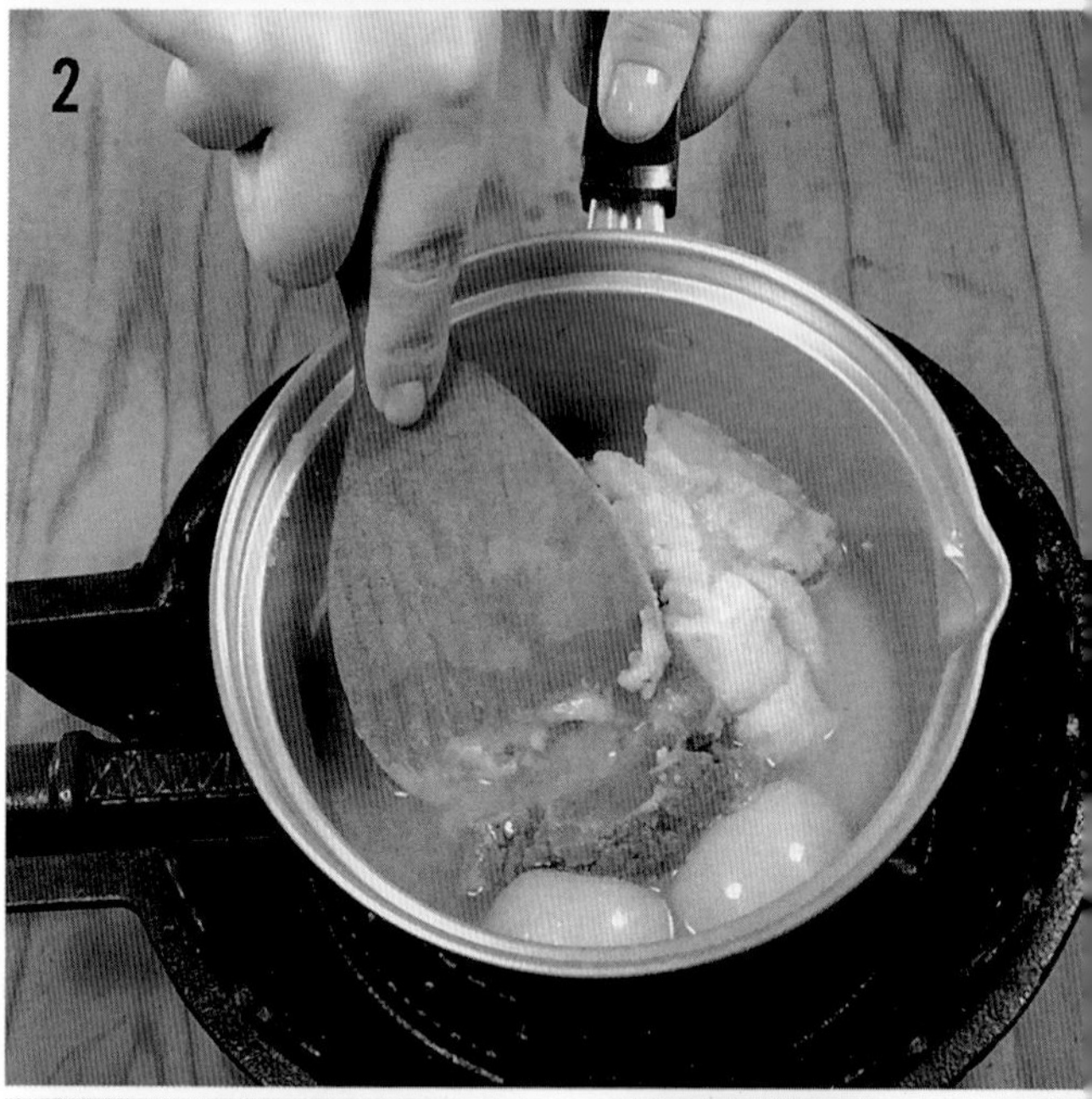

2

3

43 カリフラワーと豚肉の木の芽あえ

木の芽あえといえば、たけのことかいかが相場ですが、豚とカリフラワーでやってみたら、これもなかなかです。

材料　豚肉　薄切り2百グラム。カリフラワー　1コ。玉子の黄味　2コ。白みそ　百50グラム。赤みそ　50グラム。木の芽　一つかみ。　日本酒（5、6人前）

作り方

1　豚肉は小さく切って、塩をふり、からいりします。カリフラワーは塩一つまみ入れた熱湯でゆがいて、水をきっておきます。

2　小さなナベに白みそと赤みそをとって、玉子の黄味を2コとも入れます。そこへ、日本酒大サジ4杯と砂糖大サジ軽く2杯といの一番か味の素を入れて、よくかきまぜ、ちょっと、とろ火にかけてまぜ合せます。

煮すぎると玉子がポロポロになりますから、火加減には気をつけて下さい。

3　すり鉢に木の芽を入れて、軽くすります。そこへ、いまのみそを入れて合せます。カリフラワーを小さく切り、豚肉といっしょにこの中に入れて、あえます。

44 鮭の切りごま茶づけ

こういうお茶漬は、ごはんを少しにしてさっさとたべ、何杯もおかわりして下さい。お茶漬はさっさとたべてこそおいしいものです。鮭はしょう油でいり上げるので、なまぐさみが消えて、おいしさだけが残っている感じです。

材料　鮭カン　1コ（2百グラム）。白ゴマ　カップ$\frac{1}{2}$杯。のり。番茶。ご飯　（5、6人前）

作り方

1　ナベに鮭を汁ごとあけます。よくほぐして、しょう油カップ$\frac{1}{2}$杯といの一番か味の素を加え、強火で水気をとるような気持でいってゆきます。

2　水気がきれたら、火を中火に落し、こがさないように気をつけて、いりつけてゆきます。だんだんポロポロしてきて、なおいりつづけると、ちょっとこげはじめたような香ばしいにおいがし、パサパサしてきますから、火をとめます。

白ゴマはいって、切りゴマにしておき、のりも焼いてもんでおきます。

ふつうのご飯茶わんにご飯を半分ほどよそい、この鮭を大サジに軽く2杯ぐらいの見当でのせて、ゴマとのりをのせ、熱い番茶をかけます。

味をみて、好みに塩をふります。

1

2

45 ふきごはん

ふきのみどりと、ほのかなほろにがさ、さわやかなまぜごはんです。ふきは、はじめからお米といっしょにたくと、色も香りもとんでしまうから、べつに煮て、ご飯のたき上ったところに、サッとまぜます。とり肉を使いましたが、ほんとうに季節の味をたのしみたいときは、とり肉はいらないでしょう。

材料　トリ肉　百50グラ。フキ　1束。米カップ4杯。日本酒　（4、5人前）

作り方

1　フキはナベに入る大きさに切って、ゆでます。水からでなく、煮立ってきたら、塩を少し加えてそこへ入れます。ゆだったら水にさらして、皮をむきます。フキは、ゆでてから皮をむくと、むきやすいし、指も黒くなりません。

　皮がむけたら、金ぐしか竹ぐしか、針のようなもので、タテに四つぐらいにさきます。それを2、3センの長さに切ります。

2　つぎにフキのつけ汁を作ります。ナベに日本酒カップ1/2杯とり、煮切ってから、そこへダシカップ1杯を加え、塩を茶サジすり切り1杯より心もち多く加えて煮たてます。

　フキをボールにとり、この上から煮たったつけ汁をそそぎ入れ、できるだけ長くつけておきます。

3　べつにご飯のダシをつくります。ダシをカップ5杯とって、塩茶サジ1杯、しょう油茶サジ2杯と、いの一番か味の素を加えて煮立てます。

　お米は早めに洗って、ザルに上げて水気を切っておきます。トリ肉はたべよい大きさに、なるべく小さめに切ります。

　ご飯をたくナベに、お米を入れ、トリ肉をほぐすように、全体にちらして入れます。上から用意のダシをはって、ふつうのご飯をたく要領でたきます。

4　ご飯がたき上ったら、ダシにつけておいたフキの汁気をきって、上にちらし、しばらくそのままむらします。

　いただくとき、上、下によくかきまぜて下さい。

1

2

3

4

46 わけぎと青やぎのからしあえ

わけぎと青やぎをからしみそであえたもの、からしの量は好みで多くします。

材料　わけぎ　3束(約2百50グラム)。あおやぎ(バカ貝)　2百グラム。玉子の黄味　1コ。赤みそ　百20グラム。酢。西洋がらし　(4、5人前)

作り方

1　わけぎを3センチぐらいの長さに切って、熱湯の中に入れてサッとゆでます。ゆですぎぬように、白いところがコリコリという程度がけっこうです。ザルに上げて、そのままさましておきます。

西洋がらしはといておきます。

あおやぎは一つ一つていねいに砂を洗います。この洗いが悪いとジャリッと砂をかむことがあります。そして熱湯をサッとくぐらせて、ザルに上げておきます。時間をかけすぎるとかたくなります。

2　すり鉢にみそをとり、よくすってから、酢大サジ3杯を入れてよくすり合せます。つぎに砂糖茶サジ山2杯、西洋がらし茶サジすり切り1杯と、いの一番か味の素を少し入れて、またよくよくすり合せます。これに、玉子の黄味を1コすりまぜると、味が複雑になっておいしくなります。

このすり鉢の中に、用意のわけぎ、あおやぎを入れて、よく和えます。

★他に赤貝、イカなどもおいしいものです。

夏

47 あげなす

ナスを丸のまま、中まで火の通るように揚げると、油をふくんで、たべるととろけるようになります。
それに、たっぷり天つゆをつけて、ねぎと大根おろしでいただくこの料理は、夏ならではのものでしょう。

材料　ナス　10コ。大根。ねぎ細め2本。赤とうがらし粉。ミリン。油　（5人前）

作り方

1　ナスはへたをとって、先を少し切りおとします。なかまで火が通るように、タテに、ぐるっと、1センチぐらいの間隔に、庖丁で切りこみを入れます。

　ぬれていると、揚げるとき油がはねるので、ナスをよくふいておきます。

★この本に使っているカップ1杯は180ccです。大サジはテーブルスプーンで18cc、茶サジは6ccです

1

2　ナベにたっぷり油をとって火にかけ、ナスを揚げます。ナスを入れたら、火を中火にして、気長くゆっくりナスのシンまで火の通るように揚げます。よくひっくり返して下さい。箸でつまんで、押してみてやわらかくなったら揚がっています。

3　天つゆを作ります。割合はミリン1、しょう油1、ダシ4です。

5人前としてミリンカップ$\frac{1}{2}$杯を煮切り、そこへしょう油カップ$\frac{1}{2}$杯を入れ、煮立ったらダシをカップ2杯入れ、いの一番か味の素を加えて煮たてます。

4　大根をカップ1杯ほどおろし、水気をきり、赤とうがらし粉を好みにまぜます。ねぎは青いところもいっしょに、薬味のようにきざみ、ふきんにつつんで、サッと洗います。

うつわに、揚げたてのナスを、一人前2コずつもって、上から熱い天つゆを、お玉に1杯ずつかけます。この上に薬味のねぎと、大根おろしをたっぷり盛ります。

暑い日に、揚げたての熱いのに、熱い天つゆでフウフウいただくのも、わるくないものです。

48 つまみ菜のごま汁

つめたい、コハク色に透き通った汁のなかに切りごまをまぶした青い若い菜が、ゆらゆらと影をおとしています。若菜は、貝われ菜、つまみ菜。三つ葉でも、もやしでも。

1

2

材料　貝われ菜かつまみ菜か三つ葉　大きく二つかみ(約百50グラム)。白ゴマ　大サジ2杯。ミリン　(3、4人前)

作り方

1　貝われ菜は根をとって洗い、たばねて輪ゴムででも軽くまとめておきます。

　つまみ菜だったら、よく洗っておくだけでいいでしょう。

2　熱湯に塩一つまみ入れて、サッとゆでてから、水にさらします。ゆですぎると、ベトつくので気をつけて下さい。

　水から上げてザルにとり、水気をじゅうぶんに切ります。

　汁の作り方は、昆布とかつおぶしで、少し色のつくほど濃いめのダシをカップ$2\frac{1}{2}$杯用意します。ナベにミリン大サジ3杯とり、煮切ってから、用意したダシを入れます。煮立ってきたら、塩を茶サジかるく1杯、しょう油茶サジ1杯、いの一番か味の素で味をととのえて火から下し、冷やしておきます。

　味は、あとからゆでた菜が入り、その上に冷たくするので、どうしても、淡くなりがちですから、少し濃いめにつけます。

　汁が冷たくなったら、ゆでた菜の水気をもう一度よくしぼってから、この汁につけて、なお冷たくします。つまみ菜などでやるときは、二つ三つ庖丁を入れてたべよくして下さい。

　白ゴマを香ばしくいって、庖丁でよく切ります。いただく前にこのゴマをたっぷりふりかけます。ゴマの量はこのみです。

49 あじとじゃがいものかき揚げ

あじとじゃがいものかき揚げは、傑作といいたいほどおいしいものです。

材料　あじ　大3尾。じゃがいも　2コ。三つ葉　一にぎり。玉子の黄味　1コ。小麦粉。大根。油
(5、6人前)

作り方

1　あじは魚屋さんで三枚におろしてもらって、小骨をていねいに毛抜きでとります。

2　じゃがいもは細いセンに切って、水に放しておきます。あじもはしから細く切って、薄塩をふります。三つ葉も4センチくらいに切っておきます。

コロモは小麦粉大サジ山7杯くらいに、玉子の黄味を加え、水カップ1杯でときます。かき揚げですから、ふつうのコロモより少し濃いめです。用意のタネを入れて、まとまらないようだったら粉をたして下さい。

3　油が熱くなってきたら、ご飯しゃもじの上にタネをなるべく平らにならべて、これを油の上に箸でゆっくり押し出すようにします。

このかき揚げは、大根おろしでいただきます。おろしは、水気をきらないで、しょう油を好みに入れます。これだけの量のかき揚げに、おろしカップ3杯くらいは用意して下さい。天つゆでも、もちろんけっこうです。

50 豚のくわ焼き

むかし、鴨の肉をクワの刃の上にならべて焼いたので〈クワ焼き〉というのだとか、そのクワ焼きを鴨の代りに豚でやってみました。

薄切りの豚肉を油でいためて、熱湯をかけ充分に油抜きしてから、甘辛じょう油のタレをまぶしたものです。小さい人の大好物。

材料　豚肉　4百《グラム》。大しょうが。片栗粉。酢。日本酒　（4人前）

作り方

1　豚肉はあまりアブラの多くないところを用意します。厚さはすき焼きより少し厚めに切り、二くちか三くちでたべられるくらいの大きさにします。

まな板の上に片栗粉をひろげ、肉一枚一枚に押しつけるようにして、よくつけます。

★この本に使っているカップ1杯は180ccです。大サジはテーブルスプーンで18cc、茶サジは6ccです。つまり茶サジ3杯分が大サジ1杯、大サジ10杯がカップ1杯になります

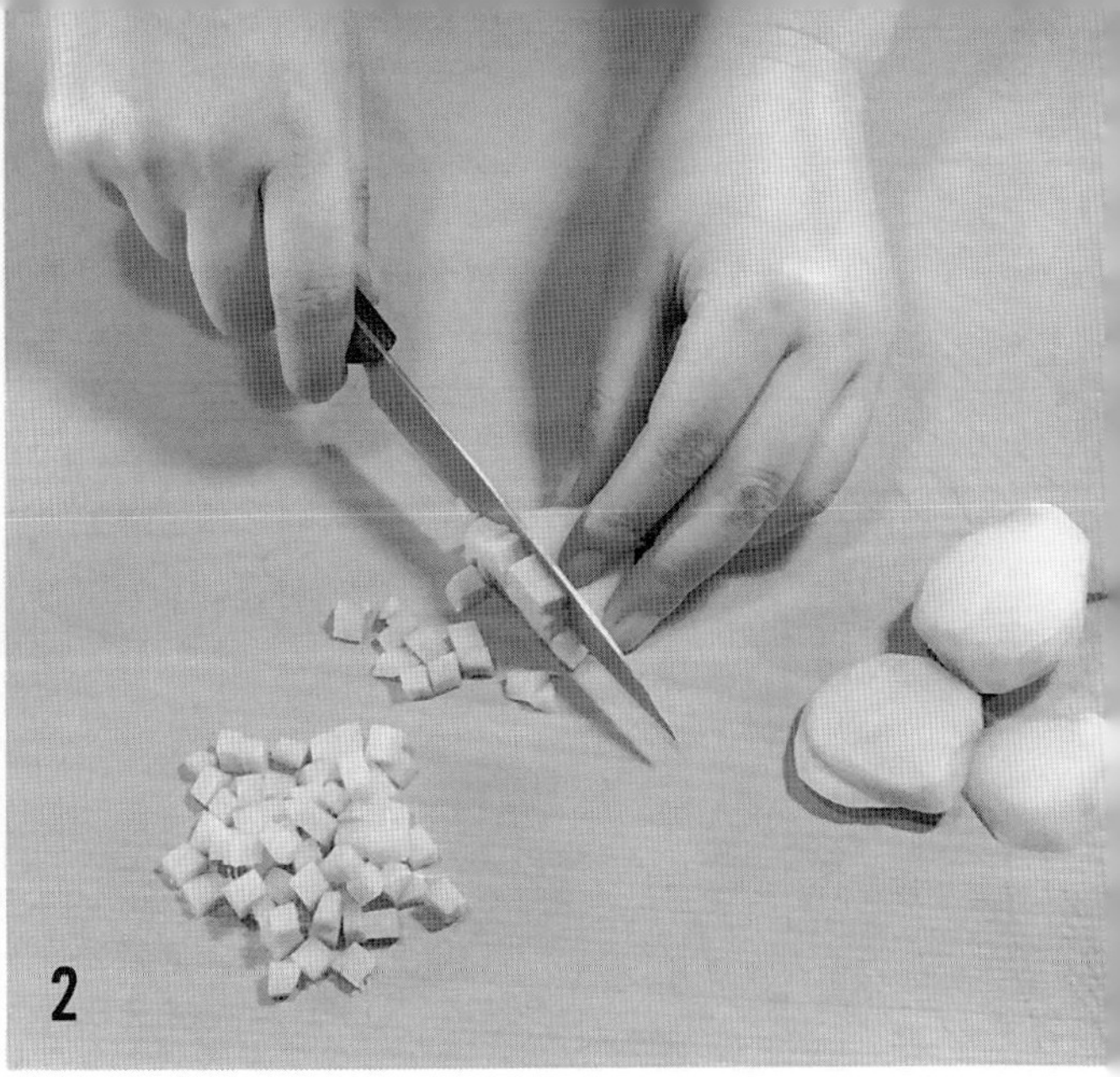

2

3

2　しょうがの皮をむいて、小さいアラレに切ります。これを茶コシのようなものに入れて、熱湯の中に一、二、三と五つ数えるまでつけてすぐ引きあげます。これは、しょうがのきつすぎるカラさを殺すためです。これを甘酢の中に二十分から三十分ほどつけると、甘ずっぱい、あられしょうがが出来ます。

　甘酢は酢大サジ2杯、水大サジ1杯、砂糖大サジ軽く1杯をまぜ合せます。

3　フライパンに、アブラを流れるくらいとって、この肉をいためます。ところどころ、キツネ色に焼けてきたら、ザルにとります。

4　上から熱湯をかけて、アブラをすっかり抜きます。

5　フライパンのアブラをふきとり、この中に日本酒カップ1/2杯、しょう油カップ1/2杯、砂糖大サジ2杯をとり煮立てます。ワーッとわき上ってきたら中火にします。

　中のタレがドロッとしてきたら、アブラ抜きした豚をこの中に入れて、じゅうぶんにからませます。料理屋では、このしょう油に1/3ほどタマリじょう油をまぜて使います。色をおいしそうな黒褐色に上げるためです。

　皿に肉をもりつけ、上からしょうがをちらします。このあられしょうがは、魚料理のあしらいにもいいものです。

4

5

51 なすと青とうがらしのしょう油煮

ナスと青とうがらし、どちらも夏の味覚です。これをしょう油で煮ました。暑くて食欲のないときなど、なによりのおかずです。

1

材料　ナス　大6、7コ。青とうがらし百50グラム。じゃこ　カップ$1\frac{1}{2}$杯。油（4、5人前）

作り方

1　ナスはタテに二つに割って、それを二つか三つに切っておきます。青とうがらしはサッと洗ってヘタを切り、ザルに上げておきます。じゃこはゴミをとってきれいにしておきます。

2　厚手の大きめのナベに、油をカップ$\frac{1}{2}$杯ほど入れ、ナスととうがらしを入れて、じゅうぶんにいためます。そのあと、じゃこを入れます。

3　全体によく火が通ったら、砂糖を大サジ山2杯入れてかきまぜ、とけたら水をカップ2杯、しょう油大サジ4杯入れて、中火で、汁気のなくなるまで、ときどきかきまぜながらたきあげます。

3

2

52 ごぼうめし

夏のごぼうはまだやわらかで、ご飯に入れて炊きこんだら、ちょっと考えられないほどのできばえです。

材料　ごぼう　4本(2百50グラ)。油揚げ2、3枚。米　カップ5杯。ミリン。日本酒。トリのガラ　2羽分　(5、6人前)

作り方

1　ごぼうは、よくよくこすって洗います。これを端から、ごく細いささがきにして、水につけてアクを抜きます。

油揚げは熱湯をかけて油を抜いてから、こまかくミジンにきざみます。

はじめに、トリのガラにたっぷり水を入れ一時間くらい煮てスープをとります。お米は洗って、ザルに上げておきます。

1

2

2　ナベにミリンを大サジ4杯と日本酒大サジ2杯とり、煮切ります。そこへトリのスープをカップ7杯入れ、しょう油大サジ2杯、塩茶サジ山1杯で味をつけ、いの一番か味の素を加えてダシをつくります。

ご飯をたくカマかナベにお米をとり、ごぼう、油揚げを加えて軽くかきまぜ、ダシを加えます。

水加減は少しやわらかめになっています。火加減はふつうのご飯を炊くのと同じ要領で炊きます。炊き上ったら、上下をよくかきまぜます。

いただくとき、色どりに、あれば三つ葉のミジン切りをふりかけます。

53 冷やし茶わんむし

京都ふうのつめたい茶わんむしです。まず茶わん六分目ほどに玉子をかため、これをじゅうぶんに冷やしてから、その上に、やはりつめたいダシをはる、つめたいほどおいしいものです。

材料　玉子　2コ。焼きかまぼこ $\frac{1}{2}$枚。干椎茸　中3、4コ。小さめの白瓜か、きゅうり　1本。日本酒　（6人前）

作り方

1　白瓜はヨコに二つに切って、中のタネをぬき、1センチぐらいの輪切りにします。大きいときはタテに二つに割って、タネをとります。これをほんの塩一つまみ入れたダシでゆでておきます。

椎茸も水につけてもどしてから残りのダシでちょっと煮ます。生椎茸だったら、かるく焼きます。そして四つか五つに切ります。

かまぼこは、小さくサイの目に切ります。

2　新しくダシカップ2杯をナベにとり、塩茶サジ$\frac{1}{3}$杯入れ、いの一番か味の素で味をととのえ、煮たてさまします。

玉子をよくといて、ここへ、さめたダシを少しずつ入れて、泡をたてないようにのばします。

茶わんにそれぞれ、白瓜2コ、椎茸、かまぼこを入れます。この茶わんむしは、吸いものふうですから、具をひかえめにします。その上から玉子を、六分目ほど入れます。

1

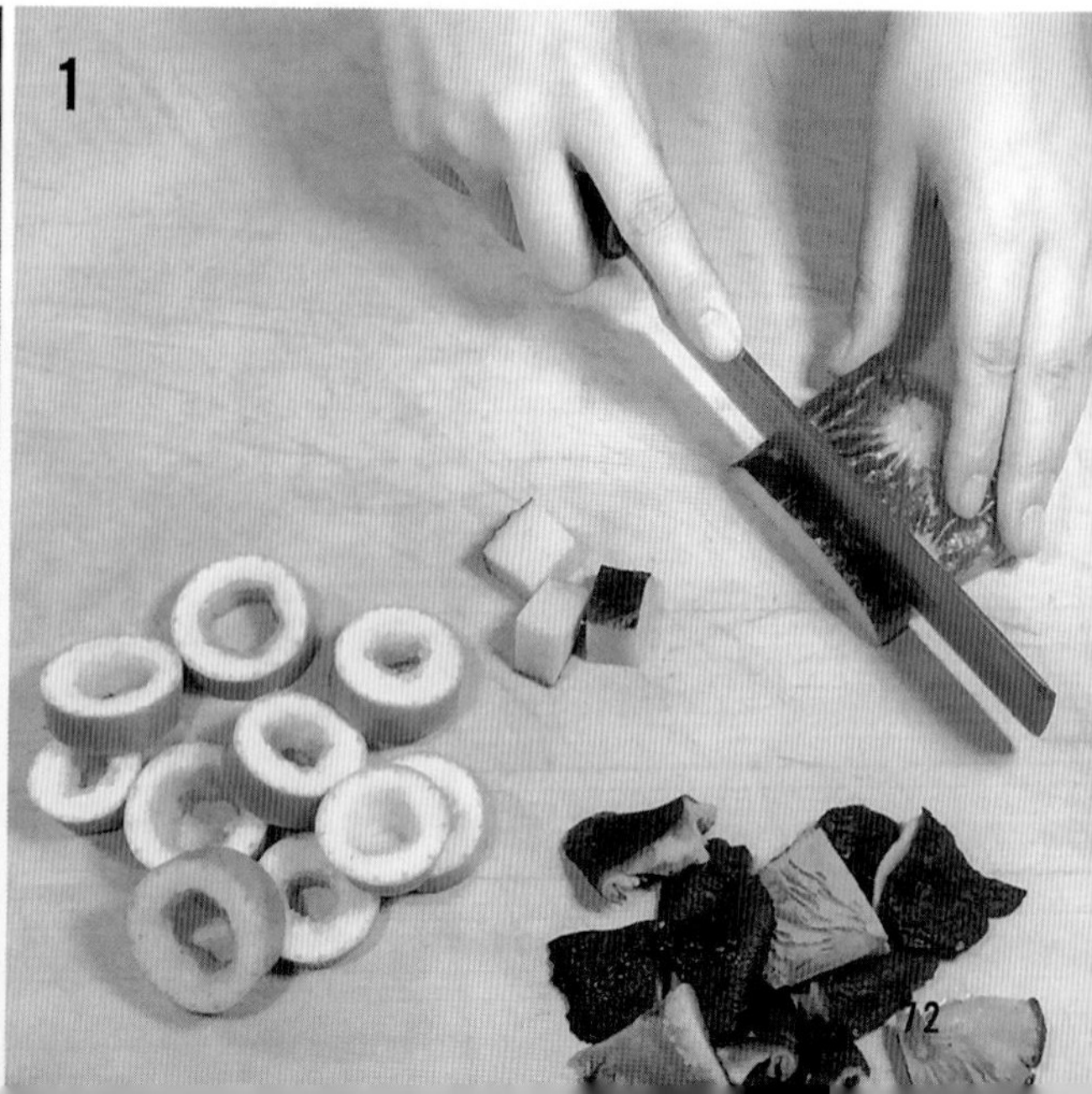

2

3　ふかしがまに湯気が上ってから、茶わんを入れて、上からふきんをかけ、約十五分ほど、中火よりちょっと弱めの火加減でむします。フタはずらしておきます。
火が強いとスが入るから注意して下さい。

4　むし上ったら、これを氷か冷蔵庫でひやします。
上にはるダシは、ダシカップ2杯を、しょう油茶サジ1杯、塩茶サジ1/3杯、日本酒大サジ1杯で味をつけ、いの一番か味の素を加え、一度煮たててから、やはり氷でひやしておきます。

よく冷えた茶わんむしの上に、このつめたいダシをしずかに、中の玉子をこわさないように注ぎます。
★使う茶わんの大きさによって、材料の分量がずいぶんちがってきます。また、大きめの丼にまとめてむして冷やし、お玉ですくってガラス器にでもくずれないように盛って、上からダシをかけます。
いただくとき、しょうがをちょっとしぼるのもいいものです。

54 高野どうふとかまぼこ しいたけのたき合せ

高野どうふをおいしく煮るには、いっしょに煮る相手を、かまぼことか椎茸といった味の出るものにするのがコツです。

材料　高野どうふ　5、6コ。焼きかまぼこ　2枚。干椎茸　中10コ。日本酒（4、5人前）

作り方

1　高野どうふをボールに入れ、落しブタをして、その上から熱湯をかけます。直接にお湯が高野どうふにかからないようにして、かぶるまで入れます。

だいたい中までやわらかくなったら水に放して、二、三回つかみ洗いしてから、両手にはさむようにして、水をしぼります。もどりにくいのもありますから、つまんでたしかめ、芯がなくなるまでお湯につけておきます。二つか三つに切ります。

椎茸も早めにぬるま湯につけてもどし、じくを切り落し、大きければ二つに切ります。

かまぼこは小さい三角になるように、庖丁をジグザグに動かして切ります。

2　昆布とかつおぶしで、濃いめのダシをとっておきます。

ナベに日本酒カップ1/2杯を煮切り、ダシカップ4杯入れ、砂糖大サジ2杯、しょう油茶サジ2杯、塩茶サジ山1杯入れ、煮上ってきたら、高野どうふ、椎茸、かまぼこの順に入れ、いの一番か、味の素を加えて、落しブタをして火を中火に落します。

汁がなくなるくらいまで、ゆっくり煮てゆきます。

1

2

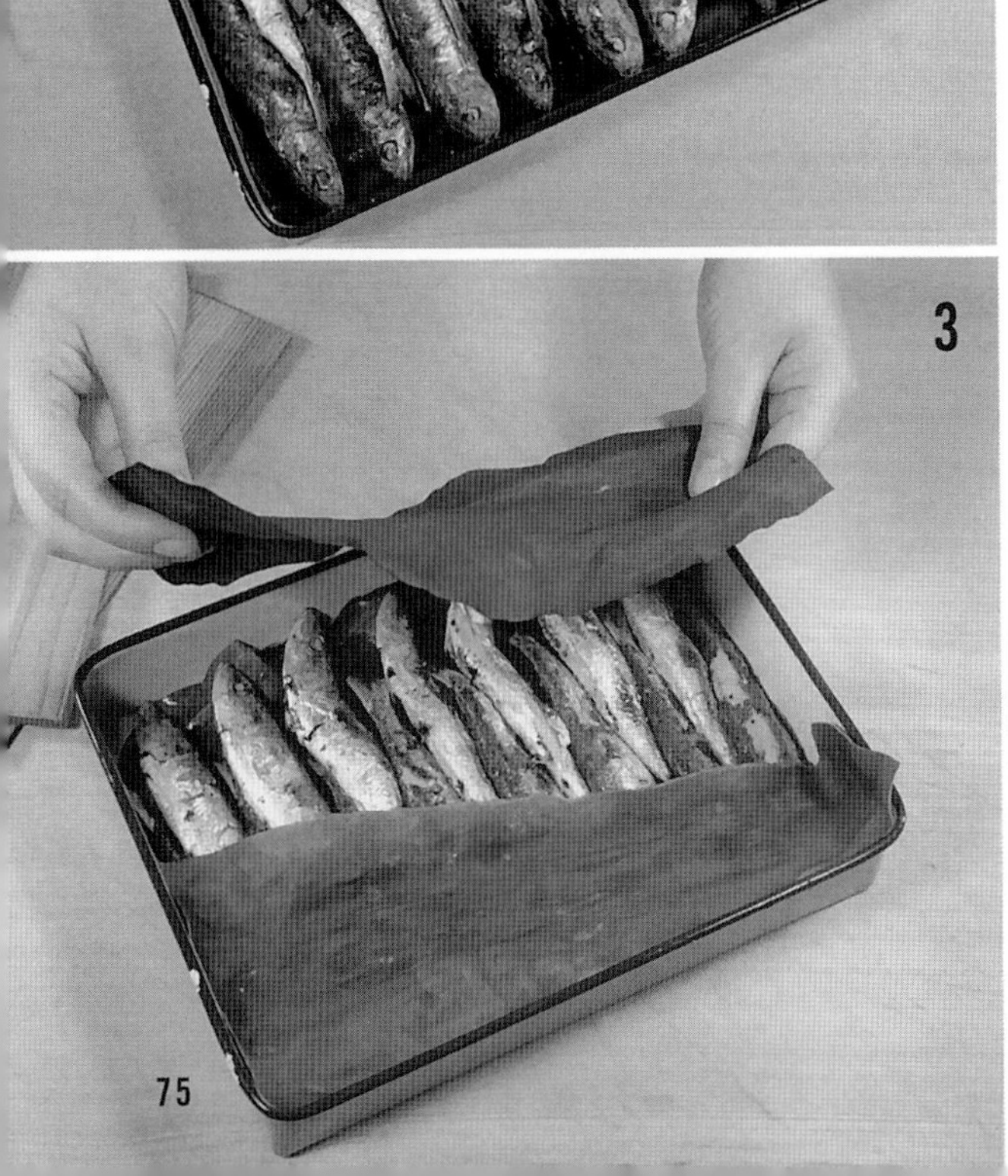

3

55 いわしの甘酢かけ

いきのいい、いわしがあったら、少し多く買って、焼いて甘酢につけます。冷蔵庫に入れておけば長くもつので、重宝なおかずです。

材料　いわし　小15尾。昆布　80グラム。しょうが。白ゴマ。酢　（5、6人前）

作り方

1　いわしは15センチぐらいのがけっこうです。丸のまま、ワタを抜かずに、しっかりふり塩をして、一時間ほどおきます。

片面を強火で七、八分焼き、返して火を中火にし、四、五分焼きます。

2　甘酢を作ります。酢カップ1杯に砂糖大サジ山1杯としょう油茶サジ1杯を加え、しょうがのしぼり汁大サジ1杯と、いの一番か味の素を入れてよくかきまぜます。

昆布は砂がついているので、よく水で洗い、入れ物に合せて切ります。

流し箱に昆布を敷いて、甘酢を$\frac{1}{3}$ほどふりかけてから、いわしをならべます。その上から残りの甘酢を全体にふりかけます。

3　フタをするように昆布をのせて、なにか、軽い重しをおきます。

冷蔵庫に入れて一昼夜もおくと、味もしみるし、頭からたべられるくらいにやわらかくなります。途中で、一回ひっくり返します。

いただくとき、上から、よくいった切りゴマをたっぷりかけ、好みで、しょう油を少しかけます。

56 焼きなす

ふつうの焼きなすと違うところは、焼いて皮をむいてから、まるごと、ダシでとろとろと煮て、それを冷蔵庫でつめたく冷やしてからたべることです。暑い夏の夕食の、すずしい味覚のひとつです。

材料　ナス　6コ。しょうがか、花がつお。ミリン　（3人前）

作り方

1　ナスを、ガスなり炭火で焼きます。火は中火にして、金アミの上でころがすようにして、ゆっくり中まで焼きます。
　全体がちょうど焼きいもの皮のように黒くなり、ハシでつまむとやわらかになります。皮が充分に焼けていないと、あとでよくむけません。

2

3

2　焼き上ったら、すぐに水にはなします。水がつめたいので、ナスの実がちぢんで、皮がむきやすくなります。この中で皮をすっかりむいて、ザルか裏ごしの上にのせて、水気をきります。
　べつに、ナベにミリン大サジ2杯を入れて煮切り、ダシをカップ$1\frac{1}{2}$杯加えます。そこへしょう油大サジ1杯、塩茶サジ1杯に、いの一番か味の素を入れて煮立てます。

3　このダシの中に皮をむいたナスをつけておきます。そして、これを、ほんの五分間ほど中火にかけて、味をしませるように煮ます。
　火からおろしたら、汁ごとなにかに移し、冷蔵庫に入れて、つめたくします。いただくときは、なり口と先をちょっと切って器にもり、しぼりしょうがをかけるか、花がつおをちらします。

　このままでけっこうですが、ちょっとしょう油をたらしてもけっこうです。
★こういうものを焼くときは、サイ箸をさかさにして、太い方を使います。そうしないと先が細いのですぐにこげてしまいます。

57 にしん昆布

夏は、こういう日もちのするおかずがあると、たすかります。これは塩昆布のように塩からくなく、すこし甘加減に煮ました。

途中で入れるさんしょの実が、なかなか味をひきたててくれます。

みがきにしんを使う場合は、ひと晩お米のとぎ汁につけておき、やわらかくしてから使います。

材料　生干しのにしんか、みがきにしん10本。昆布　2百グラ。つくだ煮のさんしょの実　軽く一にぎり。日本酒。酢。竹の皮

作り方

1　昆布はぬれぶきんで砂やゴミをふきとるか、サッと水で流して洗っておきます。これをハサミで3セン角ぐらいに、大ざっぱに切ります。

にしんはうろこをとってきれいにして頭をとります。長く煮ますから、身がくずれるので、小さく切らず、はじめは二つに切っておきます。

★この本に使っているカップ1杯は180ccです。大サジはテーブルスプーンで18cc、茶サジは6ccです

1

2

2　昆布がこげつかないように、竹の皮を2枚用意して、両はしをのこして、真中をタテに1ｾﾝ幅に庖丁目を入れてスダレのようにします。

深めの大きなナベの底に、この竹の皮をタテヨコ十文字にしきます。ここへ、昆布を入れ、その上ににしんをならべ、また昆布を入れてにしんをならべて、これをくりかえして全部入れます。

そこへ水をカップ12杯、日本酒カップ3杯、酢大サジ3杯を入れて、おとしブタをして火にかけます。

3　煮たってきたら中火にして、四十分ぐらいしたら水カップ4杯をたします。しばらくそのまま煮て水気がへってきたら、またカップ4杯の水をたして、昆布がやわらかくなるまで、ずっと煮てゆきます。

4　二時間もすると、昆布がやわらかくなりますから、砂糖カップ1杯、しょう油カップ$1\frac{1}{2}$杯、たまりじょう油大サジ3杯に、いの一番か味の素を入れて味をつけます。このとき、さんしょのつくだ煮もいっしょに入れて、また、おとしブタをして汁がなくなるまで煮て出来上ります。さめたら、にしんを食べよい大きさに切ります。

たまりじょう油がなければ、ふつうのしょう油でけっこうです。

昆布の種類にもよりますが、およそ三時間ちょっとかかります。

3

4

58 干がれいのかく揚げ

木の葉のような干がれいを、軽い油でサーッと揚げて、味塩をふりかけたもの、ごはんのおかずはもちろんですが、お酒のさかなにも、もってこいのものです。

材料　なるべく小さい、木の葉のような干がれい。油

作り方

1　干がれいを、石の上のようなかたいところでカナヅチでよくたたきます。こうすると、骨がくだけて、頭からたべられます。

2　油を熱くして、サッと揚げます。揚げすぎると、パリパリになりすぎ揚げカスみたいにまずくなりますから注意して下さい。

揚がったら、紙の上にひろげて、上から味塩をふりかけます。

揚げる前に、両面にハケでしょう油をはいて揚げてもけっこうです。

1

2

1

2

3

59 山芋の冷やし汁

夏むきのさっぱりした冷やし汁です。レモンか酢で、ちょっとすっぱいだしを作って、すりっ放しの山のいもを浮かせるだけで、すぐできます。

材料　山のいも　皮をむいて3百グラム。のり。レモン　1/4コか酢。日本酒　（6、7人前）

作り方

1　山のいもを、なるべく目のこまかいおろし金でおろし、ハシでよくかきまぜてねばりを出してから、つめたくしておきます。

2　少し濃いめのダシをカップ5杯用意して、塩茶サジ軽く1杯、しょう油茶サジ3杯、日本酒大サジ1杯入れて、いの一番か味の素を加え、煮たててからさまします。味は少し濃いめにつけておきます。

すっかりさめたらレモン1/4コをしぼりこみます。レモンがなければ、酢を大サジ1杯入れます。

3　おわんに汁を七分目入れ、山のいもを、スプーンで、きるようにすくって、ハシでまるくいいかたちになおして汁の上に落します。

この上に、もみのりをちょっとのせます。

60 あじのきゅうり酢

なまで食べられるようないきのいいあじで作ります。湯びきしたら氷でつめたくし、きゅうり酢をたっぷりかけます。夏ならではのもの。

1

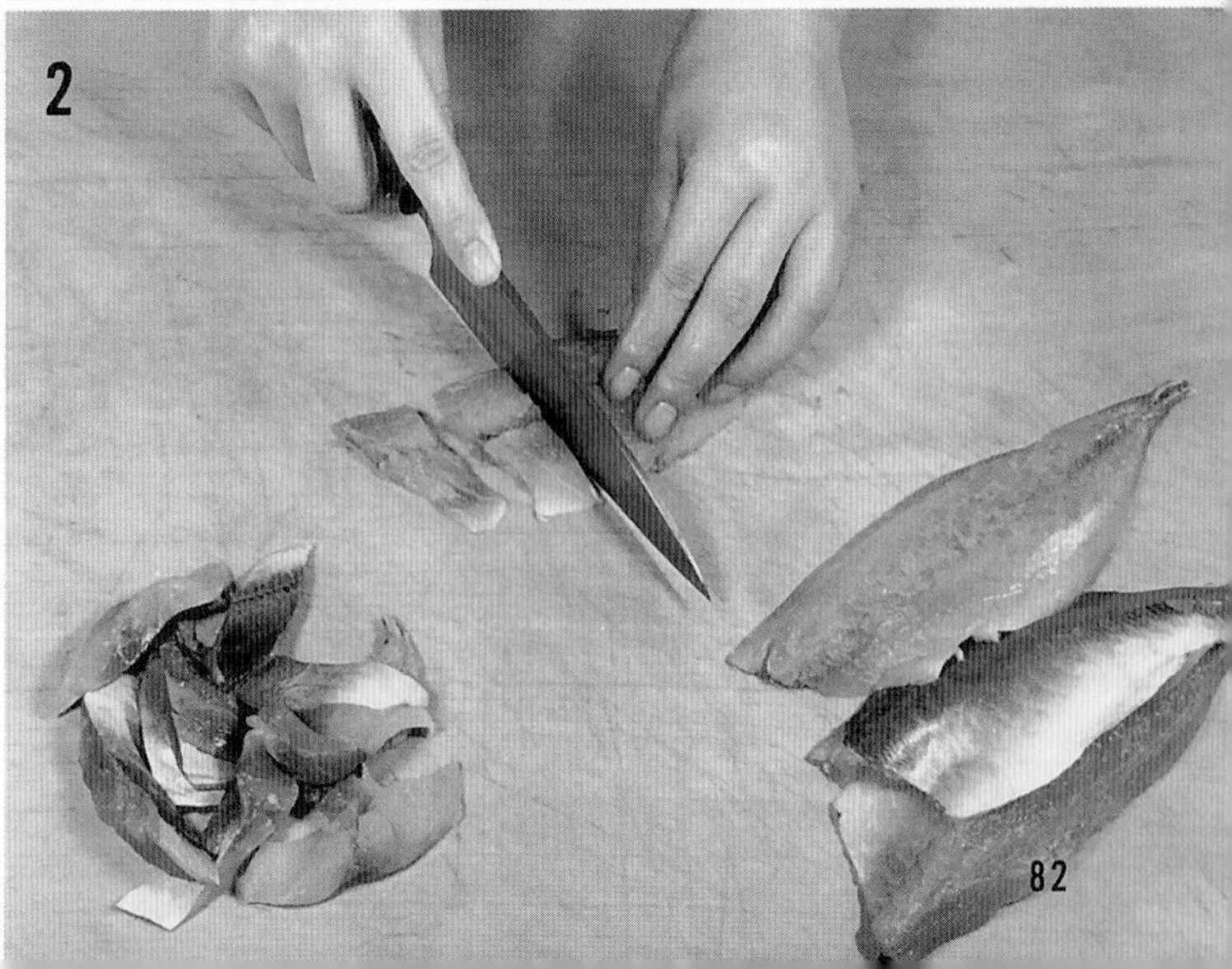
2

材料　あじ　中4、5尾。きゅうり　2本。酢
（4、5人前）

作り方

1　あじはぜいごをとり、三枚におろして、薄く塩をふっておきます。しばらくおいたら、毛抜きで、中骨をとったあとに残っている小骨を、すっかり抜きます。小骨は指でなでると、ひっかかってきますから、頭の方へひっぱると、すぐとれます。

2　これを写真のように、2㌢ぐらいの幅に切ります。大きいあじだったら、片身をタテに二つに割ってから切ります。

3　ナベに熱湯をわかし、塩を少し落します。この塩の量は、なめてみて、塩味がする、という程度と思って下さい。

あじをこの中に入れて、ゆでます。あじを入れたら中火にします。強火でグラグラさせると、みがおどってくずれます。

氷水を用意しておいて、あじが白くなったら穴アキお玉ですくって、そこへ放します。氷の少ないときは、水にくぐらせてさましてから、氷水に入れます。

4　きゅうりをおろします。2本でだいたいカップ1杯になります。おろしたら、軽く水気をきってから、ここへ酢大サジ2杯と、塩茶サジすり切り1杯、しょう油茶サジ2杯、砂糖茶サジ山1杯で味をつけ、いの一番か味の素を入れてよくかきまぜます。

器にあじを盛って、上からきゅうり酢をたっぷりかけます。

このきゅうり酢は、時間がたつと色が変るし、きゅうりの香りもとびますから、いただくときに作って下さい。

61 やさい揚げ

揚げものの季節です。ちょっと目先をかえて、ころもにさくらエビを入れてみました。たべるときエビの香りがして、精進揚げがご馳走になります。

材料　かぼちゃ　1/4コ。ナス　2コ。にんじん　小2本。ごぼう　小1本。ピーマン　3コ。小玉ねぎ　6コ。さくらエビ　30グラム。玉子の黄味　2コ。小麦粉。その他さやいんげんなどの夏野菜なんでも。大根。ミリン。油　（5、6人前）

作り方

1　かぼちゃは5、6ミリ厚ぐらいの揚げやすい大きさに切ります。ナスは1センチ厚ぐらいの輪切り。にんじんはタテに細長く切ります。

ごぼうは5、6センチの長さに切って、これをタテに細く割って、これに切り目を入れて松葉のような形にします。

ピーマンは二つに割り、タネをとります。小玉ねぎはヨコ半分に切って、爪楊枝で2コずつ、おだんごのようにさします。

★この本に使っているカップ1杯は180ccです。大サジはテーブルスプーンで18cc、茶サジは6ccです

1

2

3

2　フライパンにさくらエビをとって、カラカラになるまで空いりします。ナベをよく動かしてこげないようにして下さい。
　これを庖丁でよくきざんでから、すり鉢にとって、すっかり粉になるまで、よくよくすります。すり鉢がなければ庖丁で、できるだけこまかく切ってゆきます。

3　ころもを用意します。小麦粉大サジ山5杯とり、玉子の黄味2コとエビの粉を入れてまぜ水カップ1杯でときます。かためのようだったら、ようすをみて水をたして下さい。
　てんぷらのころもは、暑いときはつめたい水でといた方が、おいしそうに揚がります。

　野菜揚げのころもは、魚のてんぷらとちがい、どちらかというとドロリとなったぐらいがいいのです。魚のころものようにサラッとしていては、なかなか野菜にからまりません。

4

4　ころもをからませ、揚げてゆきます。要領はふつうのてんぷらと同じですが、野菜はかたいものが多く、魚より火が入りにくいので、魚を揚げるときより、少し火を弱めにしてゆっくり揚げます。
　天つゆは〈六杯ダシ〉です。ミリンカップ1/2杯を煮切って、しょう油をカップ1/2杯入れ、煮上ってきたところへ、ダシカップ2杯たしてのばし、いの一番か味の素を加えます。

　いただくとき、大根おろしをそえます。おろしに、すりしょうがをまぜるのもおいしいものです。

62 きゅうりのあんかけ

きゅうりを煮てたべたことのないひとが案外います。ためしてごらんなさい、やみつきになりましょう。

材料　きゅうり　太めの2本。トリのガラ　2羽分。しょうが。日本酒。片栗粉（5人前）

作り方

1　トリのガラで少し濃いめのスープをとり、カップ5杯用意します。

　きゅうりは、皮をむいてタテに二つに割って、中のタネを庖丁の柄で突くようにして出します。2センチぐらいの厚さに切り、ゆでて、ザルに上げておきます。

2　スープを火にかけ、しょう油茶サジ2杯、塩茶サジ1杯、日本酒大サジ3杯を加えて味をつけます。

　味をみて、いの一番か味の素を加え、よかったらきゅうりを入れます。煮立ってきたら、片栗粉大サジ2杯を同量より少し多めの水でとき、入れてくずをひきます。

　おわんに盛って、すりしょうがをのせます。

★塩加減は淡味になっていますので、好みでたして下さい。

1

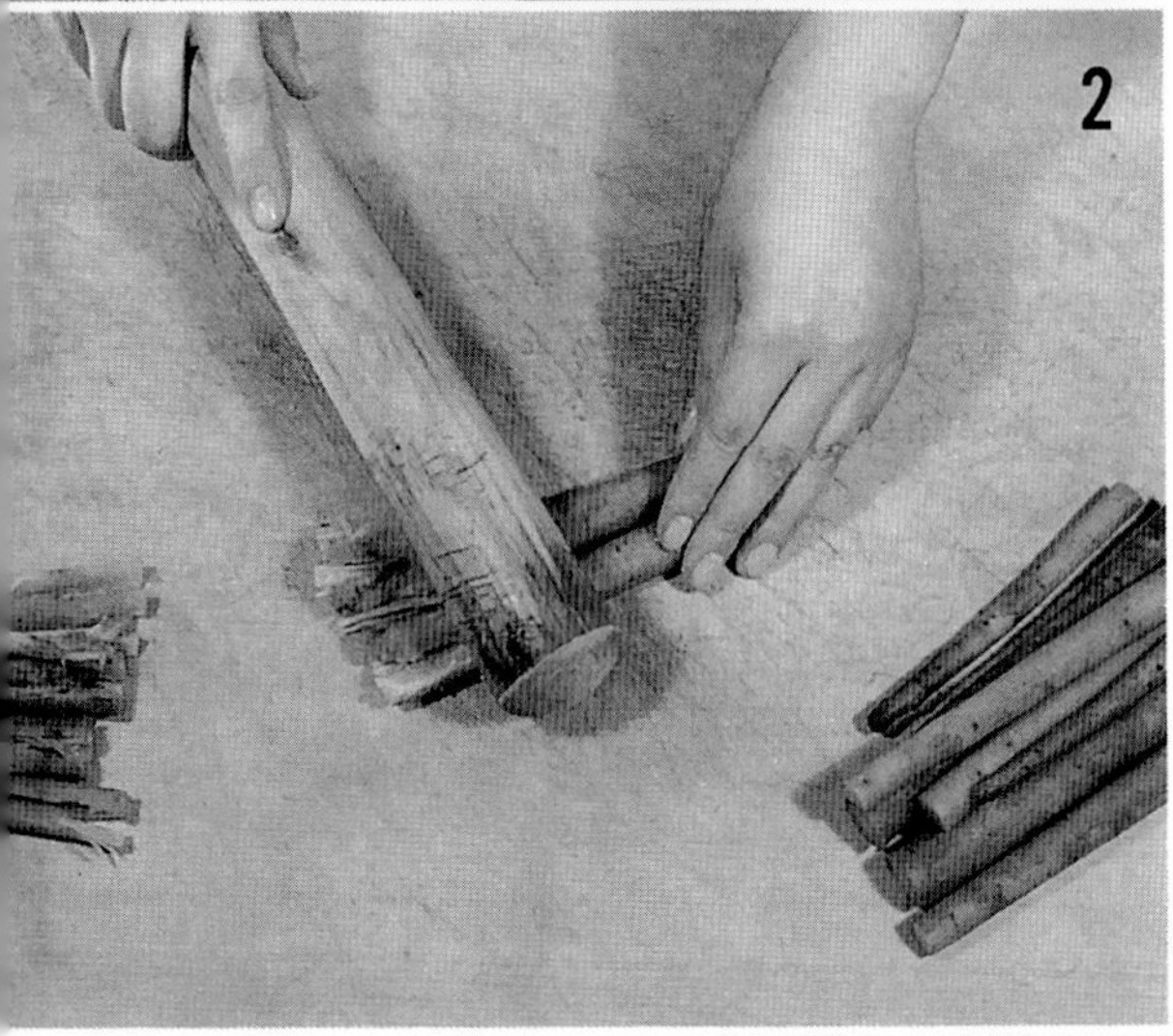

2

3

63 たたきごぼう

出たての新ごぼうを、ゆでて、たたいて酢のものにします。ごぼうといりゴマの香りが合ってしゃきっとした歯当りです。

材料　ごぼう　細めの小さいもの4本。酢。白ゴマ（5、6人前）

作り方

1　ごぼうをよくよく洗います。ナベの大きさとにらみ合せて、二つか三つに切ります。

これを、ゆがきます。あれば湯にぬか一つかみ入れます。あまりゆがきすぎないように、ちょっと歯ごたえがある、という程度がけっこうです。ただし、太い固めのだったらよくゆでること。ゆだったら水に放します。

2　このごぼうを、スリコギか、庖丁のミネで、よくよくたたきます。これを3、4㌢の長さに切ります。

3　ボールに、酢カップ1/2杯、ダシ大サジ6杯、しょう油大サジ2杯、砂糖大サジ2杯、塩茶サジすり切り1杯を合せ、よくまぜていの一番か味の素を入れます。この中に、ごぼうを入れて、少しつけておきます。つけ酢がたりないようでしたら、この割合でたして下さい。

白ゴマを大サジ2杯いって、半ズリにして、この中にふり入れます。ときどき味をしませるようにかえします。酢がしみるほど、ごぼうがおいしくなります。

64 さばの酒むし

生サバなら一段とけっこうですが、甘塩のサバが手に入りやすいし、これでも充分にいただけて、なかなかのご馳走です。サバのあぶらのおいしさは、酢としょう油によくあうものです。酢は米酢でもけっこうですが、レモンやだいだいのような酢だと香りも手伝ってくれます。

材料　サバ　中ぐらいの2尾。日本酒。酢。大根。ねぎ。赤とうがらし粉　（4、5人前）

作り方

1　サバは頭をとって、骨と身と三枚におろします。魚屋さんでおろしてもらうとらくです。片身を小さめなら二つ、大きめだったら三つに切ります。背の皮の方に、5ミリ幅ぐらいに切り目を入れ、味をしみやすくしておきます。

★この本に使っているカップ1杯は180ccです。大サジはテーブルスプーンで18cc、茶サジは6ccです。つまり、茶サジ3杯分が大サジ1杯、大サジ10杯がカップ1杯になります

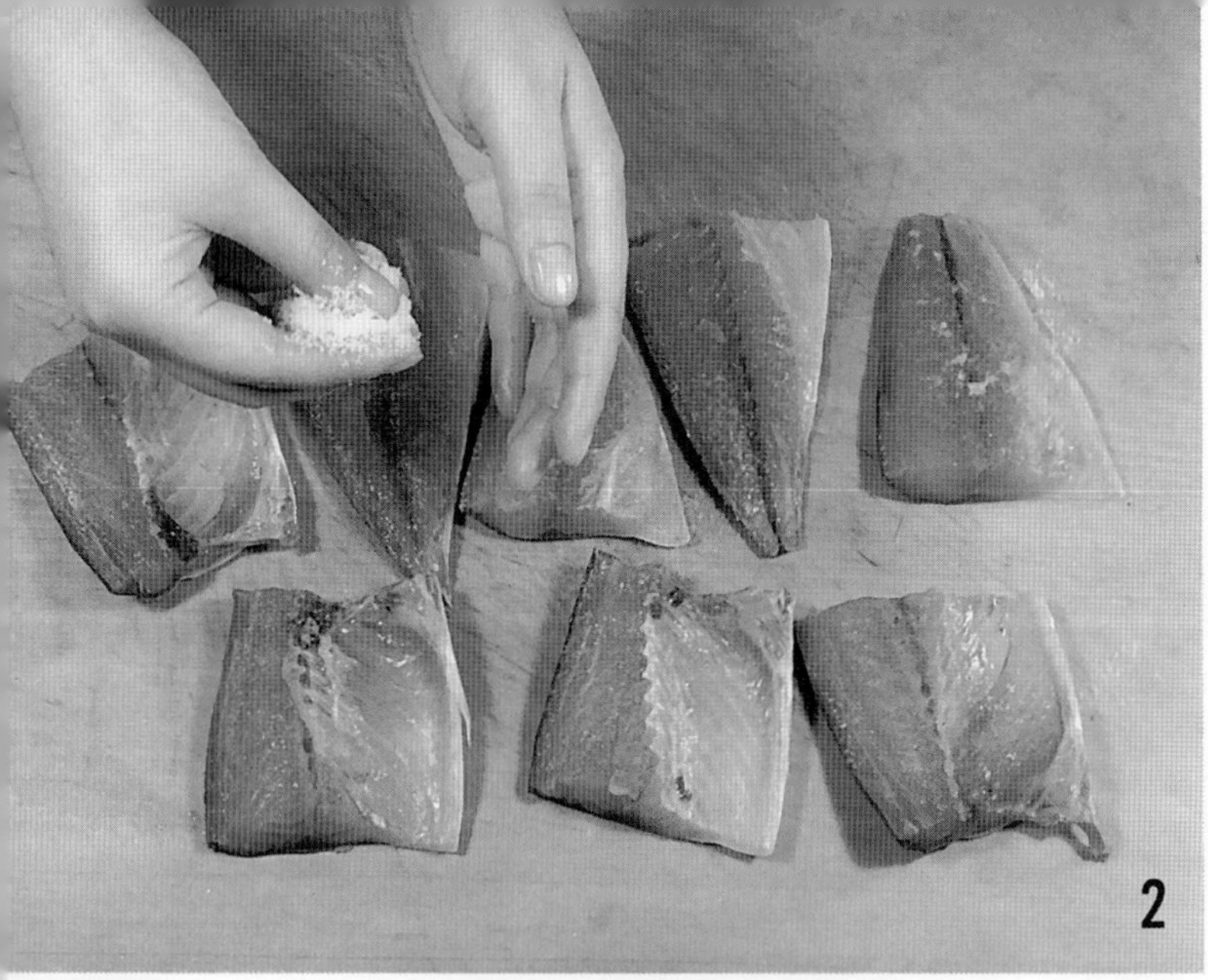

2　この切身をまな板の上にならべ、ふり塩して、十分ほどおきます。この塩は多すぎると、まずくなりますが、そうかといって、ほんのパラパラでも困ります。甘塩の魚の塩焼ぐらいがけっこうです。甘塩のものを使うときは、塩はしません。

3　この量では二回にわけてむします。お皿にサバを皮を上にしてならべます。ふかしがまを煮立て、サバを入れ、お酒をカップ1/3杯用意して、上からその半分だけふりかけます。だいたい十分ほど強火でむします。

　ふかしがまに水をたし、同じようにして、残りのサバをならべ、お酒をふってむします。

4　つけじょう油は、酢カップ1/3杯としょう油カップ1/3杯、つまり、酢としょう油を同量に合せて、そこへ、サバをむしたときにお皿に出た汁を加えて、好みにのばします。

　薬味はねぎをこまかくきざみ、サッと水洗いし、大根はおろして、赤とうがらし粉をふっておきます。

65 なすの上方焼き

材料　大きな丸ナス　3、4コ。青とうがらし。しょうが。ミリン。油（3、4人前）

作り方

1　ナスを、4センチぐらいの厚さの輪切りにします。西洋ナスなら大きいので、タテに二つに割ってから切ります。

かもなすを使うのがほんとですが、西洋なすのような、なるたけ大きく丸いなすがけっこうです。油がなす全体にしみこみ、なすがとけるような口あたりになります。油は思ったよりたくさんいりますが、あまり多く使うと、たべたとき、味がしつっこくなります。

★この本に使っているカップ1杯は180ccです。大サジはテーブルスプーンで18cc茶サジは6ccです。茶サジ3杯分が大サジ1杯、大サジ10杯がカップ1杯です

1

2　サイ箸で、ブツブツ穴をあけます。反対側も同じようにあけます。中までしっかりあけて下さい。これはよく火を通すためです。
　このあと、つづいて六杯ダシを作ります。かつおぶしと昆布で濃いめのダシを用意してミリン1、しょう油1、ダシ4の割に合せます。

　はじめミリンをナベにとり、煮切って、そこにしょう油を加え、煮上ってきたら、ダシを入れてのばし、いの一番か味の素を加えます。六杯ダシはたっぷりの方がおいしいので、多めに作って下さい。

2

3

3　フライパンに、油を1センチぐらいとります。油があつくなったらナスをならべ、中火でゆっくり、ゆっくり、ひっくり返し、ひっくり返し、焼きます。フタをすると早く火が通ります。ナスは油をたくさんすいますから、適当に油をたしながら焼きます。
　ハシでまわりをはさんでみて、やわらかくなるまで焼きます。火加減にもよりますが、意外に時間がかかると思って下さい。

　小鉢に盛って、六杯ダシをたっぷりかけ、すりしょうがをのせます。ダシにつけながら、熱いところをいただきます。

　青とうがらしを、一緒にいためて、色どりにのせます。ダシがうすいと思う方は、しょう油を少し多くして下さい。

66 いりこごはん

関西でいりこ、関東では煮干し
このいりこをたきこむと、意外
においしいご飯ができます。

材料　いりこ　50グラム。にんじん　中1本。米カップ4杯。昆布　10センチくらい。日本酒

（4、5人前）

作り方

1　いりこはゴミがあれば、とってザルに入れて、ザーッと水をかけて洗います。こうすると、ホコリもとれますし、身がやわらかくなります。

　それから頭をとって身をタテにさいて、中骨とはらわたをとります。大きいのだったら二つにちぎります。

　にんじんは5センチぐらいの長さに切ってから細く切ります。

2　ご飯ナベに昆布をしいて、洗ったお米といりこを入れてから、水カップ5杯入れ、最後ににんじんを加えます。

　水加減は、ふつうのご飯をたくより、ちょっと多めにします。味つけは、塩茶サジ1杯、しょう油茶サジ2杯、日本酒大サジ1杯を入れて、よくまぜてから、火にかけて炊きあげます。電気釜で炊くときも同じ分量です。

1

2

1

2

3

67 あじときゅうりのごま酢びたし

ゴマ酢は、暑いときには、おいしいものです。生野菜にかけたり、あえものなどいろいろ応用のきくものです。

材料　小アジ　15尾。きゅうり　2本。小玉ねぎ　5、6コ。白ゴマ　カップ$\frac{1}{2}$杯。酢。油　(5、6人前)

作り方

1　ゴマ酢を先に作ります。ゴマをいってすり鉢にとり、半ずりにします。すり鉢がなかったら、こまかく切り、切りゴマにします。ここに、酢大サジ7杯、しょう油大サジ5杯、砂糖大サジ山1杯、水カップ1杯といの一番か味の素を入れてよくまぜ合せます。

　小アジはワタとゼイゴをとって、両面を焼きます。これは揚げるとき、油がはねないようにするためです。

2　アジを揚げます。油があたたまってきて、入れたものが浮き上ってくるくらいになったら、入れてよく揚げます。油があんまり熱くなると、まわりばかりこげて中まで揚がりません。よく揚げると骨までたべられます。

3　きゅうりと小玉ねぎを、うすい輪切りにしておきます。

　流し箱を用意し、きゅうりと小玉ねぎを半分だけ、敷くように入れて、その上に揚げたアジを、互いちがいに、なるべくきっちりならべます。その上に、残りのきゅうりと小玉ねぎをちらし、ゴマ酢を全体にかけます。入れものが大きすぎると、うまく酢につかりません。

　上から、なにか軽いおもしをします。二、三時間でたべられますが、半日おくと味がよくしみます。

68 とり肉入りかぼちゃ

かぼちゃは好きな人はめっぽう好きなもの、きらいとなったら見るのもイヤというようなものです。

これは、このかぼちゃをむしてトリ肉を入れ、それをもう一度むし上げ、アンをかけます。すきもきらいも言わせない味です。

材料　かぼちゃ　1/2コ（約7百グラム）。トリのひき肉　2百グラム。しょうが。ミリン。片栗粉　（5、6人前）

作り方

1　かぼちゃはよく洗ってから、火の通りやすいように2、3センチの厚さに切ります。ふかしがまにお湯が煮たったらかぼちゃを入れ、上からフキンをかけてむします。箸をさして、らくらく通るくらいまで、十二分くらいでしょう。

2　これをすり鉢にとり、すりこぎでつぶします。かんたんにつぶれます。

1

2

3　かぼちゃをむしているうちに、小さめのひらたいナベにトリ肉をとり、水カップ1/4杯、しょう油大サジ2杯、砂糖茶サジ山2杯入れて、しゃもじでかきまぜながら、汁気がなくなるまで煮つめて味をつけます。

　つぶしたかぼちゃの中に、このトリ肉を入れてよくまぜ合せ、これをボールにうつしておきます。これで用意ができました。

4　いよいよいただくときに、これをふかしがまで、もう一度むします。やはり上からフキンをかけて下さい。こんどは十分くらいです。

　これを器にわけて、上からアンをかくれるほどたっぷりかけ、すりしょうがをのせます。

5　アンはかためにつくります。ミリン大サジ3杯を煮切り、しょう油大サジ3杯を入れ、ワッと煮上ったらダシカップ2杯入れてのばします。

　それが煮立ってきたら火を弱くして、そこへ片栗粉大サジ3杯を同量くらいの水でといて、少しずつ入れます。

　しゃもじで、よくよくねるように、かきまぜて下さい。写真のようにドロリとしてきたらでき上りです。強火だとブツブツになってしまいます。

69 いわしのしょう油あげ

いきのいいイワシがあったら、みりんじょう油につけて、サッと揚げ、大根おろしをつけていただきます。揚げたての熱いうちが身上。

材料　いわし　中5尾。大根。ミリン。小麦粉。日本酒。油　（5人前）

作り方

1　いわしは頭をとって、ワタをぬきます。

写真のように、お腹の方から親ゆびを背の骨の上につっこんで、尾の方におし開いてゆきます。そうしたら背骨をおこすようにとります。尾はちぎらぬように。

お腹の小骨の多いところは、庖丁をねせてそぎ切ります。

2　ミリンカップ1/2杯、日本酒大サジ3杯、しょう油カップ1/2杯の割にあわせてつけ汁を作り、この中にいわしを三十分か四十分ぐらいつけます。

3　水気を切って、小麦粉を上からふりかけるようにして、つけます。茶こしにでも入れて、上からふると便利です。

油を熱くして、魚を入れたら火を少し細め、中までじゅうぶん火の入るように揚げます。油が少しはねますから注意して下さい。

大根おろしをそえ、残ったつけ汁を煮たてて、いただくときかけます。

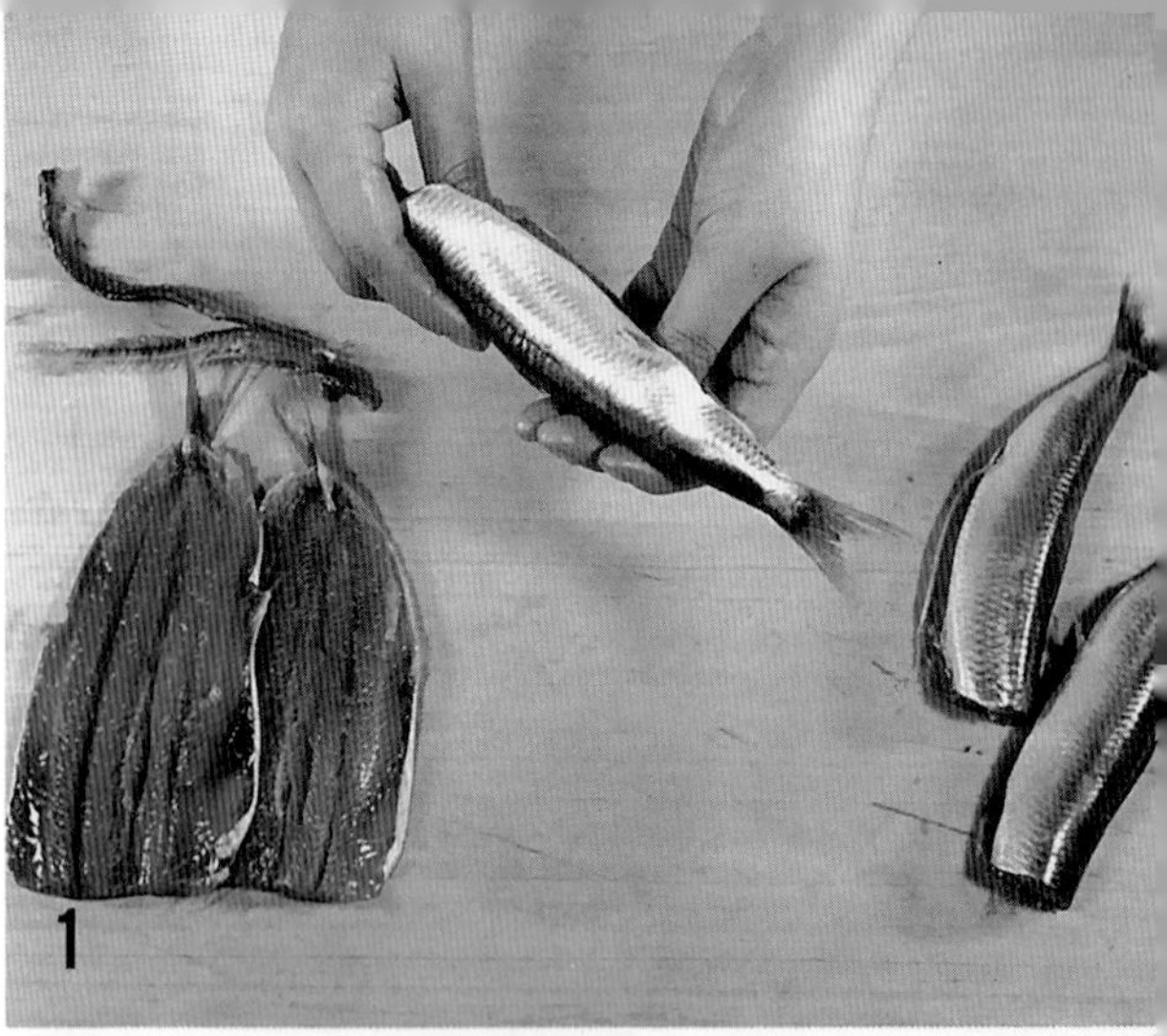

70 なすのいなかふう

ナスを油でいためて、しょう油だけでたき上げたものです。舌の上でとけるようにやわらかく、ナスの好きな人は、焼くのより、いためるのより、これがおいしいといいます。

材料　ナス　6コ。油　（3、4人前）

作り方

1　ナスはヘタをとって、タテ半分に切ります。それを大きさにもよりますが、さらに斜めに三つぐらいに切ります。

2　厚手のナベに油をカップ1/2杯ほどとり、この中にナスを入れて、よくよくいためます。ナス全体に油がしみて、軽く色がついてきたら、水カップ1杯、しょう油大サジ3杯を入れて中火でたきます。味がしみてきたら、いの一番か、味の素を加えます。

　汁気がなくなるまで、こがさぬようにかきまぜながらたきます。水がたりなければ少したして、口に入れればとけるぐらいのやわらかさにたきます。

★この中に、ささげや、さやいんげんなどをゆがいて、いっしょにたいてもけっこうです。

1

2

71 とりとこんにゃくの冷やし作り

どちらかというと、これはご馳走です。冷たくしたこんにゃくのおいしさは格別で、人によっては、トリより、この方がおいしいというくらいです。氷の上に盛って、出来るだけ冷たくしていただくのが身上です。

材料　トリのささみ　3百《グラム》。黒こんにゃく　2枚。きゅうり　2本。レモン。わさびかしょうが　少々。日本酒　（4、5人前）

作り方

1　トリのささみはすじをとってヨコに庖丁を入れて開き、それを、二つか三つに切ります。

2　浅めのナベに、日本酒をカップ1/2杯とって、塩茶サジ1/4杯で味をつけ煮立てます。そこにトリを入れて、ナベにつかないように、よくトリをかえしながら、酒いりにします。

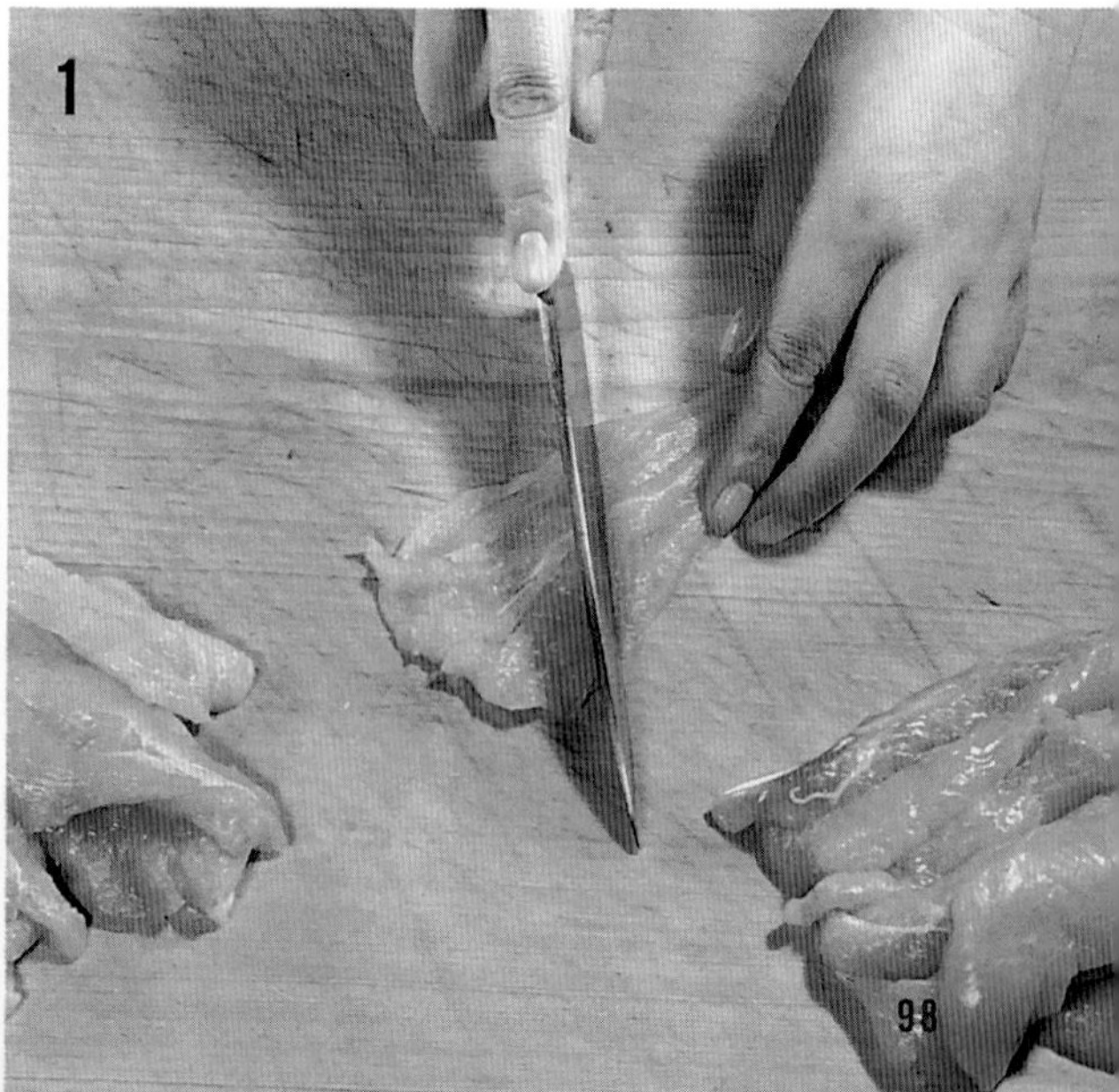

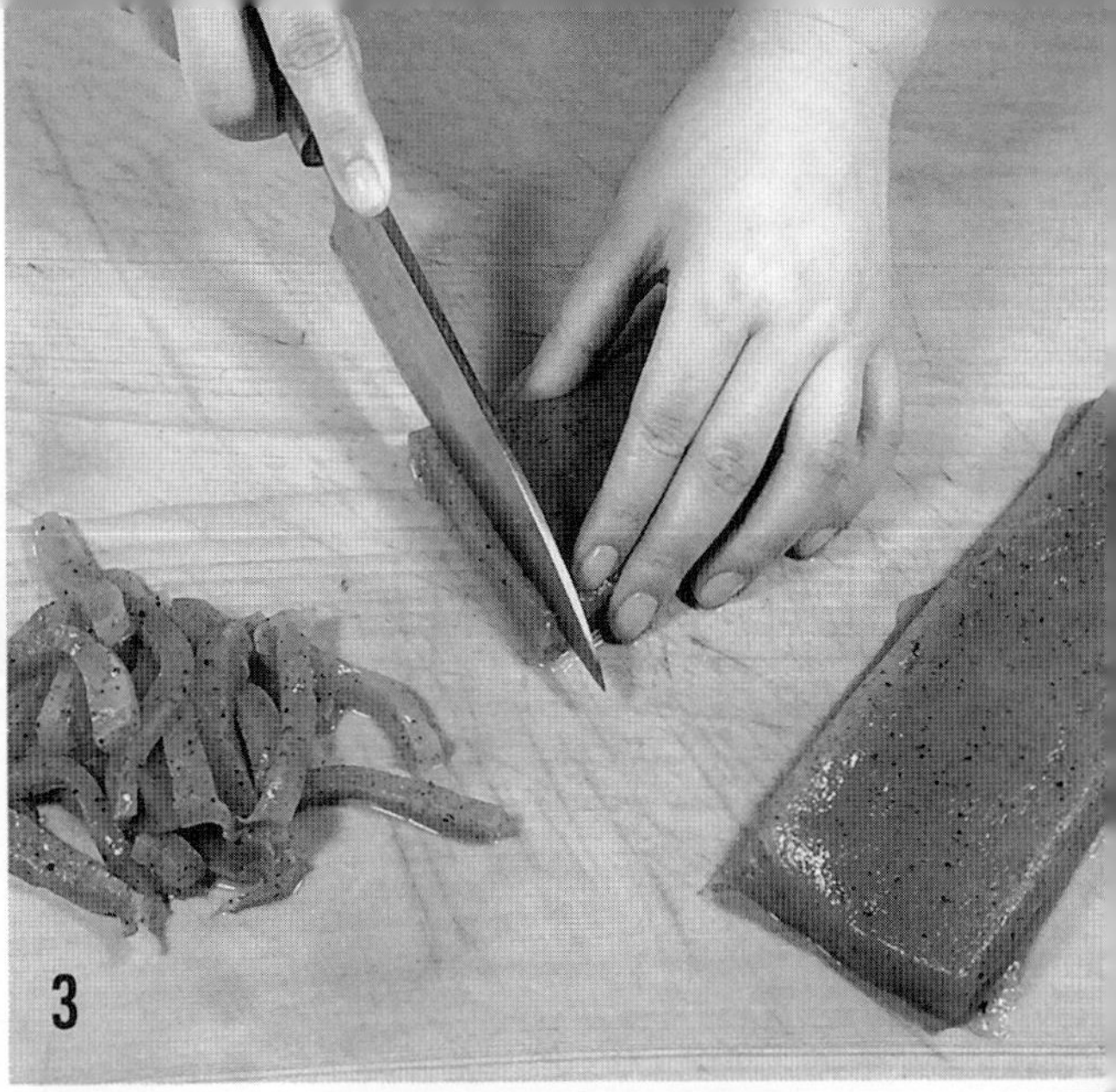

3

4

5

6

3　こんにゃくは、ヨコに庖丁を入れて二枚にし、それを端から、2、3ミリの厚さにきざみます。

4　ナベにたっぷり熱湯をわかし、なめてみて、ちょっと塩気を感じるか感じない程度に塩を入れて、三十分ほどゆがきます。ゆがいたら、水にさらして、水を切っておきます。

5　きゅうりは、かたいところの皮だけ、ところどころむいて、塩でちょっともんでから熱湯の中をサッとくぐらせ、水洗いしてうすくきざみます。

　これを水カップ1杯に塩茶サジ山1杯を加えた塩水の中に五、六分つけて、サッと水洗いします。

6　トリ、こんにゃく、きゅうりをザルに盛り、冷蔵庫に入れて、冷たくしておきます。

　いただくとき、氷を粗く割って器に入れ、その上にトリとこんにゃく、きゅうりを盛って出します。氷がとけるので、盛るとき氷の下に、なにか葉を敷くと、水がその下にたまるようになります。

　つけじょう油は、しょう油カップ1杯に、レモンのしぼり汁かポン酢を大サジ3杯の割に入れ、いの一番か味の素を加えてまぜます。

　好みで、これにわさびを加えてわさびじょう油でいただくか、しょうがじょう油でいただきます。

22 うなぎのざくざく

きゅうりもみは、あまりもむと、まずくなります。ざくざくと合せるぐらいがいいので、「ざくざく」といいます。うなぎを加えるとちょっとしゃれた酢のものです。

材料　うなぎの蒲焼　1串(2片)。きゅうり中3本。しょうがかゴマ。酢（4、5人前）

作り方

1　うなぎの串をぬいて、1センチくらいに切ります。

2　きゅうりはきゅうりもみのように、小口から薄く切って、塩水につけます。この塩水は、なめて、からいなと思う程度です。きゅうりがヘタッてきたら、しぼります。

3　合せ酢を作ります。酢大サジ1杯、ダシ大サジ1杯、砂糖茶サジ山1杯、しょう油茶サジ1杯、塩茶サジ1/2杯の割で合せ、いの一番か味の素を加えます。

ボールにきゅうりとうなぎをとって、合せ酢をかけます。この上にしぼりしょうがか、切りゴマをまぶすと、おいしくなります。

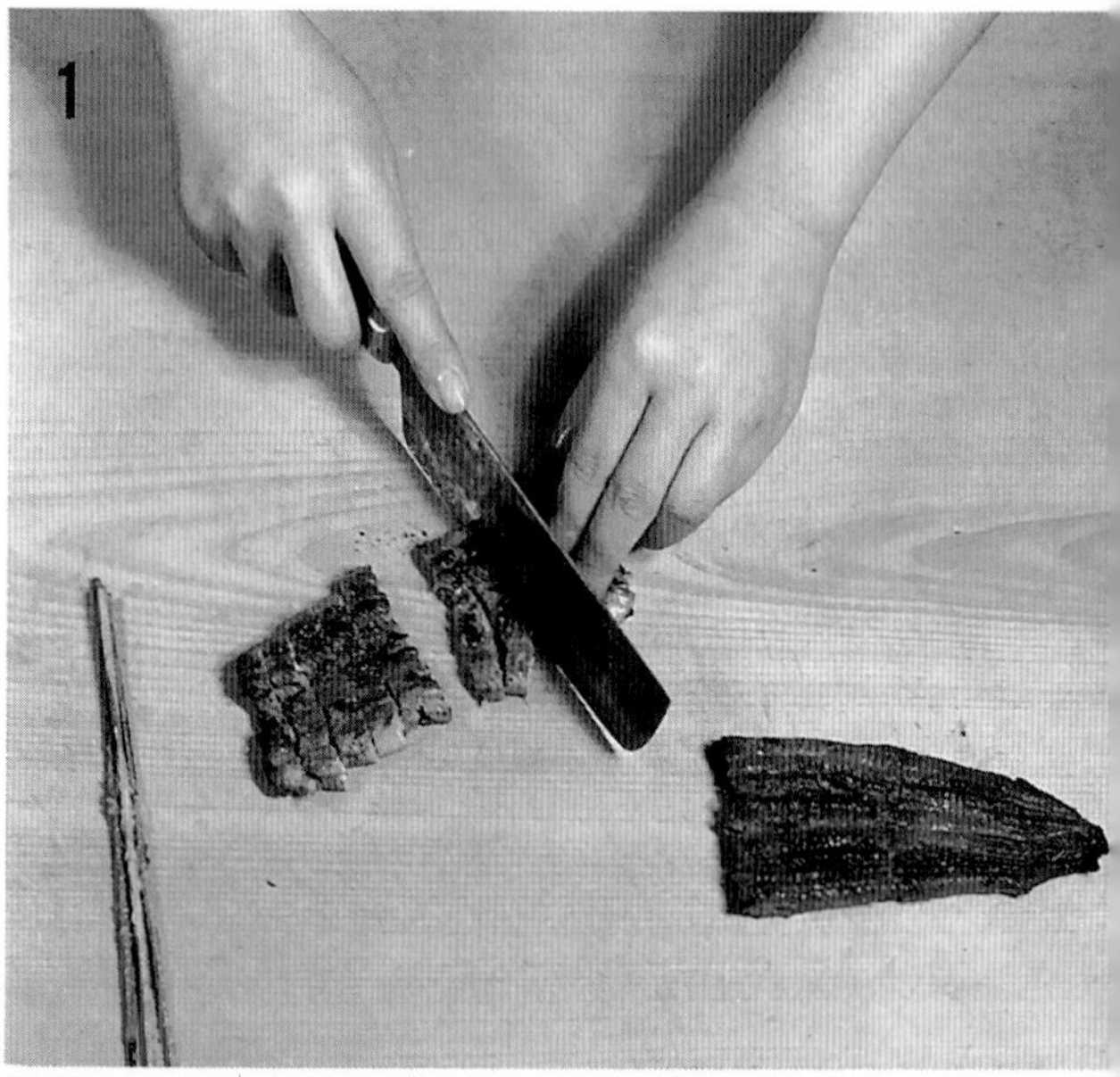

1

2

3

73 うりの揚げ玉汁

関東では揚げ玉、関西では天かす、野菜の煮ものやおつゆに入れると味がよくなります。

材料　うり　2本(2百《グラム》)。焼きちくわ1本。生椎茸　5コ。揚げ玉　カップ1杯。しょうが　(5人前)

作り方

1　うりは小さければ、そのまま小口から、大きいのは二つにわってタネをぬいてから、7《ミリ》くらいの厚さに切ります。ちくわはごくうす切りに、椎茸は焼いて、これも、はしから薄く切ります。

ナベに水をとり、塩を一つまみ入れてうりをゆでます。ゆだったら水にさらして、ザルに上げておきます。

2　ナベに昆布とかつおぶしでとった濃いめのダシをカップ7杯とり、塩茶サジ$1\frac{1}{2}$杯、しょう油茶サジ4杯で味をつけ、いの一番か味の素を加え、ここへうり、ちくわ、椎茸の順に入れて煮ます。

ぐらぐらと煮立ってきたら、味をみて、揚げ玉を入れて火をとめます。

おわんによそってから、しょうがのしぼり汁をたらします。

揚げ玉は売ってもいますが、天ぷらを揚げるとき、作っておくと重宝です。

1

2

24 しいたけ丼

椎茸を焼いて、ご飯にのせ、玉子の黄味をのせるだけのことですが、それにかける作りじょう油のおいしさで、最高の料理に負けない一品。この作りじょう油は、料理屋がお刺身や湯どうふに使いますから、作るときは多めに作っておくと、いいものです。

材料　生椎茸　大10コ。玉子の黄味　3コ。ご飯。のり。ミリン。日本酒。花かつお　（3人前）

作り方

1　まず、作りじょう油を作ります。小ナベに、たまりじょう油カップ2/3杯、しょう油カップ1/3杯、日本酒大サジ2杯、ミリン大サジ2杯を入れて火にかけ、花かつおを一つかみ入れ、ぐらぐらっと煮たてて火をとめます。これをこして、かつおをとります。たまりのないときは、全部しょう油でけっこうです。

1

2

２　椎茸はじくをとり、サッと洗って、アミで焼きます。中までよくよく火が通るように焼いて下さい。
　焼けたらうすくきざみ、ボールにとって、いま作ったしょう油を大サジ3杯入れて、まぶしておきます。

　ただし、これはあえてから時間をおくと、しょう油がしみこみすぎるので、ご飯が炊けたと思ったところでやって下さい。
３　茶わんに炊きたてのご飯をもって、上から椎茸をのせ、まんなかに、玉子の黄味だけをおとします。黄味のまわりに、もみのりをかけ、ふたをしてむらします。
　いただくときは、よくかきまぜ、たりなければ、作りじょう油をたしながらいただきます。

3

75 焼きなすのそぼろあんかけ

焼きナスは、うまみもにげず、こうばしいにおいがして、ナスの料理法ではやはり一番でしょう。よく焼くと、皮が面白いようにむけます。

これは、豚のアンをたっぷりかけた、ごちそうです。

1

材料　ナス　大6コ。豚肉　アブラの多いところを薄く切って百50グラム。しょうが。ミリン。片栗粉　（3人前）

作り方

1　ナスを強火で、黒こげになるまで焼きます。金アミの上で、ころがすようにして焼きますが、全体を黒こげに焼かないと、あとで皮がむけません。

ナスは黒っぽいので、焼けたかどうかが、よくわかりませんから、ハシでつまんで押してみて、中までやわらなくなっていたら、焼き上りました。わりあいに時間がかかります。

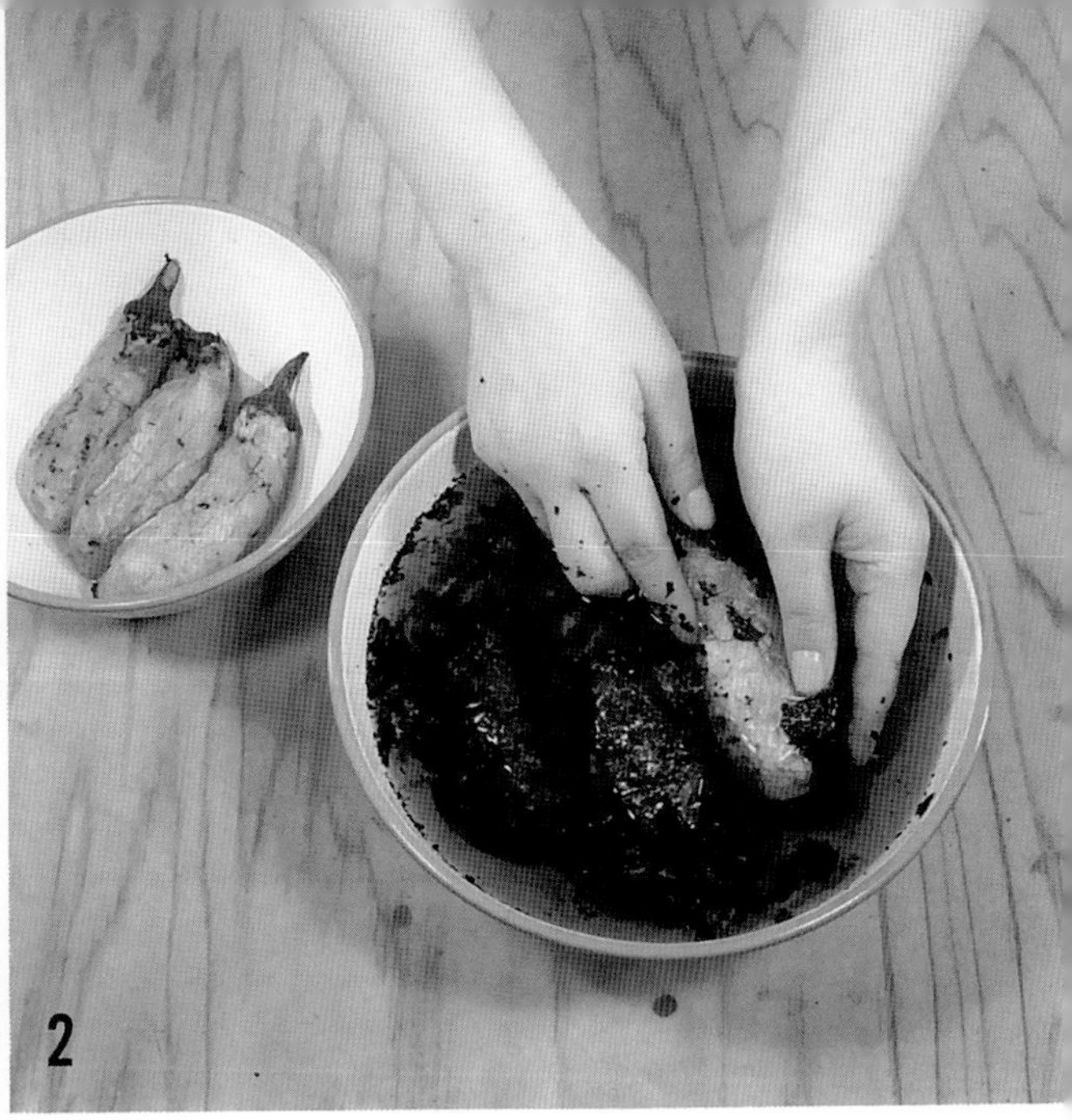

2

3

2　皮が充分に焼けたら、ボールにたっぷり水を入れて、その中にはなします。この水の中で皮をむいてしまいます。

3　ナベにミリン大サジ3杯を煮切って、ダシをカップ2杯入れます。これにしょう油茶サジ2杯、塩茶サジ1/4杯で味をつけ、煮汁を作ります。

この中に、皮をむいたナスをならべてトロ火で、味をしませるていどに煮ます。

4　豚肉は1㌢ぐらいに切ってから、まな板の上でたたいて、ひき肉ぐらいにします。

5　アンをつくります。ナベにミリン大サジ2杯をとって煮切り、ダシをカップ1 1/2杯入れます。そこへ、豚肉を入れ、しょう油大サジ2杯、塩茶サジすり切り1杯入れ、味をととのえ、いの一番か味の素を加えます。

肉が煮えてきたら、片栗粉大サジ2杯を水でといて入れます。アンのかたさはどちらかといえば、かたいほうです。

ナスのなり口と、先をちょっと切って器にもり、この豚肉のアンを上からたっぷりかけます。いただくとき好みで、おろししょうがをのせます。

★この本に使っているカップ1杯は180ccです。大サジはテーブルスプーンで18cc、茶サジは6ccです

4

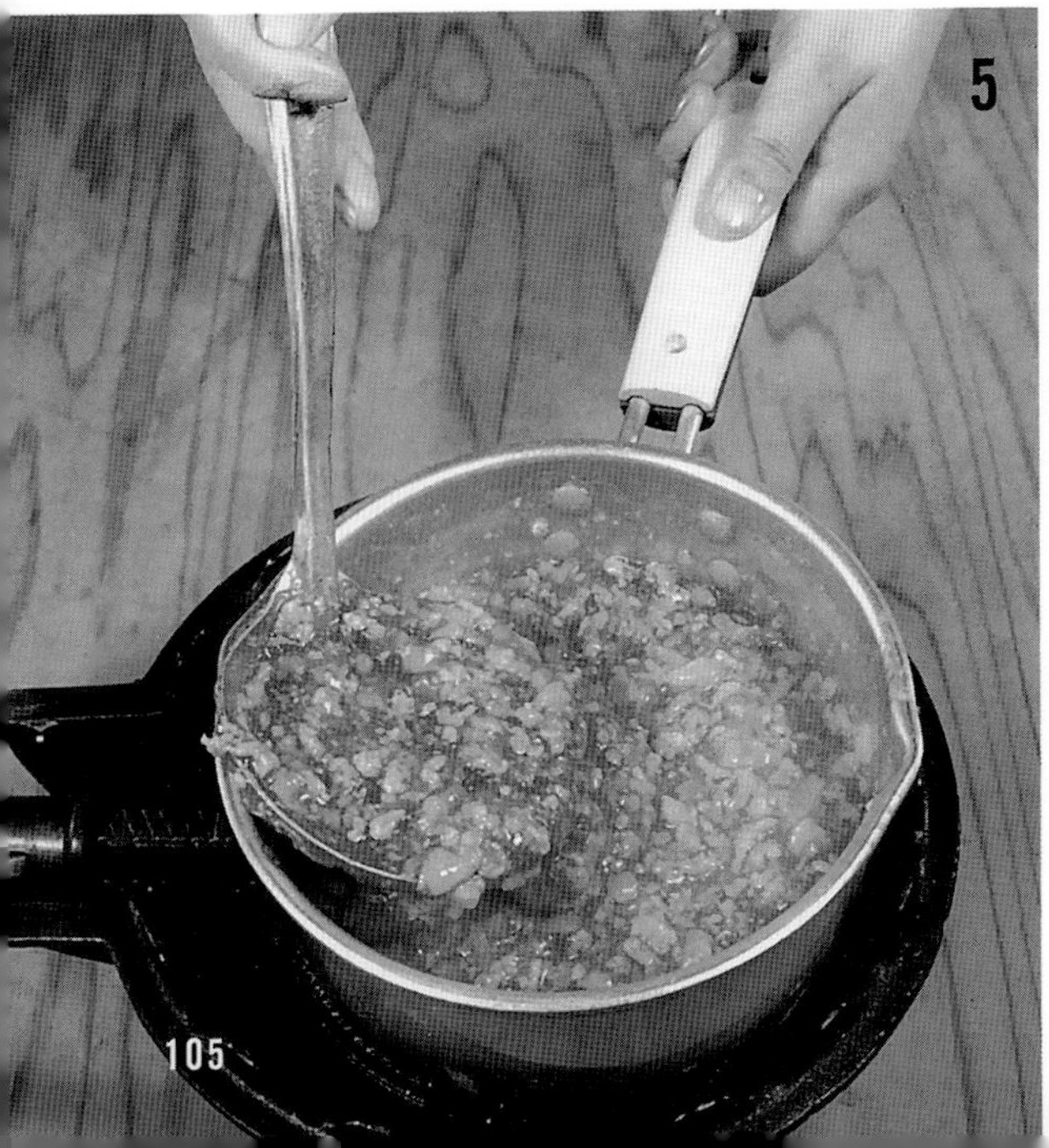

5

76 いわしの甘酢煮

いきのいいイワシが入ったらやってみて下さい。サッと煮上げるだけですが、イワシの生ぐささが、なくなってしまいます。

材料　いわし　中6尾。大根。酢（3人前）

作り方

1　いわしは、ワタを出さないで、そのまま使います。大きめのだったら、頭をとって三枚におろします。

よく洗って、ウロコをとります。

浅めのナベに、水カップ1杯とり、そこへ、酢大サジ4杯、しょう油大サジ5杯、砂糖茶サジ山2杯とり、いの一番か味の素を加えて、煮たてます。

ワァッと煮立ってきたら、いわしを順順にならべ、落しブタをして、中火で煮ます。

2　大根をカップ山1杯ほどおろして、水を通してから、軽くしぼります。

この中に、酢大サジ2杯、砂糖茶サジ山1杯ほど加えます。

いわしを一人2尾あて盛り、上からおろしをたっぷりかけます。

1

2

77 かんぴょうと厚揚げのふくめ煮

かんぴょうは、ふつう、しょう油で茶っぽく煮しめますが、これはあまり色をつけずにたきあげます。厚揚げといいとり合せです。

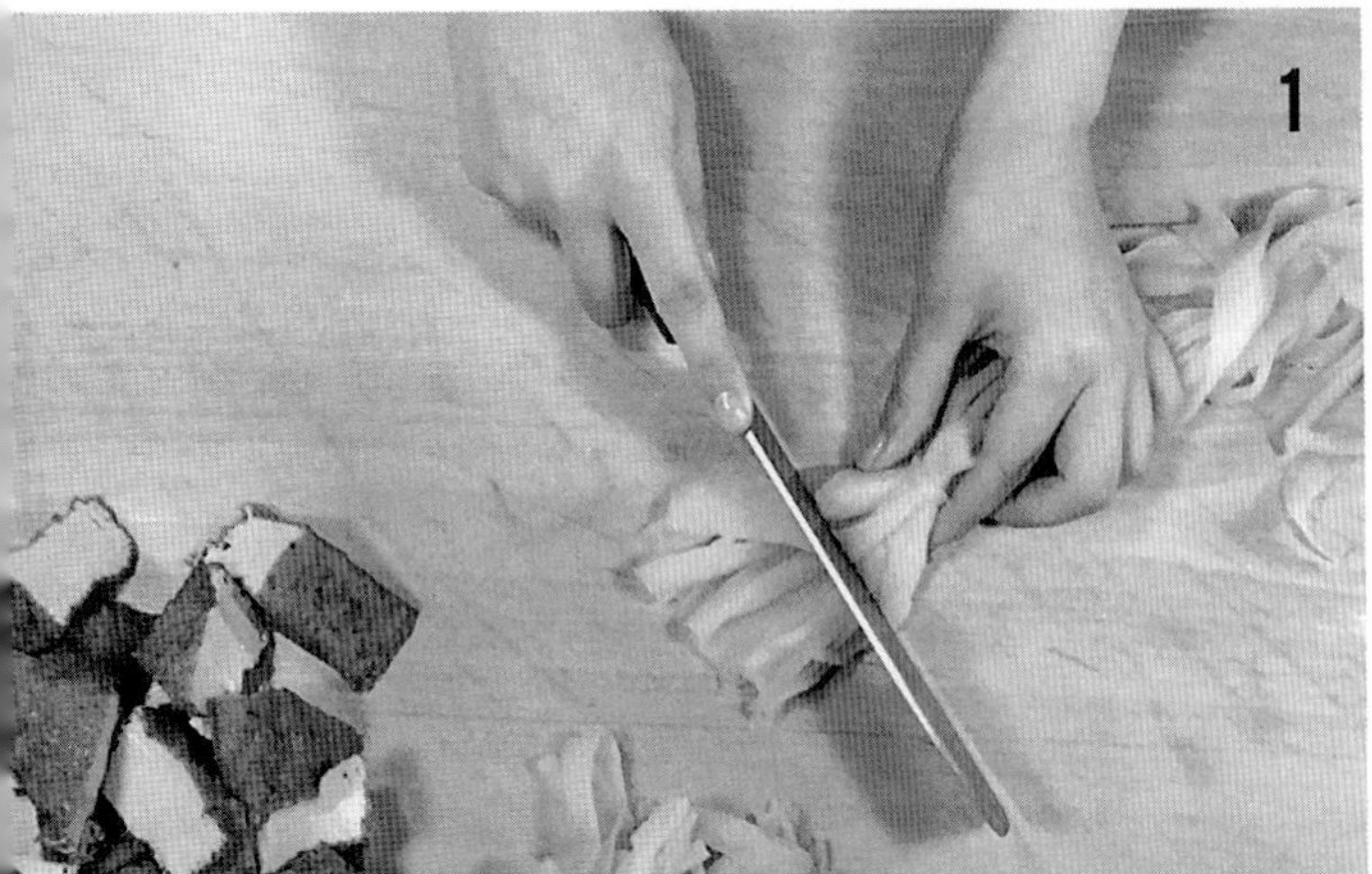
1

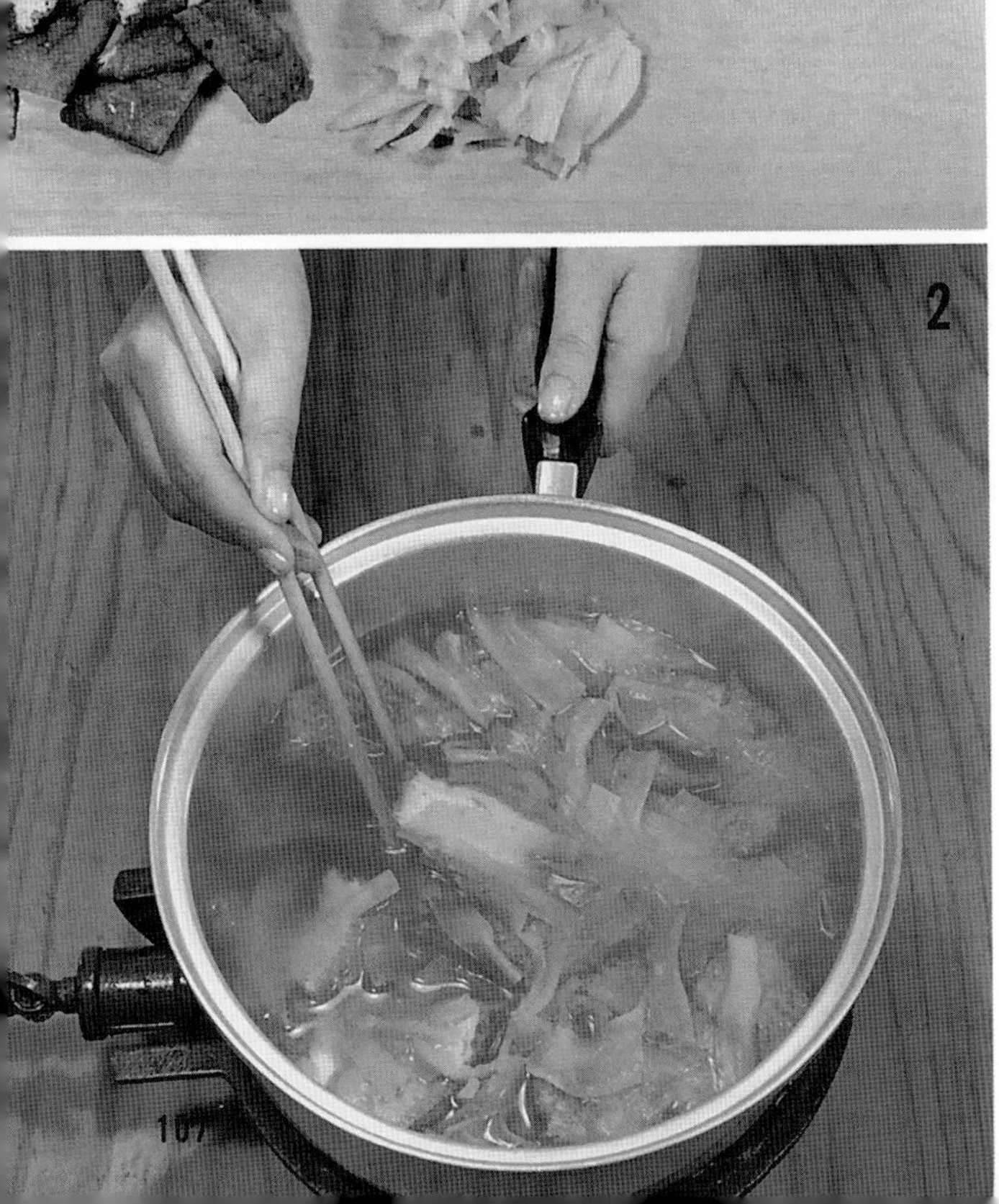
2

材料 かんぴょう 20グラム。厚揚げ 5枚 大きいのだったら3枚 (4、5人前)

作り方

1 かんぴょうは、水に少しつけてからとり出して塩でよくもみ、塩気を水で洗ってから、また水につけておくと、短い時間でも、じゅうぶんにもどります。これを、長さ4、5センチに切ります。

厚揚げは、熱湯をかけて油をぬき、二口に食べられるくらいの大きさに、三角に切ります。

2 ナベに、かんぴょう、厚揚げをとり上からダシをカップ5杯入れます。砂糖大サジ3杯、塩茶サジ2杯、しょう油大サジ2杯で味をつけます。

煮たってきたら、火を中火にして、いの一番か味の素を加え、ゆっくり煮ふくめるように煮ます。

78 たちうおのごま酢みそあえ

ごま酢みそは鮮度のいいお魚ならなんにでもあいます。これはたちうおですが、あじでもさよりでもきすでも夏にはいいものです。

材料　たちうお　中1尾。酢。赤みそ　百50グラム。白ゴマ　（5、6人前）

作り方

1　たちうおを三枚におろして、薄く塩をふってしばらくおいてから、酢の中に二十分ほどつけておきます。

　これを写真のように、5ミリぐらいの細切りにします。

1
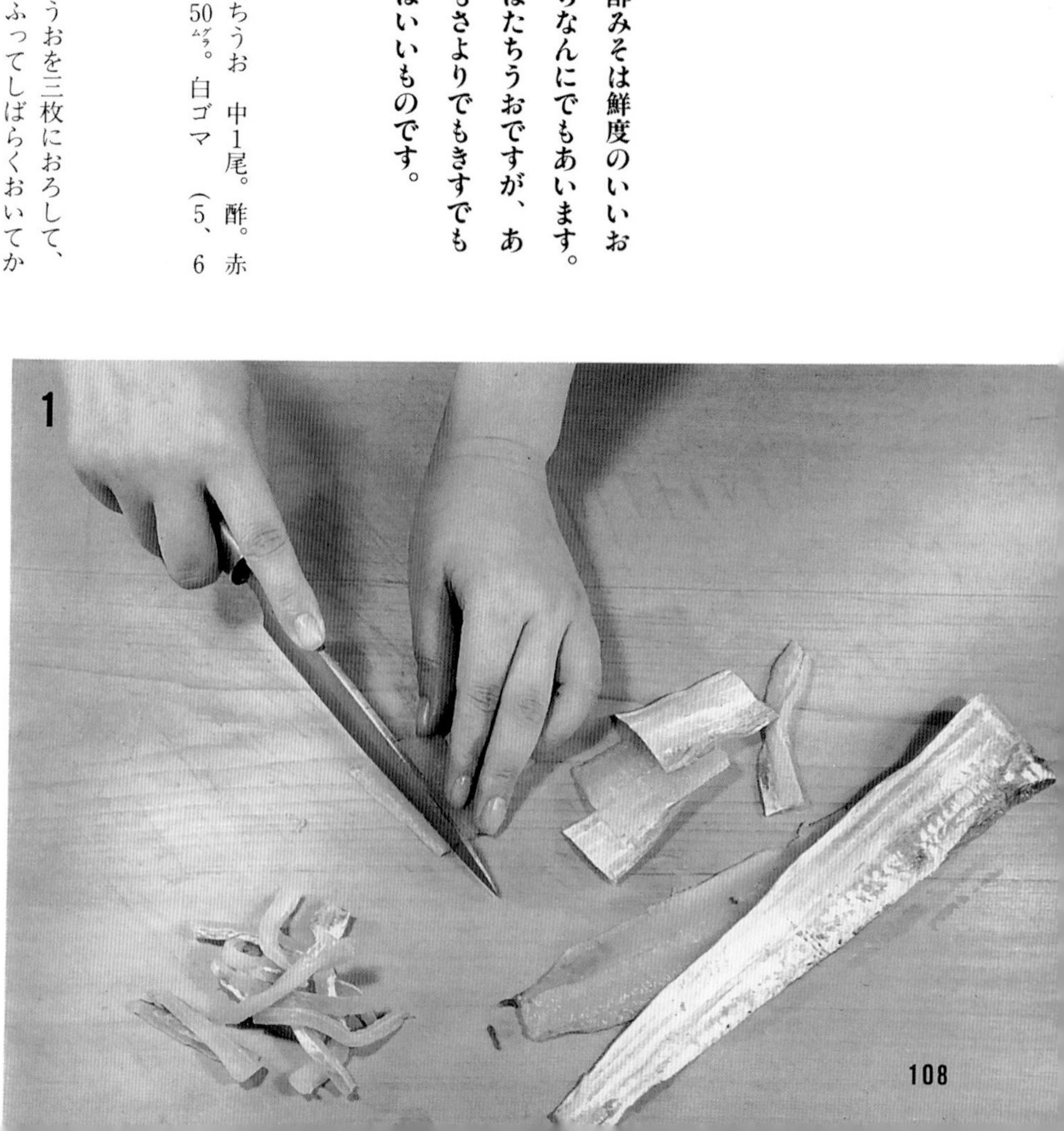

★この本に使っているカップ1杯は180ccです。大サジはテーブルスプーンで18cc、茶サジは6ccです

2　みそは裏ごしして、ナベにとり、砂糖大サジ3杯に水大サジ2杯入れ、いの一番か味の素を加えて、よくかきまぜながら煮ます。

3　すり鉢に、いった白ゴマを大サジ山2杯とって、よくよくすります。ここへ、みそを大サジ2杯とり、酢を大サジ2杯加えてすり、どろりとさせます。

4　このみその中にたちうおを入れてあえます。

これにねぎやわけぎをサッとゆがいて、加えるのもいいものです。

★みそが残ったら、ナスのしぎ焼きにつけても、また変った味になります。

79 関西ふうそうめん

暑くてなにもたべたくないようなときでも、冷たいそうめんは、入るものです。具は色どりですから、なんでもけっこうです。そうめんは細くて上等なものほどおいしくできます。好みでさらしねぎ、もみのり、わさびを用意します。

材料　細いそうめん　6束。玉子　2コ。干椎茸　小9コ。冷凍のエビ　3尾。三つ葉　一つまみ。ミリン　（3人前）

作り方

1　そうめんをゆでます。大きめのナベにお湯をたっぷりわかし、煮立ってきたら、そうめんを一つかみずつ、ナベの底にならべるような気持で入れてゆきます。
　ときどきハシでかきまぜます。そうめんにもよりますが、煮立ってきたら、水をカップ1杯加えます。また煮上ってきますから火をとめ、お湯を切って、水にさらしてからザルにあげます。そうめんは、たべたとき、一本一本わかるぐらいの口当りがよく、ゆですぎてはだめです。

2 具の玉子焼きを作ります。ボールに玉子をわり、しょう油茶サジ1杯入れて、ほんのちょっと味をつけ、よくほぐして、フライパンで焼きます。焼き上ったら、熱湯をかけ、表面の油を流して、細ながく切るか、扇形に切ります。

3 椎茸は水でもどしてから、小ナベにとり、ダシカップ1杯にしょう油大サジ2杯、砂糖大サジ1杯の割で入れ、この中で、甘辛にゆっくり煮ます。

エビはゆでて、タテに二つに切ります。三つ葉は青くゆがき、3㌢くらいに切ります。

4 つけ汁は、ナベにミリンをカップ1/2杯とって煮切り、しょう油カップ1/2杯を加えて、煮上ってきたら、そこへ、濃いめにとったダシカップ2杯を入れてのばし、砂糖茶サジ山1杯加えて煮ます。

煮上ったら、かつおぶしを一つかみ入れてグラグラときたら火を止め、こして冷まします。この追いがつおがめんどうなら、いの一番か味の素を多めに入れて冷まします。

冷水にぶっかき氷を入れ、そこへそうめんをとって具を飾ります。

80 いわしのしそ煮き

魚を煮るとき、しょう油だけだとつい身がだらけますが、梅漬のしそを入れると、梅酢でしまり、日もちもします。

1

2

材料　小いわし　6百グラム。梅漬のシソ40グラム。日本酒（5、6人前）

作り方

1　いわしはなるべく小さいのを使います。頭をとり、つぎにハラに庖丁を入れて、ワタを出し、ハラの白いところを少し斜めにおとします。これをよく水で洗って、ザルに上げておきます。

梅漬のシソは、キュッと汁気をしぼりみじんにきざみます。

2　平たいナベを用意し、いわしを底にならべます。上へ重ねるときは、互いちがいにならべるようにして下さい。

そこへ日本酒カップ1/2杯、水カップ1杯、砂糖大サジ山1杯入れ、いの一番か味の素を加えて、火にかけます。火は中火。

ナベがグツグツといってきたら、シソを全体にちらします。そこへしょう油大サジ4杯加え、ナベを静かにかたむけてしょう油を全体にまわします。

ここへ落しブタをして、グツグツと、煮汁がだいたい切れるまでたきます。落しブタをするのは煮汁がよくまわって、いわしによく味をしますためです。最後にこげつかないように注意します。大きめのいわしだったら、はじめの水を少し多くします。

81 たこの酢みそあえ

たこときゅうりは出合いものです。あえる前にできるだけ冷たくしておきます。

材料　たこ　4百グラム。きゅうり3本。うど　太めのを1/2本。赤みそ　2百グラム。酢（7、8人前）

作り方

1　うどは長いまま皮をむき、太ければタテに二つに割ってから、4、5センチの長さにそぎ切りにし、サッとゆで、水にさらしてから、ザルにあげておきます。

きゅうりは小口からうすく切って、海水くらいのからさの塩水の中に五、六分つけ、もまずにぎゅっとしぼっておきます。

たこはなまだったらゆでます。足の内側の厚いまくのような皮をとってから、庖丁をねかして、うすく、そぐように切ります。

2　みそはすり鉢に移してすりこぎでよくすります。そこへ酢大サジ7杯、砂糖大サジ山3杯をとり、いの一番か味の素を加えて、さらに、よくよくすり合せ、ドロッとさせます。

3　この中へ、用意しておいた、たこ、きゅうり、うどを入れて、しゃもじであえます。時間がたつと、きゅうりから水がでて、まずくなりますから、すぐにいただきます。

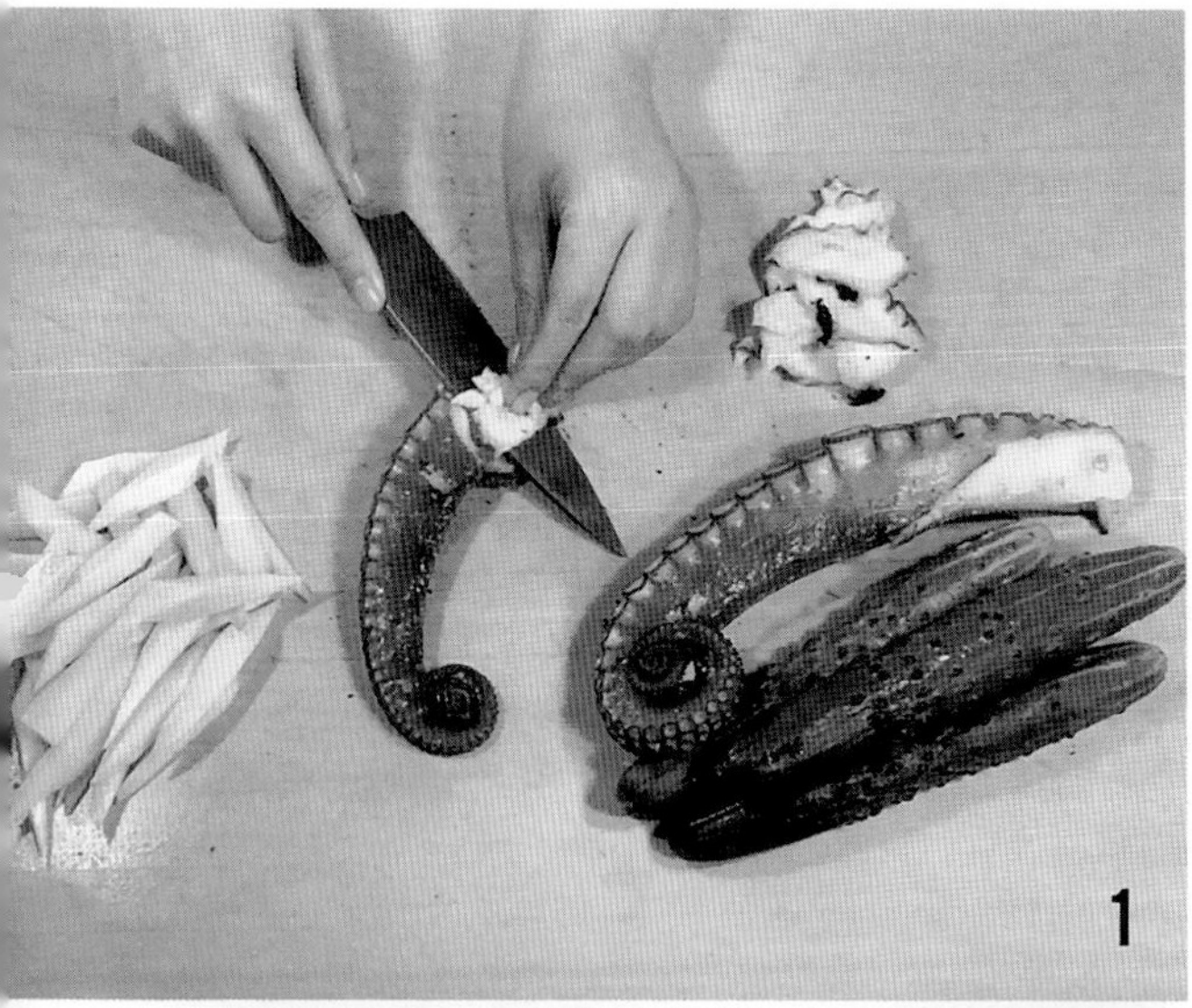

1

2

3

82 かぼちゃとあずきのいとこ煮

かぼちゃとあずきをいっしょに煮ます。

かぼちゃのあまみと、あずきのあまみがよく似ているのでいっしょにたき合せるのを、いとこ煮といいます。あっさりした甘味が、案外、男の人によろこばれています。

材料　かぼちゃ　1コ(約1キロ)。あずきカップ2杯　(5、6人前)

作り方

1　さきにあずきを煮ます。あずきは一晩水につけておき、たっぷり水を加えて火にかけ、水をたしながら、すっかりやわらかくなるまで煮ます。

2　かぼちゃは、タテに二つに切ってタネをとり、写真のような大きさに切ります。

★この本に使っているカップ1杯は180ccです。大サジはテーブルスプーンで18cc茶サジは6cc

3　ナベにかぼちゃをとり、ダシをカップ6杯加えて強火にかけ、煮立ってきたら、あずきを入れます。
　そこへ砂糖大サジ山4杯としょう油大サジ1杯、塩茶サジ1/2杯を加えます。

　火を少し弱めて、そのままグツグツ煮こんでゆきます。煮汁が半分ほどまでになったら煮上りです。

　この味はかぼちゃの甘味でちがってきますので、味をみて、砂糖、塩を加減して下さい。

83 牛肉のつくだ煮

ふつう牛肉の佃煮といえば、こま切れや、かたいところを使いますが、これは、やわらかい普通のところを薄切りにして、ご飯の上にのせたらパラリとくずれるように、煮き上げた佃煮です。

材料　牛肉　8百グラム。しょうが　2コ。日本酒。ミリン。

作り方

1　牛肉はアブラの少ない、ランプあたりのやわらかいところを、すき焼きより少し厚めに切ってもらいます。これを一口か二口にたべられるくらいの大きさに切ります。

しょうがは、センに切るか、みじんにきざんでおきます。

2　厚手のナベに日本酒カップ1杯と水カップ3杯とり、牛肉としょうがを入れます。煮立ってきたら、牛肉がくっつくので、ハシでほぐします。アクとアワが出ますから、これはていねいにすくって下さい。火は中火です。

半分ほど煮つまってきたら、しょう油大サジ8杯、たまりじょう油カップ$\frac{1}{2}$杯、ミリン大サジ3杯入れて、汁気のなくなるまで中火でゆっくり煮ます。たまりは肉においしそうな色をつけるためですから、なければ、普通のしょう油にして下さい。フタはしないで煮ます。

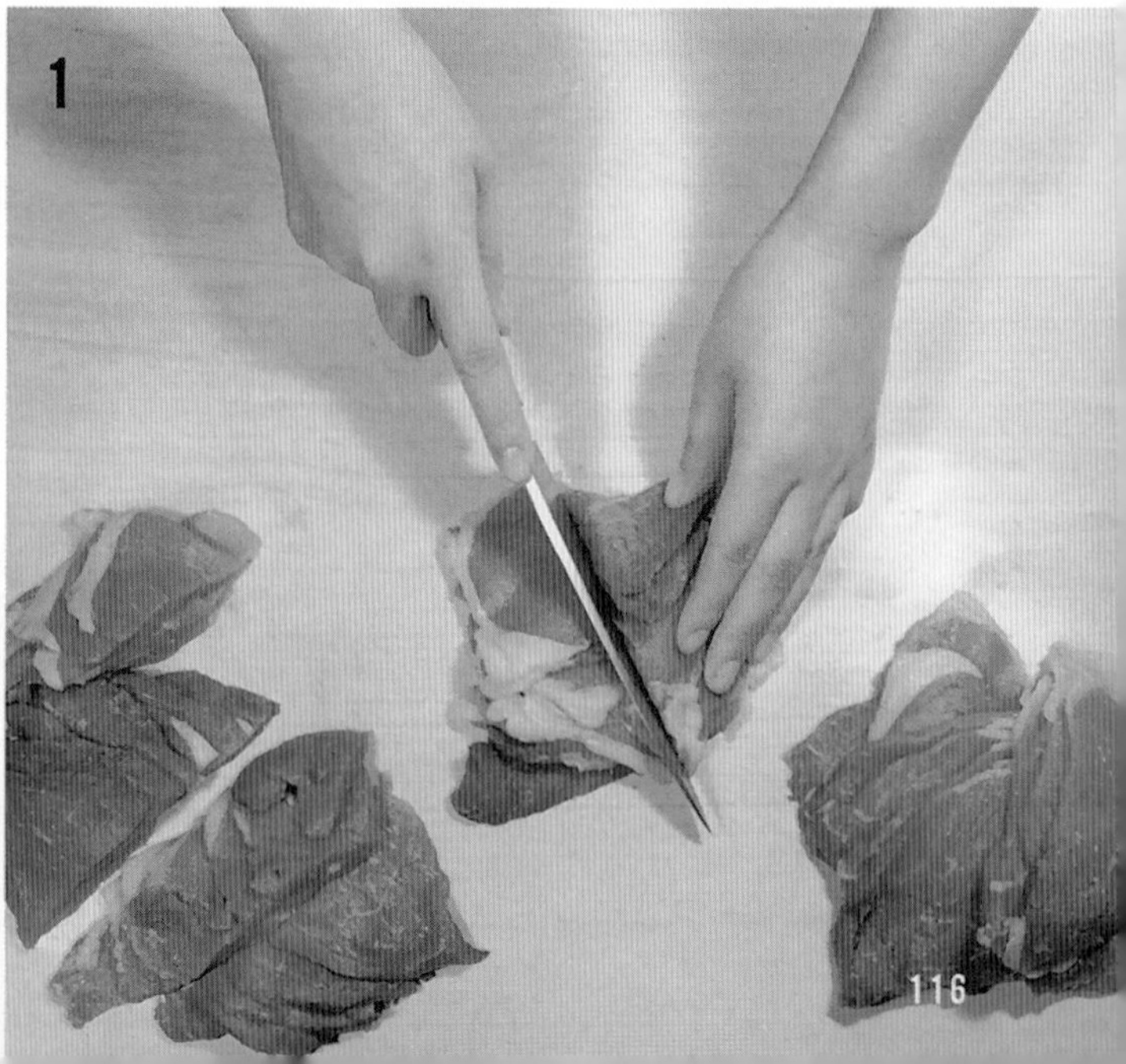

1

2

84 とり雑炊

暑い日に、熱い雑炊をたべるのも、体にはいいものです。雑炊はご飯をながく煮ないほうがおいしいものです。

材料　トリ肉　脂の少ないところ百グラム。玉子の黄味　3コ。ご飯　茶わん2杯。ねぎ。しょうが　少々。日本酒　（3人前）

作り方

1　トリ肉を庖丁でたたくようにして、ひき肉のように切ります。

ダシは昆布か、かつおぶしでとります。土なべか、厚手のナベに、ダシをカップ4杯入れ、すぐにトリ肉を入れてよくほぐします。ダシが熱くなってから入れると、トリがかたまってしまいます。しょう油茶サジ1杯、塩茶サジ1杯入れ、いの一番か味の素で味をつけます。

2　ザルにご飯をとり、ザッと水で洗います。これはヌメリをとり、サラッとさせるためです。たきたてのご飯のときはそのままです。

ダシが煮立ってきたらご飯を入れ、日本酒大サジ3杯入れて、五分ぐらいでおろします。おろしぎわに、きざみねぎをちらし、好みでしぼりしょうがをかけます。

茶わんによそう前に、玉子の黄味を落し、半熟加減にしてたべます。

1

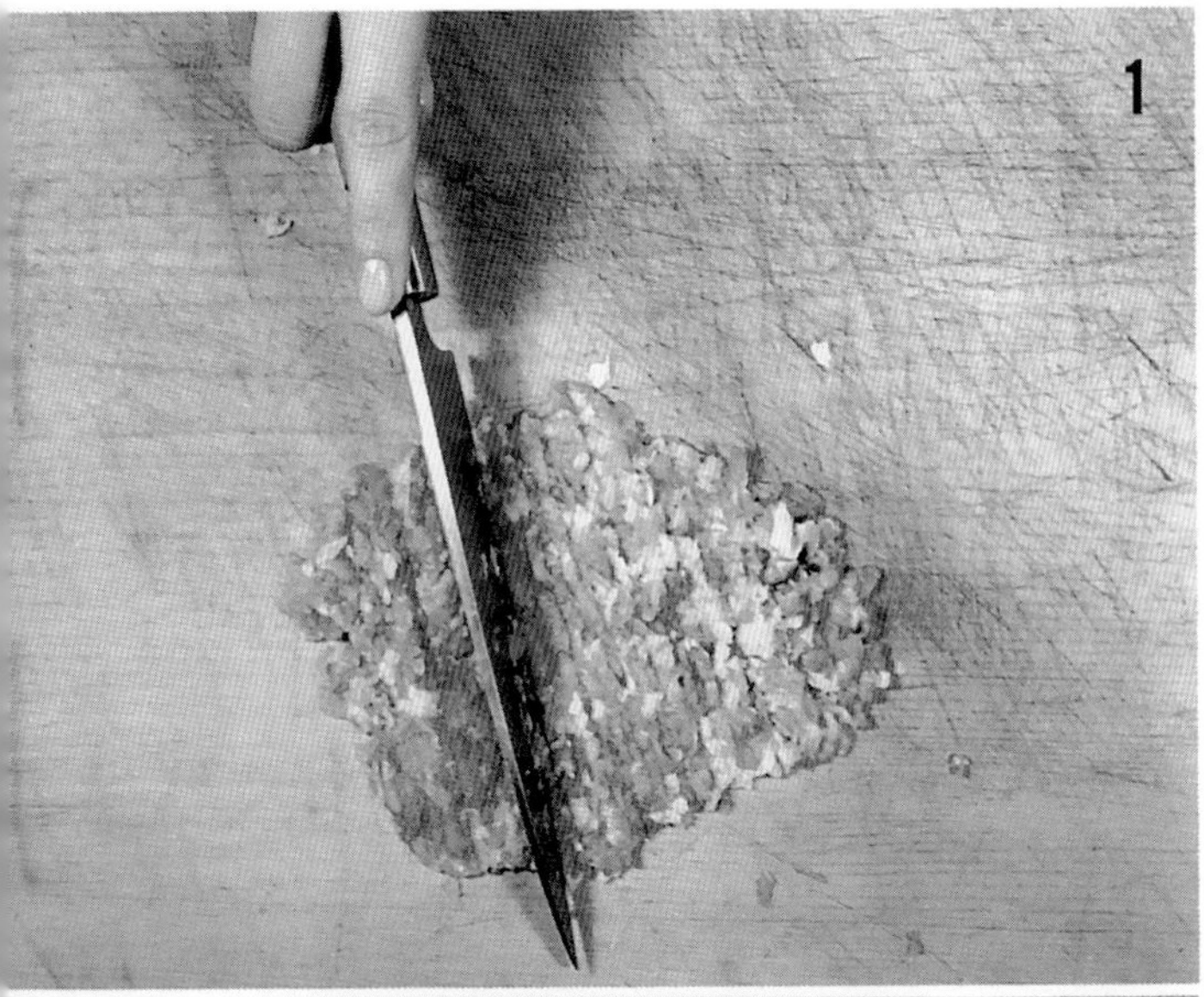

2

85 あじのはかたおし

イキのいいあじが手に入ったら、きゅうりと重ね、おぼろ昆布でしめて三杯酢でたべます。夏ならではの酢のものです。もちろん酢の味は好みに加減して下さい。

材料　あじ　大3尾。きゅうり　4、5本。おぼろ昆布。しょうが。酢　（6、7人前）

作り方

1　あじは三枚におろし、小骨を抜き、軽く塩をして、背の薄皮をむき、サッと酢にくぐらせます。

2　庖丁をといで切れるようにして、出来るだけ薄く、3枚ぐらいにそぐように切って、全体にごく軽く塩をふります。

きゅうりは塩でもんで水につけると、青く色が冴えます。これをタテに、薄くそぎ切りにして、海水ぐらいの濃さの塩水につけ、シナシナしたら、ザルに上げて水をきります。

3　流し箱か弁当箱に、きょうぎ(うす板)か竹の皮かラップを両端を出して敷きます。こうしておくと後でぬきやすいからです。

この上に、薄く切ったあじを一枚一枚すき間のないようにならべます。

4　この上におぼろ昆布をひろげながら、敷いてゆきます。

5　つぎにきゅうりを同じように敷きます。これで一段がおわりました。この上にまたおぼろ昆布を敷いて、あじをならべ、また昆布、その上にきゅうりと、くり返して三段かさねます。

上から落しブタのような大きさのフタをして、ボールに水を入れた程度の重しをおきます。これはあじと昆布、きゅうりをなじますためですからあまり重いものは困ります。こうして一時間もおくとすっかり落着きます。

6　これをとり出し、タテに二つに切って、はしからたべよい大きさに切ります。器に盛り三杯酢をかけ、すりしょうがをそえます。

三杯酢は、ダシ大サジ4杯、酢大サジ4杯、しょう油大サジ1杯、砂糖茶サジ2杯をよくあわせます。

1

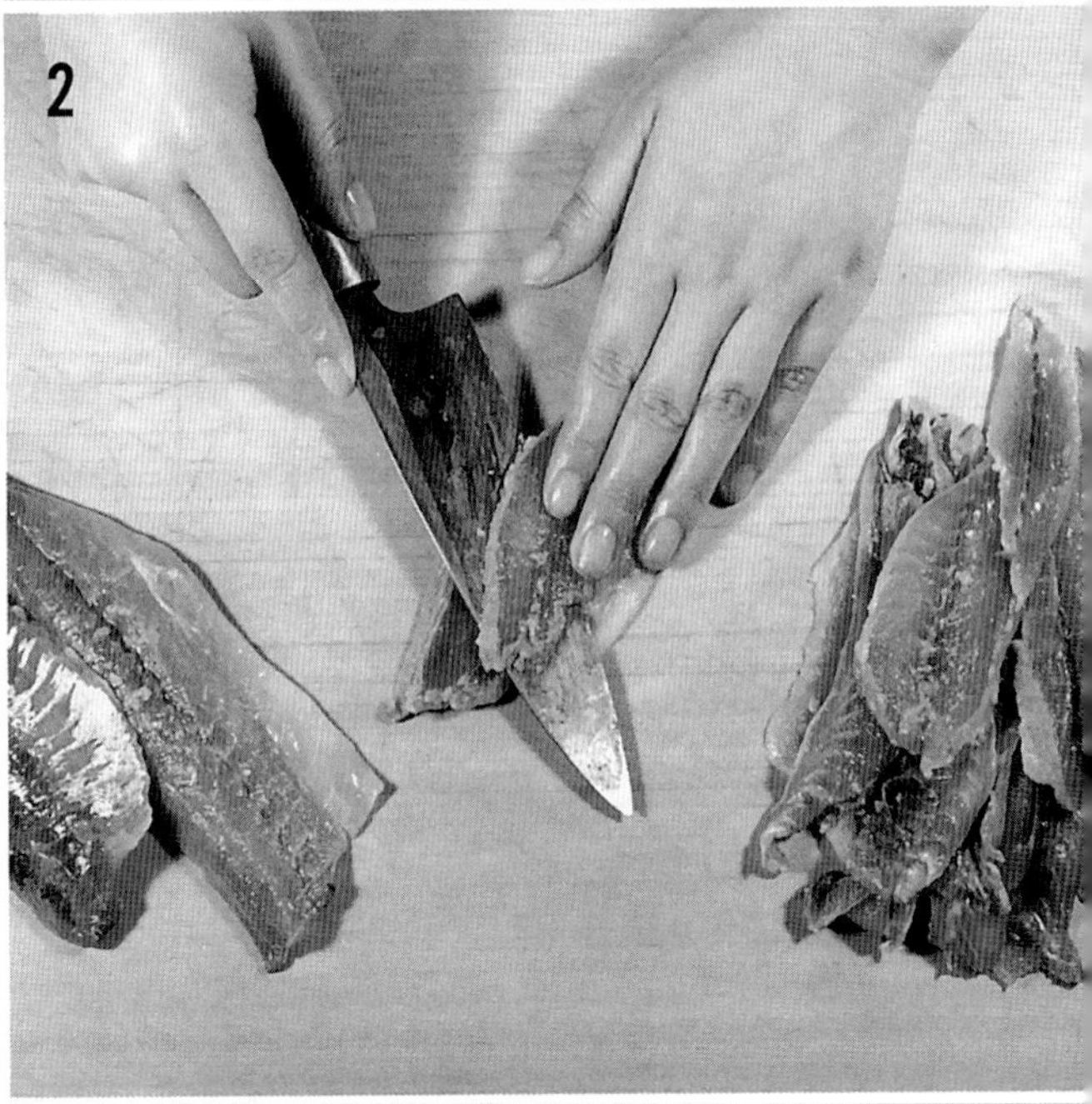
2

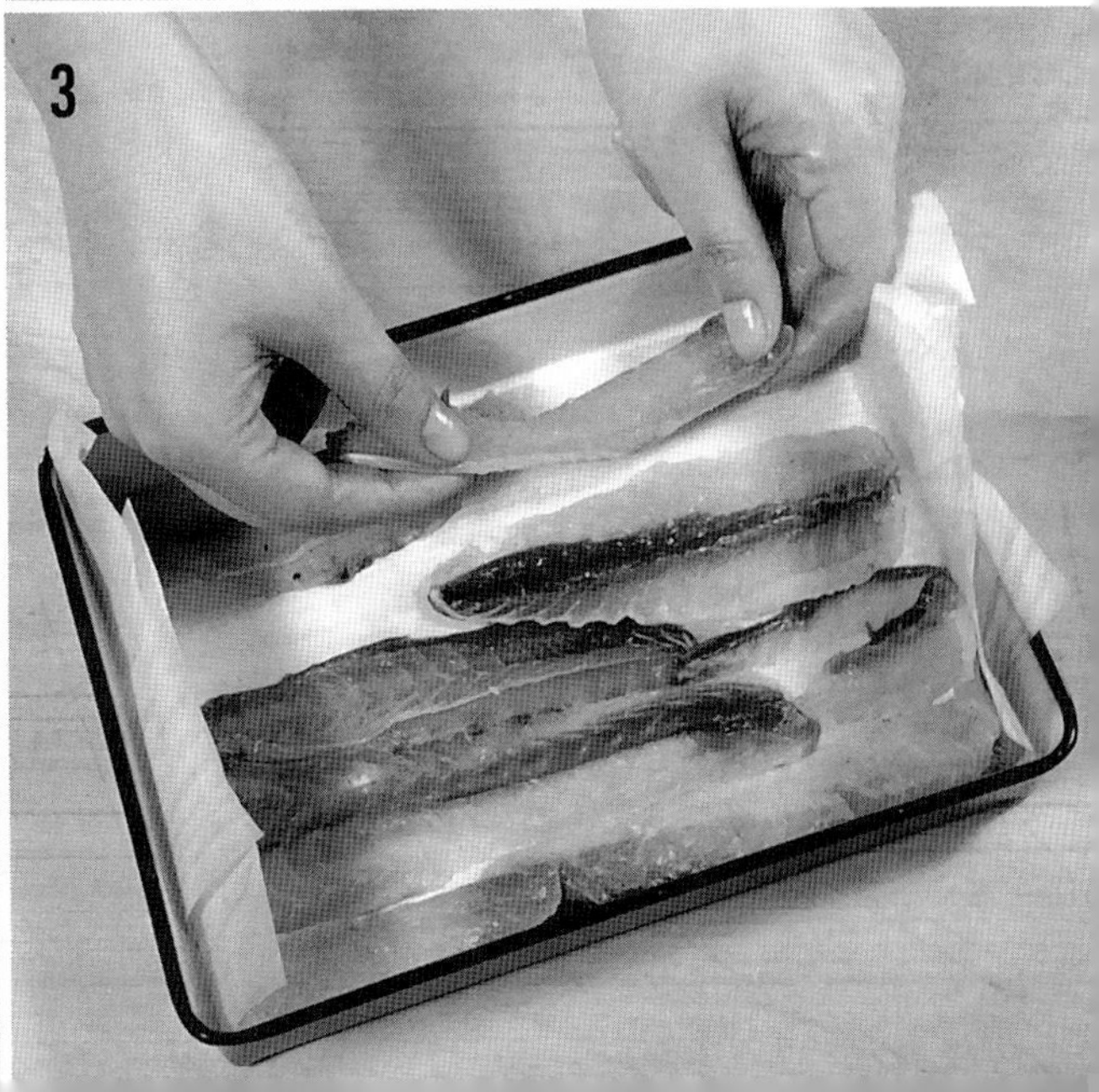
3

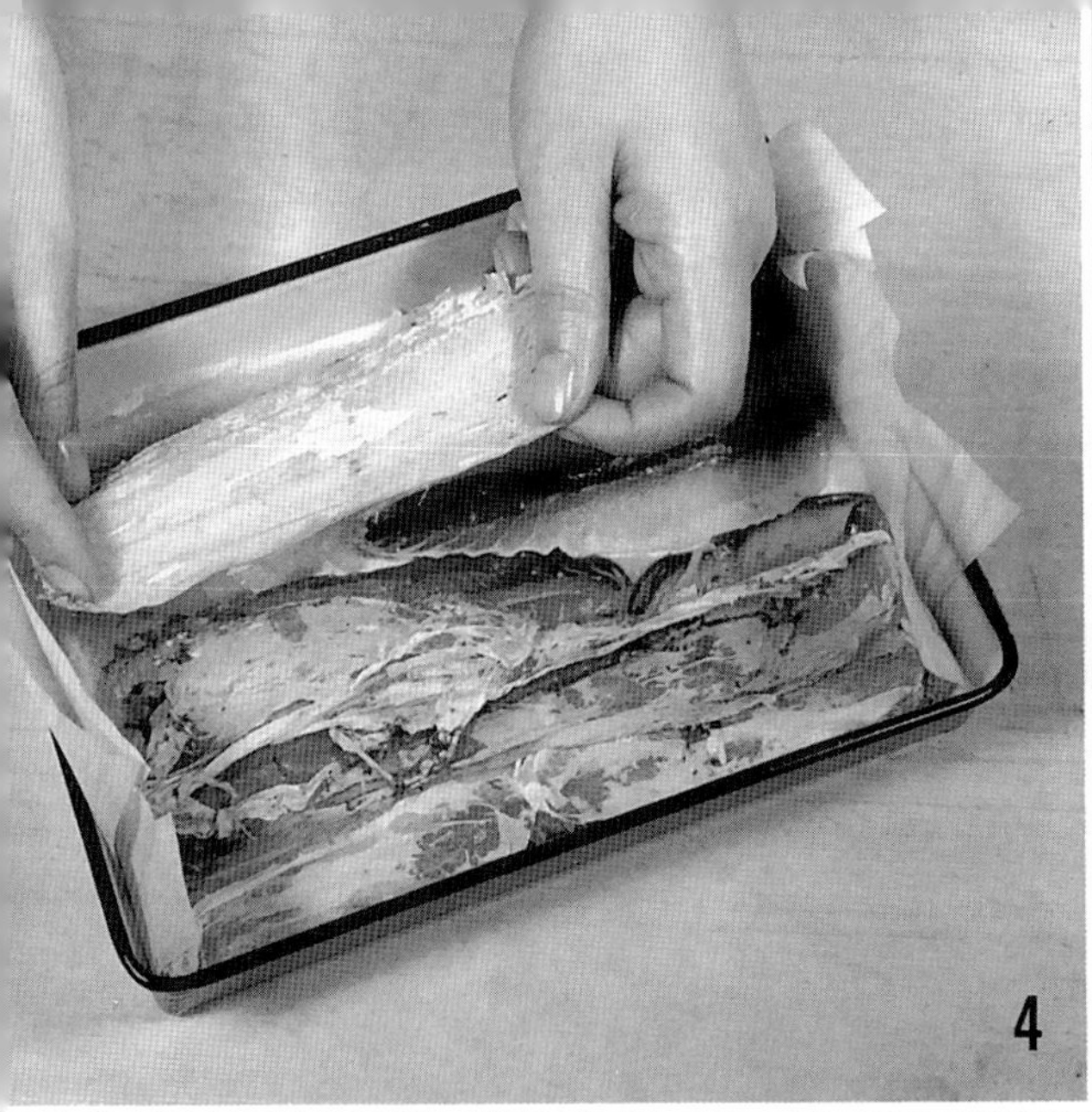
4

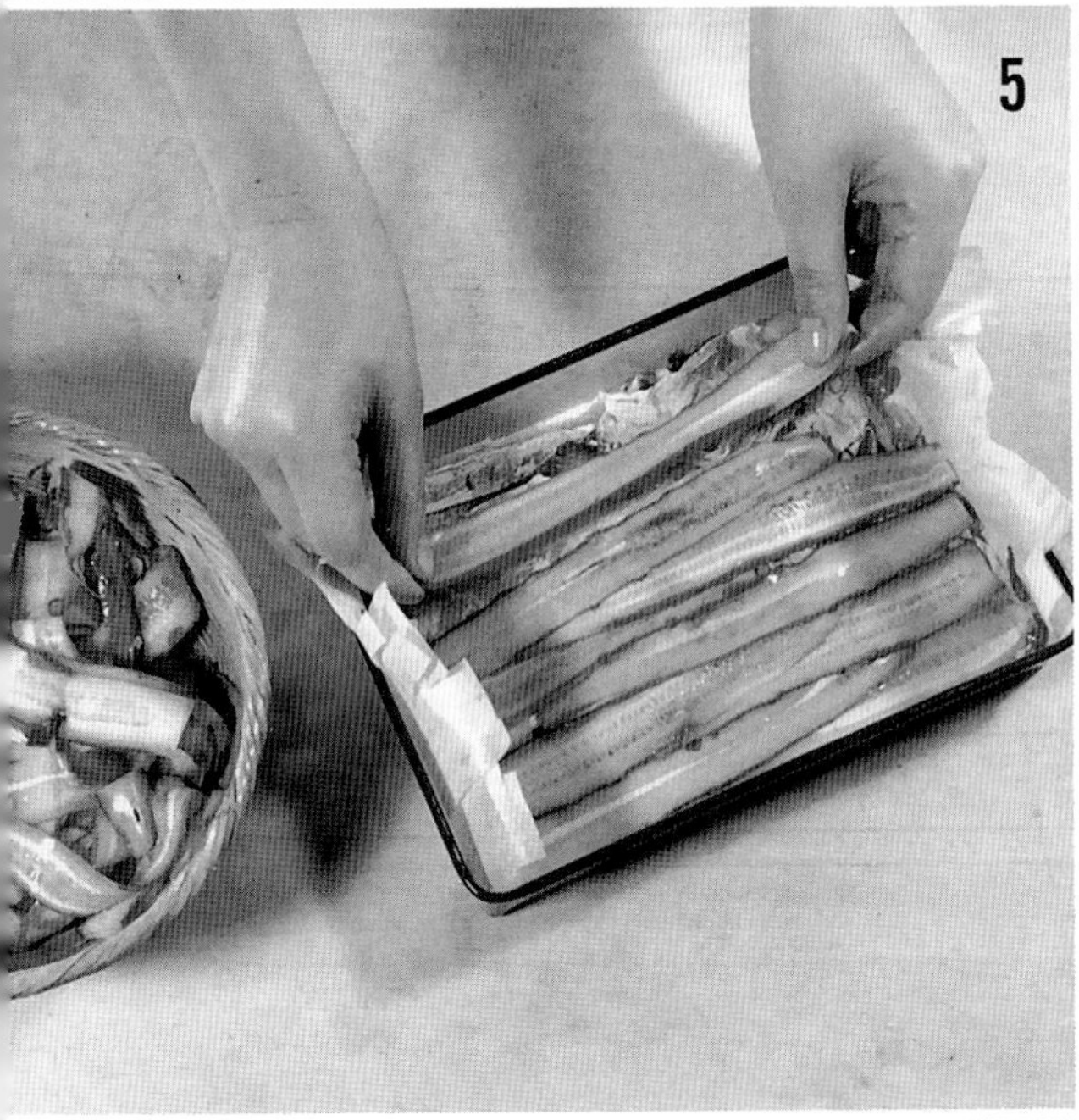
5

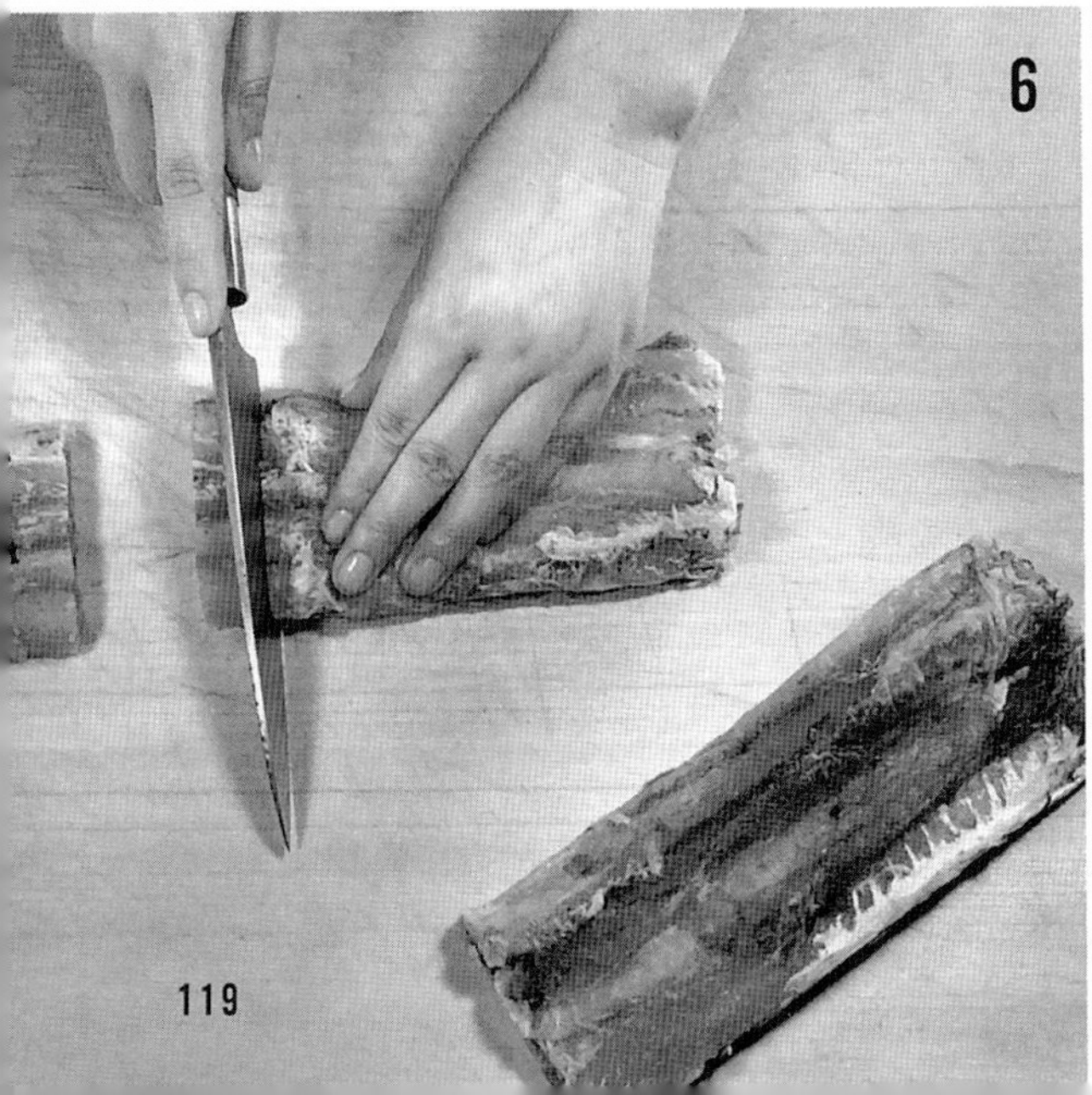
6

86 こんにゃくのきんぴらふう

こんにゃくをたたいて、肉のような口あたりにする、そういった料理です。よくたたくと、中まで油と味がしみこんで、ちがった味になります。

材料　黒こんにゃく　4枚。赤とうがらし粉　少々。

作り方

1　こんにゃくをすりこぎで、たたきます。はじめ全体に軽くたたいてから、だんだん強くたたきます。たたいてゆくと、だんだん弾力がなくなって、薄くのびます。水がとぶようだったらふきんをかけます。

　かなり時間がかかりますが、根気よくたたきます。

2　一枚を七つか八つの三角に切って、塩一つまみを落した、たっぷりの湯でゆがきます。

あと、水にさらしてから、ザルにあげて、水気を充分に切ります。

3　ナベに油を大サジ2杯とり、こんにゃくを入れ、いためます。水気が出ますが、こんにゃくの中の水気をとってしまうくらい充分にいためます。

　ここで赤とうがらし粉を好みにふり、砂糖大サジ1杯を入れてまぜ、そこへダシカップ$1\frac{1}{2}$杯、しょう油大サジ3杯と、いの一番か味の素を加えて、強火のまま、ときどきかきまぜながら煮てゆきます。汁がつまったら、出来上りです。

　この味つけは、砂糖を加えず、しょう油だけにしてもおいしいものです。

1

2

3

87 はもちり

東京で、はもをたべたいと思っても、なかなか手に入りません。

こんなにいろいろにおいしくたべられるのですから、魚屋さんに注文すれば、だんだん売れるようになって、やがて、いつでも店にならぶようになるでしょう。

材料　はも　1尾（4百グラム）。きゅうり。わさび　（3人前）

作り方

1　はもは魚屋さんで骨切りまでしてもらってきます。これをはしから、3センチほどに切ります。

2　ナベにお湯をカップ4杯とり、塩茶サジすり切り1杯を入れて火にかけ、煮立ってきたらはもを皮の方から入れて、十かぞえる間火を通して、ひき上げます。

　いきのいいはもは、こうすると身がくるっと丸まって、カリフラワーみたいになります。さましてから、暑い季節は冷蔵庫で冷やします。

　いただくときは、きゅうりのケンなどをあしらって盛り、わさびじょう油をそえます。しょう油は、あればたまりの方がはもにあいます。好みでレモンをちょっとしぼります。

　きゅうりのケンは、きゅうりをかつらむきにして、巻きなおし、はしから細く切って、冷水にさらします。

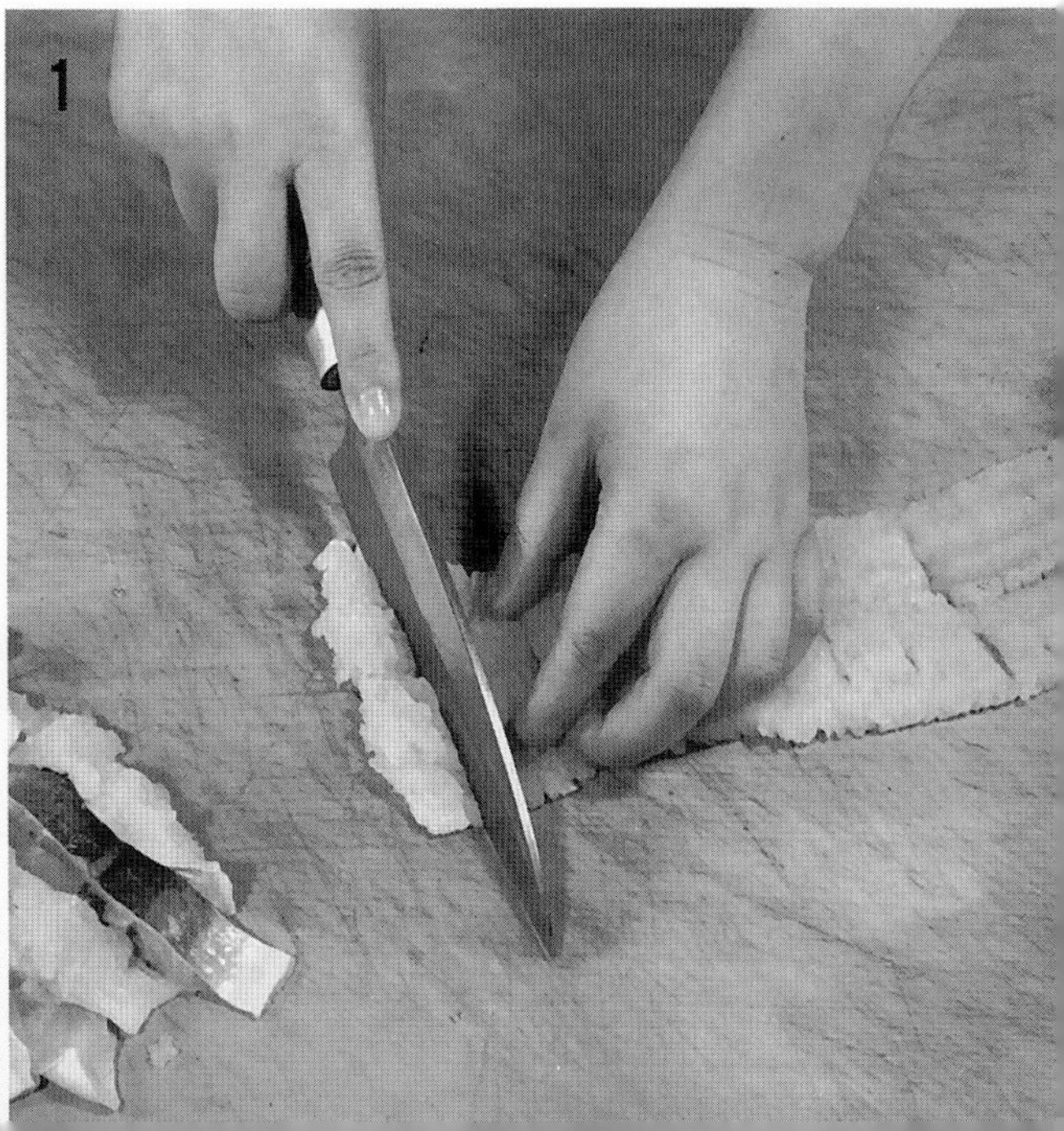
1

2

88 なすのはさみ揚げ

西洋料理の〈ナスのはさみ揚げ〉を、和ふうでやってみました。四つ割りにすると、肉とナスがはなれず、中までよく火が通ります。つけ汁は好みで天つゆでもしょうがじょう油でも。

材料　ナス　6コ。トリのひき肉　2百《グラム》。玉子　1コ。ねぎ。大根。赤とうがらし粉、またはしょうが。片栗粉。ミリン。油　（3人前）

作り方

1　ナスはタテに十文字に切り目を入れます。深く切りすぎるともとがはずれますから、注意します。

肉を入れやすくするため、写真のようにスプーンで、ナスの身を少しけずりとります。

先のとがったナスなら、先を少しおとします。

2　トリのひき肉をすり鉢にとり、玉子を1コ入れ、しょう油茶サジ1杯と、いの一番か味の素を入れて、すります。このとき、ナスのけずった身も、こまかくきざんで、いっしょに入れます。

2

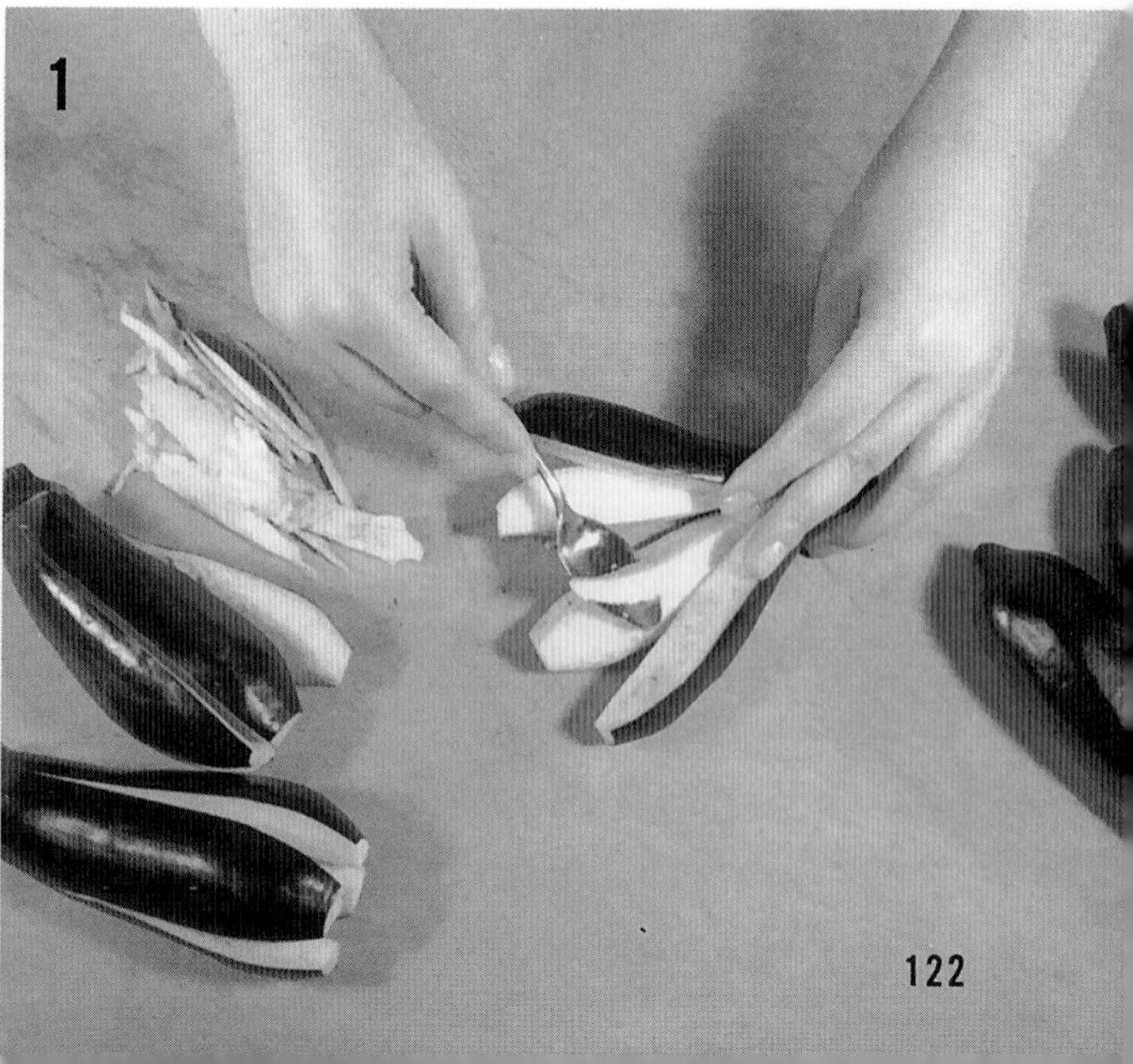

1

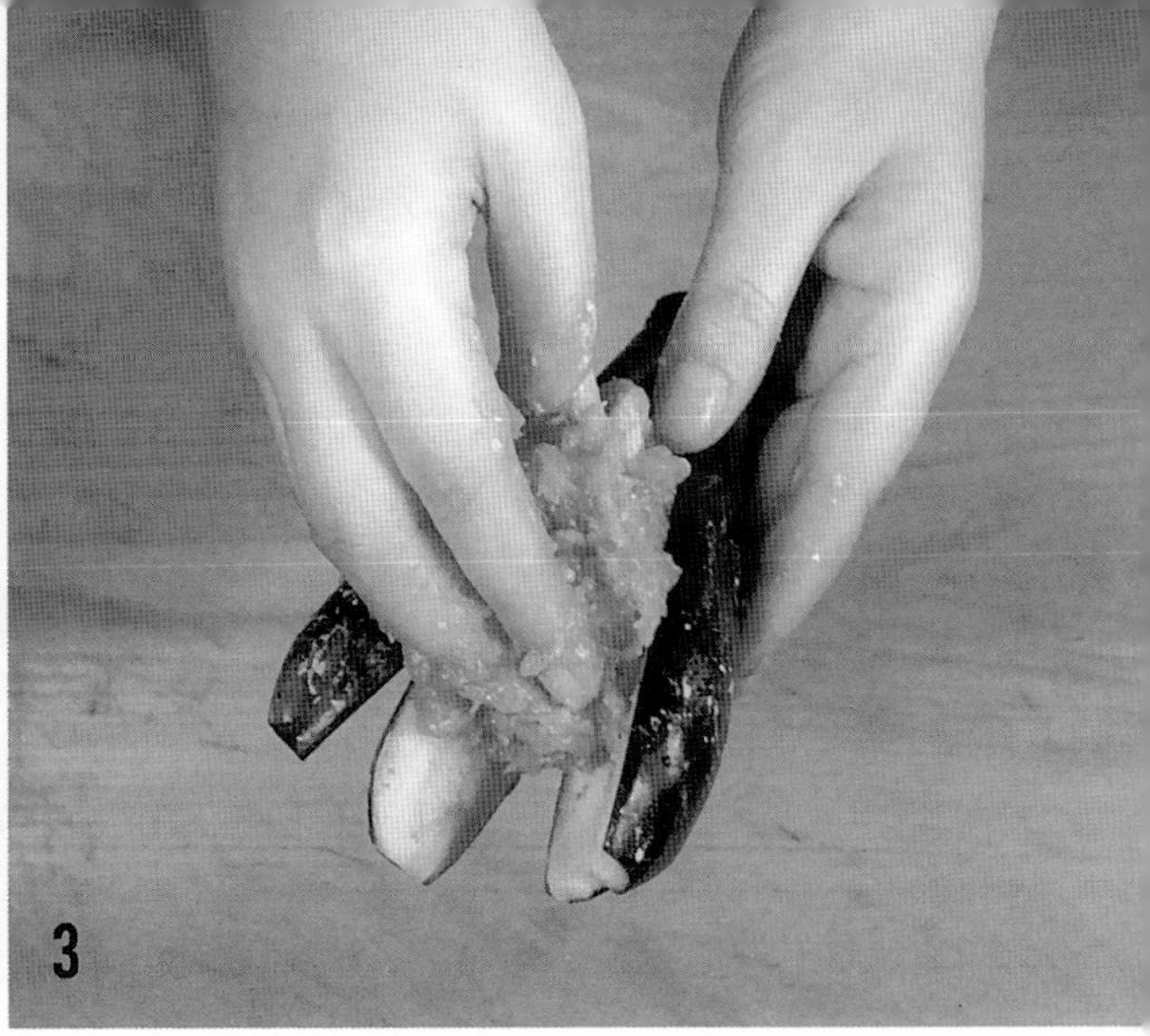

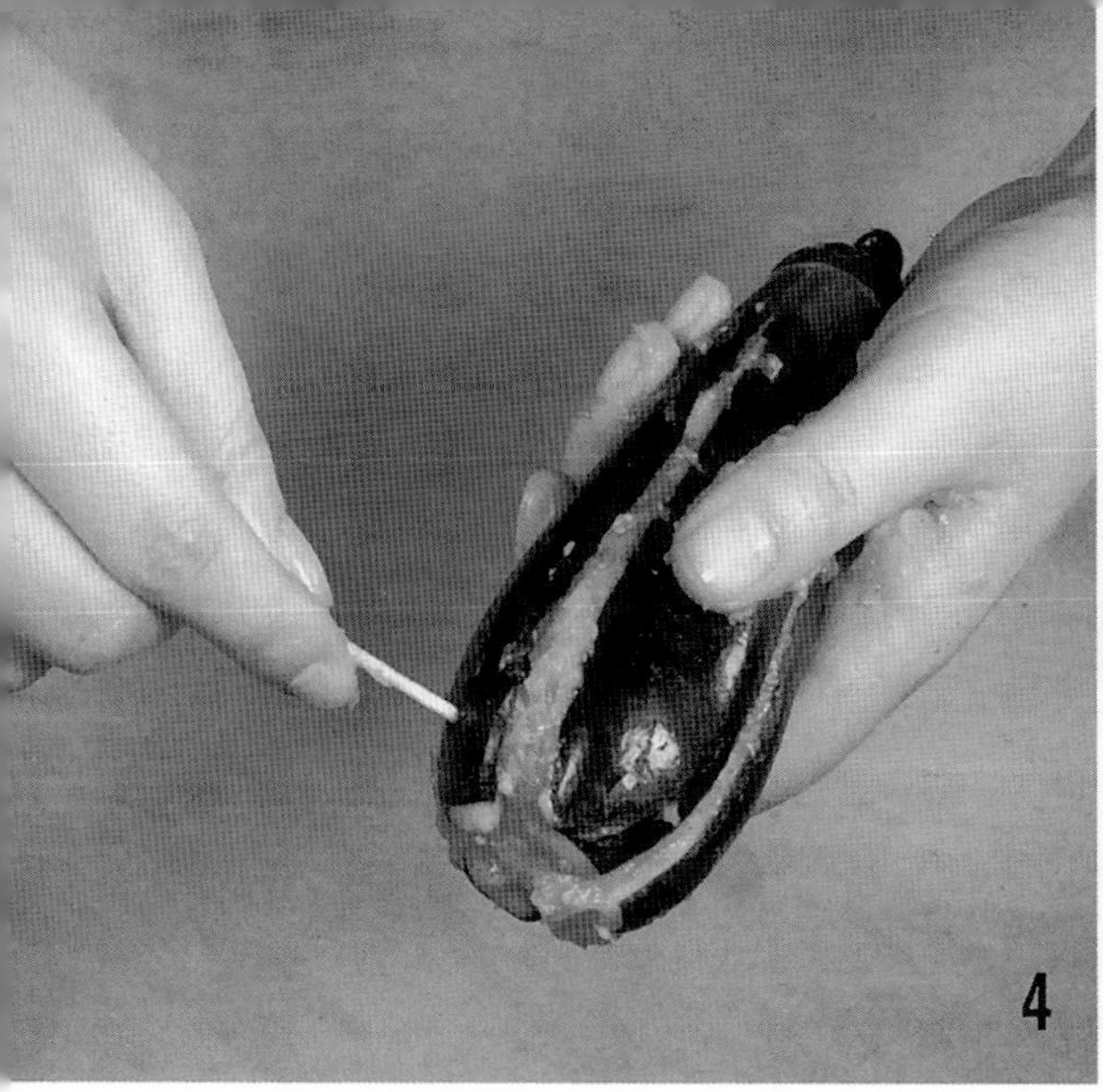

3　すれたら、ナスの中に片栗粉を少しぬりつけてから、トリ肉をつめます。

4　つめたら、つま楊枝二本を頭のところに十文字にさしてとめます。強くさすと中の肉がはみ出しますから、ねじりながら、だましだましさします。

5　ナベに油をたっぷりとって、熱くなってきたらナスを入れます。油が熱くなりすぎると、中まで火の入らないうちにこげますから、このへんの火加減を注意し、中火で、ときどきひっくり返しながら揚げます。

ナスの色がかわって、ハシで押してみてしんなりしてきたら、だいたい揚がっています。

ヘタを落し、つま楊枝を抜いて、三つぐらいに切って、器にもります。天つゆか、しょうがじょう油でいただきます。

天つゆは1、1、3の割で、ミリン大サジ3杯をよく煮切って、しょう油大サジ3杯を入れ、少し煮たてます。そこへ昆布とかつおぶしで濃いめにとったダシをカップ九分目入れてのばし、いの一番か味の素を加えます。

薬味は大根おろしと、きざみねぎと赤とうがらし粉で、いただくとき、好みに入れます。

大根おろしと生じょう油やしょうがじょう油だけでいただくのも、かえってさっぱりしています。

89 もつのみそ煮

トリのモツとこんにゃくを甘からく赤みそで煮こみます。みその味で、味加減がちがってきますから、注意して下さい。

1

2

材料　トリのモツ　4百《グラム》。こんにゃく　3枚。ねぎ　4、5本。赤みそ　2百《グラム》　（4、5人前）

作り方

1　モツは熱湯をかけて、霜降りにしてからたべよい大きさに切ります。

こんにゃくはタテに二つに切ってから、1.5《センチ》幅に切って、ゆがいて、洗います。

ねぎは4、5《センチ》の長さにブツブツ切っておきます。

2　モツとこんにゃくをナベにとって、水でも湯でも、カップ6杯入れて煮ます。浮いてくるアクをすくいながら、汁が半分ぐらいになるまで煮つめてゆきます。

そこへ砂糖大サジ3杯と、いの一番か味の素を少し多めに入れます。

ボールにみそをとり、ナベの中の汁をとって、これでうすめます。このとき、泡立器を使うと便利です。このといたみそを、ナベにもどして、たき上げます。あがりに、ねぎを入れて、やわらかくなったら火をとめます。

90 なすとかぼちゃのいため煮

なすとかぼちゃを油でいため、とろけるほどに煮ました。なんでもないおかずですが、こういうものが一つあると食卓がおちつくものです。

材料　ナス　6コ。かぼちゃ　中 $\frac{1}{2}$ コ
（5人前）

作り方

1　ナスは四つぐらいに切ります。かぼちゃもたべやすい大きさに、乱切りにします。

2　厚手のナベに、油を流れるくらいたっぷりとって、かぼちゃをいためます。黄色くなってきたら、ナスを入れていため、つづいて砂糖大サジ山2杯をふりかけます。

　べつに、煮干しか、かつおぶしの少し濃いめのダシをカップ3杯用意しておきます。

3　このダシを入れ、煮立ってきたら、しょう油大サジ5杯と、いの一番か味の素を入れ、火を少し落して、ゆっくり煮ます。

　汁がだいたい半分ぐらいに煮つまったら、火をとめます。

1

2

3

91 野菜ずし

どうかすると野菜らしいものをたべない日がつづきます。手間でもこういう野菜だけのおすしは、かえってよろこばれるでしょう。

材料　干椎茸　7、8コ。れんこん　$\frac{1}{2}$節(百《グラム》)。かんぴょう　20《グラム》。ごぼう　2本(百《グラム》)。にんじん　中$\frac{1}{2}$本。きゅうり　中2本。高野どうふ　3コ。紅しょうが。もみのり。米　カップ7杯。酢　(7、8人前)

作り方

1　かんぴょうは塩もみして、一度水洗いしてゆがき、こまかくきざみます。

ごぼうはささがきにして、水にさらし、みじんに切ってからもう一回水にさらします。

干椎茸は水につけてよくもどし、薄く切ります。

2　きざんだかんぴょう、ごぼう、椎茸をさらにこまかく、こまかくきざみます。

3　高野どうふは、湯につけてもどし、小さくきざんでおきます。

れんこんは四つに割って、出来るだけ薄く切り、水にさらし、酢を落した熱湯でサッとゆがき、にんじんも同じように四つ割できざみ、これもサッとゆがいて、いっしょに甘酢にしばらくつけてから、しぼります。

甘酢は酢大サジ5杯に砂糖大サジ1杯と塩茶サジすり切り1杯の割合にあわせ、ちょっと煮たてておきます。

きゅうりは、小口から薄切りにして、海水ぐらいの塩水にしばらくつけて、しぼります。

3

4

4　高野どうふを煮ます。ダシカップ1½杯、砂糖茶サジ山2杯、塩茶サジ軽く1杯、しょう油茶サジ2杯に、いの一番か味の素を入れて、強火で煮立ってきたら中火にして十分ほどグツグツ煮ます。味がついたら、煮汁を切ってザルにでもあげてさましておきます。

ナベに、油を大サジ3杯とり、みじんに切った椎茸、ごぼう、かんぴょうを入れ、よくいためて全体に火が通ったら、ダシカップ3杯、砂糖大サジ山2杯入れ、これが煮上ってきたら、しょう油カップ½杯と、高野どうふの煮汁を加えて、強火でたきます。煮汁がほとんどつまってきたら、火からおろして、さまします。

5　ご飯はかために炊いて、熱いうちにすしおけか、大きめのボールにとり、ウチワであおぎながら酢をご飯にふりかけ、しゃもじで切りこむように、全体にまぜ合せてゆきます。ご飯がさめてしまったら、酢の味がご飯につきません。

酢は、酢カップ1杯に砂糖カップ軽く1杯(百《グラム》)と塩大サジ1杯(30《グラム》)まぜて、いったん煮立てて、さましておきます。

6　はじめに味つけした椎茸などの汁気を切って全体にまぶします。

そのあと、きゅうり、高野どうふ、にんじん、れんこんを加えて、よくまぜ合せます。

盛りつけてから、紅しょうがを細かいサイの目にきざんで、少しの間、酢につけて、色ぬきしてから、上に散らします。もみのりをかけます。

5

6

92 あげなすのみそあんかけ

暑い日でも、これは揚げたてに、熱いおみそをかけて、口でふきふきたべて下さい。

なすを揚げると油がいたむので、一度使った油で揚げた方が経済的です。

材料　ナス　大6コ。青とうがらし　9コ。名古屋みそ　2百グラム。玉子の黄味　2コ。しょうが。ミリン。日本酒。油　（3人前）

作り方

1　ナスは頭の先とヘタの方を切り落しタテに少し深めに、四カ所ほど庖丁で切り目を入れて、火の通りやすいようにします。

　深めのナベに油をとり、ナスを揚げます。よくかえしながらハシでつまんでみて、やわらかくなったら揚がっています。

　青とうがらしは切れ目を入れ、ナスのあとで、軽く揚げます。

2　みそは先に作っておきます。小ナベにみそをとり、ミリンカップ1/2杯と、日本酒カップ1/2杯入れ、そこへ玉子の黄味を2コ割り入れ、よくかきまぜてから、砂糖大サジ山2杯を加えトロ火で煮ます。途中でいの一番か味の素を入れ、よくよく練るように煮て、トロリとしてきたら火をとめます。

　器にナスを盛って、上からたっぷりみそをかけ、しぼりしょうがをかけます。

1

2

93 ゴマネーズあえ

マヨネーズに白ゴマと、ときがらしを加えてすり、それで豚や野菜をあえました。目先も味も変ります。

材料　豚肉　2百グラム。小玉ねぎ7コ、ふつうの玉ねぎなら1コ。ピーマン　2コ。マヨネーズ。白ゴマ。からし　（4、5人前）

作り方

1　小玉ねぎは出来るだけ薄い輪切りにします。これを塩でもみ、軽く水洗いして、水気をしぼります。レモンの汁か酢をほんの少しタラタラとかけておきます。

ピーマンはタテに半分にして、タネをとり、小口からきざみます。これを塩でもんで、軽く水洗いして、水気を切っておきます。

2　豚肉はすき焼きにするくらいに薄く切ってもらいます。これをさらに2、3センチの大きさに切って油でいためます。塩でかるく味をつけ、冷ましておきます。

3　白ゴマを大サジ2杯いって、すり鉢で、かたちがわからなくなるほどに、すりつぶします。

この中にマヨネーズ大サジ4杯ときがらし茶サジ1杯、いの一番か味の素を入れて、よくよくまぜ合せます。あまいマヨネーズだったら、塩を少したして下さい。用意した豚肉、玉ねぎ、ピーマンを入れてあえます。

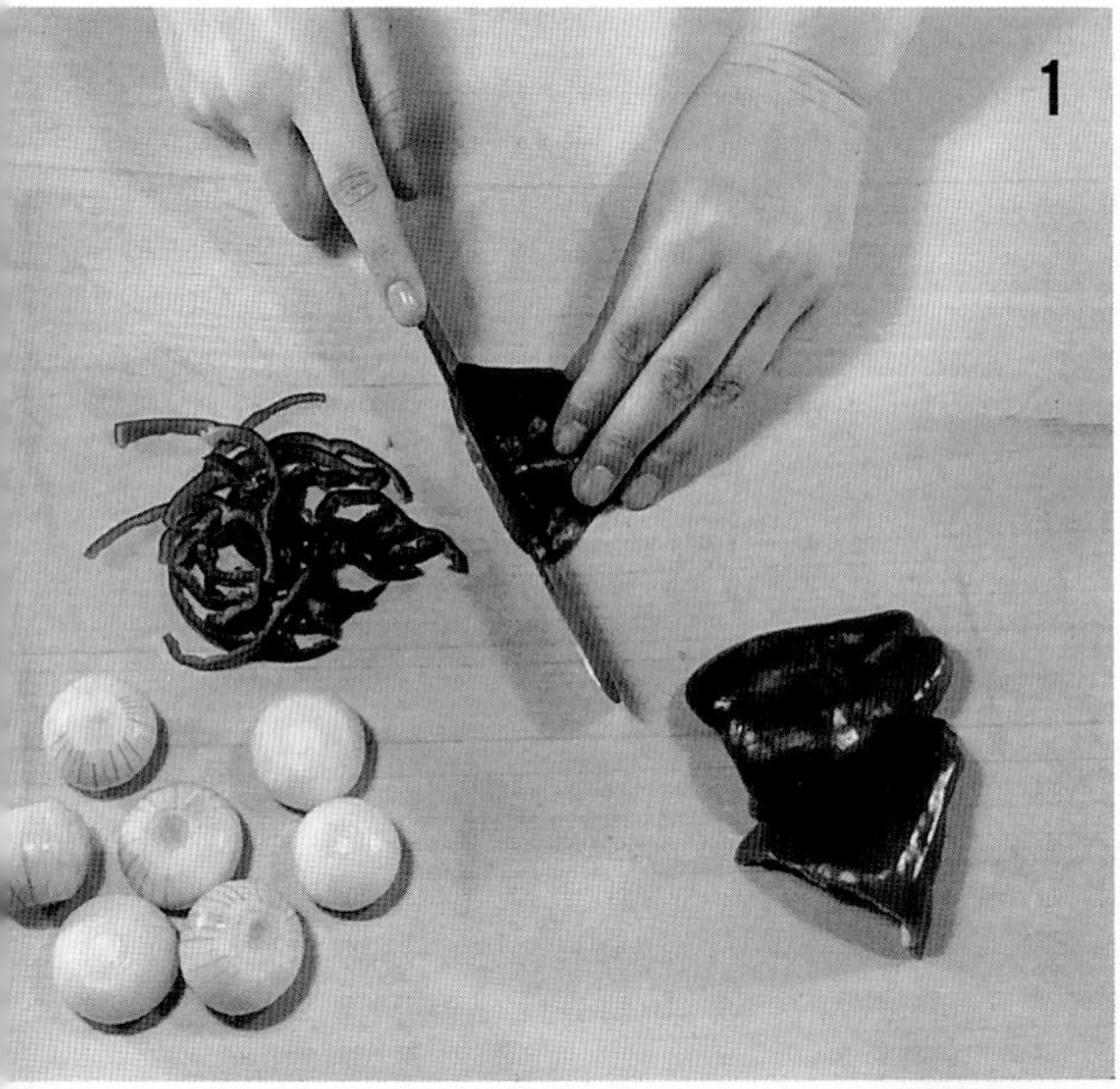

1

3

2

94 あじのうの花押し

あじはいきのいいものを、使います。いい気候のときだったら、半日も押しておくと、おからとあじのうま味がよくなれあいます。塩サバでも。

材料　あじ　3尾。おから　3百《グラム》。にんじん　中1/4本。干椎茸　5コ。ねぎ半本。酢　（5、6人前）

作り方

1　あじは、一尾づけにするくらいの大きさのを、魚屋さんで三枚におろしてもらってきて、小骨をていねいに毛抜きでぬいてから、皮もむきます。

　これを、写真のようにお刺身よりも少し小さめに切って、上から軽く塩をふって二、三十分おきます。

　ボールに酢大サジ2杯、水大サジ1杯、砂糖大サジ軽く1杯入れてかきまぜ、甘酢をつくります。ここへあじを入れて、よくまぜて味をしませておきます。

2　椎茸は、水につけてよくもどして、できるだけ薄く切っておきます。にんじんもできるだけ細く切ります。ねぎは薬味のように、こまかくきざみます。

1

2

3

3　おからはすり鉢に入れて、すりつぶします。これは面倒なら、しなくてもけっこうです。
　ナベに油を大サジ4杯ほどとって、まず、にんじんと椎茸をいため、やわらかくなったらおからを入れて、こげつかないようにかきまぜながら火を通します。

　おからに火が通ったらねぎを入れ、ここへ酢大サジ6杯、砂糖大サジ2杯、塩茶サジすり切り1杯、しょう油大サジ1杯を入れて味つけし、いの一番か、味の素を加えます。

　じゅうぶんに、全体に味がまわったら火からおろして、すっかり冷やします。

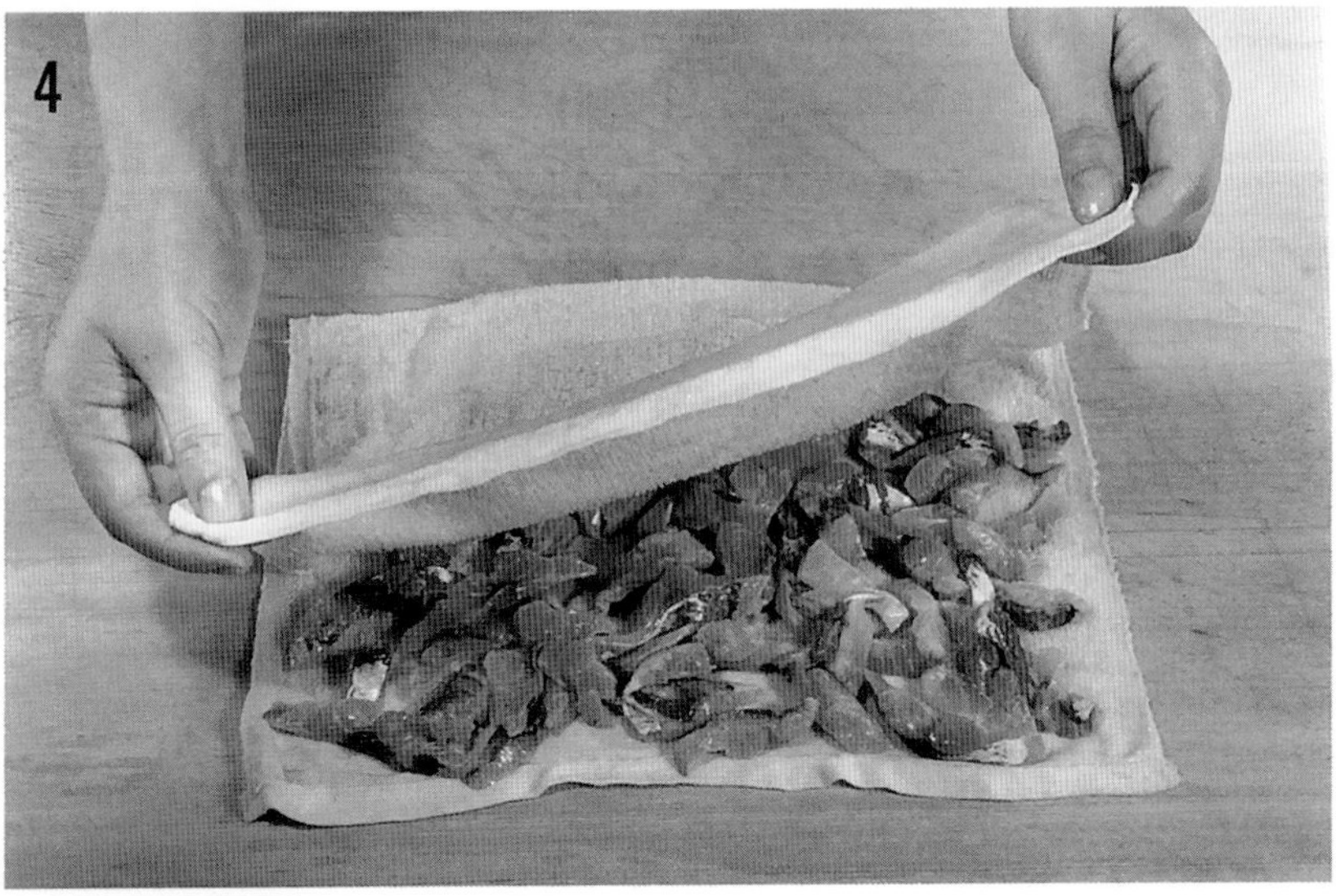

4

4　あじは、大きめのふきんの上にでもひろげて、はさむようにして、水気を切ります。

5

5　大きめのボールにおからをあけてあじを入れてまぜ合せます。この上に落しブタをして、なにか重いものをのせて押します。
　こうやって、少なくても三時間は冷蔵庫に入れておきます。
★この味つけは、淡味ですから、好みでは最後にしょう油を少しまぶして下さい。

★この本に使っているカップ1杯は180ccです。大サジはテーブルスプーンで18cc、茶サジは6ccです

95 かぼちゃとピーマンのたき合せ

かぼちゃとピーマンをいためて、あまからく煮こんだもの。いかにも夏らしいおそうざいというところです。

材料　かぼちゃ　1コ（7百グラム）。ピーマン　10コ　（5、6人前）

作り方

1　かぼちゃはよく洗って二つに切り、中のタネを出してから、大きめの乱切りにします。大きいのだったら半分つかいます。ピーマンはジクだけとって、そのまま使います。

2　厚手のナベに、油を流れるくらいたっぷりとって、かぼちゃをいためます。こげつかないようにかきまぜて、切口が少し色づいてきたら、ピーマンをにぎって、中の空気が抜けるようにして入れます。よく水気をふきとって入れないと、油がハネます。

　ピーマンが青っぽくなって、火が通ったら、砂糖大サジ3杯を入れます。とけて全体にまざったら、しょう油大サジ4杯とダシカップ$2\frac{1}{2}$杯入れます。

　はじめ火を強くして、ダシが上まであがるようにします。上の方にじゅうぶん味がついたら中火に落して、ときどきかきまぜて、こがさないように煮きます。

　ピーマンがぐちゃぐちゃになったのでは、煮きすぎです。

1

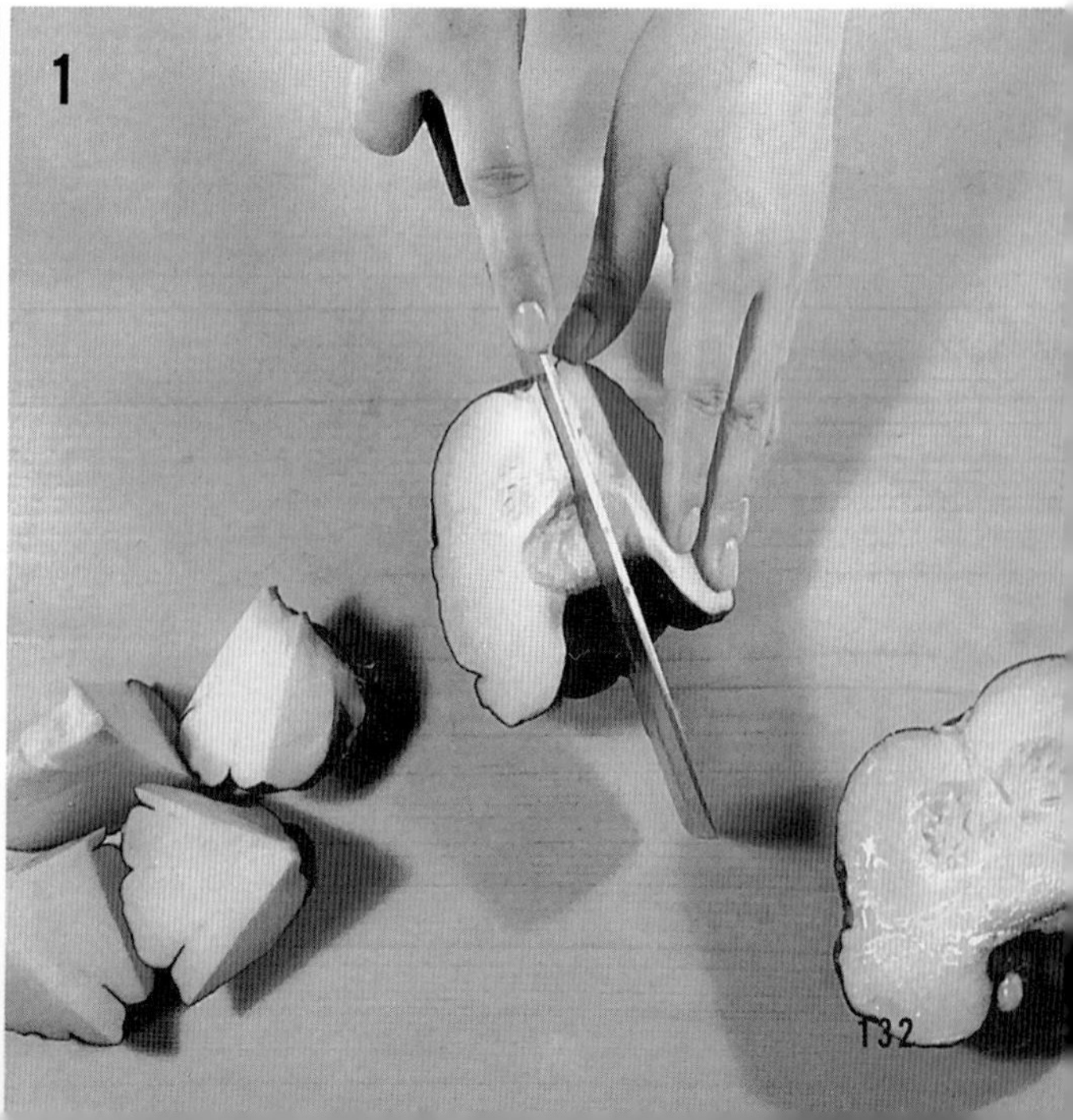

2

秋

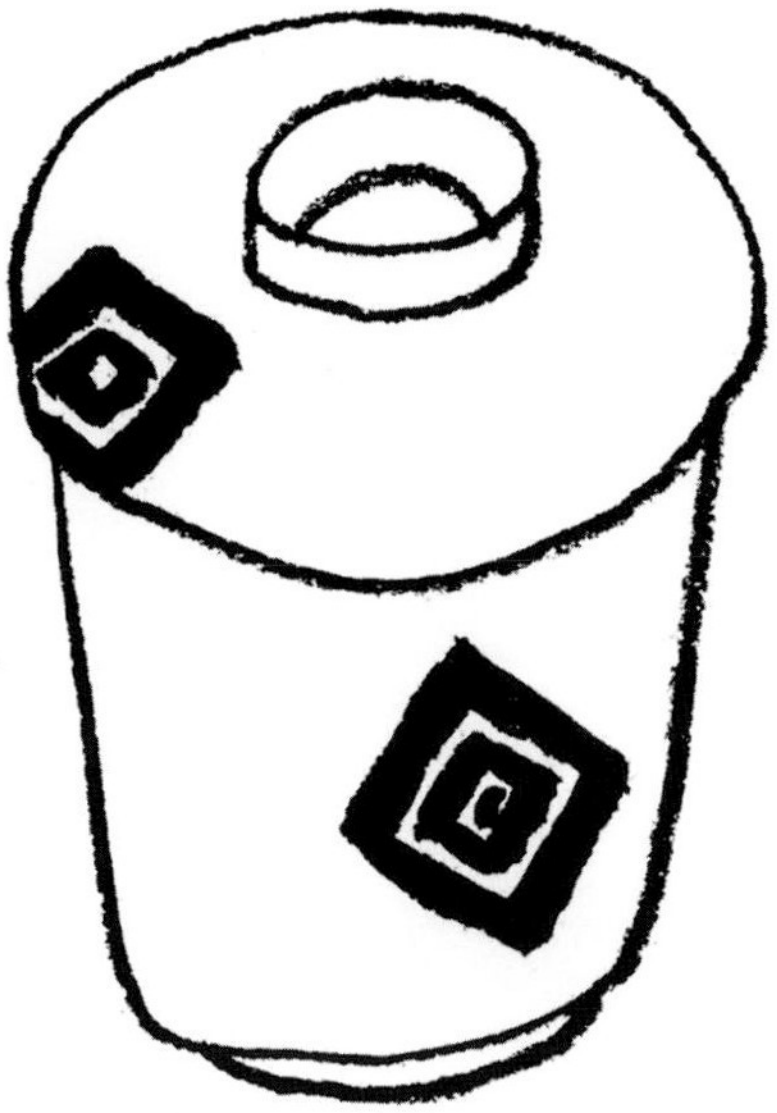

96 木の葉カツ

たった2百グラムで、四、五人がよろこぶ串カツができます。肉よりコロモのほうが多いのですが、カツのコロモはなかなかおいしいものです。ねぎと豚の串と、椎茸の串も作るといろいろになっていいものです。

材料　豚肉　2百グラム。生椎茸　中10コ。ねぎ　3本。玉子　2コ。小麦粉。パン粉。ウースターソース。トマトケチャップ。油。竹串　（4、5人前）

作り方

1　豚肉はアブラの少ないところを、すき焼きのときくらいに薄く切ってもらいます。幅は3、4センチぐらい、長さ7、8センチぐらいの大きさが適当です。

　肉をひろげ、串をはしから1センチぐらい入ったところに打ちます。幅のひろい肉は、ヒダをとるようにしてさします。小さい肉はあとでねぎと使います。

2　ねぎのほうは3センチぐらいのブツ切りにして、ねぎ、豚肉、ねぎ、豚肉と交互にさします。こういうとき、ねぎを少しナナメにさしておくと、うごきません。

　椎茸は石づきを落して、二つに切って写真のように串を打ちます。

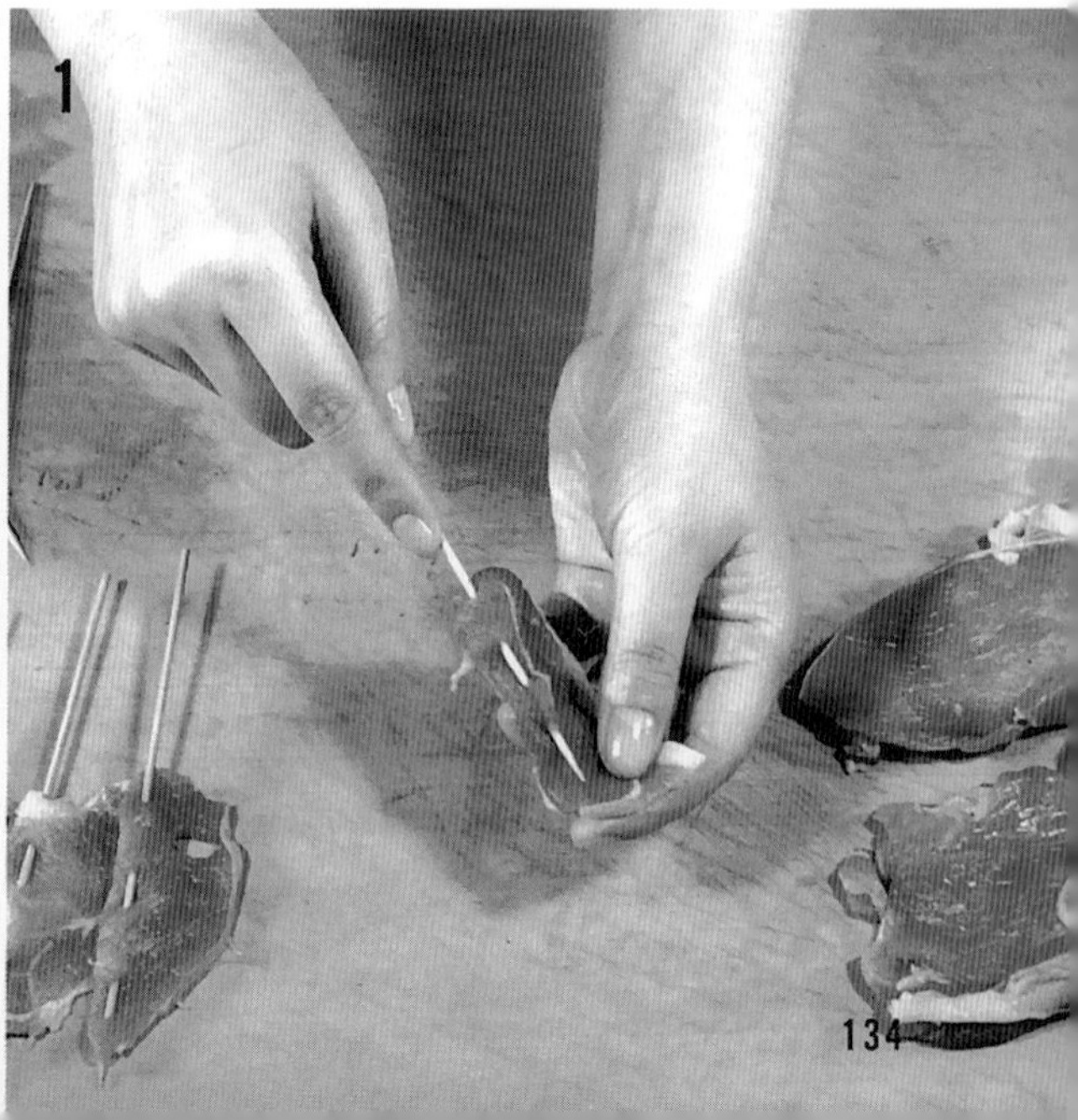
1

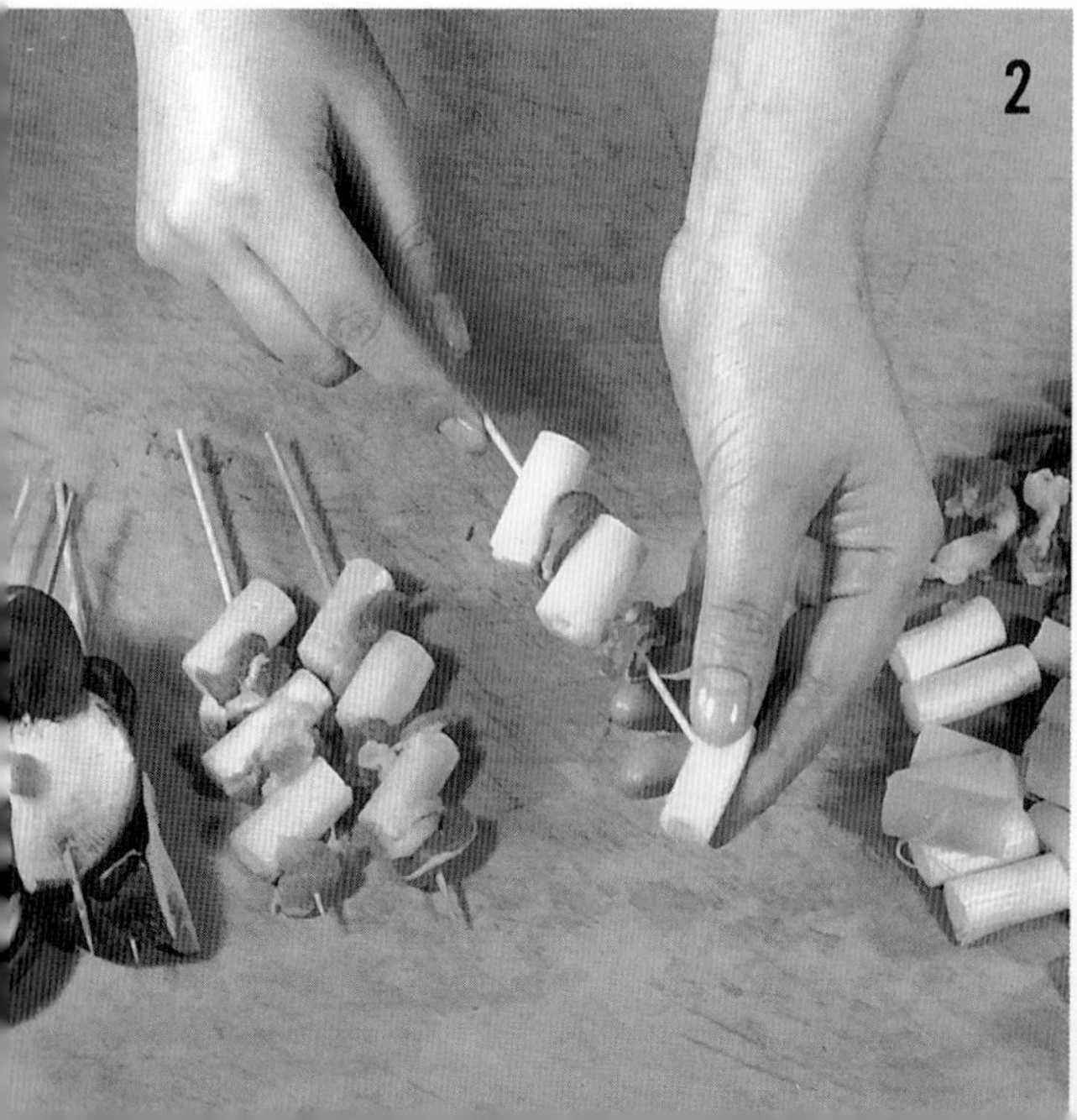
2

3

★この本に使っているカップ1杯は180ccです。大サジはテーブルスプーンで18cc 茶サジは6ccです

3　コロモは、玉子を2コよくといて、水カップ1杯を加えてのばし、小麦粉大サジ山6杯を入れて天ぷらのコロモより、ちょっとかための感じにときます。
まず、小麦粉をたっぷりまぶしてから、コロモをつけます。

4

4　パン粉を平たいものにひろげ串をギュウッと押さえつけるようにして、パン粉をつけます。このときの押さえ方で、大きくもなり形もきまります。
ねぎの串も、椎茸の串も、おなじ要領でコロモをつけます。

5

5　油は天ぷら油を使いますが、新しい油だと、白っぽく揚がっておいしそうな色がつかないので、使って色のついた油を、三分の一ほど加えると、おいしそうに揚がります。
熱い油だと、こげて、肉がパリパリになってしまいますから、気をつけてください。
★ソースは、ウースターソースカップ1杯に、トマトケチャップ大サジ3杯を加えます。
また、辛子酢じょう油をつけるのもおいしく、これは辛子をしょう油でといて、好みに酢でのばしたものですが、サッパリしていいものです。

97 とうがんととりの吉野汁

冬瓜は関西ではかもうりです。ふつうのウリでもけっこうですが、きゅうりはいけません。

材料　とうがん　$1/4$コ（約8百グラ）。トリ肉　すき焼きにするぐらいの薄切り2百グラ。干椎茸　小15コ。しょうが1コ。トリのガラ　2羽分。片栗粉。日本酒　（5、6人前）

作り方

1　とうがんは皮をむいて、2、3センチ角に切って、塩一つまみ入れた湯で、すきとおるようになるまでゆでて、水にさらします。こうしておくと、とうがんの青くさいニオイがとれます。

2　トリ肉は2センチ幅ぐらいに切り、椎茸は水にもどして、二つか三つに切ります。

3　トリのガラでスープをとっておきます。ナベにこのスープをカップ12杯とって、煮たて、そこへしょう油大サジ5杯、塩茶サジ2杯、日本酒大サジ2杯で味をつけ、いの一番か味の素で味をととのえます。味はふつうの吸いもの味より、やや濃いめです。

この中に、トリ肉、椎茸、ゆでたとうがんをいっしょに入れて、中火で煮ます。味をみて、塩加減して、肉が煮えたら、片栗粉大サジ$1\frac{1}{2}$杯を水でといて入れ、汁に、ほんの少しとろみをつけます。

いただくとき、すりしょうがをうかせます。

1

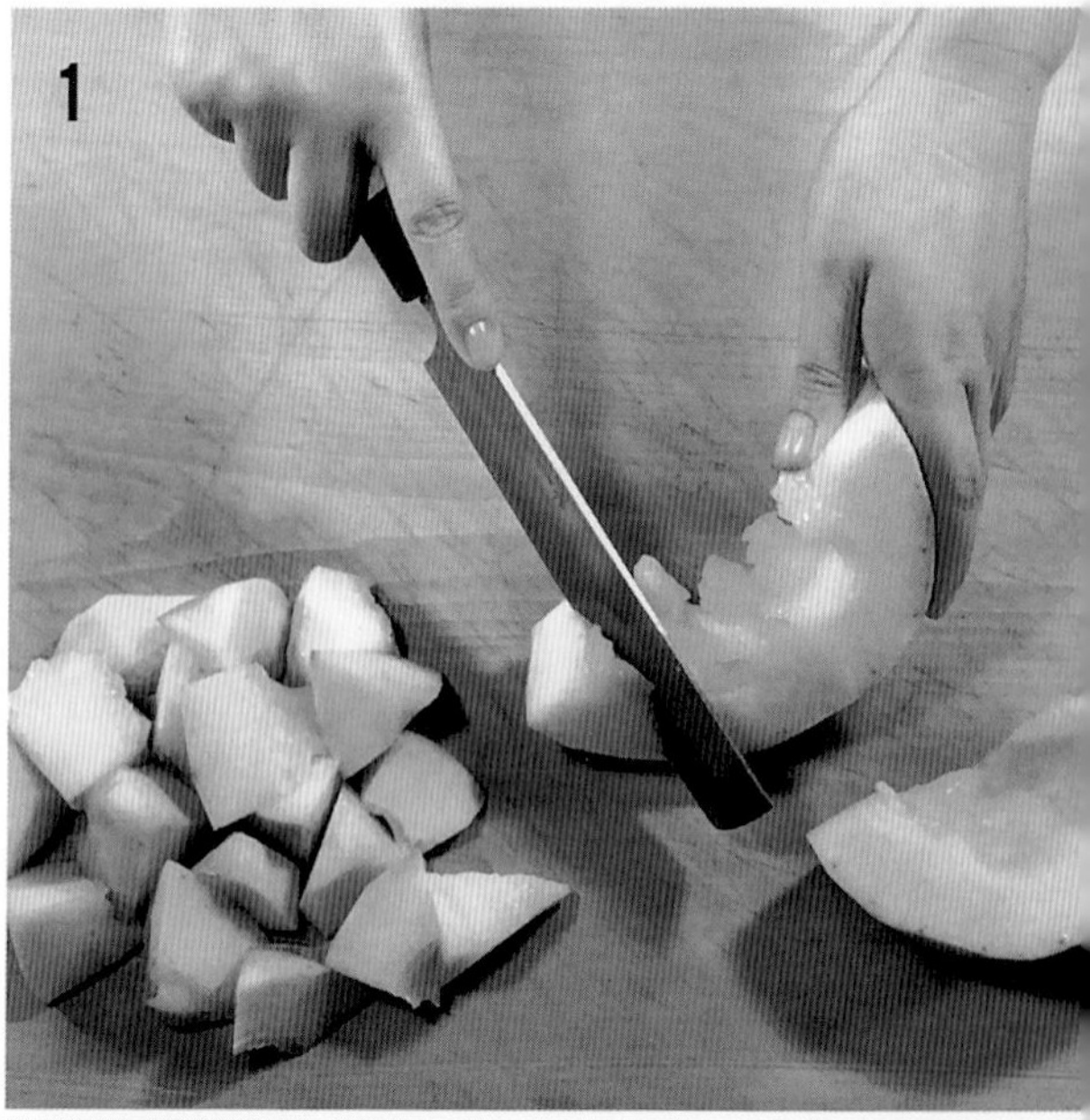

2

3

98 ちくわのたきこみご飯

野菜のたきこみご飯の中に、焼きちくわを入れてみました。ちくわは、そのままたべるより、こうやって、いろいろに使うほうがおいしいようです。

材料　焼きちくわ　細めの5本(3百《グラム》)　干椎茸　50《グラム》(10コくらい)。にんじん$\frac{1}{2}$本(百20《グラム》)。米　カップ5杯。日本酒　(5、6人前)

作り方

1　お米は洗って、水を切っておきます。

これは、ちくわのおいしさでいただくごはんですから、なるべく上等のものを使います。ちくわは小口から、出来るだけ薄くきざみます。厚くては口当りがわるくなります。

干椎茸はぬるま湯でもどして、じくをとり、はしから細くきざみます。

にんじんは、皮をむいてだいたい4、5《センチ》のセン切りにします。

2　ナベに、ダシカップ7杯、日本酒大サジ5杯を入れて、ここへしょう油大サジ$1\frac{1}{2}$杯、塩茶サジすり切り1杯、いの一番か味の素を加えて、一度煮立たせてからさまします。

ここへ米を入れ、つづいて、ちくわ、椎茸、にんじんを入れて、よくまぜ合せ、あとふつうのごはんと同じようにたきます。電気がまのときも同じ分量です。

99 とうふのフライ

フライの香ばしいコロモの歯あたり、中の絹ごしどうふのやわらかい舌ざわり、揚げたそばから、ぴりっととうがらしのきいた天つゆでいただきます。

材料　絹ごしどうふ　2丁。玉子の黄味　2コ。小麦粉。パン粉。油。青とうがらし。大根。赤とうがらし。ねぎ。ミリン（3、4人前）

作り方

1　とうふは、少し斜めにしたまな板にふきんをしき、その上におき、一時間くらいそのままにして自然に水気を切ります。

2　とうふの水がきれたら、ころっと六つか八つに切ります。これに小麦粉をまぶし、玉子の黄味でくるんで、まわりにパン粉をつけます。

2

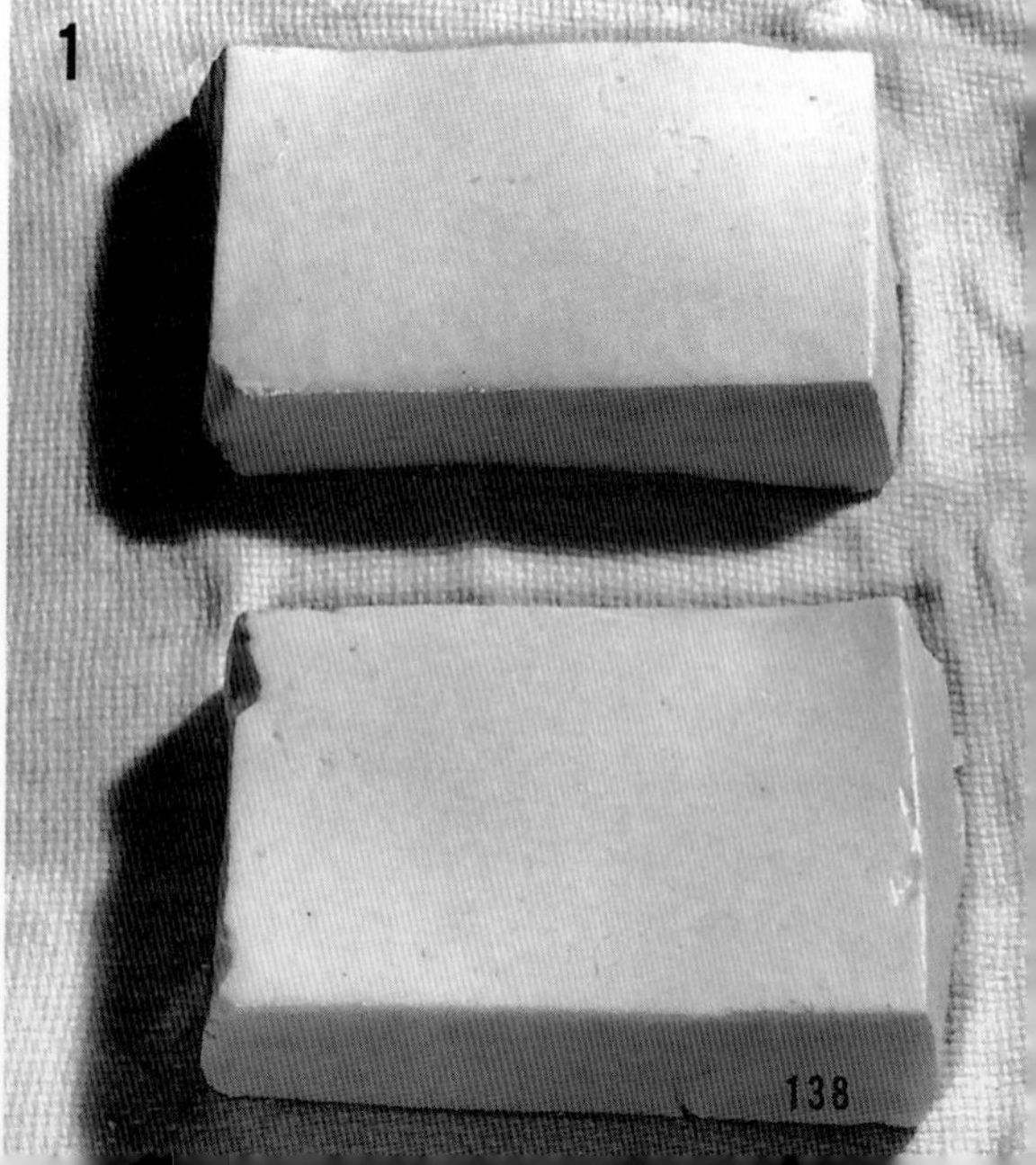

1

3　天つゆを用意します。まず濃いめにかつおぶしのダシをとっておきます。味つけはミリン1、しょう油1、ダシ4の割です。
　ナベにミリンをとって煮切り、しょう油、ダシを入れます。煮立ってきたら、いの一番か味の素を多めに入れ、アワがたったらすくって、下しておきます。

　大根の切り口に菜箸で穴を二、三カ所ほどあけ、赤とうがらしを、この穴につっこみます。これをおろし金でおろします。とうがらしが乾燥しているときは、ちょっとぬれぶきんにつつんでやわらかくして使います。おろしの汁はかるくしぼっておきます。

　薬味のねぎは小口から出来るだけ薄くきざみ、水にさらしておきます。

3

4

4　フライパンに油を、とうふがすっかりかぶるくらいとって火にかけます。油の多い方がはねません。油があまり熱くならないうちにとうふを入れて、まわりがこんがりとキツネ色になるまで揚げます。
　季節で、青とうがらしや、なすの輪切り、パセリ、生椎茸など、そのままサッと揚げてつけ合せにします。

　揚げたての熱いところが身上です。

100 菜っぱの煮びたし

菜っぱの煮つけといえば、作るほうでも、たべる方でも、つい菜っぱかという気になりがちです。神経を使って、煮てください。きっと食卓で見直される箸です。

材料　つけ菜、小松菜、たか菜、山東菜など　1束(4百グラム)。煮干し　50グラム。ゴマ　(3、4人前)

作り方

1　菜はよく根の方を洗って、3センチぐらいに、ザクザク切ります。そして、サッとゆがいてから一度水にさらして、水を切っておきます。

1

2　ダシは、煮干しをカップ6杯ぐらいの水に少しつけておきます。これを火にかけグラグラしてきたら、中火にして二十分ぐらいたきます。煮干しはニガミが出ることがあるので、使う前にワタをとります。

ナベにダシをカップ4杯とって、これに砂糖茶サジ2杯、しょう油大サジ3杯、塩茶サジ1/2杯にいの一番か味の素を少し多めに入れて味つけします。これが煮立ってきたら、菜を入れます。菜によく火が通ったら、火をとめます。

うつわに汁もいっしょにもり、切りゴマかすりゴマをたっぷりかけます。

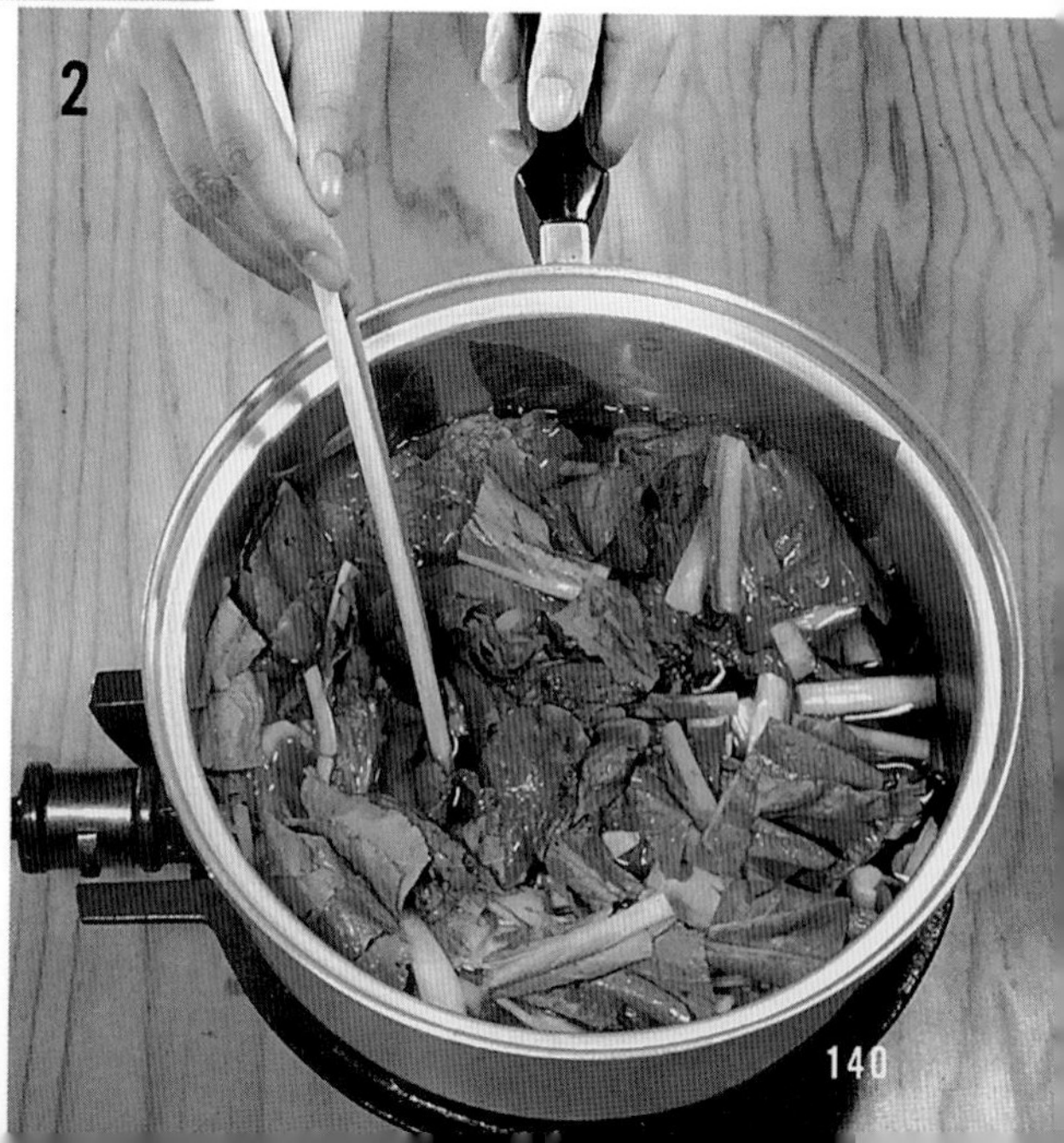

2

101 いもころごはん

こいももおいしく、お米もおいしい季節です。どちらかというと、こいもはくずれるぐらいやわらかく、ねっとりと炊き上げるところが身上です。

材料　こいも　6百《グラム》。油揚げ　3枚。米　カップ5杯。ミリン　（4、5人前）

作り方

1　こいもはなるべく小さいのをえらび皮をむいて、大きいのは二つに切って、ヌカを一つかみ入れた湯か、お米のとぎ汁でゆがきます。

　油揚げは、熱湯をかけて油抜きして、できるだけこまかくミジンに切ります。

2　べつに煮干しで、濃いめのダシをカップ7杯用意します。

　ミリンを大サジ3杯煮切って、このダシを入れます。しょう油大サジ2杯、塩茶サジ3杯入れ、いの一番か味の素を加えます。

　お米は早めに洗って、水気を切っておきます。ナベにお米とダシを入れ、ミジン切りの揚げとこいもをいっしょに入れて、ふつうのご飯をたくように、はじめは強火にして、ふき上ってきたら、火を弱めにして炊き上げます。

★この水加減だと、ご飯は少しやわらかめにできます。

102 あじのおろしだき

あじを、はじめにかるく揚げてから煮ます。味つけはどちらかというと、淡めになっていますから、味をみて、好みに加減してください。
冷凍ものとか、鮮度の落ちた魚は、こんなふうにすると、けっこういただけます。

材料　あじ　大きめの3尾。大根　中1本。しょうが。小麦粉。油　（5、6人前）

作り方

1　あじは、魚屋さんで三枚におろしてもらいます。毛抜きで小骨をできるだけとってから、二つか三つに切ります。身が厚かったら、火の通りやすいように背に庖丁を入れます。全体にふり塩をしておきます。

　大根おろしをカップ3杯ぐらい作ってこれをふきんにつつむか、こし器にでもとって、よく水で洗い、そのままひきあげて水気をきっておきます。

2　あじ全体に小麦粉をしっかりまぶします。

1

2

3　油があつくなってきたら、順々に入れてあまり火は強くしないで、まわりに軽く色がつくまで揚げてゆきます。

4　ナベに揚げたあじをならべ、水をカップ3杯入れ、塩茶サジ1杯、しょう油大サジ1杯に、いの一番か味の素を入れます。
　煮上ってきたら火を中火に落して、大根おろしを少しずつ入れてゆきます。こんどグツグツときたら火からおろします。

　いただくとき、しぼりしょうがをたっぷりかけます。

103 ちくわの柳川なべ

ちくわと、もやしと、はるさめを、ちょうど柳川なべと同じダシで、同じように作ります。ドジョウよりもおいしいくらいです。材料がやすくて、わりと豪華にみえるのがミソ。

材料　ちくわ　2本。もやし　カップ3杯。春雨　1袋（30グラム入り）。玉子　3、4コ。三つ葉　少々。ミリン　（5、6人前）

作り方

1　ちくわは熱湯をかけて、小口から、できるだけ薄く切ります。もやしは、ナベに熱湯をわかし、さっとくぐらす程度にゆでます。春雨もボールにとり、ぬるま湯をかけてしばらくおいてもどし、水気をきって、4、5センの長さに切っておきます。

2　平たいナベか、フライパンに油をとり、もやしはしぼるようにして水気をきり、ほぐしてナベにひろげるように入れ、ちくわと春雨をいれて、よくかきまぜながらいためます。春雨はこげつきますから注意して下さい。

別のナベにミリンカップ1/2杯を煮切って、そこへしょう油大サジ2杯、ダシカップ2杯、塩茶サジすり切り1杯を入れて煮たてて、いの一番か味の素を加えダシを作ります。

これを、ナベの中に全体にゆきわたるようにかけて、煮たってきたら火を中火にして、七、八分そのまま煮てゆきます。

玉子をよくよくほぐして、火をとめ、おたまで、少しずつ糸を落してゆくようにして、全体にかけます。むらすためにフタをします。

色どりに三つ葉をミジン切りにして、いただくとき上にかけます。

104　いかの生干し

本当は朝とりたての銀色にかがやいたので作るものですが、とにかく、いきのよいスルメイカが入ったら作ってみて下さい。料理というほどのこともない簡単なものですが、風味はなかなかどうして。

材料　イカ。しょうが

作り方

1　イカはワタをぬき、胴を開いて、水洗いをして、その水気をふきんでふきとります。これにうすくふり塩をして、ザルにならべるか金串にさすかして、半日くらいかげ干しにしておきます。

　夜つくって一夜干しもけっこうです。つまり、なま干し程度ということです。

2　このイカをアミで両面あぶります。少しこげ色がつくくらいでやめて下さい。

　まだ熱いうちにイカのヒレをとり、胴をタテに二つに切ってから5ミリくらいの幅にさいてゆきます。熱くてさきにくかったら、両手にふきんをもってやって下さい。

3　これをしょうがじょう油につけるだけです。しょう油大サジ1杯に、おろししょうがを茶サジ1杯くらいの割合が、よろしいでしょう。

　味がしみこむほどつけないで、まあ、しょう油にまぶすといった感じです。

1

2

3

105 月見まんじゅう

秋は、お芋がおいしいときです。とり肉を、山の芋の皮でつつんだまんじゅうです。おもったよりらくにできます。

材料　つくねいも、山のいも、えびいも、とろろいもなど何でも　5百グラム。トリのひき肉　2百グラム。ほうれん草　1束。しょうが。片栗粉。日本酒。ミリン　（5人前）

作り方

1　いもは皮をむいて、二つか三つに切って煮立っているふかしがまに入れて、充分にむします。箸をさしてみて、スッとささるくらいです。

むし上ったら熱いうちに、うらごしにかけます。おいも類をうらごしするとき、冷えるとねばりが出て、こしにくくなります。うらごししたおいもはボールにとってよくこねておきます。

2　トリのひき肉を、サッと味つけします。味は日本酒大サジ3杯を煮立たせて、ダシカップ1/2杯を入れ、砂糖茶サジ2杯、しょう油大サジ2杯で味をつけてトリを入れ、たき上ったらザルにとって冷ましをます。

冷めたら、このトリ肉の上にクズか片栗粉大サジ1杯を茶コシに入れて全体にふり、まぜあわせます。

3　おいもを五等分して、わけてまるめます。これは、まんじゅうをつくるのと同じように作るわけです。てのひらに、ぬらしたふきんをひろげ、おいもをひらたくのばし、この中にトリ肉も五等分してつつみこみます。

2

1

3

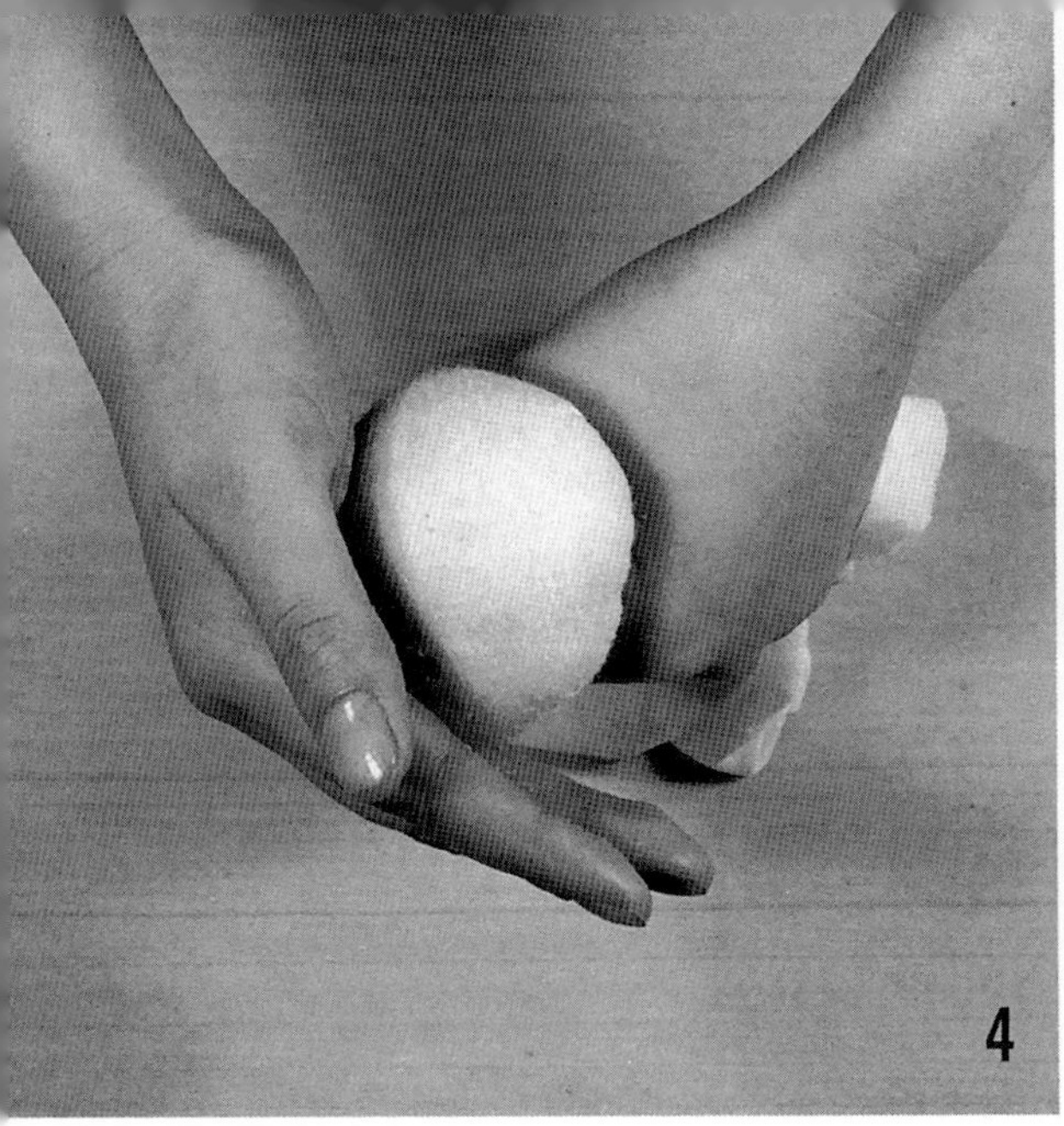

4

4　つつみこんだら、テルテル坊主をつくるようにふきんをしぼって、頭をまるくなるように、かたちづけます。

5　ふかしがまをふっとうさせて、その上にふきんをしいて、おいもをならべます。火を弱火に落して五分ぐらいむします。むすのはあたためるためですから、あまり強火にしないことです。強火でむすと、おいもがとけたりくずれたりします。こうなったら、ふきんで包みなおして下さい。

　ほうれん草はゆでて、水に放してアクをぬいてから、ひたひたのダシに、塩としょう油と砂糖でうす味をつけ、この中でちょっと味をつけるような気持で煮ます。これを5、6センぐらいに切ります。三つ葉など何か季節の青い野菜ならけっこうです。

6　上からかけるアンは、小さめのナベに、ミリン大サジ1杯を煮切って、ダシをカップ2½杯はります。この中に塩茶サジすり切り1杯、しょう油大サジ1杯、砂糖茶サジ山1杯、いの一番か味の素を入れ、味をつけます。片栗粉大サジ1杯を大サジ3杯の水でといて入れます。

　器におい ものまんじゅうと、ほうれん草をもりこみ、このアンをかけます。吸いものほどにはかけません。しぼりしょうがをかけ、熱いうちにいただきます。

　味は全体にうすめです。もし濃くするならトリ肉の味をつよめるか、アンの味をつよめるか、どちらかにして下さい。

5

6

106 豚肉の生じょう油あげ

豚をしょう油にからませてから揚げた、ちょっと中国ふうのおそうざいです。手早くできるのがなによりです。すこし多めに作って、お弁当のおかずにもいいものです。

材料　豚のもも肉　2百グラム。小麦粉。油。季節の野菜。からしかレモン　（3人前）

作り方

1　豚を薄く3ミリ厚ぐらいに切って、二口にたべられる大きさに切ります。これをボールにとって、しょう油大サジ$1\frac{1}{2}$杯をよくまぶし、二十分ほどおきます。長くおけばおくほど、しょう油味がしみこみます。

2　ナベに、天ぷら油かラードをとかし、煮立ってきたら、豚に小麦粉を軽くまぶして、つぎつぎ揚げます。あんまり揚げすぎないように注意して下さい。

なにか生野菜、トマト、キャベツ、レタス、きゅうりなどを少し用意してつけ合せにします。からしをつけるかレモンの汁をかけて、いただきます。

麦とろ 107

これは男の人が好きなものの一つ。おいもを摺って玉子を加え、ダシでのばしますが作り方はカンタンです。

材料　山のいも　6百グラム（皮つきのまま）。玉子の黄味　2コ。麦ご飯。日本酒　（4、5人前）

作り方

1　ご飯はお米を七分に、麦を三分の割にして、すこしやわらかめに炊き上げます。

いもはよく洗って皮をむいておきます。すり鉢の中で、すりおろします。

2　おろしたいもを、すりこぎでよくよくすります。ていねいにするとキメが細かくなってきます。

そこへ玉子の黄味を一つ入れて、すりまぜたらつぎ、というふうにすっていきます。

3　お吸いもののときより少し濃いめのダシを用意します。

日本酒大サジ3杯を煮切って、そこへダシカップ4杯を入れ、煮立ってきたら塩茶サジ軽く1杯と、しょう油大サジ3杯で味をつけて、いの一番か味の素を少々加えます。

すったおいもに、このダシをお玉一杯入れてはすり、また一杯加えてはすりしてまぜ、全部入れてのばします。

とろろは、すり鉢ごと食卓に出します。ご飯は少なめにして、たっぷりのとろろでいただきます。

★おいもは、つくねいもが一番です。

108 いかと椎茸のなっとうあえ

納豆はこまかくきざむほど、ネバリがでます。相手がいかと椎茸ですから、だれが作ったっておいしくできます。あったかいごはんにのせると、納豆ずきでなくとも、こたえられないほどです。

材料　イカ　中ぐらいの2はい。生椎茸8コ。納豆　2包み。玉子の黄味　2コ。ねぎ　細めの2本。ときがらし。のり（4、5人前）

作り方

1　イカはワタをぬき、よく洗ってから、開いてタテに二つに切ります。それをちょうど写真ぐらいの細切りにします。皮は好みで、むいても、むかなくてもけっこうです。

これをザルにでもとって、熱湯をかけるか、かたくしない程度にサッとゆでます。お刺身になるような、いきのいいイカだったら、そのまま使います。足はかたいので身だけにします。足は野菜といためるか、大根とでも煮て下さい。

椎茸はじくをとってアミで焼き、細切りにします。ねぎは小口から、うすくきざんでおきます。

2　納豆をまな板にとって、庖丁であらくたたいてから、なるべくこまかくきざみます。こまかく切れば切るほどねばりがでますが、まわりをよせるようにして、まんべんなく、きざんでください。

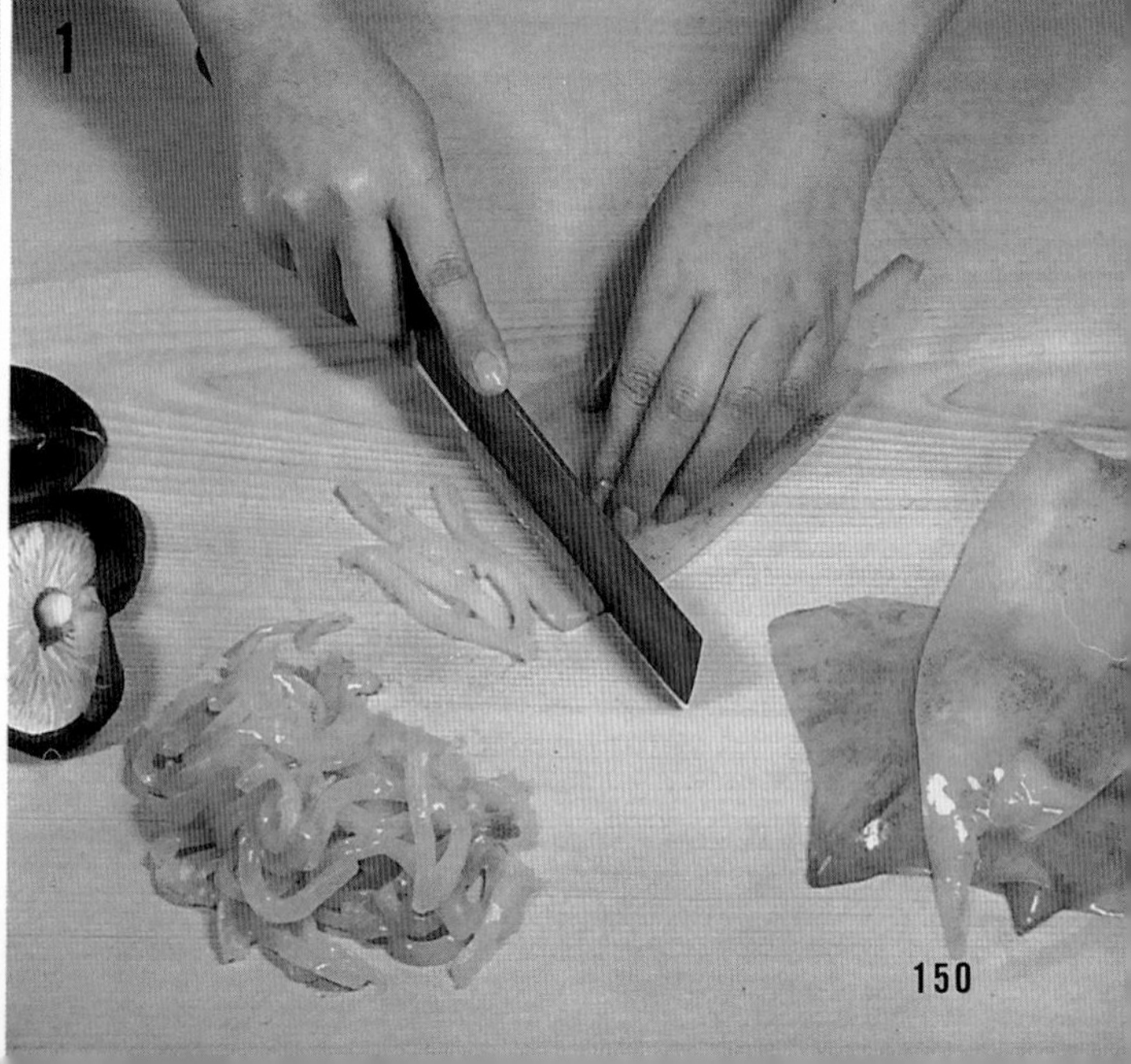

1

2

3

3　あと用意するものはときがらしと玉子、のりはもんでおきます。これで材料の用意ができました。上左から、イカ、椎茸、納豆、下はねぎ、からし、玉子、のりです。

4

4　納豆をボールにとって、玉子の黄味をおとし、ねぎと、ときがらし大サジ1杯を入れてよくまぜ合せます。
　そこへしょう油大サジ4杯を入れて味をつけ、いの一番か味の素を加えて、よくよくねります。

★この本に使っているカップ1杯は180ccです。大サジはテーブルスプーンで18cc茶サジは6ccです。つまり、茶サジ3杯が大サジ1杯、大サジ10杯がカップ1杯になります

5

5　ここへイカと椎茸を入れてあえます。味をみて、うすいようでしたら、しょう油なりからしなりを、好みにたしてください。
　器にもったら、上からもみのりをかけていただきます。
★からしは、すぐに香りがとんでしまいますから、これは食卓で、いただくときに全部合せるぐらいにしてください。納豆が好きな人だったら、納豆をもう一包みふやしてもけっこうです。
　からしは、和がらしの方が、どうも納豆には、あうようです。

109 冬瓜のカレー汁

カレー粉を少し多めに入れて、カラ味をきかせたお汁です。冬瓜にカレーがしみて、カレー好きの人には評判です。

材料　とうがん　1/2コ（約1キロ）。豚肉脂の多いところ2百グラム。カレー粉。片栗粉　（5人前）

作り方

1　とうがんは皮をむいて、2センチ幅ぐらいに輪切りにしてから、写真のような大きさに切り、味がしみやすいように、背に、5ミリぐらいの深さにこまかくタテ、ヨコに切れ目を入れます。これはあまり深いと煮えたときに割れます。

これをたっぷりの水で、中まで火が通るようにゆがき、水にさらしてから、ザルに上げて水気を切ります。

2　ナベにダシをカップ8杯とります。そこへとうがんを入れ、塩茶サジ2杯、しょう油茶サジ2杯といの一番か味の素を入れます。

フライパンにカレー粉を茶サジ3杯とり、こげないくらいの火で、空いりしてからナベに入れ、よくかきまぜます。

豚肉はすき焼きに使うぐらいの薄切りにして、一口にたべられるくらいに切って、カレー粉を入れたあとに入れます。

しばらく煮て、とうがんに少しカレーの色がついてきたら、味をみてしょう油で味の加減をし、片栗粉大サジ山1杯を、大サジ3杯の水でといて入れます。

110 じゃこのしぐれ煮

一度に四百グラムは多いようですが、あったかいごはんに、おべんとうに、お茶漬に、とても重宝します。作り方は簡単です。

材料　ちりめんじゃこ　4百グラ（東京あたりでいう「白す干し」というのでなくて、カチカチに干し上げてあるもの）。しょうが　大2コ。日本酒。ミリン。

作り方

1　じゃこは洗わないで、ワラ屑やゴミがついていたら、よくとります。

しょうがはうすく切って細くきざみ、針しょうがをカップ1杯ぐらい作ります。

厚手のナベを火にかけ、じゃこを入れその上から、日本酒カップ1½杯、ミリンカップ1½杯、しょう油カップ1杯入れます。グツグツときたら針しょうがを入れます。

2　これをからからになるまで、いります。火ははじめは強くして、水気が少なくなってきたら、だんだん弱くしてゆきます。ほとんどナベから湯気があがらなくなるまで、よくよくいりあげます。

こげめのようなものが底についてきますが、心配しないで、一時間近くもかかるつもりで、徹底的にいりあげるのがコツです。

★砂や小石がまじっていることがたまにありますから、注意して下さい。

1

2

111 うなぎどうふ

これは、ちょっとしたごちそうです。ふっくらと焼けたうなぎのカバ焼きを、とうふととうふの間にはさんでむしたもの。うなぎのにおいと味が、とうふにしみこんで、おいしくなります。冷たくなったカバ焼きの利用法としても、しゃれたものです。

材料　木綿どうふ　2丁。うなぎの蒲焼2串。しょうが　大1コ。片栗粉。日本酒　（6人前）

作り方

1　まずとうふの水を充分に切ります。まな板にふきんをしき、その上にとうふをのせ、少し斜めにして一時間ぐらいおくわけです。急ぐときはこの上から軽く押します。水気がすっかり切れていないと、あとでこの水気が出て、全体の味がまずくなってしまいます。

水気がきれたらヨコに2枚に、そぐように切ります。

1

★この本に使っているカップ1杯は180ccです。大サジはテーブルスプーンで18cc、茶サジは6ccです

2

2　片栗粉を茶コシに入れ、ならべたとうふの上から静かに、うっすらと淡雪がふったように、少しずつふります。これはうなぎととうふの接着剤です。

3

3　この上にうなぎをならべるわけですが、タレは充分につけておく方が、おいしくできます。ならべ方はあとでとうふを三つに切りわけるとき、等分になるように、たとえば尾の細い方は真中で二つに切って、互い違いにおくとか、サンドイッチのコツでやって下さい。
　うなぎをならべたら、また軽く片栗粉をふって、とうふを重ね、その上にまたうなぎをならべます。上になる方に、姿のいいうなぎを置くようにします。

4　ふかしがまに湯気が上ってきたら、皿にこのとうふをならべ強火で十分ほどむします。
　むし上ったら、1丁を三つに切ります。

　別にすいもの地を用意しておきます。ダシカップ4杯に、塩茶サジ軽く1杯、しょう油茶サジ1杯、日本酒大サジ1杯で味をつけ、いの一番か味の素を加えてサッと煮ます。おわんにとうふを一片ずつもって、上からすいもの地をかけます。

　その上に針しょうがをつまんでのせます。しょうがは、太いとからいので、できるだけ細く切ります。そのためには、しょうがはなるべく大きいのを用意して、はじめ庖丁をヨコにねせて、うすくへぐようにしてきります。これを針のように切り、水にさらします。

4

112 はんぺんのわさびおろしあえ

大根おろしに、よくきいたわさび漬けを加えると、なかなかおいしいおろしが出来ます。これはハンペンをあえたのですが、さつまあげや、関西でいうテンプラかまぼこなど、このわさびおろしで、和えてみて下さい、けっこうなおかずです。

材料　はんぺん　2枚。わさび漬　大サジ2杯。大根　（4人前）

作り方

1　大根おろしを、たっぷりカップ1杯ぐらいすりおろします。これを汁ごとボールにとり、この中にわさび漬を入れていの一番か味の素を加え、よくよくまぜ合せます。

　はんぺんは、真中から二つに切って、五つか六つに、拍子木に切ります。

2　わさびおろしの中にはんぺんを入れて、あえます。強くあえると、はんぺんがくずれますから注意して下さい。

　食卓で、各自好みの量のしょう油をかけていただきます。

★はんぺんをそのままでなくこんがり焼いても、なかなかいいものです。

1

2

113 さんまのしょうが煮

さんまは焼くものと、きめていますが、しょうがを思いっきりたくさん入れて煮ました。しょうがのカラミもきいて、悪くありません。

材料　サンマ　5、6尾。しょうが　百50《グラム》　(4、5人前)

作り方

1　しょうがは皮をむいて、マッチ棒ぐらいの大きさに切ります。サンマは頭をとり、ワタをぬいて丸ごと、1尾を三つか四つぐらいにブツ切りにします。

2　はじめ、ナベの底に、しょうがの三分の一の量をパラパラと入れて、その上にサンマをならべ、残りのしょうがの半分を散らし、またサンマをおいて、残りのしょうがを散らします。

ここに水をカップ$2\frac{1}{2}$杯入れ、落しブタをして火にかけます。こういうふうに底にしょうがを入れると、こげるのもだいぶ防げます。

3　煮立ってきたら、砂糖大サジ山2杯、しょう油大サジ5杯を入れて味をつけます。中火で十二、三分も煮ていると、汁が半分以上つまってきますから、ナベをかたむけ、スプーンで汁をかけながら煮つめてゆきます。

汁がなくなりかけてきたら火をとめ、熱いうちにいただきます。

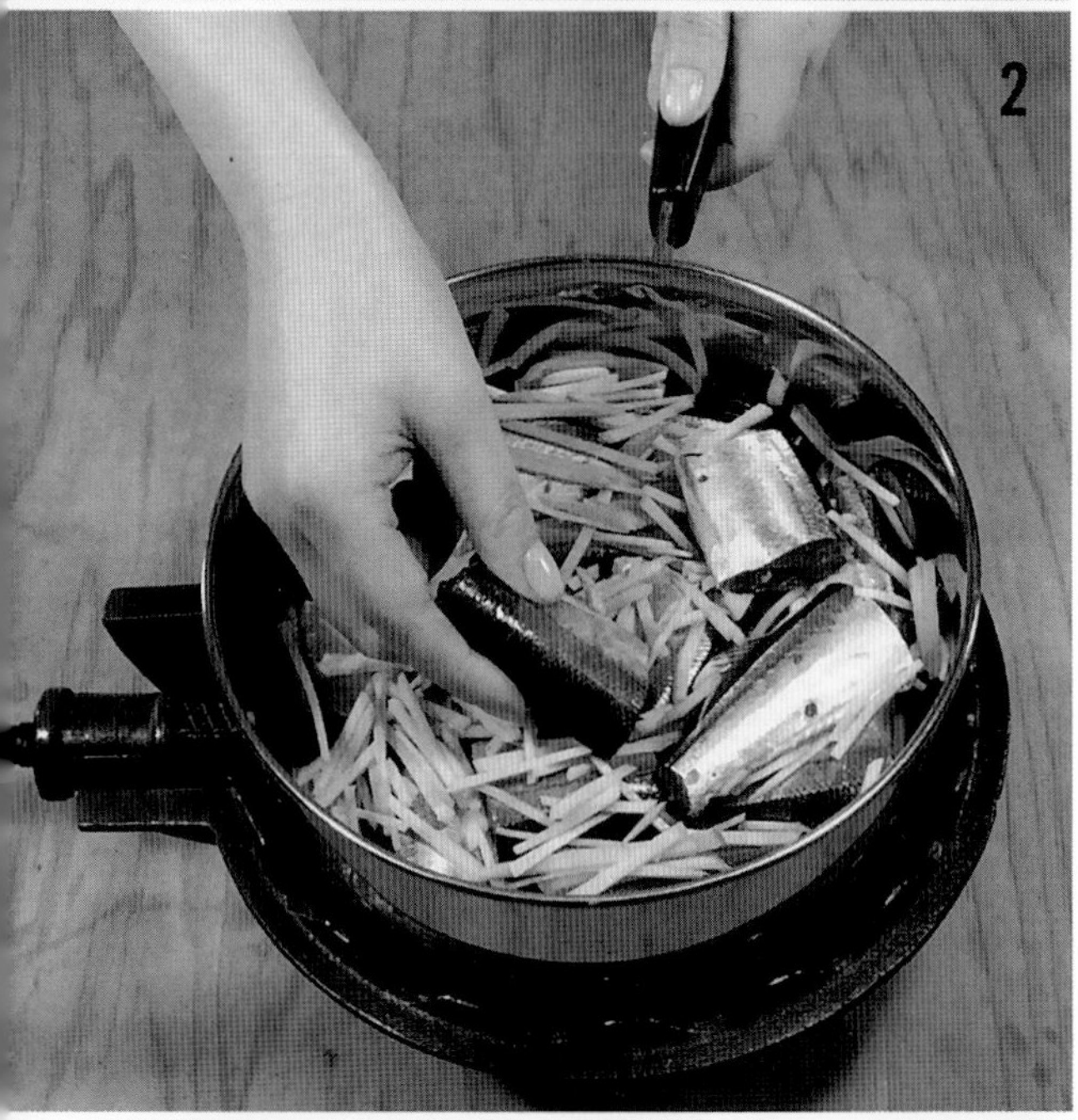

114 いいむし

モチ米をむしたのを、お赤飯に対して「白むし」といいます。その白むしに、白身の魚などをあしらったのが、料理屋で出す「飯むし」です。それを、もう一度、家庭にひきもどして、かんたんに、しかもまけない味にしたのが、この作り方です。

材料　モチ米　カップ3杯。白身の魚　2切れ。グリンピース　カップ1/2杯。日本酒
（5、6人前）

1

作り方

1　モチ米はよく洗って、水につけておきます。夕ご飯なら朝から洗ってつけます。新米のときはそんなに長くつけなくてもけっこうです。
お米をザルに上げて、水を切って、真中に火の通りのよいように穴をあけておきます。ふかしがまに湯をたっぷりとり、煮立った中に、このザルを入れてむします。

2

2　魚は少し早めに用意します。ふつうの切身をさらに二つか三つに小さめに切り、骨をよくとって、強く塩をしておきます。グリンピースは塩ゆでにします。
　ボールに日本酒カップ1|3杯、塩軽く茶サジ1杯に、いの一番か味の素を入れて、よくまぜ合せます。この中に、むし上ったご飯をザルから移して、よくまぜ合せます。

3

3　ご飯をもう一度ザルにもどして、その上に魚をならべます。ふかしがまの湯を煮立てて、このなかにザルを入れて、もう一度むします。
　今度は、魚に火の通る程度で、五分間ほどで火をとめます。

　茶わんの一番下に魚を入れて、その上にご飯をわけ入れます。この上に、グリンピースをちらします。グリンピースは色どりですから、なくても別に味には関係がありません。

　いただくときは、魚とご飯をまぜるようにし、好みで、レモンかだいだい、スダチの汁をかけてもけっこうです。
★モチ米は何度むしても変りませんから、火を通して、熱いところをたべて下さい。

115 かきたま汁

おいしく作るコツは、普通の吸いものより濃いめのダシをとることと、もう一つ、玉子が汁のうまみをすってしまうので、たくさん入れないことです。

材料　玉子　2コ。ダシ　カップ6杯。ねぎ。しょうが。日本酒。片栗粉　（6人前）

作り方

1　昆布とかつおぶしで、濃いめのダシをカップ6杯用意します。これに塩茶サジ$1\frac{1}{2}$杯、しょう油大サジ1杯、日本酒大サジ2杯で味をつけ、いの一番か味の素を加えます。

　煮上ってきたら、ここに片栗粉茶サジ山2杯を水大サジ2杯でといて、しずかに流し入れてトロミをつけます。トロミがつきすぎるとおいしくないので、おたまでかきまぜながら様子をみ、少しずつ入れて下さい。

2　玉子はよくほぐしておきます。

　火をごく弱くして、汁が煮立たないようにして、泡立器で汁をかきまぜながら、玉子を少しずつ入れてゆきます。

　玉子をみんな入れたら、火をとめてしまいます。玉子が入ってから汁を煮立てると、玉子がよって固まってしまいますから、気をつけて、必ず火をとめます。

　お椀によそったら、上にさらしねぎを一つまみのせて、しょうがをしぼります。ねぎはさきに、できるだけうすくきざみ、水洗いして、しぼっておきます。

　しょうがをしぼると、片栗粉のにおいが消えて、いいものです。

1

2

1

2

3

116 ずいきののりまぶし

料理のやり方ひとつで、こんなにおいしいものだったのかとうならされてしまいます。

材料　ずいき　3百グラ。のり　1枚。ミリン。酢かレモン　（3人前）

作り方

1　ずいきは、一枚一枚はずしてから皮をていねいにむいて、タテに1センぐらいの幅にさいてから4、5センに切ります。

　ずいきは白ずいきでも、干しずいきでもけっこうです。干したものはぬるま湯につけて、充分やわらかくして使います。

2　ナベにずいきを入れ、たっぷり水をさし、ふっとうしてきたらその中に酢を大サジ2杯くわえて、ゆがきます。やわらかくなるまでゆでますが、ゆですぎると、とろけてしまうので注意して下さい。

　ゆがいたらアクを抜くため、水にさらします。ときどき水をかえ、半日ぐらいおきます。

3　ミリン大サジ3杯を煮切って、そこへダシカップ1杯、しょう油茶サジ2杯、塩茶サジすり切り1杯入れ、いの一番か味の素で味をととのえます。

　ずいきの水気をすっかりしぼってから、ここに入れて、味をしませる程度に煮ます。味がついたら冷まします。

　冷めたら汁気を切って、酢を大サジ$1\frac{1}{2}$杯加えるか、またはレモン$\frac{1}{2}$コをしぼりこみ、全体によくまぶします。

　いただく直前に、もみのりをまぶします。

117 塩さばのうの花まぶし

うの花はおからのこと、これをよくすりつぶして、酢と玉子で味をつけ、しめさばとあえます。おからとさばの味がよくあって、なかなかしゃれたものです。

材料　塩さばかしめさば　小1尾。おから　百20グラム。きゅうり　1本。玉子　2コ。しょうが。酢　(5、6人前)

作り方

1　塩さばは三枚におろして、中骨をとって腹の小骨をそぎとり、皮をむき、生酢の中に三十分ほどつけておきます。

この片身をタテに二つに切って、血あいと小骨をすっかりとり、2センチ幅ぐらいに、コロコロに切ります。

生さばだったら、たっぷり塩をして、夏で二時間半から三時間半、冬なら四時間ほどねかせて、塩さばにします。

しめさばなら、ちょっと酢で洗って、切ればいいので、一番手がるです。

きゅうりは四つぐらいに切ってから、それを太めのマッチ棒ぐらいに切ります。これを、なめてみて、ちょっとからいくらいの塩水につけます。

1

★この本に使っているカップ1杯は180ccです。大サジはテーブルスプーンで18cc、茶サジは6ccです。つまり、茶サジ3杯分が大サジ1杯、大サジ10杯がカップ1杯になります

2

3

2　おからをすり鉢に入れて、よくよくすります。料理屋さんはさらにうらごしにかけたりします。

3　少し厚手のナベに、このおからをとり、玉子を割りこみ、酢大サジ4杯と、砂糖大サジ山1杯入れ、よくかきまぜたら、つづいてしょう油大サジ1杯と塩茶サジ1杯入れ、味をつけ、全体に玉子がまじり、味がまわったらいの一番か味の素を加えて、火にかけます。

4　中火にして、いり煮してゆきます。おからのもとのかたさぐらいにもどすわけです。玉子が入っているので、こげつきやすくなっていますから、注意してゆっくりいります。

　いり上ったら、さまします。

5　おからがすっかりさめたら、ボールに、まず、さばをとり、きゅうりをかるくしぼって入れ、そこへ、おからを入れます。

　そこへもう一度、酢大サジ1杯くわえ、しょうがをすりおろして、茶サジ1杯を加え、よくまぜ合せます。そうしたら、お皿かなにか少し重い押しブタをして、四、五十分はおきます。こうすると、さばのおいしさがおからに移って、味も落着きます。

4

5

118 里いもと厚揚げの鮭みそあえ

みその中に鮭をすりこむと、鮭カンの生ぐささが消えて、おいしさだけが残ります。これからだったら、ゆずの皮もいっしょにすりこむと、ちょっとしゃれた味わいです。

材料　里いも　4百《グラム》。厚揚げ　2枚。こんにゃく　1枚。鮭カン　1/2コ（百《グラム》）。赤みそ　2百《グラム》。酢。しょうが　少々　（5、6人前）

作り方

1　里いもは皮をむいて、大きいものは半分に切ってゆがき、水に落してからザルに上げます。

厚揚げは熱湯をかけて油抜きして、薄切りにします。こんにゃくはスプーンでちぎって、サッとゆがきます。

2　みそをすって、鮭カンの汁を入れてのばします。砂糖大サジ4杯、酢大サジ3杯に、いの一番か味の素を入れます。よくすって、味が全体にまわったら、鮭の身をほぐして入れ、かきまぜます。

3　そこへ里いも、厚揚げ、こんにゃくを入れてあえ、いただくとき、しょうがをしぼります。

1

2

3

119 肉入りきんぴら

トリ肉をきんぴらごぼうに入れてみました。ごぼうに肉のおいしさが移って、これなら若い人もよろこんでくれそうです。

材料　ごぼう　3本（5百《グラム》）。トリ肉百《グラム》（4、5人前）

作り方

1　ごぼうは、めんどうでもマッチ棒ぐらいの大きさにていねいに切って、水に放します。二、三回水をとりかえさらしたら、ザルに上げてよく水を切ります。

　トリ肉は出来るだけこまかく切って、庖丁の背で、ひき肉ぐらいにたたいておきます。ひき肉でもけっこうです。

2　フライパンに油を、ごぼうのまぶる程度に入れます。油が多すぎると出来上がりの味がしつっこくなります。ごぼうとトリ肉をいっしょに入れ、よくいためます。こげつきそうだったら水を少したします。

　味つけは砂糖大サジ2杯、それがとけてしみ込んでから、しょう油大サジ3杯ほど入れます。

　しょう油の色が全体にしみたら出来上りです。歯あたりがコリッとしたところが身上です。かたいごぼうだったら、水を多めにして煮るようにします。

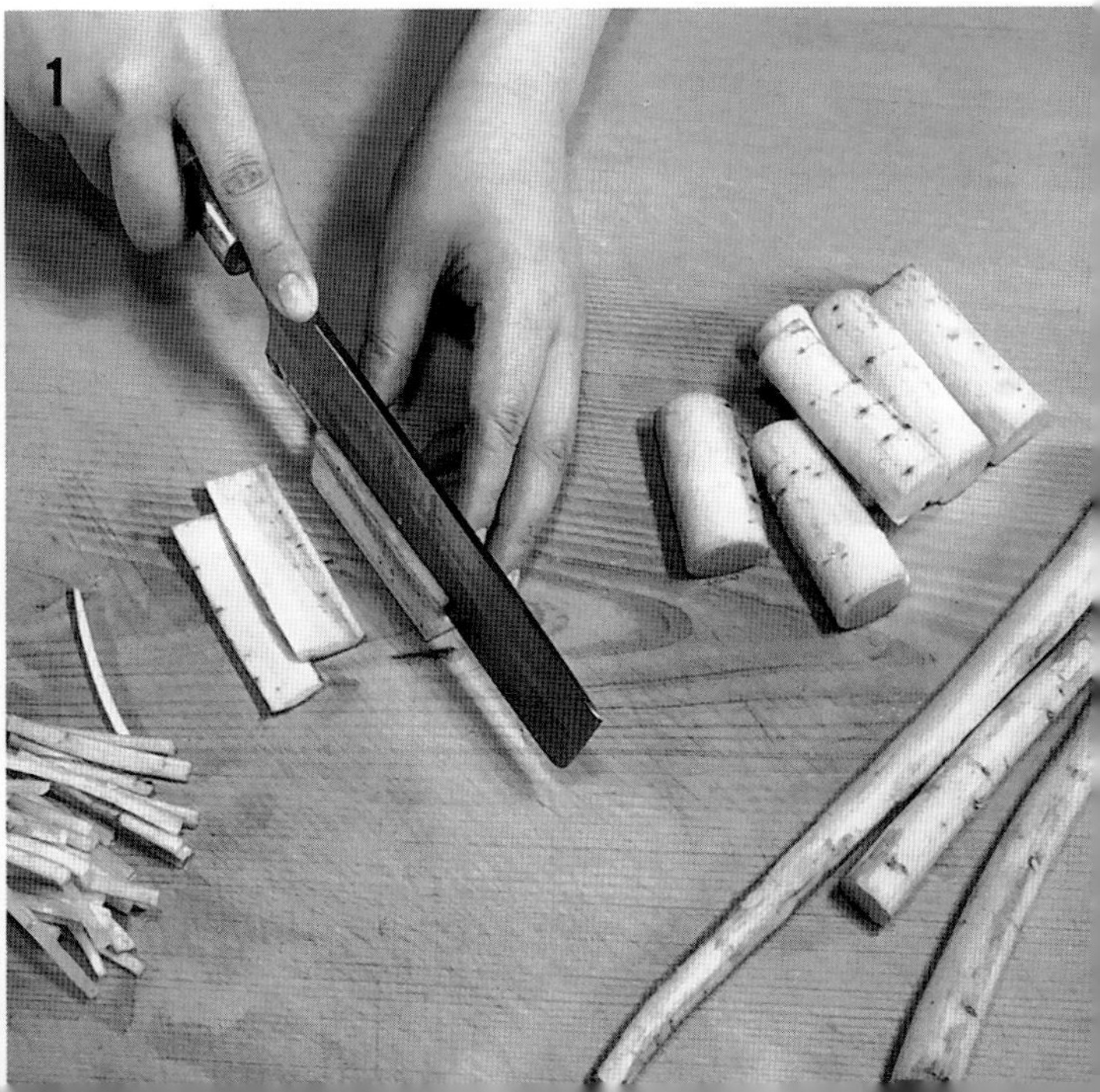

120 とり入りとろろ汁

トロロ汁には、じねんじょが最高ですが、山のいもか、手のひらいもでもけっこうです。大事なことは、作っているのを、まっていてもらって、できたらすぐたべるくらいにすることです。ご飯は炊きたてなら満点です。

材料　山のいも　5百グラム。トリのささ身　2百グラム。トリのガラ　1羽分。玉子の黄味　2コ。のり　（5、6人前）

作り方

1　トリのガラでダシをとります。このダシをカップ4杯用意して、それに塩茶サジ1杯、しょう油大サジ2杯を加え、いの一番か味の素で味をととのえます。

　煮立ってきたらトリ肉を入れて、火を通し、煮上ったらすくい上げておきます。

2　いもは皮をむいて、すり鉢の中ですりおろします。これをよくよくすります。

1

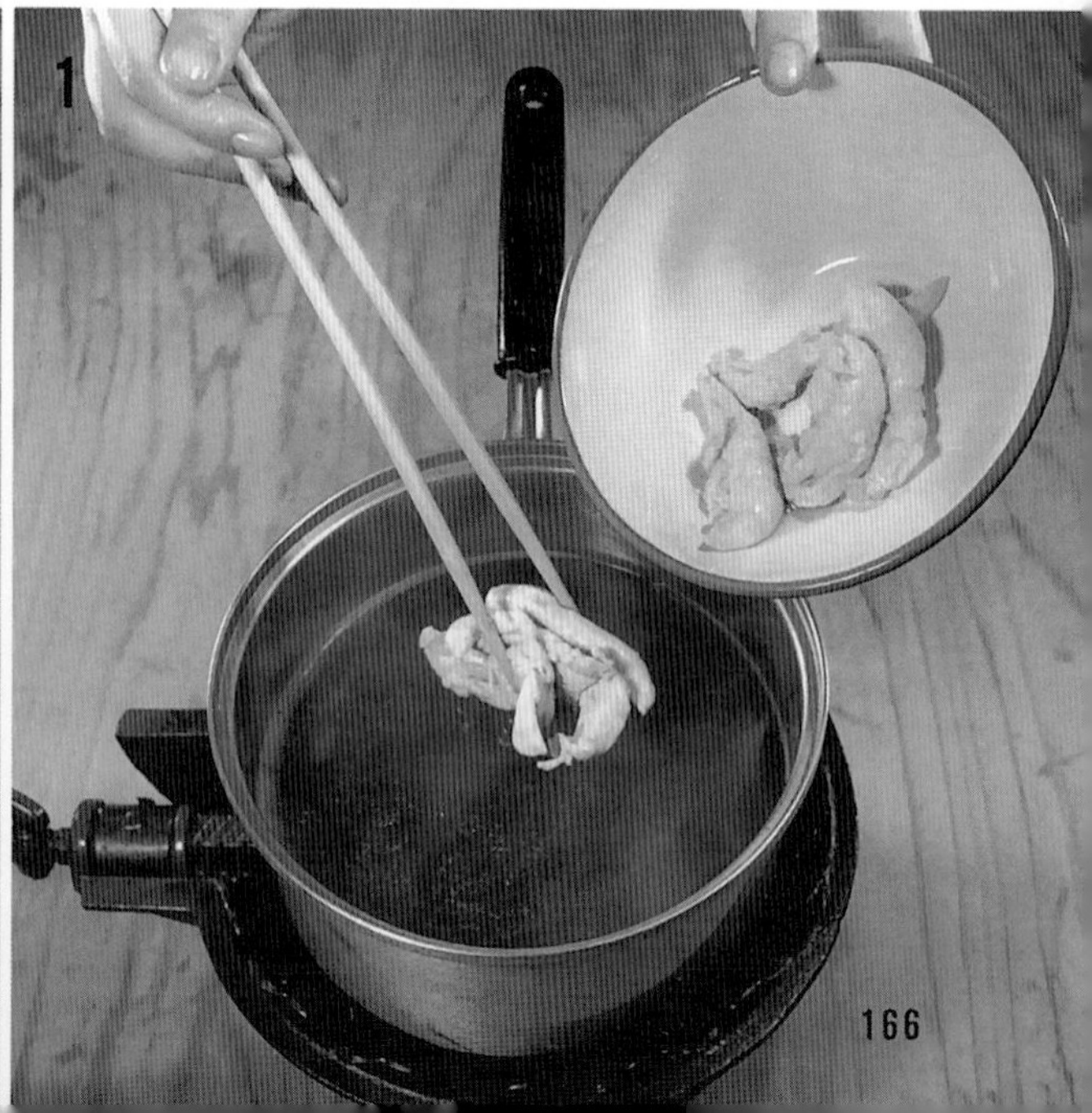

2

3　きめがこまかくなってきたら、玉子の黄味だけを2コ落して、またよくすりこんでゆきます。

4　ちょっとたべてみて、ザラつかないようだったら、用意したトリのスープをまぜ合せてゆきます。これは火にかけたままで、煮えている熱いのを、トロロに火を通すような気持で、お玉で一杯入れてはすり、二杯入れてはする、というふうにして少しずつ入れて、全部合せてしまいます。

5　間をみて、トリ肉をトロロといっしょにすすれるぐらいに小さくほぐしておきます。これをトロロにまぜ込みます。

　ご飯を茶わんに六分目ほどよそって、上からトロロをかけ、もみのりをかけます。

　麦ご飯にトロロ汁をかけるのが本当ですが、もちろん、ご飯にかけないで、汁だけ召し上ってもけっこうです。

121 さつまいもといかの煮き合せ

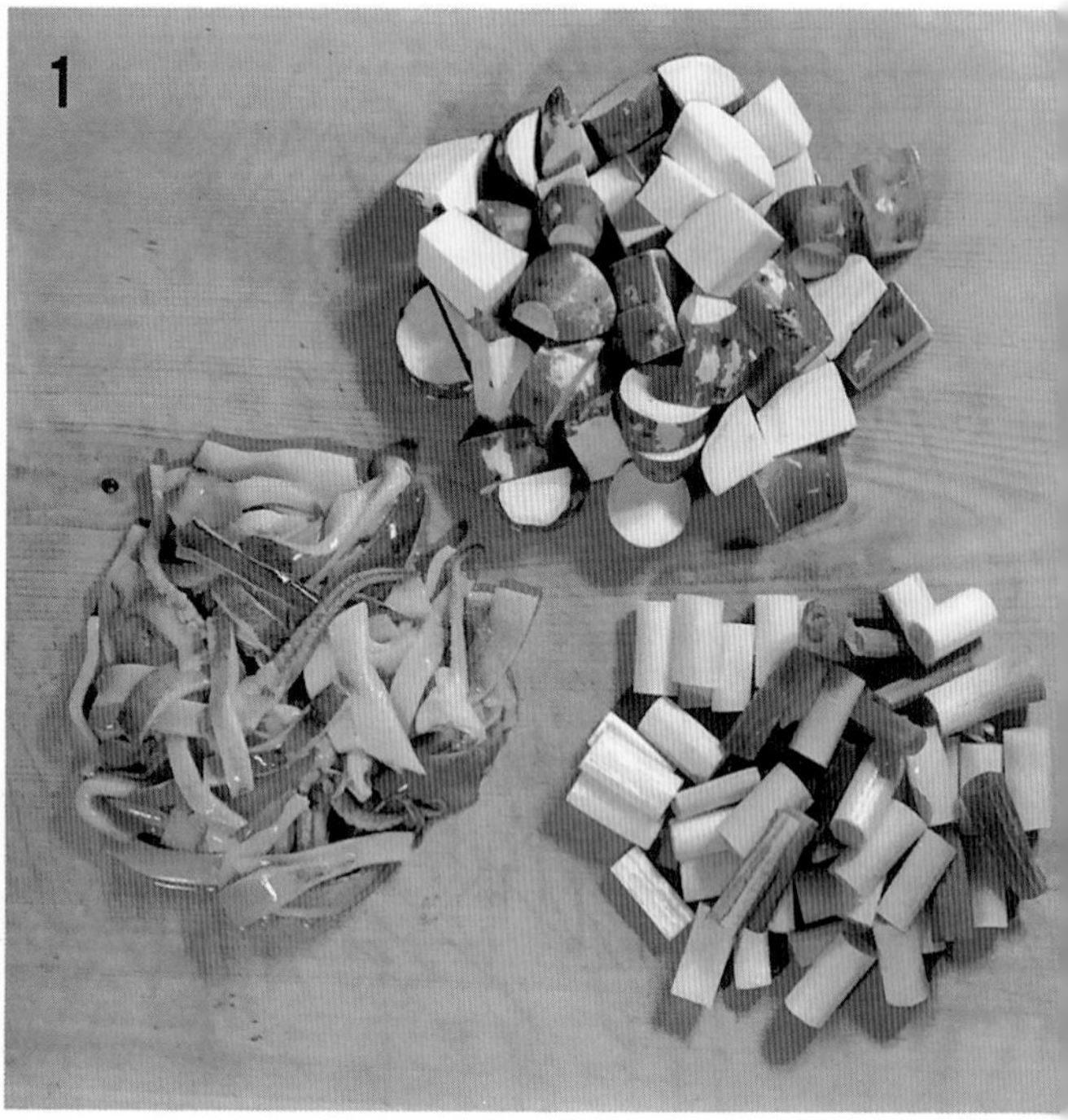

とり合せが、ちょっとめずらしいものですが、いかのうまみが、さつまいもとねぎに合って、なかなかです。

材料　さつまいも中5、6本。いか中3ばい。ねぎ　5、6本　(5、6人前)

作り方

1　いかは足をぬいて、ワタをとり、タテに三つぐらいに切って、はしから1㌢幅ぐらいに切り、足もたべよい大きさに切ります。

さつまいもはよく洗って、皮をむかずに、二口にたべられるくらいに切ります。ねぎは4㌢ぐらいに切ります。

2　大きめの厚手のナベに、油を流れるくらいとって、いかとさつまいもを入れて強火でいため、油が全体にまわったら砂糖を大サジ3杯入れて、とけたら、ダシカップ3杯、しょう油大サジ3杯にいの一番か味の素を入れます。

煮上ってきたらアクをすくって、中火にし、汁がつまりかけてきたらねぎを入れます。こげつかないように注意しながら、汁気がなくなるぐらいまでに、煮上げます。

122 いわしの酒むし

いわしは、焼くか、煮るかですが、ここでは酒むしにしてみました。鯛の酒むしなんかと、また違ったうまみが出ます。

材料　いわし　中9尾。ねぎ　2本。
昆布。大根。日本酒。酢　（3人前）

作り方

1　いわしは、ウロコを落し、頭をとり、ワタをぬいて洗います。ザルにあげてうす塩をしたら、三十分ほどおきます。

この間に、ねぎは小口からきざんでさらし、大根おろしを作ります。

2　少し深めの皿を用意し、写真ぐらいの大きさに昆布をしき、この上にいわしをならべます。

ふかしがまに湯気が立ったら、いわしを入れ、上から日本酒大サジ3杯をふりかけて、中火で十二、三分むします。

3　ボールに酢大サジ2杯、しょう油大サジ2杯をまぜ合せ、いの一番か味の素を入れてかきまぜておきます。

いわしがむし上ったら、お皿にたまった汁を、酢じょう油に入れてのばします。

3尾ずつ皿にとり、上からねぎをかけ、大根おろしをそえて、この酢じょう油をたっぷりかけます。おろしは、赤とうがらしを加えてもけっこうです。

昆布もけっこうたべられます。なお一度にむせないときは、二回ぐらいは同じ昆布を使っても大丈夫です。

123 ふくろばす

れんこんはすりおろすと、ねっとりしたうまみがでてきます。
これをおいなりさんふうに、しいたけ、にんじんと一緒につめて、たっぷりの汁で中に味のしむまで煮つめます。

材料　油揚げ　5枚。れんこん　4百《グラ》。にんじん　少々。干椎茸　中3コ。玉子　3コ。かんぴょう　少少（4、5人前）

作り方

1　れんこんは皮をむいて水につけ少しアク抜きしてから、おろし金ですりおろします。これをフキンにつつんでしぼります。

椎茸は水にもどして細く切ります。にんじんは針にんじんというくらいに、できるだけ細く、針のように切って一つかみ用意します。

★この本に使っているカップ1杯は180ccです。大サジはテーブルスプーンで18cc茶サジは6ccです。つまり、茶サジ3杯が大サジ1杯、大サジ10杯がカップ1杯になります

1

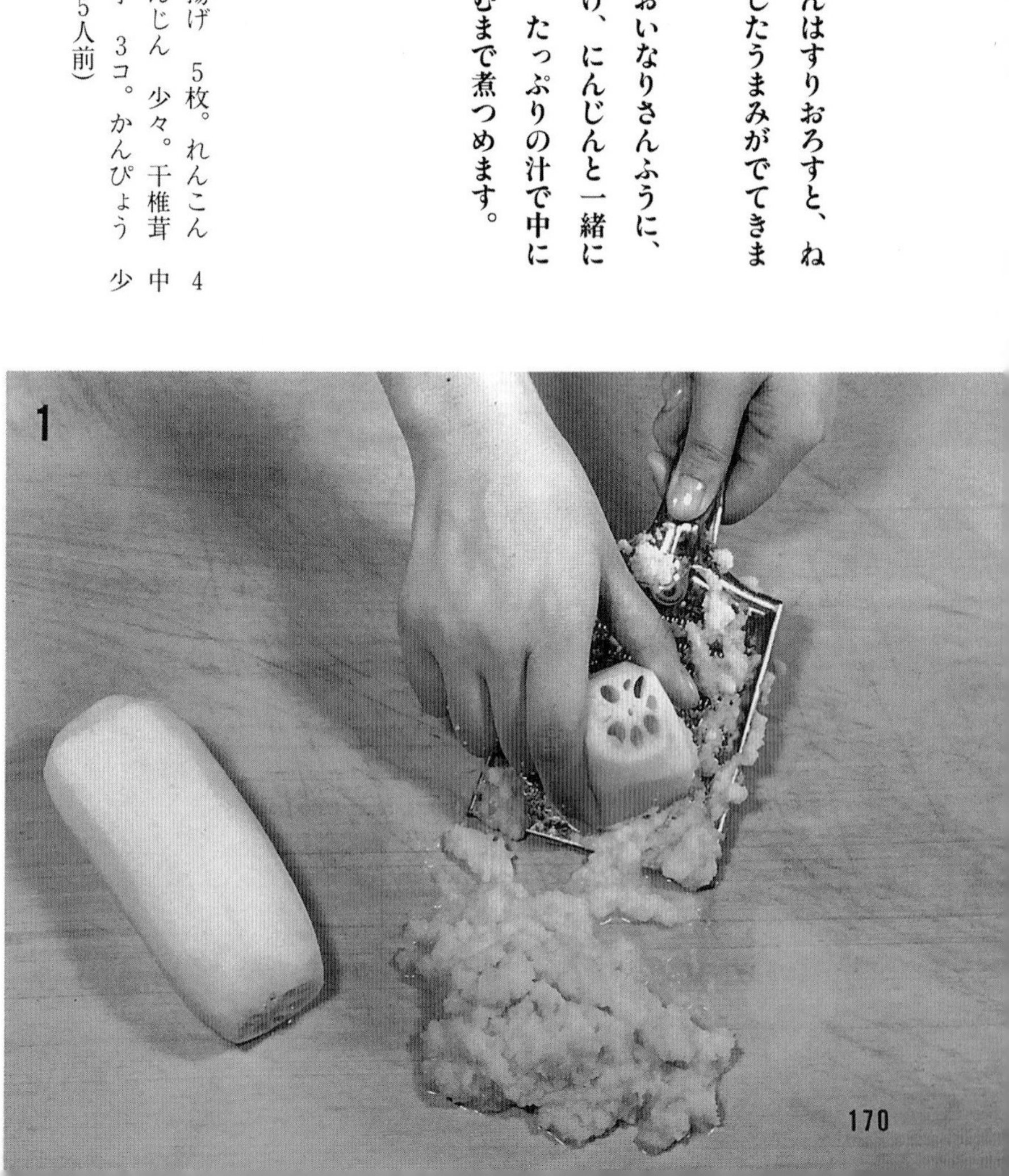

2　ボールに、おろしたれんこん、にんじん、椎茸を入れ、まぜ合せ、そこにつなぎの玉子を割り入れて、まぜます。

3　油揚げを二つに切って、おいなりさんのように中をひらいてから、熱湯をかけて、ザルに上げ、水気をきります。この油揚げに口がしまる程度に、具を入るだけ入れます。おいなりさん用の油揚げなら、なおけっこうです。

4　かんぴょうを水にもどしておいて、これでしばります。

5　かつおぶしと昆布の濃いめのダシをとります。ダシをカップ5杯、砂糖大サジ2杯、しょう油大サジ2杯、塩茶サジすり切り1杯にいの一番か味の素をふりこみます。

　この中に油揚げのふくろを入れて、はじめは強火にして、煮たったら、中火にし、汁気が半分ほどになったら火をとめます。落しブタをします。

　こういうものは、いったん煮上ってから、つめたくなるまで、そのままにしておくと、味がしみます。そして、いただく前に、もう一度あたためると、中までじゅうぶん味がしみこみます。

　汁をたっぷりかけていただきます。

2

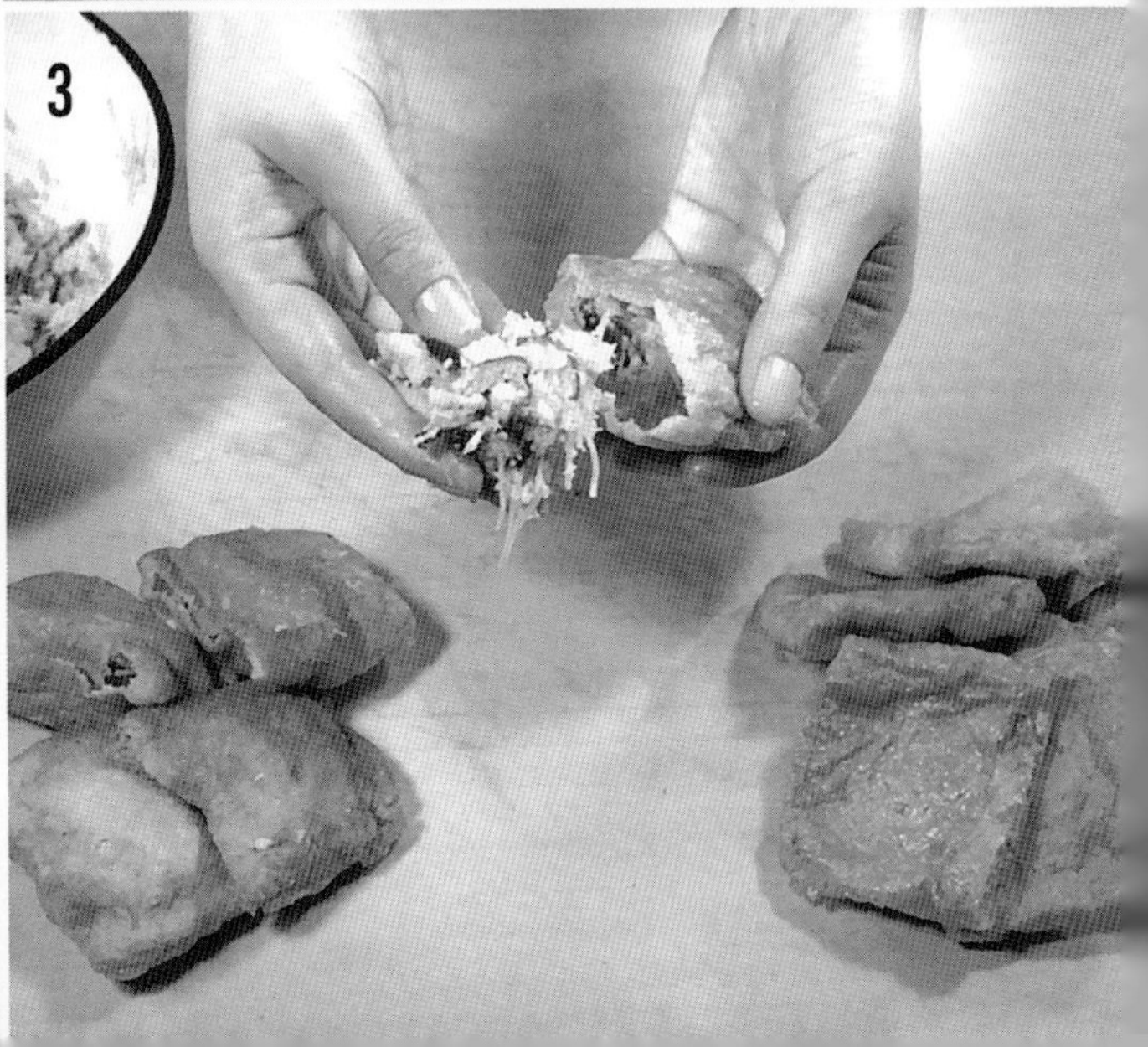
3

4

5

124 大豆と昆布とだいこんとごぼうの煮しめ

こういう煮ものは、多めに作って、残ったら火を入れると、いつまでもおいしく食べられます。

1

材料　大豆　カップ$1\frac{1}{2}$杯。ごぼう　中2本。大根　半本(約5百グラム)。昆布　50グラム(二つかみ)　(7、8人前)

作り方

1　大豆は前の晩から水に浸けておきます。その日に使いたいときは、ぬるま湯につけます。ごぼうは皮をこそげて、小さめのまわし切りにし、サッとゆがいて、水にさらしておきます。大根も皮をむいて、たべよい大きさに切ります。昆布はハサミで短冊に切って、ザルにとり、よく水で洗います。

2

2　厚手の大きめのナベに、大豆、ごぼう、大根、昆布をいっしょに入れて、水カップ10杯を入れます。

火をはじめは強くして、煮立ってきたら中火に落します。水が半分くらいになってきたら、水をカップ5杯たして、煮上ってきたら砂糖大サジ4杯、塩茶サジ山1杯、しょう油大サジ5杯と、いの一番か味の素で味をつけます。

また水気が少なくなってきたら、もう一回水カップ5杯加えて、煮汁が三分の一くらいに煮つまって、大豆によく味がしみ、昆布がとけるようになったら火をとめます。

椎茸のたらこあえ 125

タラコは、そのままたべるのも、もったいない、こうやって、椎茸とあえたり、いかとあえたり、あえものに使うとなかなか気がきいています。三つ葉やみぶ菜をゆがいて、小さく切って入れてもけっこうです。

材料　生椎茸　10コ。タラコ　1はら（2本）。だいだい　$\frac{1}{2}$コ。日本酒　（5人前）

作り方

1　椎茸は洗ったら、じくをとり、表の方から焼きます。中火でこがさないようにゆっくり焼きます。干椎茸だったら、水につけて充分もどして下さい。水気を切ってから、水分をとる気持で軽く焼きます。

2　その椎茸をはしからうすく切って、タラコも箸でほぐします。

3　ボールに椎茸とタラコをとって、日本酒を大サジ1杯入れ、いの一番か味の素をふりこみ、あえます。最後にだいだいの汁をしぼります。レモンの汁でもけっこうです。

1

2

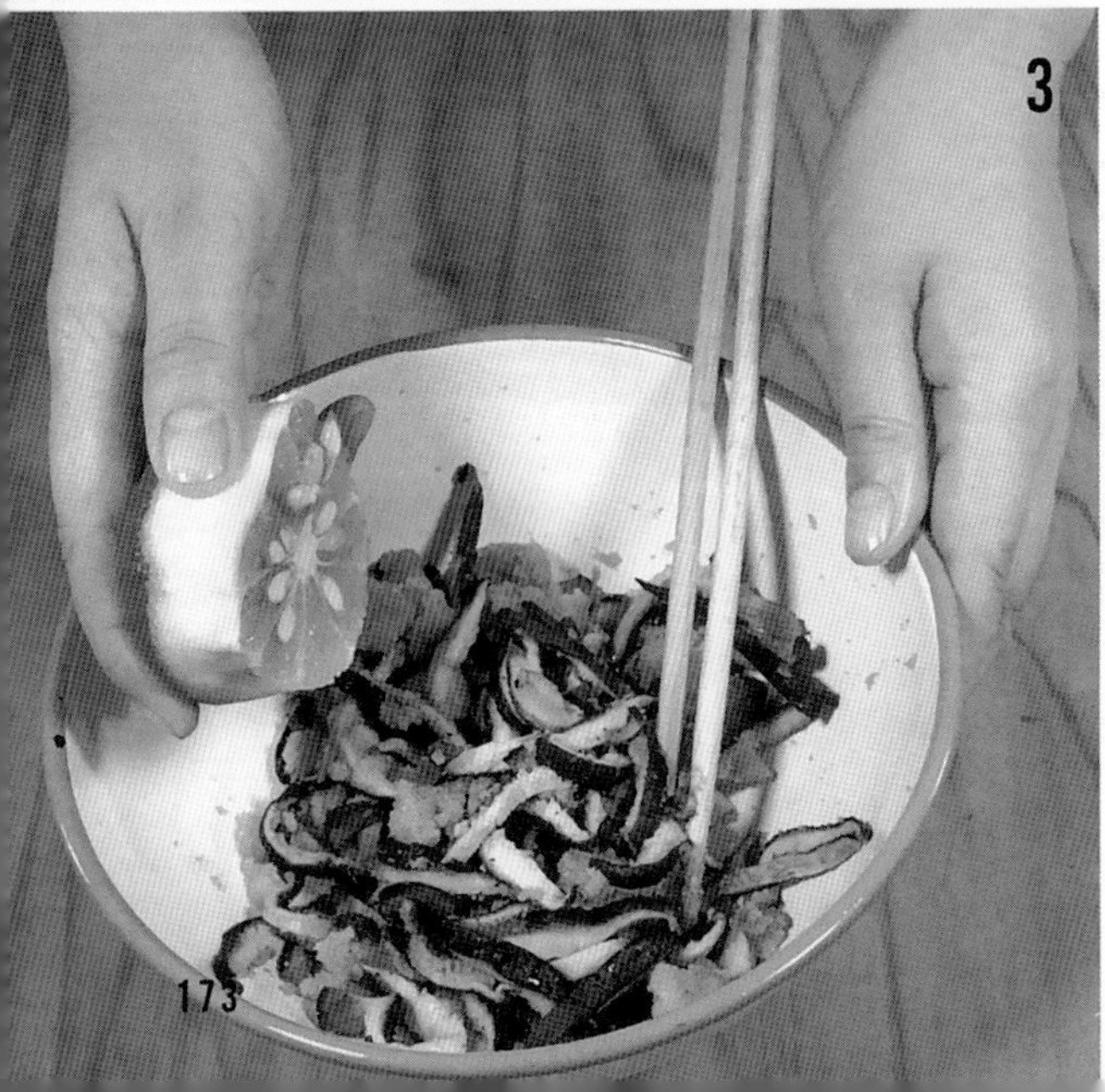

3

126 甘鯛の酒むし

甘鯛といえば、とかく煮つけてしまうものですが、こうして酒むしにして、汁たっぷりでいただくと、おとうふもおいしくなって、これでなかなか上等な料理になります。むし上った熱いところをいただきます。

材料　甘鯛の切身　3切れ。絹ごしどうふ　1丁。だし昆布　約20センチ。大根。ねぎ。レモン。赤とうがらし粉。日本酒　（3人前）

作り方

1　ボールに甘鯛を皮を上にしてならべ、上から熱湯をかけ、うろこやよごれをとります。すぐ引き上げて、水気を切り、ふり塩して二十分ほどおきます。

昆布は砂を洗い、しばらく水につけて、やわらかくなったら、三つに切って、器に敷き、切身の皮を上にしてのせます。

★この本に使っているカップ1杯は180ccです。大サジはテーブルスプーンで18cc 茶サジは6ccです

1

2　ふかしがまに水をたっぷりとり、強火にかけ、湯気が上ってきたら器をならべ、日本酒を大サジ2杯ずつかけ、むします。上にふきんをかけます。だいたい十五分ぐらいでむし上ります。

3　むし上ったら、とうふ1丁を六つに切って、一人に二つずつ入れて、約二、三分、とうふが熱くなったら火を止めます。木綿どうふでもかまいません。

4　器の中にお酒や汁がたまっていますから、これを小ナベにとり、あと、ダシカップ1杯としょう油大サジ3杯たして、いっしょに煮たたせ、火を止めてからレモンの汁大サジ2杯と、いの一番か味の素を加えます。

この汁を甘鯛の上にたっぷりかけて、大根おろし、きざみねぎ、赤とうがらし粉をかけます。

127
津軽ふうみそなべ

みそなべです。魚でも、野菜でも、その日にあるものならなんでも、一口か二口にたべられるように切って、火の通りにくいものだけ下ゆでし、冷凍の魚ならサッとお湯を通します。

ここにあげた材料は一つのヒントで、二品でも三品でもけっこうです。煮ながらたべて、あとこのみそ汁をご飯にかけるのもたのしみの一つ。

材料　魚　大正エビ　10尾。甘鯛　1尾。サバ　小1尾。貝柱　3コ。青柳のむき身　2百《グラム》。

野菜　こいも　10コ位。ごぼう　中3本。玉ねぎ　2コ。にんじん　中1本。カン詰の松茸　小7、8コ。または生椎茸か、しめじ。白菜　中6枚。

トリその他　皮つきのトリ　3百《グラム》。トリのキモ　3百《グラム》。焼きどうふ　2丁。こんにゃく　2枚。

からみそ　4百《グラム》　(7、8人前たっぷり)

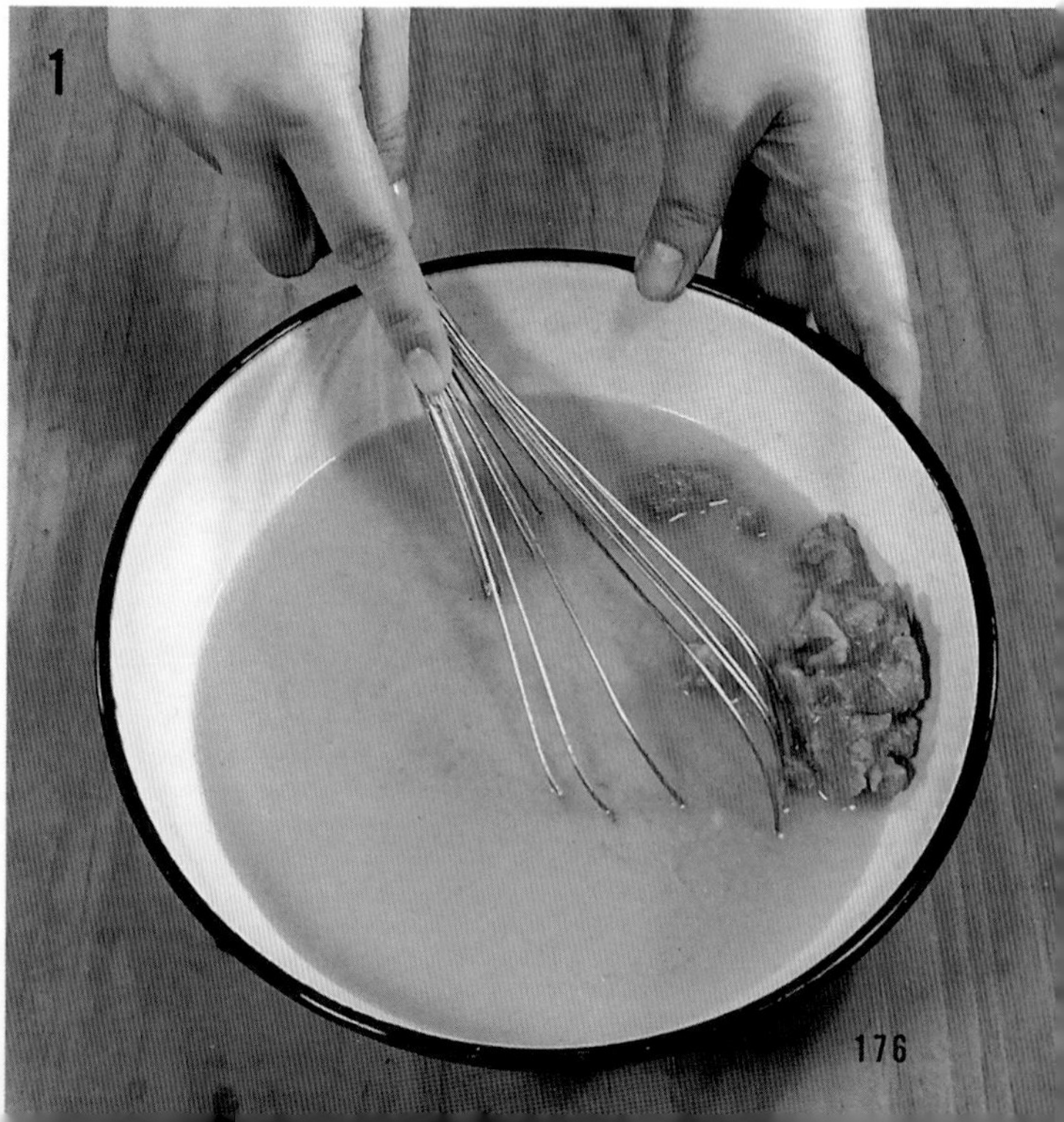

作り方

1　ボールにみそをとり、砂糖大サジ山3杯を加え、そこに水カップ4杯入れて、泡立器ででもすっかりとかします。これを、大きい土なべにうつし、火にかけます。ここへ、いの一番か味の素を少し多めに入れます。この味は少し甘めですから、砂糖の量は好みで加減して下さい。

みそが煮えてきたら、下ごしらえしたタネをダシの出そうなものから少しずつ入れ、煮えるそばからいただきます。

みそのダシは煮つまりやすいので、ときどき加減をみて、水をさします。

下ごしらえ

2　エビは背を割ってワタをぬき、熱湯にくぐらせます。甘鯛は三枚におろして、一口か二口にたべられるぐらいに切り、これも熱湯にくぐらせます。サバも三枚におろし、甘鯛とおなじくらいに切ります。貝柱は、5ミリ厚くらいに薄くそぎます。青柳のむきみは砂の入っているところをとります。

3　こいもは皮をむいて半分に切り、サッとゆがきます。ごぼうは笹がきにし、水にさらします。玉ねぎはタテに半分にして、1センチ幅に切ります。にんじんは、まわしながら一口くらいの斜めに切り、サッとゆがきます。松茸は二つか三つにさきます。

白菜は、白いところは庖丁をねかせて、3センチ幅ぐらいのそぎ切りにし、葉先は適当に切っておきます。

4　トリはやはり、一口にたべられるくらいに切ります。キモも同じくらいに切ります。

焼きどうふはタテに二つに切り、あと五つくらいに斜めそぎ切りにします。こんにゃくは二枚にそいでから、小口から2センチ幅に切り熱湯をかけます。

★この他、ねぎ、かぶ、大根、イカ、ぶり、かきなども、おいしいものです。

128

かますの酢じょうゆ焼き

干物も、そのまま焼かないで、頭をとったり、ちょっと手をかけると、気のきいた一皿になります。

材料　生干しのかます　3枚。しょうが　1コ。酢　(3人前)

作り方

1　かますは頭と尾をとり、片身ずつに切りはなしてから、写真のように中骨をとり、背びれもおとしておきます。

2　ボールに酢大サジ3杯をとり、しょう油を茶サジ2杯入れます。ここへ、しょうがをすりおろしてまぜ、しょうが酢をつくります。

このしょうが酢にかますをつけます。時間は三十分ぐらい。ときどき返して、中まで充分にしみこませてやります。

3　アミでかますを焼きます。焼くときは片側で七分通り火を通すのがコツです。身が全体に白くなってきたら返し、あとは焼き色をつけるぐらいの気持でやるときれいに焼けます。

焼けたらお皿にとり、上から残ったしょうが酢を一度火を通してから、かけます。

★生干しの塩がきついときは、しょうが酢のしょう油をひかえめに加減してください。

1

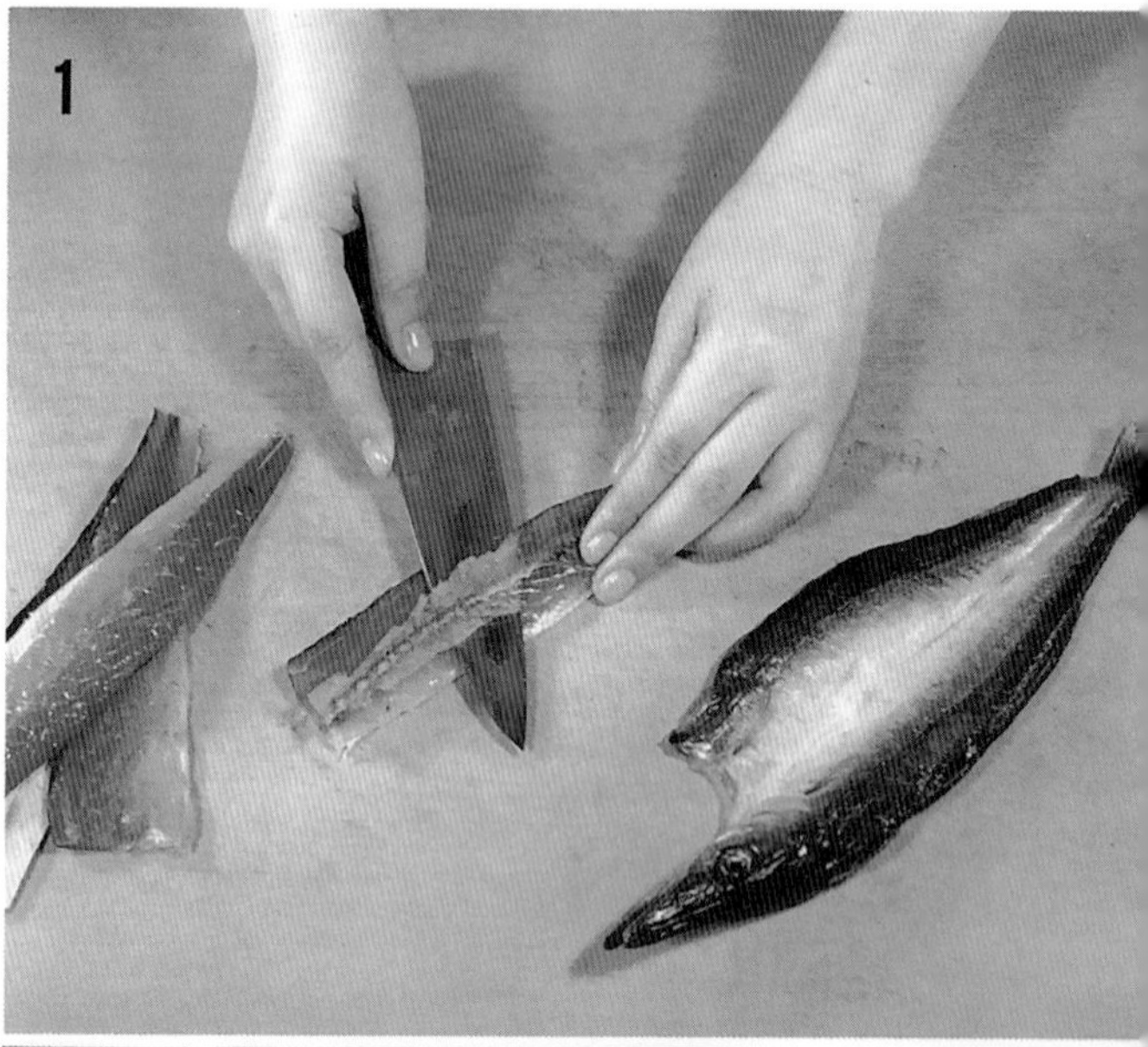

3

2

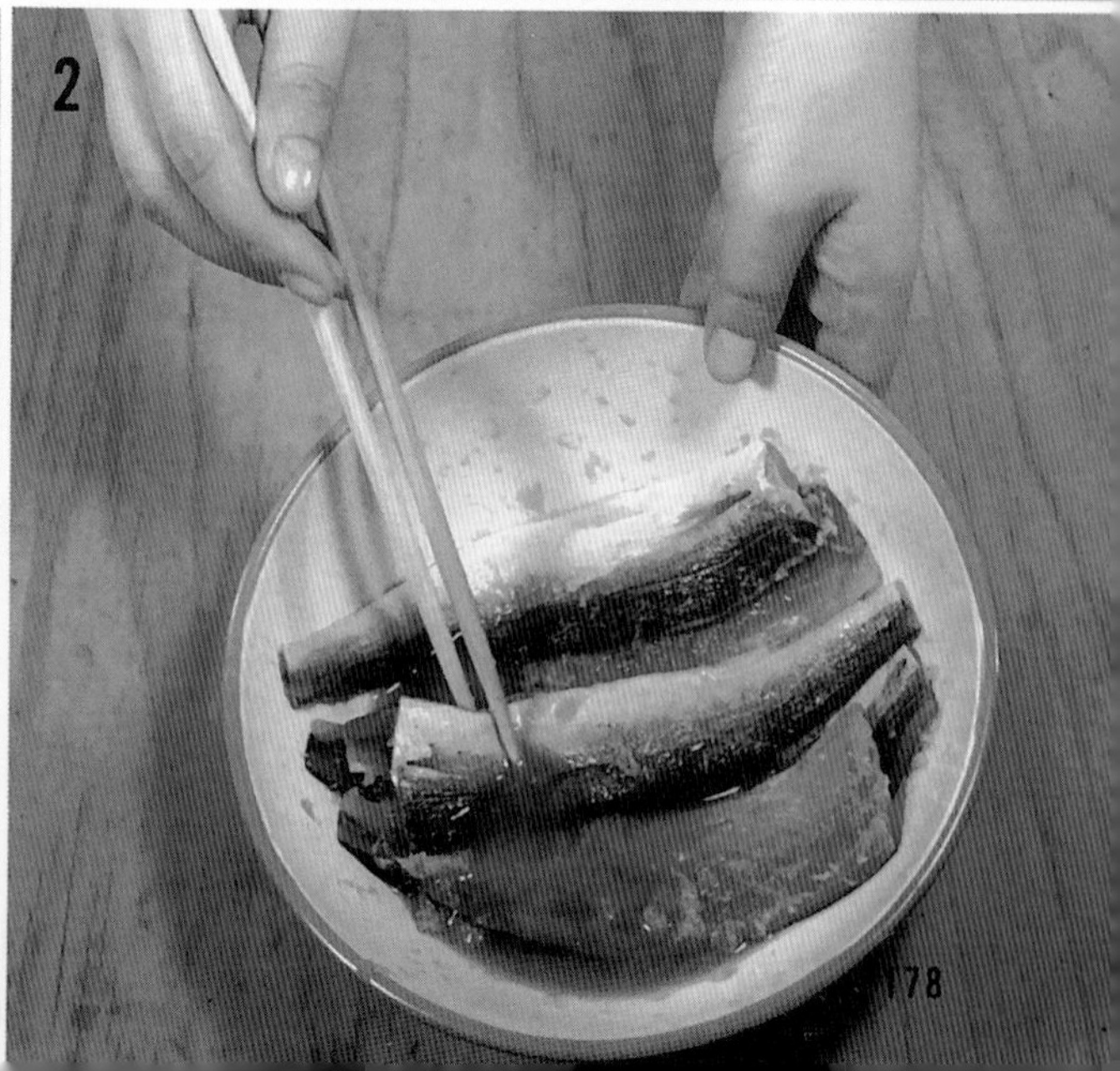

129 はるさめ入り湯どうふ

はるさめに、タレがしみこみ、それがとうふにからむので、ちがった口当りの湯どうふです。

材料　とうふ　3丁。はるさめ　百50グラム。だし昆布　約40センチ。レモンかゆず。日本酒（4、5人前）

作り方

1　はるさめは、ちょっと熱いなと感じるぐらいのお湯につけて、もどしておきます。だいたい十分ぐらいです。やわらかくなったらひきあげて、長いのは二つに庖丁を入れて、ザルにとっておきます。

2　昆布は水で洗って、砂などおとします。土なべか厚手のナベに、底いっぱいに昆布をしき、水をはって火にかけます。わいてきたら、とうふを3センチ角くらいの大きめのやっこに切って、くずさないようにそっとすべりこませます。

とうふが熱くなって、だいたい火が通ったら、かるく浮いてきますから、ここへはるさめを入れます。はやくから入れると、煮えすぎてとけそうになり、箸にかからなくなってしまいます。すきとおってきて、口に入れてまだプリプリとしているくらいが食べかげんです。

べつに作っておいたタレを、小鉢にわけ、これをつけていただきます。

タレは、しょう油3、日本酒1の割合です。まず、日本酒を煮切ってから、しょう油を入れ、いの一番か味の素を加え、かるくわかします。冷めてきたら、レモンかゆずをしぼりこみます。もちろんポン酢でもけっこうです。

★薬味は、さらしねぎ、もみのり、わさび、しょうがなど。

130 じゃがいもととりのふくめ煮

じゃがいもの中まで、トリのうまみがしみこむように気長に煮てください。トリもおいしいが、それよりじゃがいものおいしさといったらありません。

1

材料　じゃがいも　中7、8コ。トリのもも　3本　(3人前)

作り方

1　トリのももを、アミでなるべくおいしそうなこげめをつけて焼きます。

じゃがいもは、コロッと姿なりに皮をむきます。

ももは関節のあたりで二つにたたき切っておきます。

2

2　大きめのナベを用意し、まずトリを入れ水をカップ9杯入れて、そのまま強火で煮ます。煮立ってくるとアクが浮きますから、すくいます。

しばらく煮て、砂糖大サジ山2杯としょう油大サジ4杯を入れ、いの一番か味の素を入れて味をととのえます。

そこへ、つづいて、じゃがいもを入れて、煮立ってきたら火を少し小さくし、落しブタをしておどらせないように、ゆっくり気長に煮ます。

汁が三分の一ぐらいに減ってきたら火を止めます。うつわに盛ったら、残った汁を等分にかけます。

1

2

3

131 厚揚げとぜんまいの白あえ

淡味をつけた厚揚げと、ぜんまいを、ゴマと酢の味のきいたおとうふで、あえたものです。

材料　厚揚げ　3枚。ぜんまい　もどしたもの2百《グラム》。とうふ　1丁。すりゴマ　大サジ山1杯。ミリン。酢

(5、6人前)

作り方

1　とうふはふきんにつつみ、上から重しをして、水気をきります。ぜんまいはよく洗ってそろえ、はしから4、5《センチ》に切ります。厚揚げは熱湯をかけてから、タテに二つに切って、1《センチ》幅に切ります。

2　まず厚揚げとぜんまいに、うす味をつけます。

ナベにミリン大サジ3杯を煮切ってダシカップ$2\frac{1}{2}$杯、砂糖茶サジ1杯、しょう油茶サジ1杯、塩茶サジ$\frac{1}{2}$杯にいの一番か味の素で味をつけ、この中にぜんまいと厚揚げを入れて煮ます。これはあまり煮こまず、軽く味をつけるていどと思って下さい。

煮上ったら、ザルにあけて冷します。

3　とうふをすり鉢ですります。よくすったら、すりゴマを大サジたっぷり山1杯入れてすり合せ、酢大サジ2杯、砂糖大サジ山1杯、塩茶サジ1杯入れてよくすり、最後にぜんまいの煮汁を大サジ2杯ほど入れ、よくよくすってどろりとさせます。味をみて好みで砂糖を入れます。ここへ、ぜんまいと厚揚げを入れてあえます。

ぜんまいの煮汁が残りますから、なにかの煮物に使って下さい。

132 うにごはん

うにと玉子の黄味をぽろぽろにいっておいて、こぶダシでたいたご飯にまぶします。うにぎらいな人でも、これなら、とよろこんでくれました。

材料　うに　百グラム（塩うにでも、酒うにでもけっこうです）。玉子の黄味3コ。米　カップ4杯。だし昆布　15センチ。日本酒　（4、5人前）

作り方

1　さきに、ちょっと淡味のご飯をたきます。お米を洗ったらナベの底に昆布をしきます。ここに、塩茶サジすり切り1杯入れて、ふつうのご飯のようにたきます。

　ご飯はうにがいり上ったときに、同時に炊き上るくらいに考えて、火をつけます。

　電気釜でも同じように炊きます。

2　うにを小さめのナベにとり、そこへ日本酒カップ$\frac{1}{2}$杯と玉子の黄味だけを割りこんで、よくよくかきまぜます。酒うにを使うときは、お酒はいりません。

1

2

3

4

3　これをじかに火にかけると、うにも玉子もこげやすいので、このナベより少し大きめのナベに熱湯をわかし、それに浮かせるようにします。二重ナベにするわけです。

　気長にしゃもじでかきまぜているうちに、ネトネトになってきます。それからだんだん、だんごのようになり、かたくなってきます。なおつづけてゆくと、ポロポロになり、さらにいりつけてゆくと小さいつぶになって、最後に、サラサラと砂のようになります。

　途中、ときどき、じか火にかけ、こげそうになったら、湯せんにして、こがさないように、水気を蒸発させてゆくわけです。

　酒うにを使うと、お酒が入らないのでこの点は早めにできます。

4　たき上ったご飯を、おひつか、大きめのボールにうつして、うにを半分だけご飯全体にまぜます。

　いただくとき、茶わんにご飯をもって、その上に残りのうにをかけます。

　少しぜいたくになりますが、あれば三つ葉のミジン切りやもみのりをかけると、色どりも風味もまします。またしょうがをごく小さいサイノメに切り、ちょっとゆがいて甘酢につけて味をしませ、これをかけてもいいものです。

133 豚肉入りすいとん

豚肉の入ったすいとんですが、すいとんがいやな人はだんごぬきで作って下さい。寒い日によろこばれるごった汁です。

材料　豚肉　脂身の多いところ薄切り3百グラム。里いも　5コ。こんにゃく　1枚。干椎茸　5、6コ。大根　約5センチ。ねぎ1本。赤みそ　2百30グラム。小麦粉　カップ2杯　(5、6人前)

作り方

1　こんにゃくは出来るだけ薄く切ってサッとゆがきます。里いもは皮をむいて二つに割り、5ミリに切ります。椎茸は水につけてもどしてから、たべよい大きさに切ります。大根は1センチ幅の薄切り。豚肉は薄切りをさらに2センチ幅ぐらいに切ります。

2　厚手の大きめのナベに、豚肉をよくほぐして入れ、空いりしていためたらそこへ、里いもをはじめ用意の材料を全部入れ、上から下にかきまぜます。全体が水気がきれてきたようだったら、ダシカップ12杯入れます。煮上ってくるとアクが浮きますから、すくいとります。

　ボールにみそをとり、ナベのダシをとってこれでよくとき、ナベにもどします。ここで、いの一番か味の素を入れ、味加減をみます。

3　小麦粉をカップ八分目の水でときます。スプーンを水でぬらしながらすくって落してゆきます。いったん沈んだだんごが浮かび上ったら出来上りです。

　火をとめる前に、ねぎをこまかくきざんでちらします。

134 大根のそぼろ煮

大根という野菜は、一緒に煮きあわせるものによって、味がどうにでも変るものです。これはトリのひき肉ですからおいしいことはうけあいです。

材料　大根　1本(8百《グラム》)。トリのひき肉　2百《グラム》　(4、5人前)

作り方

1　大根はよくよく洗って、皮をむかずに、厚さ1《センチ》ぐらいに切ります。これを水から入れて、やっと火が通ったなと思うくらいまでゆでて、水にさらして、ザルにあげます。

2　ナベにゆがいた大根をならべるように入れて、上にトリのひき肉をよくほぐしてちらすように入れます。

　この上から、ダシをカップ4杯入れて、砂糖大サジ山2杯、しょう油茶サジ2杯、つぎに塩を茶サジ$1\frac{1}{2}$杯入れて味をつけます。煮立ってきたら中火に火を弱め、そこへいの一番か味の素を加えゴトゴト煮てゆきます。

　汁気が大根にだいたいしみこんだら火をとめます。汁が少なめになったらこげるので注意して下さい。

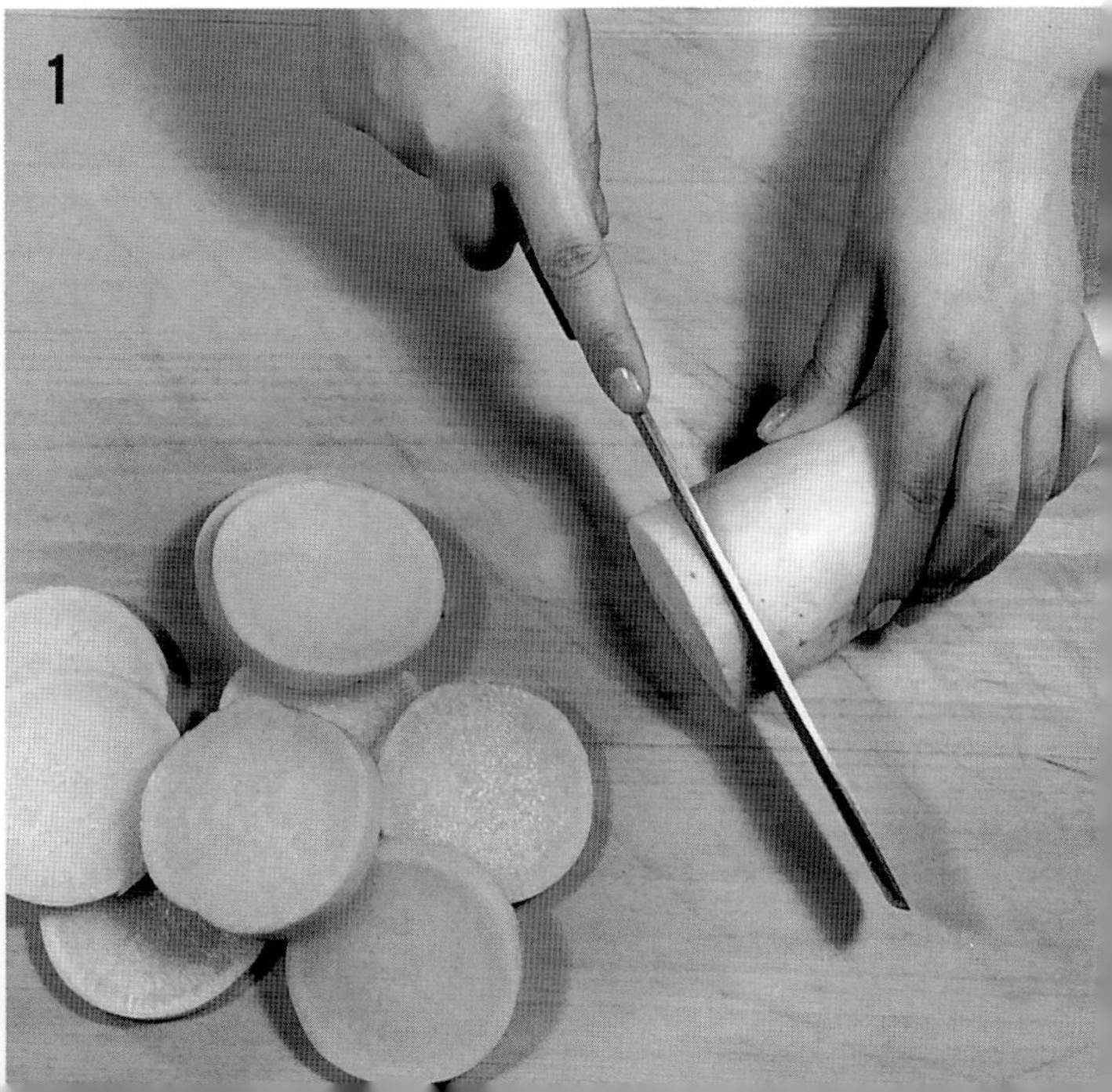
1

2

135 揚げパンのおろしまぶし

薄く切ったパンに豚肉をはさんだ、から揚げです。その揚げたての熱いのに、大根おろしをたっぷりからませてたべる、ちょっと変ったおかずです。

材料　豚肉　2百グラム。食パン　薄切り9枚。玉子　1コ。大根。油（4、5人前）

作り方

1　豚肉はすき焼きぐらいの薄さに切ってもらい、薄塩をしておきます。食パンも出来るだけ薄く、5ミリぐらいの厚さにパン屋さんに切ってもらって下さい。ミミはおとします。

玉子をといて、豚肉にこの玉子をからませてからパンの上にならべ、「パン、ブタ、パン、ブタ、パン」と二だんのサンドイッチにします。

★この本に使っているカップ1杯は180ccです。大サジはテーブルスプーンで18cc、茶サジは6ccです

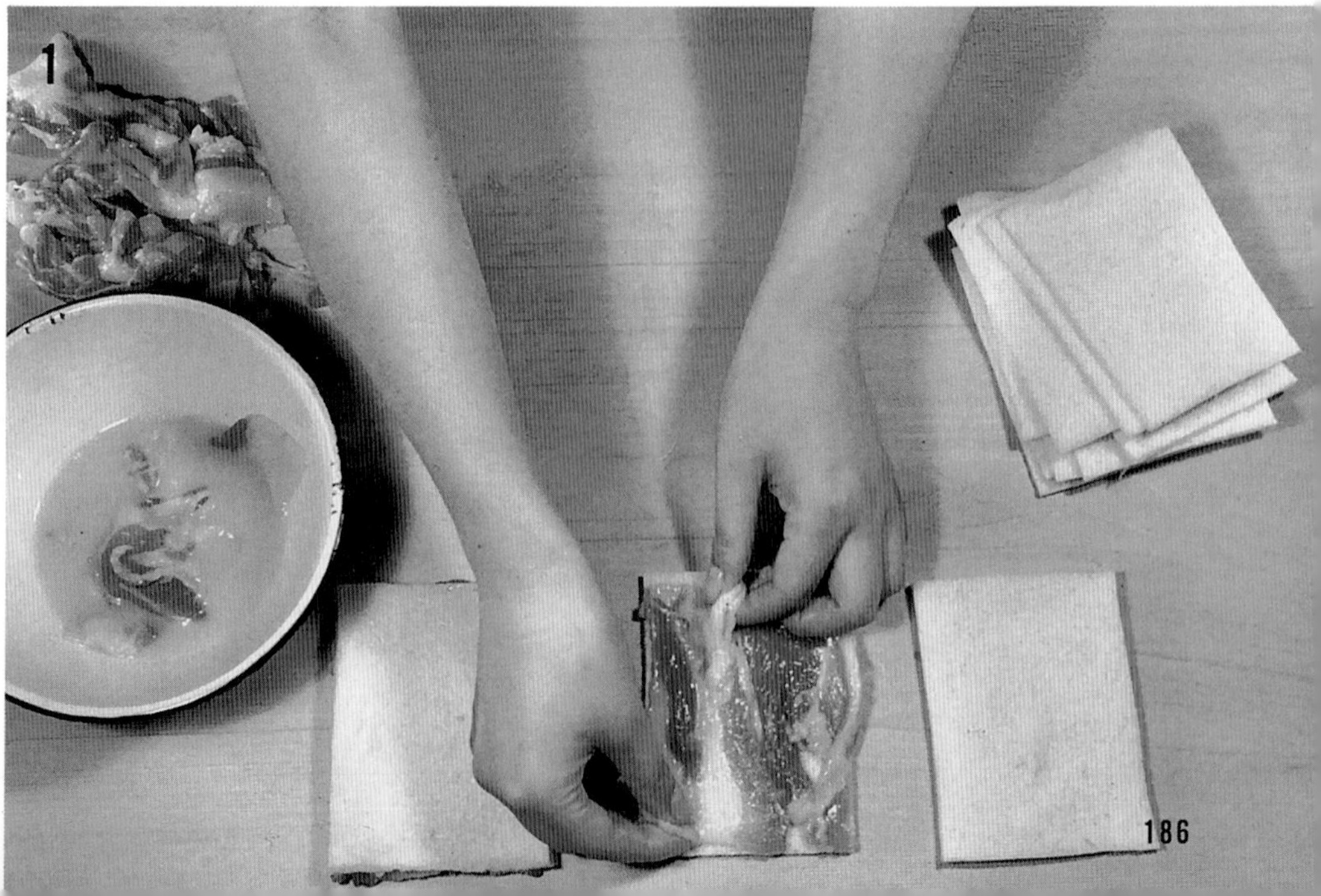
1

2

2　ふかしがまを煮立て、皿をおき、写真のように箸をわたして、その上にこのサンドイッチをならべます。五分間ほどむします。こうすると、パンと肉がよくつきます。

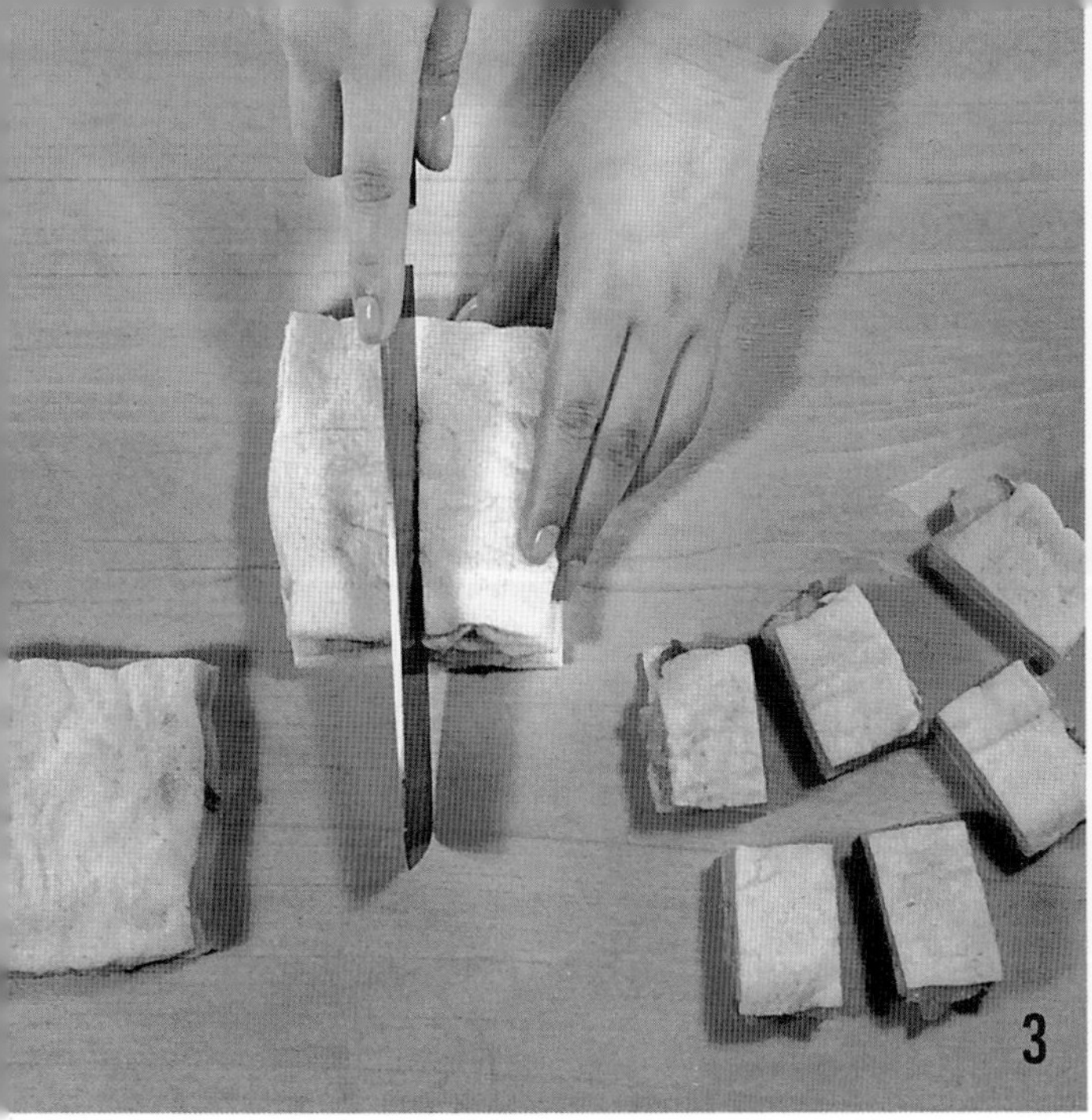

3

3　これをタテに二つに切ってから、さらに三つか四つに切ります。

4　フライパンに油を熱して、サンドイッチを軽いきつね色に揚げます。すぐ揚がりますから気をつけて下さい。

大根おろしをたっぷりつくります。おろしに、しょう油を加え、いの一番か味の素で味をつけて、この上にたっぷりかけます。

水気の少ないときは少し冷たいダシをおろしにたして下さい。あればこの上からレモンをしぼります。

★揚げただけでも、とてもおいしく、けっこうなオヤツにもなります。

4

136 くじらのきりごま焼き

ごまをいって、こまかく切って、つけじょう油に加えて、まぶします。

いまは、くじらは手に入りませんから、これをそのまま牛肉で作ります。おいしくて、やめられません。

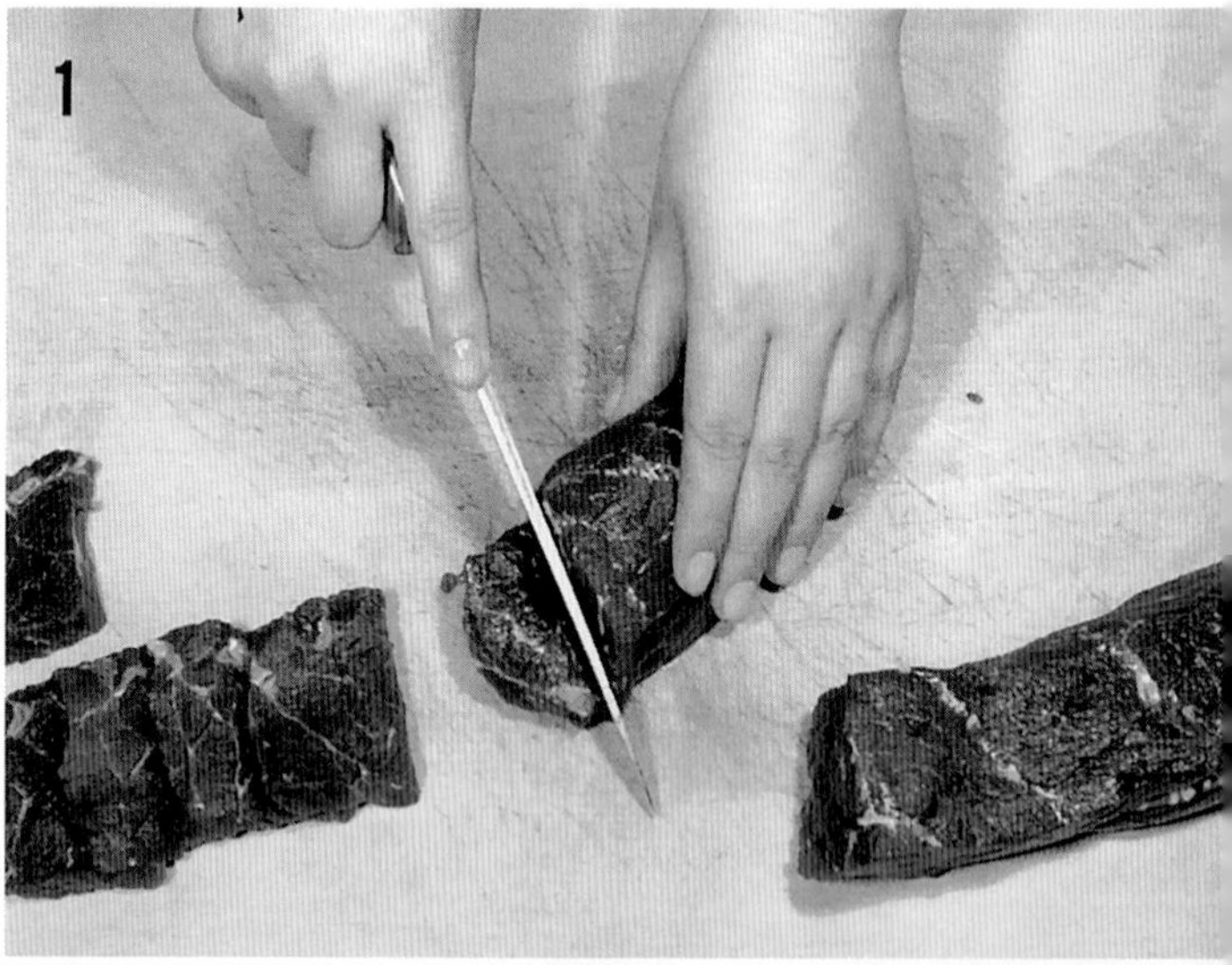

1

2

材料　くじら　赤身4百グラム。白ゴマ　大サジ2杯。ミリン。日本酒　（3人前）

作り方

1　くじらは冷凍ならもちろんもどします。これを厚さ1センチ、大きさ5センチ角、ちょうど小さい切餅ぐらいに切ります。

つけじょう油はミリンカップ1/2杯、日本酒大サジ3杯、しょう油大サジ3杯をボールに入れて合せ、この中にくじらをつけます。

ゴマをいって、庖丁でこまかくきざみ、このボールに入れてまぶし、三、四十分おきます。

2　これをアミで両面こんがり焼きます。ふつうの照り焼きと同じことですが、ゴマがパチパチいいます。焼きたての熱いのをいただきます。

137 キャベツと豚肉とはるさめのしょう油いため

いかにもおそうざいらしいおかずです。味はしょう油、春雨にはキャベツと豚肉のうまみがしみています。

材料　キャベツ　1/2コ（7百《グラム》）。豚肉　すき焼用ぐらいの薄切り　4百《グラム》。春雨　百50《グラム》　（5、6人前）

作り方

1　キャベツはシンのかたいところをとって、写真のように5《ミリ》幅ぐらいにザクザクきざみます。

2　豚肉は脂の多いところを買ってきます。これを庖丁で細く切ってから、出刃で十文字によくたたき、ミジンにします。

　春雨はぬるま湯に少しつけてもどし、まだシンが残っているくらいでひき上げ、ザッと水をかけて、さましておきます。こうしておかないとお湯のぬくもりで春雨がもどって、炒めるとかたまってしまいます。これを3、4《センチ》にきざみます。

3　ナベに豚肉をよくほぐしていため、肉の色が変ってきたら、しょう油大サジ2杯を加えてよくいためます。

　そこへキャベツを入れて、肉とまぜ合せ、ときどき上から下へまぜ返してしょう油大サジ2杯を全体にたらし、ゆっくり炒めます。

　キャベツに火が通って水気がでてきたら、そこへ春雨を入れて、しょう油大サジ3杯をふりかけます。春雨をほぐしながら、手早くまぜて、しょう油が全体によくよくまわったら、出来上りです。

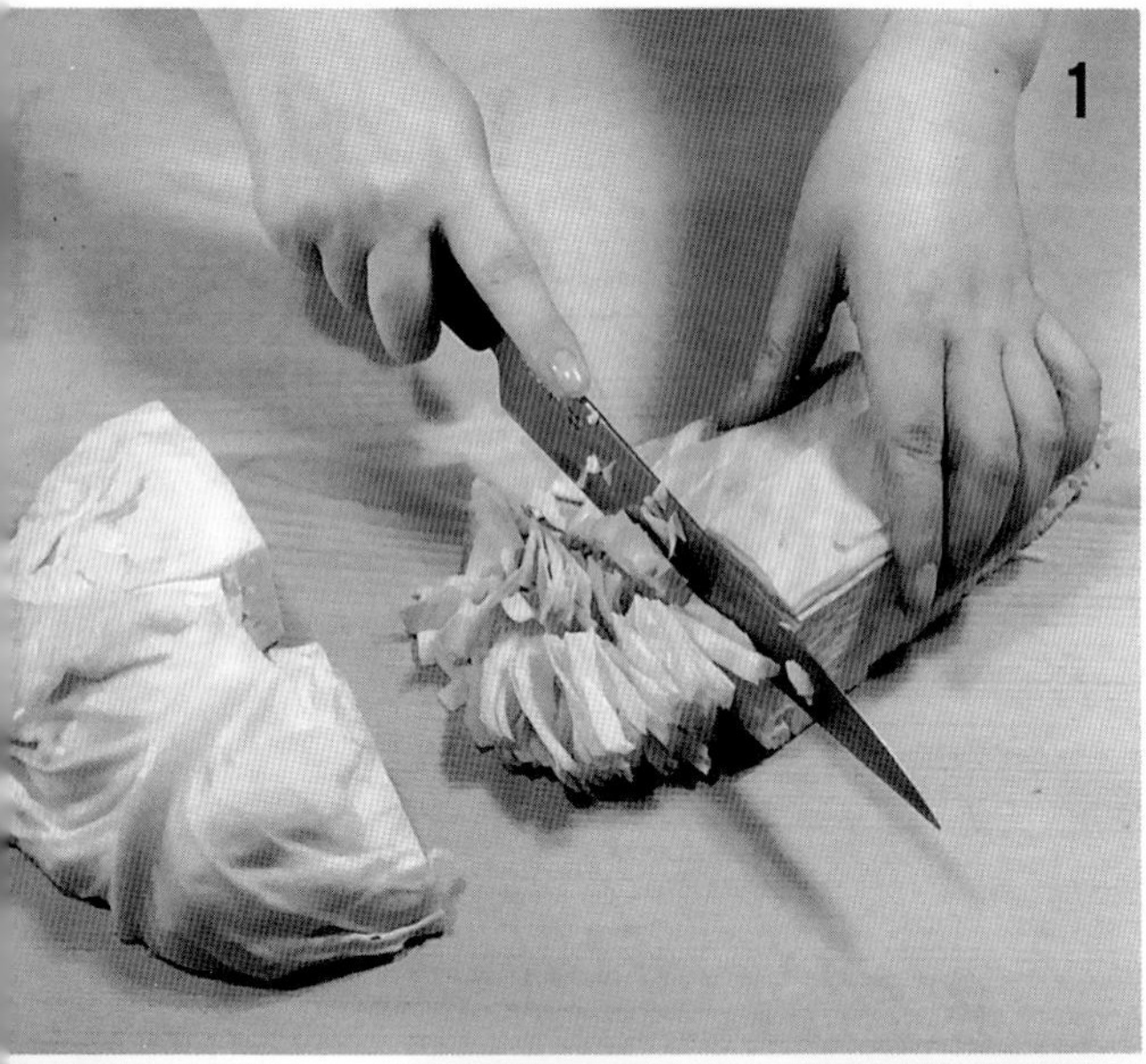

1

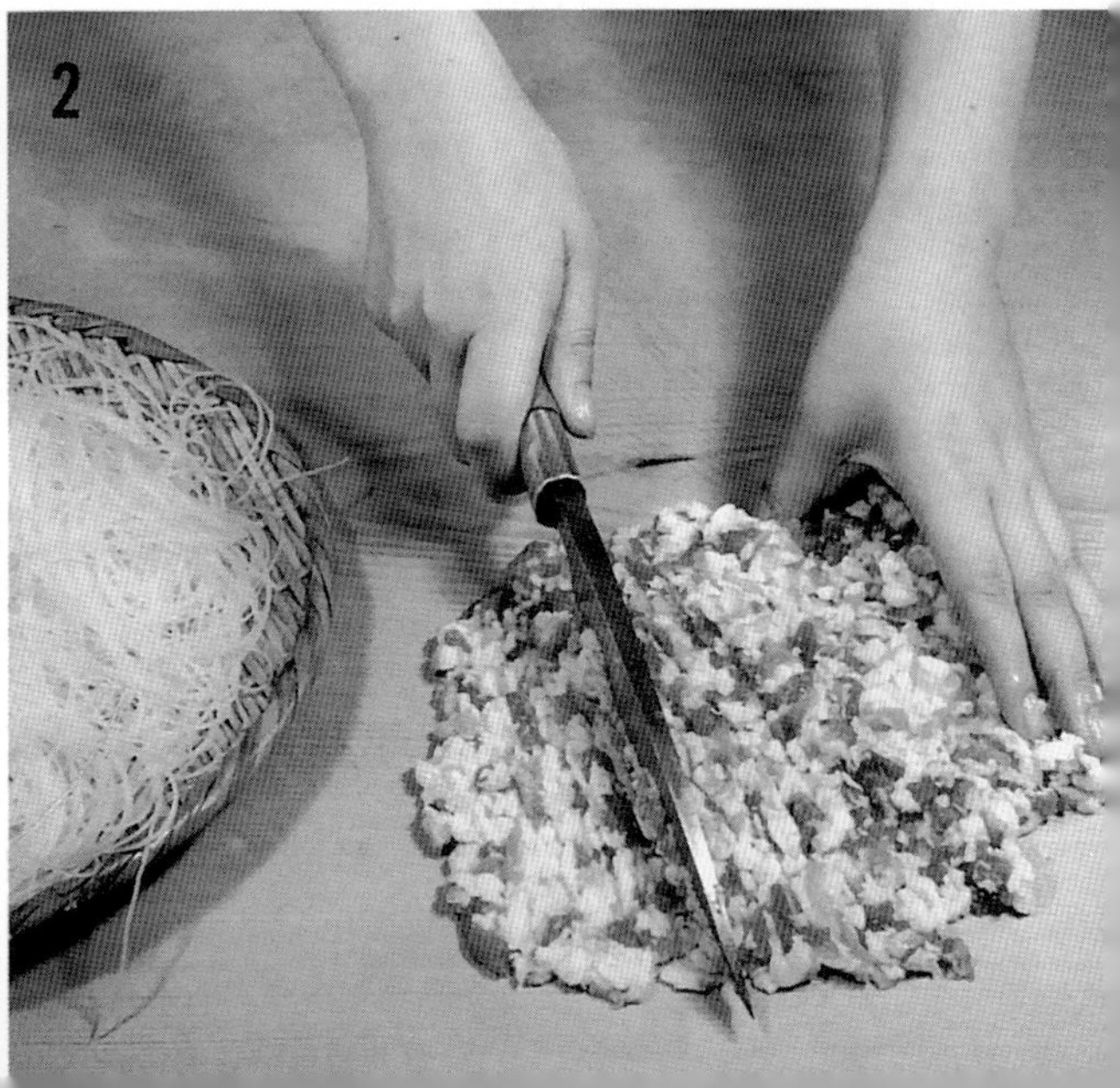

2

3

138 さばのあらだきふう

サバを鯛のあらだきふうにたいてみました。これがサバかとおもうほどです。においはしょうがですっかり消えています。
いっしょにたいたゴボウも魚の味がしみて格別。

材料　生サバ　中2尾。ごぼう　中2本。しょうが　1コ。日本酒。ミリン　（5、6人前）

作り方

1　サバは二枚におろして、ふつう煮るように半身を二つか三つに切り背に庖丁を入れます。

ごぼうは洗って、庖丁の背で皮をこそげてから、3ミリぐらいの厚さにななめに切ります。これをしばらく水につけてアクをぬいてから、ザルに上げてすっかり水を切っておきます。

しょうがは出来るだけ細く針に切ります。

1

★この本に使っているカップ1杯は180ccです。大サジはテーブルスプーンで18cc茶サジは6ccです。つまり、茶サジ3杯が大サジ1杯、大サジ10杯がカップ1杯になります

2

2　フライパンに油を流れるほどとって、まずごぼうをやわらかくなるまでいためます。ごぼうは油でいためるとおいしくなるものです。

3　厚手の大きめのナベをカラのまま火にかけて、すぐごぼうをならべその上にサバの切身を、皮を上にしてならべます。しょうがを全体にちらします。

ここへ日本酒カップ$1\frac{1}{2}$杯、水カップ$1\frac{1}{2}$杯、ミリンカップ$\frac{1}{3}$杯、砂糖大サジ山5杯、しょう油カップ八分目入れ、落しブタをして、しばらくたきます。火は強火。

4　だんだん煮つまってきたら、魚の上側の色がつかないところへ、煮汁をすくってはかけてやります。十五回もくりかえすと色がついてきます。そのへんで出来上りです。

たべるときタレがいるので、カラカラになるまで煮つめてしまわないで下さい。大体二十分あまりで煮上りますが、最後のへんで、うっかりするとこがしやすいからご注意。

4

3

139 こいものうにあえ

うにあえといえば魚ですが、これはこいもをあえました。こいもはつぶれるくらいにやわらかく煮ておきます。

材料　こいも　5百グラム。白天　3、4枚か、板かまぼこ　1枚。玉子の黄味2コ。塩うに　百30グラム。三つ葉　少々。日本酒　（4、5人前）

作り方

1　こいもをたっぷりの水でゆがきます。あればヌカを一つかみ入れてゆがくと、アクがぬけます。これをザルにでも上げて、水気をきります。

ナベにこいもをとり、ダシカップ3杯入れます。砂糖大サジ1杯、しょう油茶サジ1杯、塩茶サジ軽く1杯入れ二十分ほど煮て味をつけます。三つ葉はゆでて2センチに切ります。

白天は熱湯をかけて、一口か二口にたべよい大きさに切ります。かまぼこの場合も同じです。

2　うにを小ナベにとり、黄味を入れ、日本酒カップ1/2杯を入れます。よくほぐすようにかきまぜてから、これを中火にかけて、よくよくかきまぜながら煮つめます。

だんだんかたまってきて、ベトベトしてきて、それより、もうちょっとかためになったら火からおろします。

3　これをすり鉢にとって、こいもの煮汁を大サジ2杯ほど入れてよくすります。あえよくなったら、こいもと白天、三つ葉を入れて、いの一番か味の素をふりこんであえます。

もう少し甘いのがいい人は、すりはじめに砂糖を大サジ1杯たして下さい。

1

2

3

140 とうふのスープ仕立て

お酒をはりこんだおいしいスープで、おとうふをあたため、吸いながらいただきます。こたえられない味です。

材料　とうふ　3丁。トリのガラ　2羽分。ねぎ。しょうが。片栗粉。日本酒(3人前)

作り方

1　トリのガラでスープをとります。

大ナベに、ガラをたたいて入れ、カップ10杯ほど水を入れます。煮立ったら火をよわめて、浮いてきたアクをすくい、一時間ほど煮たら、ふきんでこします。

カップ5杯のスープに日本酒大サジ3杯、塩茶サジ山1杯、しょう油大サジ2杯で味をつけ、味の素をふります。

片栗粉大サジ軽く1杯を、大サジ2杯の水でといて入れ、うすいくず汁にして、グツグツ煮たてないよう、とろ火にかけておきます。

1

2

2　とうふはまな板の上にでものせ、片方を高くして、自然に水をきります。1丁を二つか三つに切り、このくず汁のなかであたためます。

煮えたら、味加減をみて、うすかったら塩をたし、とうふをごはんしゃもじで、深めの丼かおわんにうつします。上から汁をたっぷりかけます。

しょうがをしぼり、こまかくきざんで水にさらしたねぎを、いっしょにそえます。

141 ちりめんじゃこのおすし

ちりめんじゃこを使ったしゃれた味のおすしです。具は椎茸だけはほしいけれど、他は有り合わせのものでけっこうです。ちりめんじゃこというのは、カチカチに干したものです。

材料　ちりめんじゃこ　百50グラム。干椎茸中6、7コ。れんこん　百50グラム。玉子　3コ。きゅうり　$\frac{1}{2}$本。紅しょうが　大2コ。米　カップ5杯。酢　(5、6人前)

作り方

1　ちりめんじゃこは、よくゴミをとって、砂をとるためにサッと洗って、水気を切ってから、甘酢を全体にしますようにかけます。

甘酢は、酢大サジ$2\frac{1}{2}$杯、水大サジ$1\frac{1}{2}$杯、砂糖茶サジ山1杯の割合に合せます。

2　れんこんは皮をむいて、太いのはタテに四つ切り、細めなら二つにして、小口から出来るだけ薄く切って、水にさらします。

つづいて、ナベに水カップ3杯ほどとって、酢を大サジ1杯入れ、サッとゆがきます。ゆがいたら、水気をかたくしぼっておきます。

べつに酢をカップ$\frac{1}{2}$杯に水大サジ3杯、砂糖茶サジ山2杯、塩茶サジすり切り1杯をよくかきまぜ、このなかに、れんこんをしばらくつけておきます。

2

1

3　干椎茸は水で洗ってから、ぬるま湯にしばらくつけて、やわらかくなったら薄く切ります。

これに、椎茸のつけ汁をカップ$1\frac{1}{2}$杯とって火にかけ、砂糖大サジ山1杯、しょう油大サジ2杯を加えて、汁気がなくなるくらいまで煮しめます。

玉子はよくといて、塩茶サジ$\frac{1}{3}$杯に、しょう油を二、三滴入れて、二回ぐらいにわけて、薄めに焼きます。焼き上ったらセン切りにしておきます。

ほかに色どりとして、きゅうりを熱湯にくぐらせて色だしして、タテに薄く切ってからマッチ棒のようにきざみます。

しょうがは、5ミリ角くらいにきざみます。これを酢につけて、赤い色をなるたけ落しておきます。

写真は全部用意の出来上った具です。左上からしょうが、れんこん、ちりめんじゃこ、下段はきゅうり、椎茸、玉子。

4　ご飯は、ふつうのご飯より少しかために炊きます。炊き上ったら、すぐに平らな桶に移して、ほぐすようにして、熱いうちに酢を全体によくまわるように打ってから、さましておきます。ご飯が少しでも冷めると、酢がよくなじみません。ボールでもかまいませんが、桶の方が水分も吸ってくれるので、やりやすいようです。

酢の割合は、お米カップ5杯で、だいたい酢カップ1杯、塩茶サジ2杯、砂糖大サジ山2杯で、これにいの一番か味の素を入れて、味をととのえます。

5　すっかりご飯がさめたら、具をまぜ合せます。

甘酢につけてあるものはしぼって、じゃこ、椎茸、れんこん、玉子、きゅうりを全体にまぜます。しょうがは別にしておいて、いただくとき、好みにかけます。

3

4

5

142

厚揚げのうら表あえ

とうふの代りに厚揚げをつかった白和えです。厚揚げは、一度火が通っているので、すぐに使えて便利です。

材料　厚揚げ　3枚（4百グラム）。大根　中ぐらいの6センチ。にんじん　中1/4本。こんにゃく　1枚。白ゴマ。酢（5、6人前）

作り方

1　厚揚げはカドに二、三カ所、庖丁をいれて、皮をやぶらないように、むきます。皮とみはべつべつに使います。

こんにゃくだけサッとさきにゆがいておきます。野菜とこんにゃくは、うすく小さめの短冊に切ります。

ナベにダシカップ1/2杯とり、酢大サジ4杯、砂糖大サジ山1杯、しょう油茶サジ3杯、塩茶サジすり切り1杯で味をつけ、いの一番か味の素を加えます。

ここへ、切った材料をみんないっしょに入れて強火で煮ます。

野菜は煮すぎないように、まだシャキッと歯ごたえのあるくらいで火をとめます。この味つけは好みで加減して下さい。

野菜に、火が通って味がついたら、ザルにあけてさまします。煮汁はすてないで、味つけに使います。

2　白ゴマ大サジ2杯をいって、すり鉢でよくすりつぶしてから、厚揚げの中味をいれて、よくすり合せます。ここへ、野菜の煮汁をたして、味をつけます。

厚揚げの皮はサッと火にあぶってから、野菜と同じくらいにきざんで、これも野菜といっしょにあえます。

1

2

1

2

3

143 こんぶと椎茸のうま煮

時間があるとき、昆布と椎茸を甘く煮ておきます。日もちがするので、多めに煮て、あまったら火入れしておきましょう。

材料　昆布　2百グラム。干椎茸　中約20コ。日本酒。酢。

作り方

1　昆布はハサミで4、5センチ角に切ります。水で洗って、こまかい砂をとります。

　椎茸は水につけてやわらかくもどしじくをとります。

2　深めの厚手のナベに、まず昆布を半分だけ敷くように入れ、その上に椎茸も半分ならべ、その上にのこりの昆布、椎茸の順に入れます。

3　この中に椎茸のつけ汁をカップ3杯、水カップ5杯、酢大サジ1杯、日本酒カップ1杯入れ、落しブタをして強火にかけ、煮立ってきたら中火にして、ゆっくり煮てゆきます。

　三十分ほどしたら、またカップ5杯ほど水をたし、この水がひきかける頃になると、昆布もだいぶやわらかくなるので、ここで、砂糖大サジ山5杯、しょう油大サジ7杯で味をつけます。

　もう一度水をカップ5杯たして、こんど水気がひいたらでき上りです。はじめから二時間ぐらいはかかります。

★これは甘煮ですが、佃煮ふうにしたいときは、さらにしょう油を入れて煮つめて下さい。

144 牛肉のみそ焼き

売っている牛肉のみそ漬はどうかすると、つかりすぎて、牛肉の味がみそにまけているようなのが多いのですが、これは即席ですからみその風味が加わっていながら、牛肉の味もしっかり生きています。

材料　牛肉　4百《グラム》。赤みそ　百《グラム》。玉ねぎ　中2コ。酢。日本酒　（4、5人前）

作り方

1　肉はどこでもけっこうです。5《ミリ》ぐらいの厚さに切ります。もちろん肉屋さんに切ってもらってもけっこうですが、即席ですからあまり厚いと、みそがしみませんし、薄すぎると、みそがしみこみすぎます。

2　ボールにみそをとり、日本酒大サジ2杯、砂糖茶サジ山2杯を入れて、よくかきまぜてのばします。

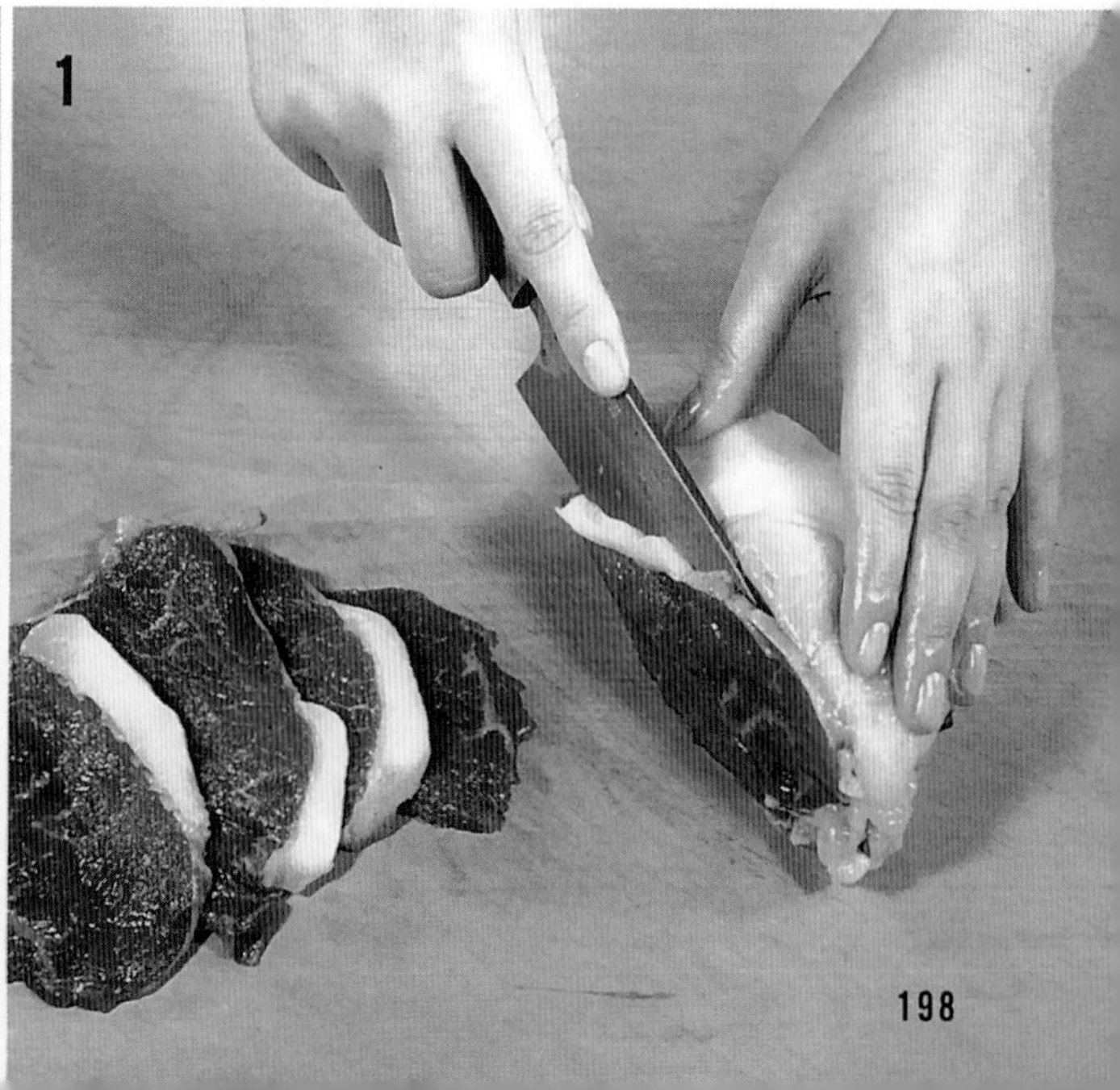

1

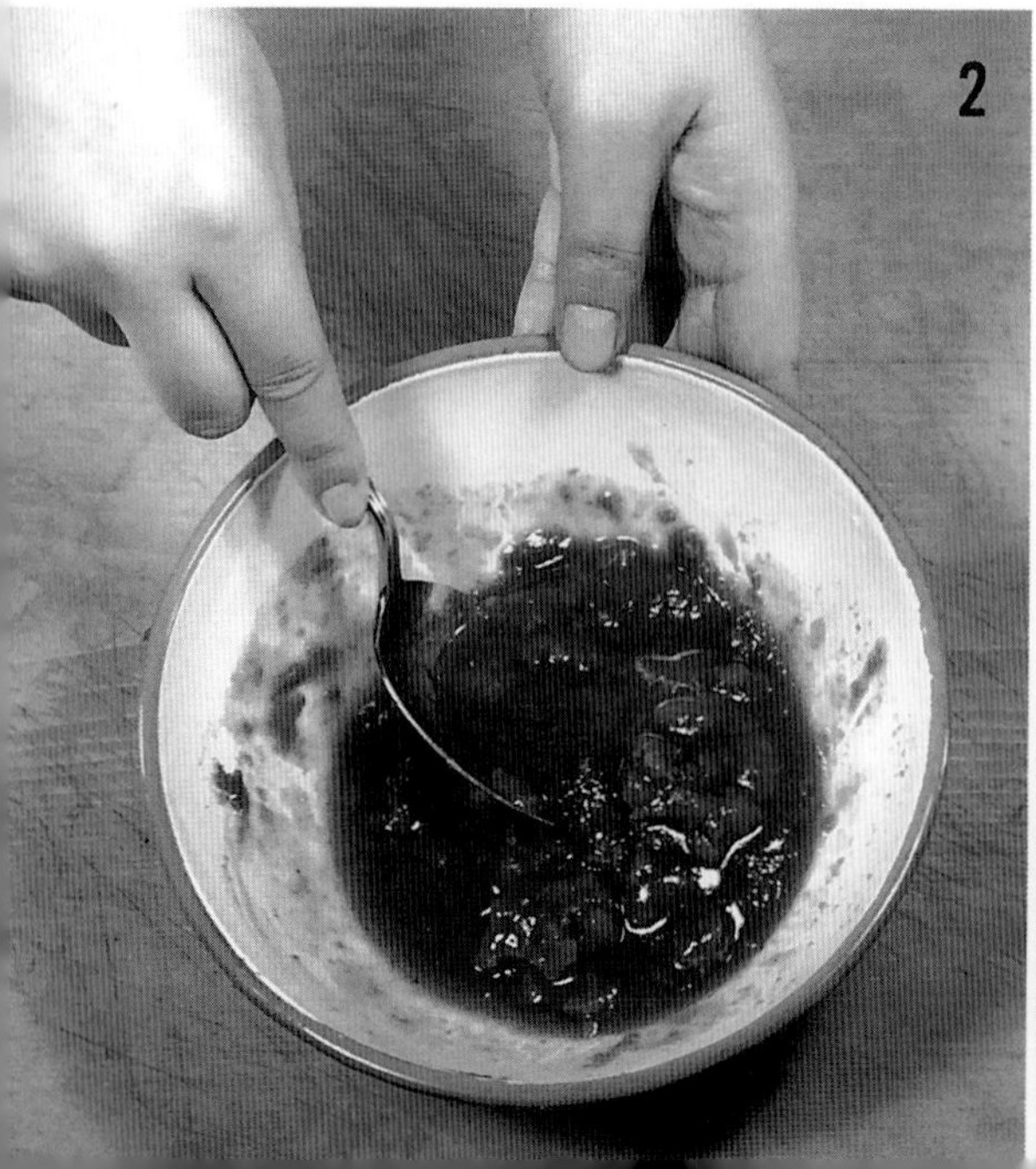

2

3　まな板の上に肉を、すき間のないようにならべます。その上にねったみそをナイフででも、うすく、写真ぐらいの感じにぬりつけてゆきます。

片面をぬったら肉を重ねておきます。こうしておくと、裏側にも、みそがつきます。このまま、小一時間ほどおきます。

3

4　肉は、みそのついたそのままを、なるべくこがさないように気をつけて焼きます。あまりよく焼くと、かたくなりますから、両面とも、ちょっと、みそのかたまったところがこげる、そのぐらいで焼きあがりです。

肉をたべよく2㌢幅くらいに切ってもり、もみ玉ねぎをあしらいにします。

5　つけ合せのもみ玉ねぎは、できるだけ薄くきざみ、ボールにとって、塩をパラパラッとふってから、よくよくもみます。すっかり王ねぎのヌメリが出てしまったら一度水で洗います。

かたくしぼってから、ここへ酢大サジ4杯、砂糖茶サジ2杯、塩茶サジすり切り1杯、しょう油茶サジ1杯を加えてまぜ合せます。

5

4

145 豚肉のおからまぶし

おからをつかった、ごちそうです。豚肉はこま切れでけっこうです。上りぎわに入れる酢がきいています。

材料　豚肉　3百《グラム》。おから　2百《グラム》。干椎茸　6コ。にんじん　小1本。酢
（5、6人前）

作り方

1　豚肉はすき焼きぐらいの薄さに切ってもらって、それを1《センチ》幅ぐらいに切ります。こま切れだったら、さらにこまかくなるようにきざみます。椎茸は水につけてもどし、薄切りにし、にんじんも薄めの短冊に切ります。

2　ナベに油をたっぷりとって、まず豚肉をいため、つぎににんじん、椎茸を入れ、火が通ったら、少し油をたして、おからを入れ、よくよくいためます。火は中火です。うっかりするとすぐこげるので、注意して下さい。

3　おからをよくいためたら、椎茸のもどし汁か水をカップ2杯入れ、煮上ってきたら、砂糖大サジ3杯、しょう油大サジ1杯、塩茶サジ1杯に、いの一番か味の素を入れて味をきめます。そのあと火を弱くして、かきまぜながら煮てゆきます。

汁気がおよそ半分くらいにつまったら、酢大サジ4杯入れてさらに煮つめ汁気がほとんどなくなったら、でき上りです。

1

2

3

146 アラと焼きどうふの田舎ふう

アラは充分煮て味が骨にしみるくらいがおいしく、とうふは逆に煮すぎてふくれてはおいしくありません。そのへんの呼吸をのみこむと、おいしいおかずができます。

材料　魚のアラ　5百グラム。焼きどうふ3丁。ねぎ　2、3本。しょうが　(5、6人前)

作り方

1　アラに熱湯をサッとかけてから、水洗いし、うろこや血をとります。水に長くつけると味がでますから、手早くザルに上げます。焼きどうふは六つか八つに切り、ねぎは5センチに切ります。太かったら割ります。

2　なるべく平たいナベを用意し、アラを底にならべるように入れ、水をカップ4杯ほど入れて、中火にかけます。

ワアッと煮上ってきたら、砂糖大サジ4杯を全体にふりこむように入れます。とけてきたら、しょう油大サジ8杯といの一番か味の素を入れます。味がまわったら、ここで味をみて、あま好きの人は砂糖を、そうでない人はしょう油をたします。

ふき上ってきたら落しブタをして、火加減にもよりますが、三十分ほど煮て、ここで焼きどうふを入れます。とうふに火が通ったらねぎを散らして、ねぎがやわらかくなったら火をとめます。

いただくとき、しょうがをしぼります。

1

2

147 こいものりまぶし

こいもは、からく田舎ふうに煮るのもおいしいものですが、こういうふうにうす味にたき上げたのも、おいもの味がいきて、いいものです。のりをかけると、なかなかのごちそうになります。

そのうえゆずや、だいだいがあれば一段と風味をそえます。

★この本に使っているカップ1杯は180ccです。大サジはテーブルスプーンで18cc、茶サジは6ccです

材料　こいも　60コ。のり　2枚。ゆずかだいだいの皮。ミリン　（4、5人前）

作り方

1　すり鉢にこいもを入れ、水を少し入れてグリグリとまわすと皮がむけます。

これをたっぷりの水に、あれば米ヌカを一握り入れて、水からゆでます。後で味つけに煮ますから、このときは火を通すていどで、ゆですぎないようにします。

ゆだったら、水でよく洗って、ヌカをとります。

2　いもをナベにもどし、味をつけます。

ナベにミリンを大サジ2杯とって煮切り、そこへダシをカップ4杯とります。これにしょう油茶サジ4杯と砂糖大サジ1杯、塩茶サジ1杯入れて味をつけ、煮上ってきたら、いの一番か味の素を加えて、中火でコトコト煮て味をよくふくめます。

3　煮上ったらザルにあげて汁を切ります。冷めたらゆずかだいだいの皮を香りつけに、上からおろし金でおろしながら、全体にパラパラとかけます。

4　いただく前に、のりをあぶって、かわいたふきんにつつんで、よくもみます。これを全体にまぶします。

早くからのりをまぶしておくと、のりがぬれて、ペタペタになってしまいます。

★ゆずやだいだいは、べつになくてもけっこうです。

1
2
3
4

148 ふきよせ

トリやこいも、椎茸などの煮ものです。味が甘めになっていますから、好みで、砂糖の分量を、減らして下さい。

ふきよせとは、秋、風が吹いて、いろんな色の落葉が、ひとところによせられるということで、いろんなものを一緒に煮たり、盛ったりすることを、しゃれていったものです。

材料　こいも　5百グラム。トリのもも肉2枚（3百グラム）。こんにゃく　1枚。干椎茸　中10コ。さやいんげん　百グラム。ミリン　（5、6人前）

作り方

1　こいもは皮をむき、あればヌカを一つかみ入れた中でゆでます。やわらかくしすぎると、あとで煮ているうちにとけてしまうので、ゆですぎないように気をつけます。

　こいもの皮は、すり鉢の中に水を少し入れ、その中でゴロゴロころがすようにすると、よくむけます。

1

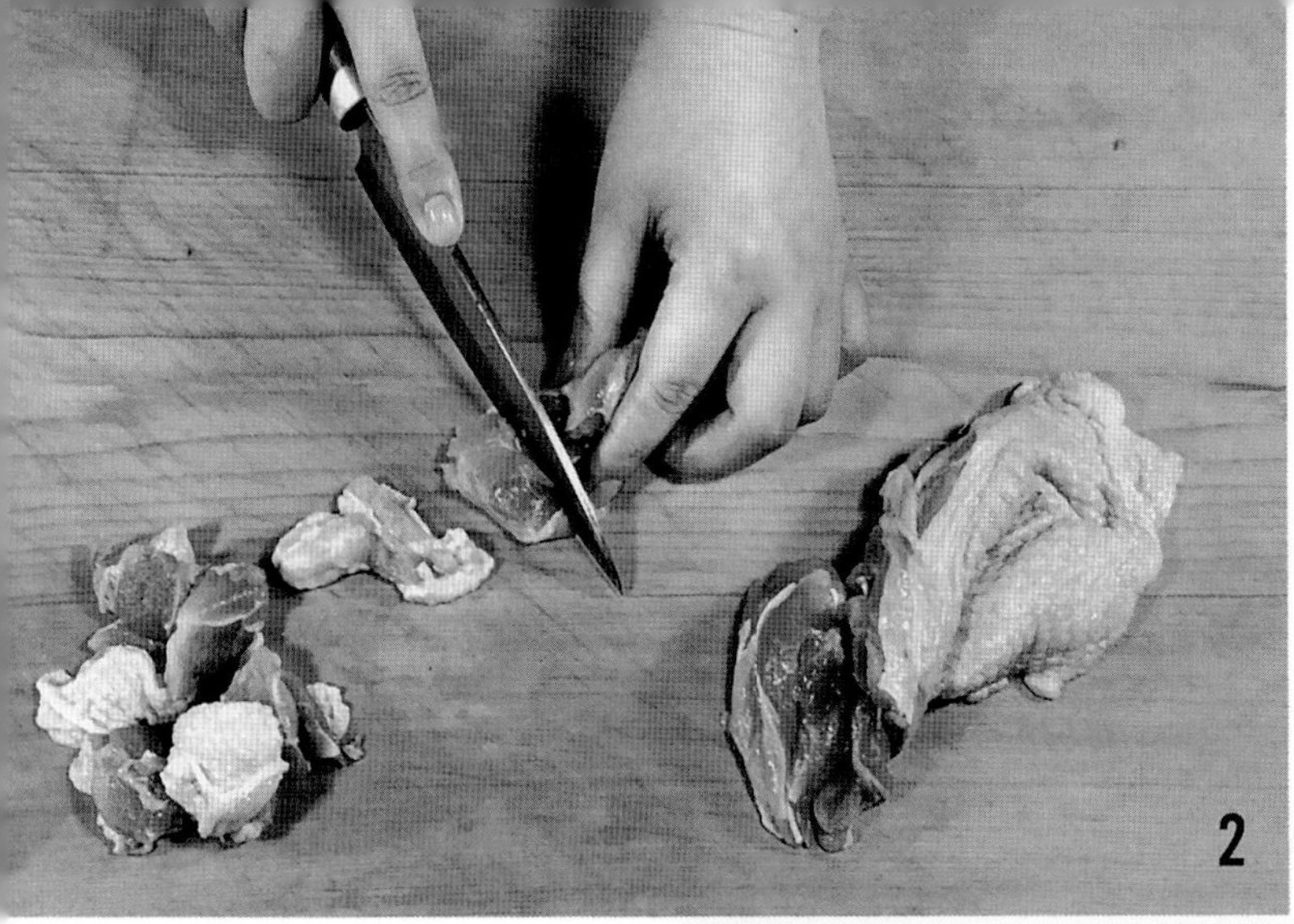

2

2　トリは、皮つきのまま、一口ぐらいに食べられる大きさにブツ切りにします。

これをボールに入れて熱湯をかけ、さっとかきまぜて、霜降りにして、ザルに上げておきます。

3

3　こんにゃくは、一口にたべられるくらいの大きさの三角に、ころころに切り、塩をおとした中でゆがいておきます。

椎茸はぬるま湯でもどし、じくをとって半分に切ります。いんげんはすじをとって、色出し程度に、塩一つまみ入れた湯で、ゆでておきます。

これで材料の準備ができました。

4

4　厚手の大きめのナベにミリンカップ$\frac{1}{2}$杯を煮切り、ダシカップ6杯、砂糖大サジ山2杯、塩茶サジ山1杯、しょう油茶サジ1$\frac{1}{2}$杯と、いの一番か味の素を入れて味をつけます。

そこへ、こんにゃくとこいも、それに椎茸を入れてしばらく煮ます。

十五分もしたらトリを入れ、汁がつまってきたらいんげんを入れて、色がとばないうちに火をとめます。

これを、いいうつわに、上手に盛ると、けっこう、お客料理にもなります。

149 あな茶

あなごは、充分にうまみがあって、そのくせ、くどくはないので、お茶漬にはなかなかです。

材料　あなご　1人あて小1尾、切身なら百ｸﾞﾗ見当。ご飯。のり。わさび。日本酒。

作り方

1　あなごは魚屋さんやデパートで白焼きしてあるのを買ってきます。これに一杯じょう油をつけて焼きます。生なら一度素焼きにしておきます。

一杯じょう油は日本酒としょう油を1、1に合せたものです。あなご5尾分として、日本酒大サジ3杯を煮切り、しょう油大サジ3杯を入れてさっと煮立てます。

ガスに魚焼きアミを二枚重ねておき、あなごを一杯じょう油にくぐらせて、ゆっくりと焼きます。三回ぐらいしょう油をくぐらせてこんがりと焼いてください。

2　焼けたら、5ﾐﾘ幅ほどにきざみます。これは小さいほどおいしいものです。

大きめのお茶わんに炊きたてのごはんを盛り、きざんだあなごとわさび、もみのりをのせます。いただくとき上から熱い番茶をたっぷりかけ、好みで味塩をふります。

1

2

冬

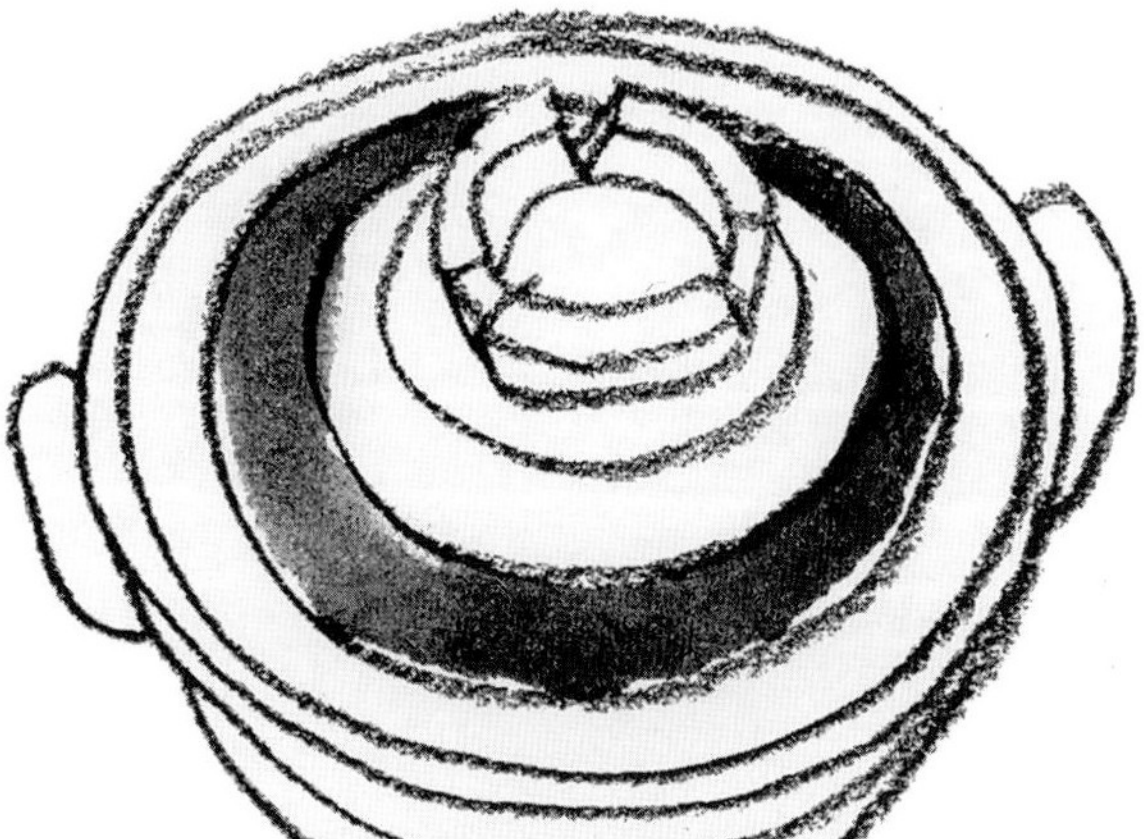

150 やさいなべ

ガラからじゅうぶんにとったダシで、野菜や焼きどうふを煮ながら、いただく水炊きです。こういうとき手羽先をはじめから入れると、ダシもとれるし、なかなかおいしいものです。

材料　トリのガラ　3羽分。首つるや手羽先　3百《グラム》。白菜　中ぐらいの葉7、8枚。ほうれん草　1束。大根　中1/2本。ゆでたけのこ　2百《グラム》。にんじん　中2本。ねぎ　5、6本。焼きどうふ　2丁。春雨　百《グラム》。日本酒。ほかに薬味の大根、ねぎ、レモンかだいだい。赤とうがらし　(5、6人前)

作り方

1　白菜とほうれん草は5《センチ》くらいのザクザク切りにします。ねぎも同じくらいに切ります。たけのこは大きかったら二

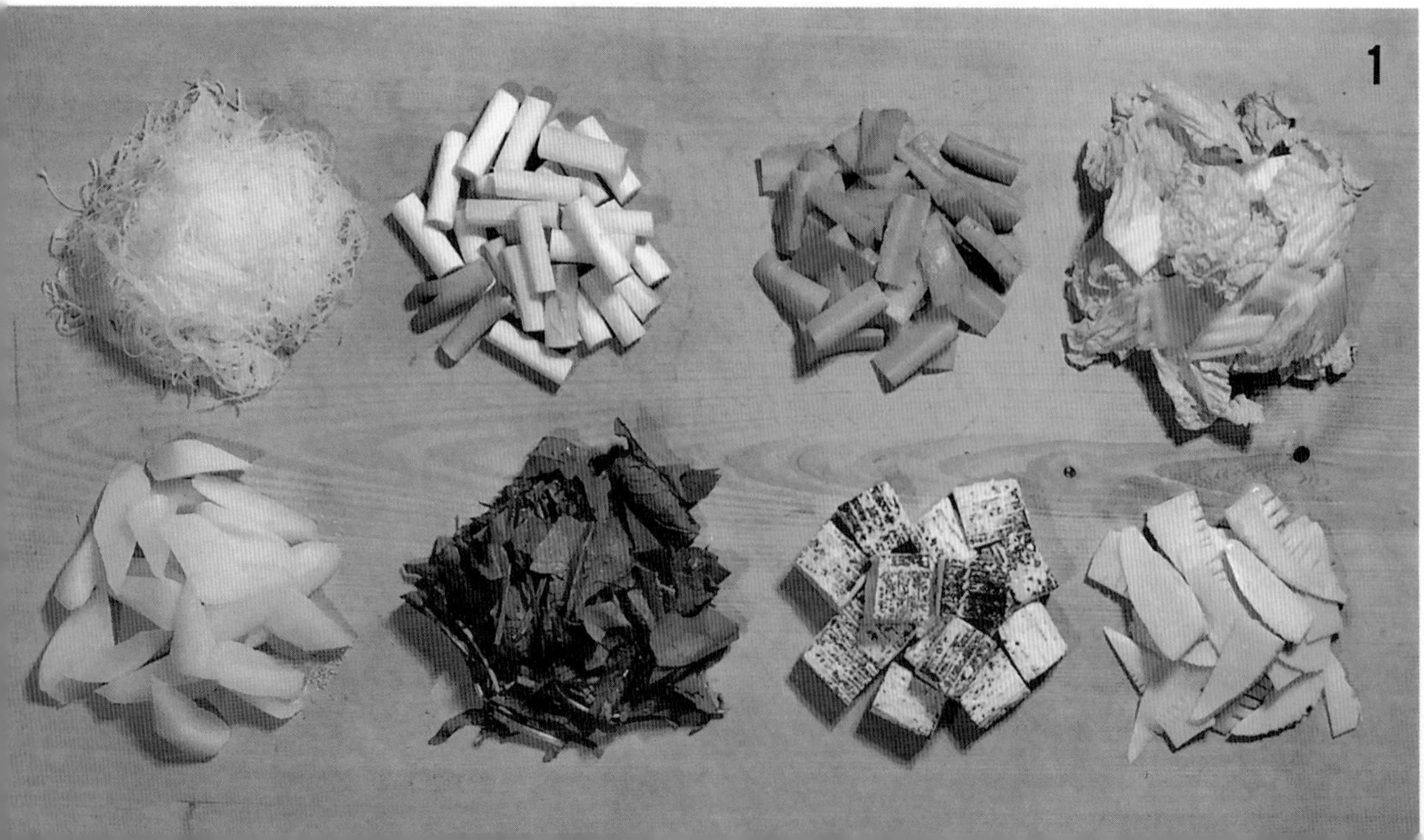

1

3

2

つに切って、薄切りにして、よく洗っておきます。

大根はたべよい大きさにそぎ切りに、にんじんも5ミリに切って、二つか三つに割り両方ともサッとゆでておきます。焼きどうふは八つ切り、春雨は熱湯につけ、二、三カ所庖丁を入れて、全部ザルにもります。

とりのガラは二つか三つにたたき切り、首つるも小さく切ります。手羽先は、毛がのこっていたら毛抜きでぬいて、両はしを骨からはなれやすくするために、庖丁を入れます。

2　大きめのナベに、水カップ13杯とってガラや手羽先を入れ、火にかけます。はじめ強火にして、煮立ってきたら中火に落し、途中で水カップ3、4杯たします。その間に、上に浮いてきたアクをたえずていねいにすくいとります。

3　一時間ほど煮たら、塩一つまみ入れます。この塩は、味をみて塩気を感じない程度にちょっとです。ここに日本酒をカップ1/2杯ほど入れて火をとめ、ダシができました。

このダシを、ガラだけとりのぞいて浅ナベにうつし、食卓の上の火にのせて、水炊きの用意ができました。

4　つけ汁は、しょう油と酢を好みにあわせ、味の素を入れます。酢はふつうの酢でも、レモン、だいだいでも。

薬味はきざみねぎ、大根おろしに、赤とうがらしなど好みに用意します。ダシは減りますから、ときどきたします。

4

★この本に使っているカップ1杯は180ccです。大サジはテーブルスプーンで18cc、茶サジは6ccです。つまり、茶サジ3杯分が大サジ1杯、大サジ10杯がカップ1杯になります

151 ねぎの牛肉まき

牛肉に、しょう油をしませて、ねぎに巻いて揚げます。ポン酢のきいた大根おろしでたべるか味塩をふっていただきます。豚肉のアブラの多いところでもけっこうです。

材料　牛肉　脂の多いところ3百グラム。ねぎ　太め3本。大根。ポン酢かレモン酢。小麦粉。油　（4、5人前）

作り方

1　牛肉は薄く、すき焼きのときのように切ってもらいます。これをボールにでもとり、しょう油大サジ2杯ぐらい入れてまぶし、味をしませておきます。

ねぎは半分ぐらいに切って、タテに庖丁を入れます。

ねぎ1本分ぐらいをまとめ、ギュッとつかんで、牛肉をはしから写真のようにまきつけてゆきます。これを二つか、三つぐらいに切って、ほんの薄く小麦粉を全体にまぶします。

2　油を熱くして、揚げます。肉にこんがり焼き色がついてきて、ねぎの切り口もちょっと色がついてきたら揚がっています。すぐ揚がりますから気をつけて下さい。たべやすい大きさに切ります。

大根おろしカップ1杯を、汁をしぼらずに、この中にしょう油大サジ2杯、ポン酢かレモン酢を大サジ2杯入れ、味の素で味をつけ、これをかけます。

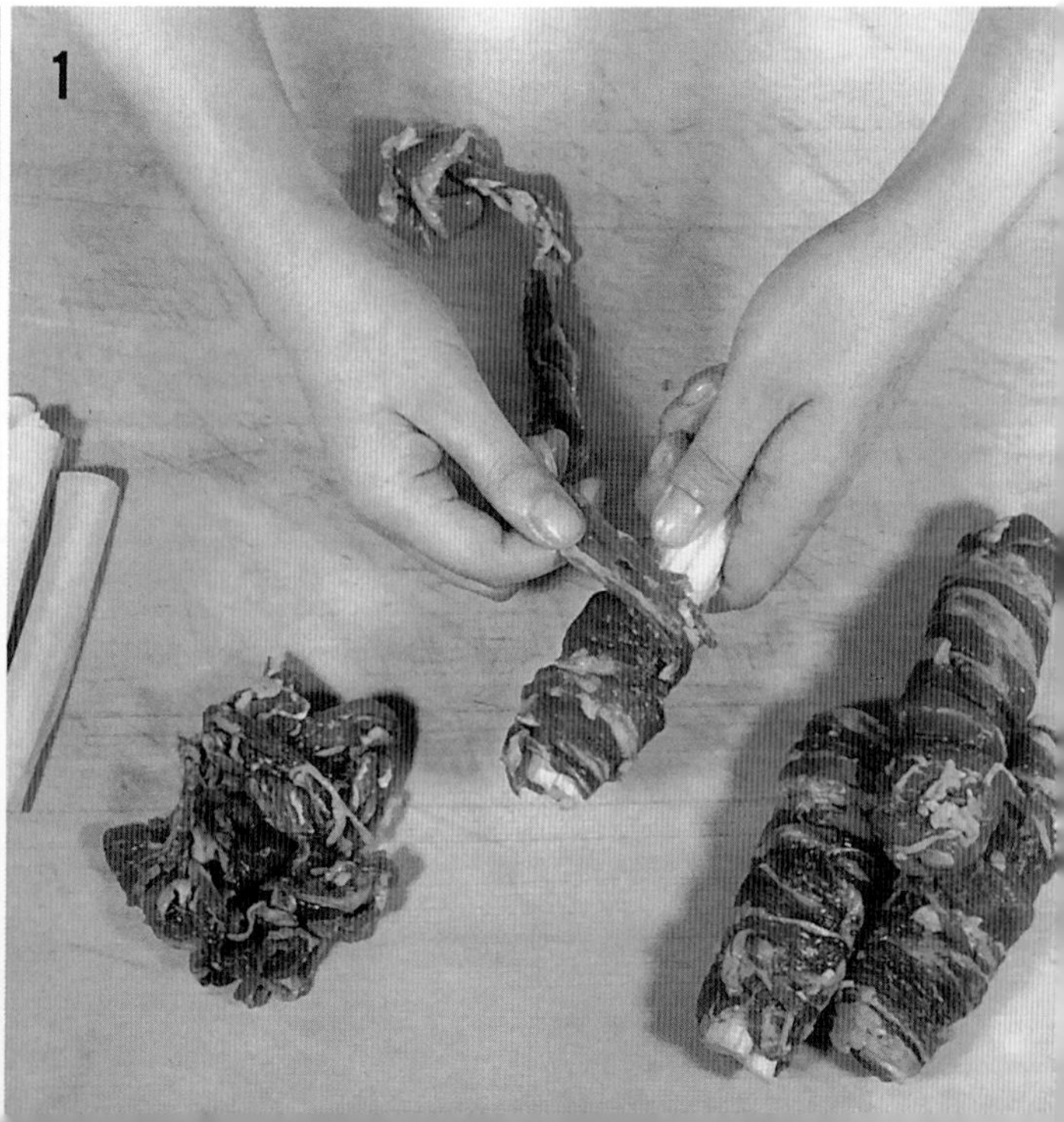

1

2

152

白菜とかまぼこの煮びたし

かまぼこの切り方をかえて、薄く切ると、またべつな口当りです。切りゴマの香りも、きいています。

材料　白菜　約6枚（7百50グラム）。焼きかまぼこ　2枚。白ゴマ。ミリン。片栗粉　（3、4人前）

作り方

1　白菜は白いかたいところはタテに庖丁を入れてから、庖丁をねかせて、そぐように、うすく切ります。

2　かまぼこも庖丁をねかせて、出来るだけうすく切ります。

3　ナベにミリンをカップ1/2杯とって強火にかけ、ワーッと煮上ったら、マッチで火をつけ、アルコール分をとばして煮切ります。

ここへダシをカップ5杯入れて、しょう油大サジ3杯と、いの一番か味の素を入れて、味をつけます。煮上ってきたら、白菜を入れ、ちょっとやわらかくなってきたら、かまぼこを入れます。

強い火で、白菜がくたくたになるくらいに煮ます。白菜の水気で味がうすくなりますから、味をみてうすいようだったら、しょう油をたして下さい。

片栗粉大サジ山1杯を、大サジ3杯の水でといて入れます。

ゴマを、香ばしくいって、切りゴマにし、いただくとき各自にかけます。

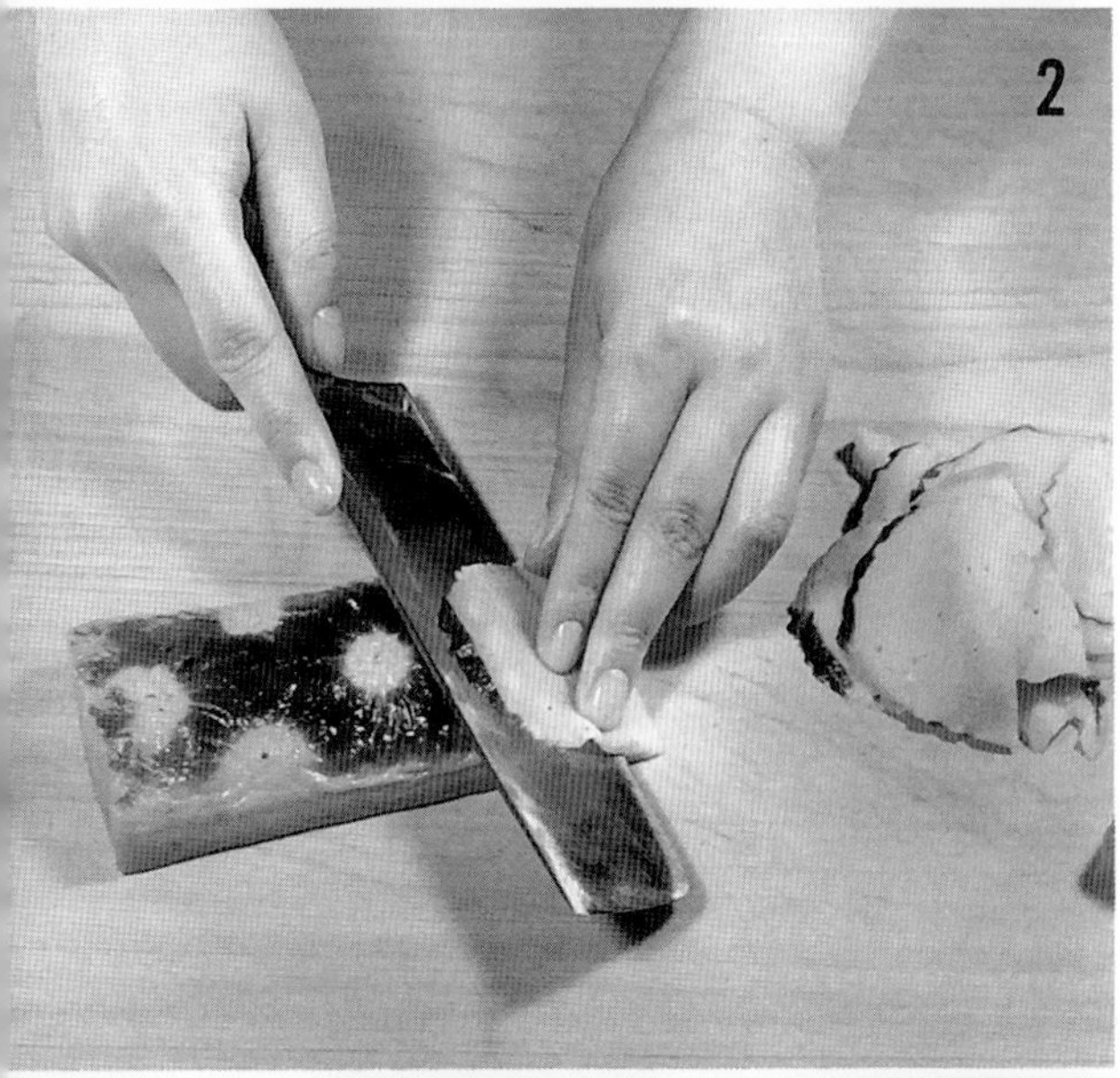

153 豚肉と水菜のからしあえ

1

2

からしあえはいただく寸前にあえます。早くあえると、水がでておいしくないのです。からしの量は好みで。

材料　豚肉　脂の多いところをすき焼きぐらいに切って3百《グラム》。水菜（京菜）　1束（7百50《グラム》）。和がらし　（5、6人前）

作り方

1　豚肉をたべやすい大きさに切って、ボールにとり、酢大サジ1杯、しょう油大サジ2杯を加えて、からめておきます。

フライパンに油を大サジ1杯ほどとって、熱くなったら豚肉を入れて強火でサッサッといためます。肉はよく火を通します。

水菜は5《センチ》ぐらいに切ってから、塩一つまみ落した熱湯で、歯ごたえが残るくらいにゆがき、水に放してから、ザルにとって水気をきります。

2　すり鉢に酢大サジ2杯、しょう油大サジ2杯、といた和がらし大サジ1杯を入れ、すり合せます。最後に砂糖を大サジ1杯まぜます。

ここへ、水菜を、水気をきれるだけよくよくしぼって入れます。全体にからしがまじったら、いの一番か味の素を加え、豚肉を入れて、上から下によくかきまぜて和えます。

154 にしんと大根のたき合せ

べつにダシを使わず、水から煮るのですが、大根に、にしんのうま味がしみて、ずいぶんおいしくなります。

材料　大根　1本（1.3キロ）。生干しにしん　片身5、6枚　（6、7人前）

作り方

1　にしんはウロコがついていたら、ボールに頭を下にしてたてかけ、尾の方から熱湯をたっぷりかけます。こうすると熱でウロコが立ちますから、それをあまり皮をやぶらないようにして、水で洗いながらとります。

　頭と尾を落し、腹骨のところをそぎとります。

2　大根は2センぐらいの厚さに切ります。太かったら半月に切り、たっぷりの水でやわらかくなるまで下ゆでします。

　厚手の大きめのナベに、底ににしんを切らずにそのまま敷くように入れ、その上に大根を入れ、水カップ5杯入れて強火にかけます。

　煮立ってきたら砂糖大サジ3杯と、しょう油大サジ5杯入れ、いの一番か味の素を加えて落しブタをします。

　火は中火に落して、汁気がなくなるまでゆっくり煮ます。火加減にもよりますが、四、五十分かかります。いただくとき、にしんは適当に切ります。

1

2

155

かぶらむし

たっぷりすりおろしたかぶらと、うなぎか、はもか、あなごの蒲焼などと、いっしょにむして、あんをかけ、熱いところをたべる、ちょっと上等のおそうざい。うなぎやあなごやはもは、蒲焼にして売っているのを使います。

材料　うなぎの蒲焼　1串(2片)。かぶら　4百グラ。ゆりね。ぎんなん。玉子　1コ。しょうが。片栗粉。日本酒　(3人前)

作り方

1　かぶらは皮をむいてから、おろし金でおろします。

　これを巻きすだれにつつんで、両方から軽くせめてやりますと、水気がほどよく切れます。水気は多すぎても、すくなすぎても困るのですが、ふきんでしぼると、しぼりすぎになります。

　かぶらは大根とちがって、おろしてからは水で洗いません。

2　うなぎは（あなご、はもも同じですが）3センぐらいに切って、一人前2切れぐらいの見当です。ぎんなんは4、5コ、あればゆりね少し。ぎんなんは、塩ゆでして一味つけておきます。ゆりねはゆがいておきます。

3　茶わんむしの茶わんにもります。ふかしがまに湯気が上ったらこれに入れてむします。茶わんのフタはしません。十分間ぐらいでむし上ります。

4　しぼったかぶらに玉子を割り入れ、よくかきませ、いの一番か味の素を、ふりかけます。

5　ほぼむし上ったところに、このかぶらをのせます。かぶらの量は一人前、一にぎりです。このとき忘れないで火を弱めて下さい。でないと蒸気で手をヤケドすることがあります。

1

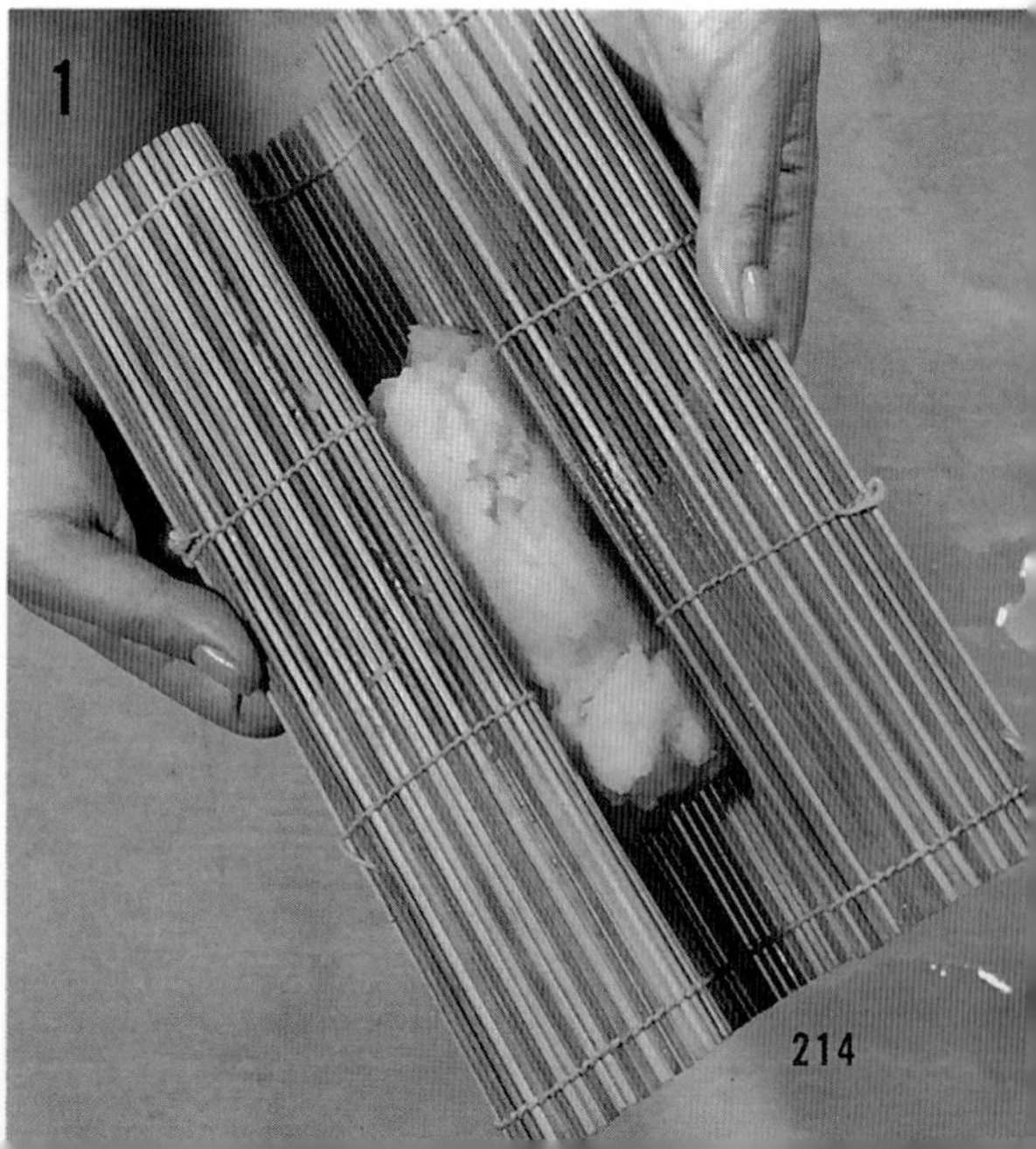

2

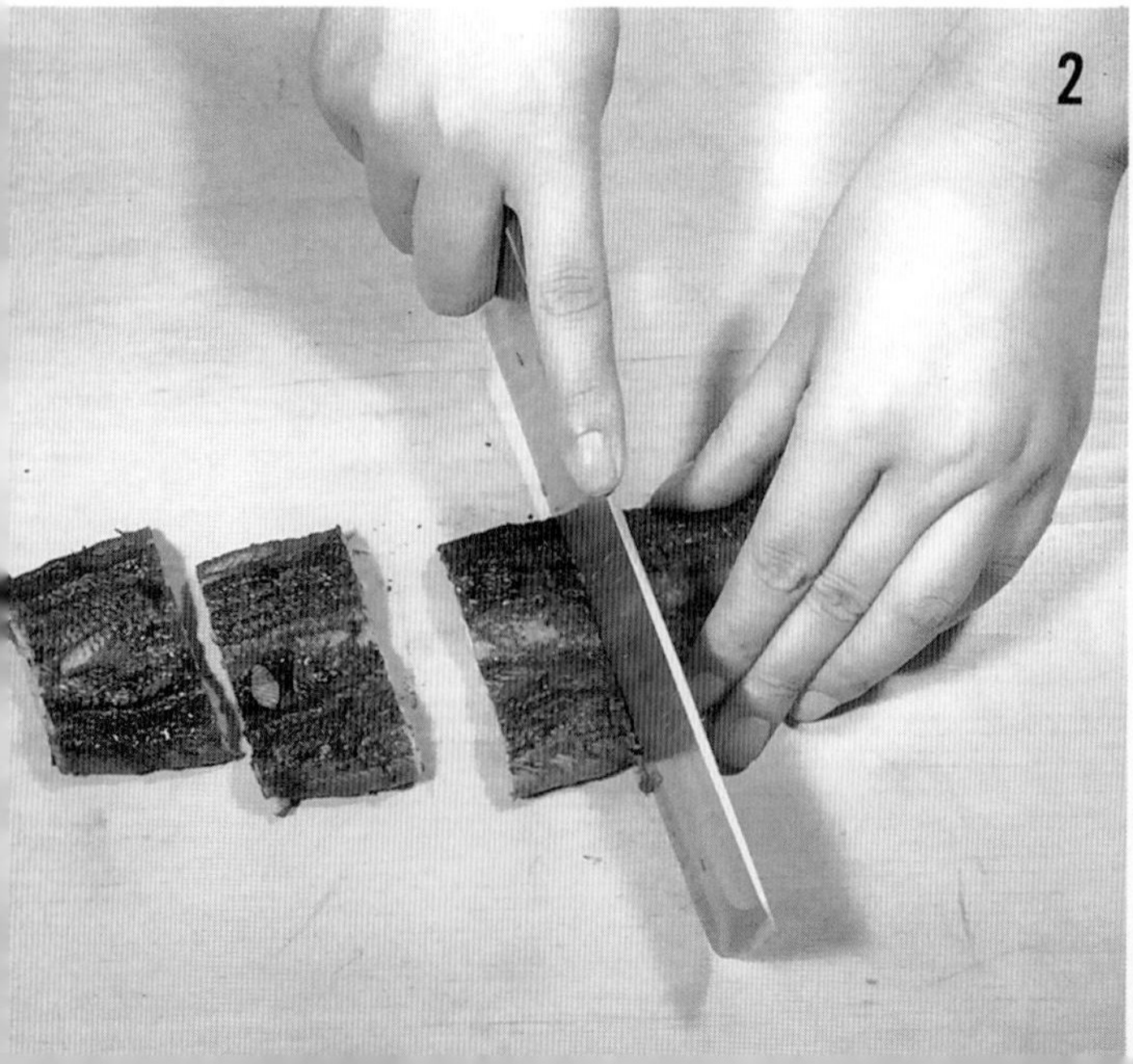

3

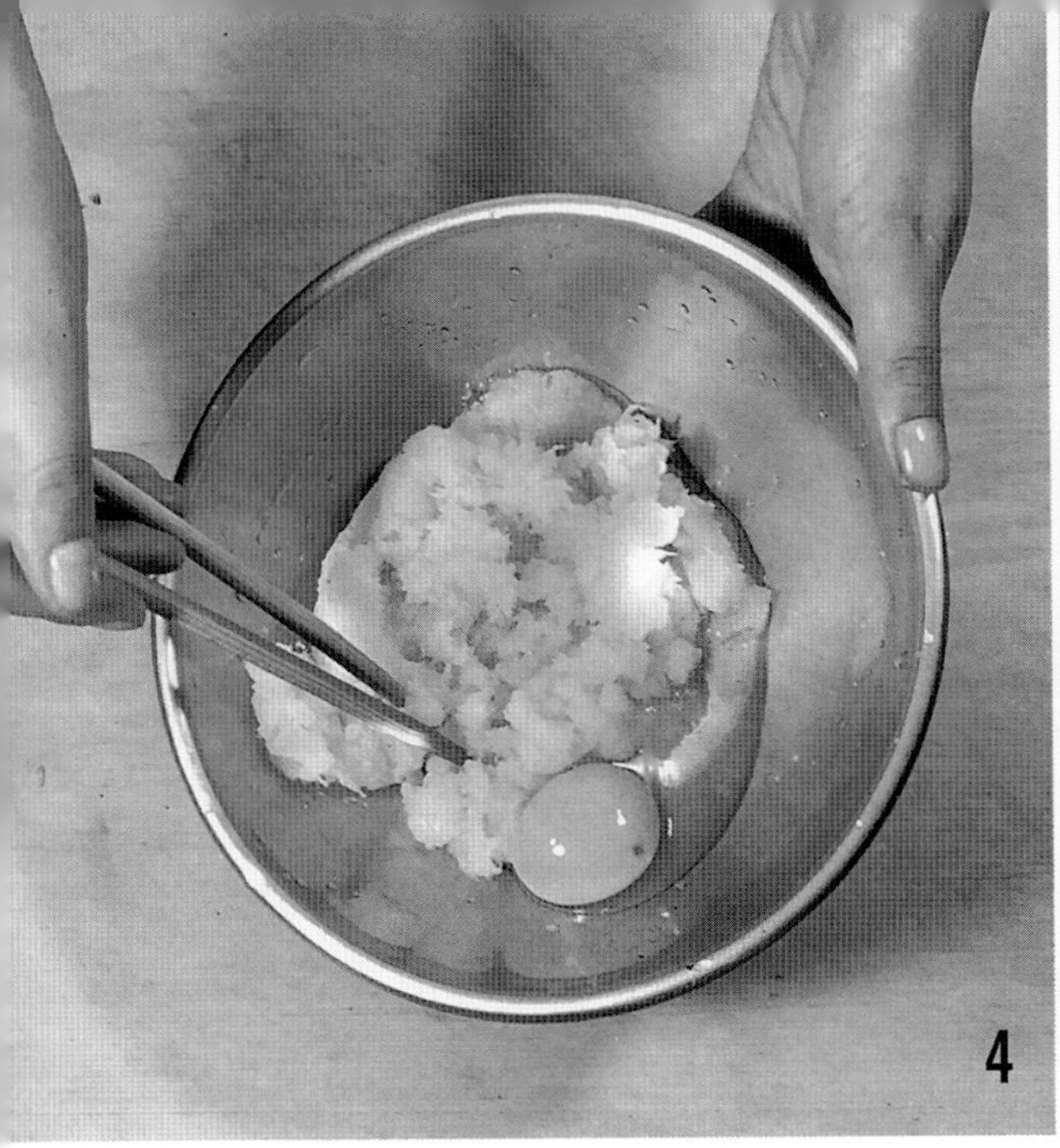

4

かぶらをのせてから、もう一度つよい火でむします。五分ぐらいでむし上りますが、ハシでさわって、かぶらがおからのようにパサパサしてきたら頃合いです。

むし上ったら、熱いあんをたっぷりかけて上にしょうがをすってのせます。

6　あんは、ダシカップ$1\frac{1}{2}$杯を小ナベにとり、しょう油大サジ2杯と日本酒大サジ1杯加え、いの一番か味の素を入れて煮ます。煮たったら、片栗粉大サジ山1杯を大サジ3杯の水でといて入れ、よくよくかきまぜます。このあんは、どちらかというと、かためにします。

5

6

156 塩さばのままかりふう

〈ままかりふう〉というのはあまりおいしいので、ご飯がたりなくなって隣りからご飯を借りるくらいだという意味です。塩さばの味が野菜にしみて、えもいわれぬ味わいです。二、三昼夜はかかりますが、作り甲斐のあるものの一つ。

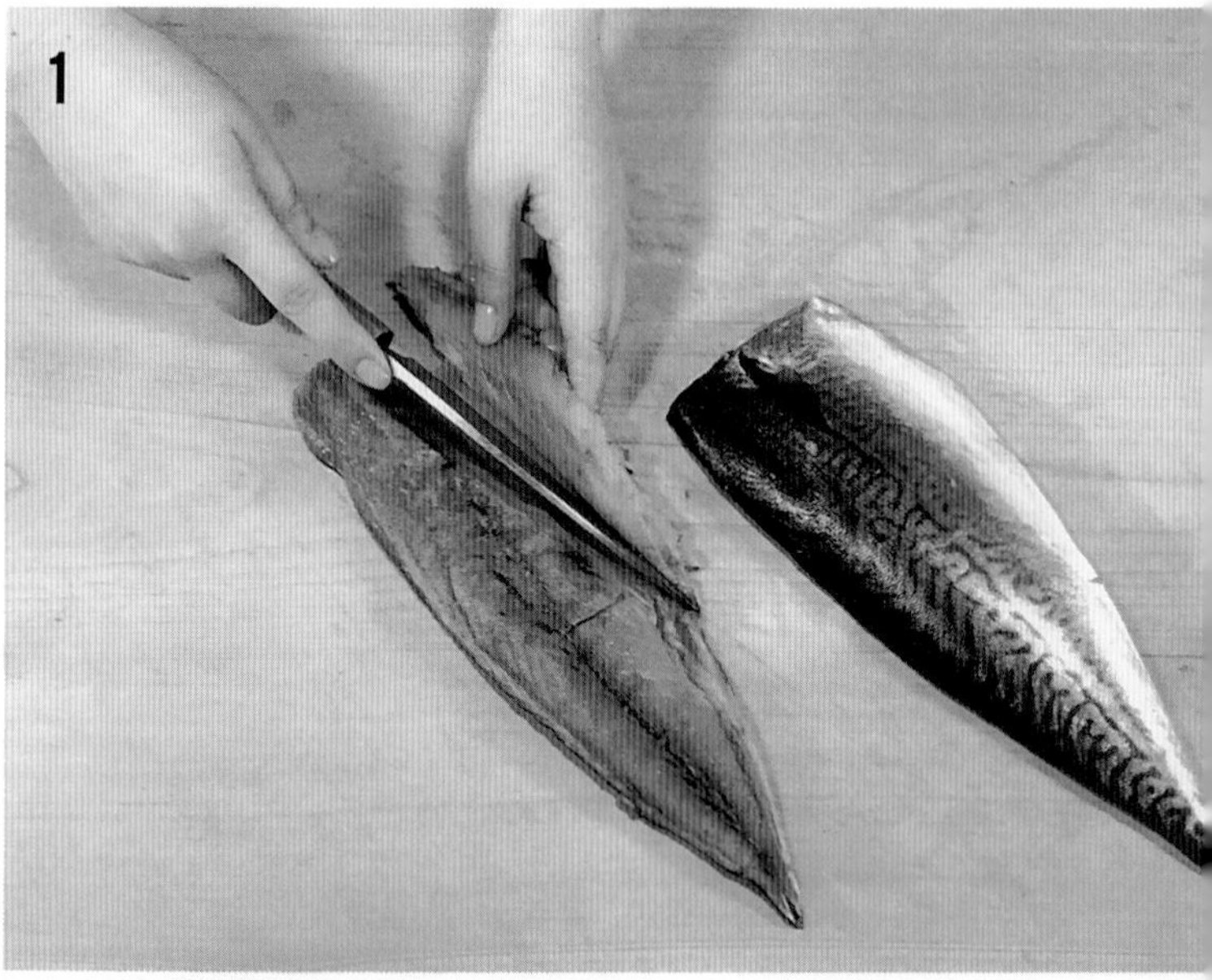

材料 塩さば 1尾（7百グラム）。干椎茸 中7コ。大根 中1/4本。にんじん 中1/2本。しょうが 1コ（50グラム）。酢

作り方

1 塩さばは頭をとって三枚におろし、写真のように腹骨をそぎとって、頭の方から、うす皮をむいておきます。

2 つぎに写真のように半身をタテに割ってその両側についている血合をとります。これで小骨もとれるわけです。それを1センチぐらいに、おさしみのようになめにそぎ切りにし

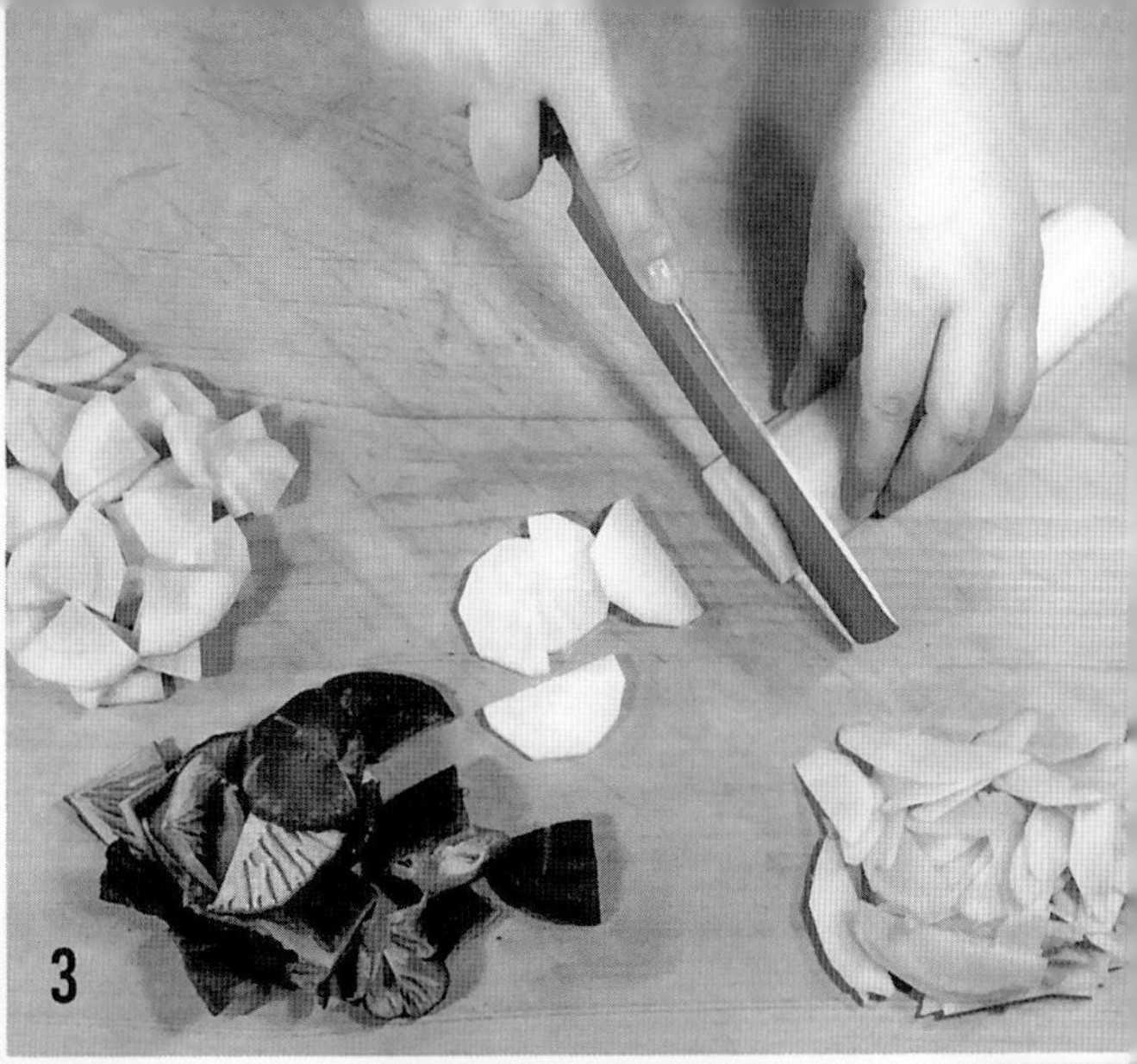
3

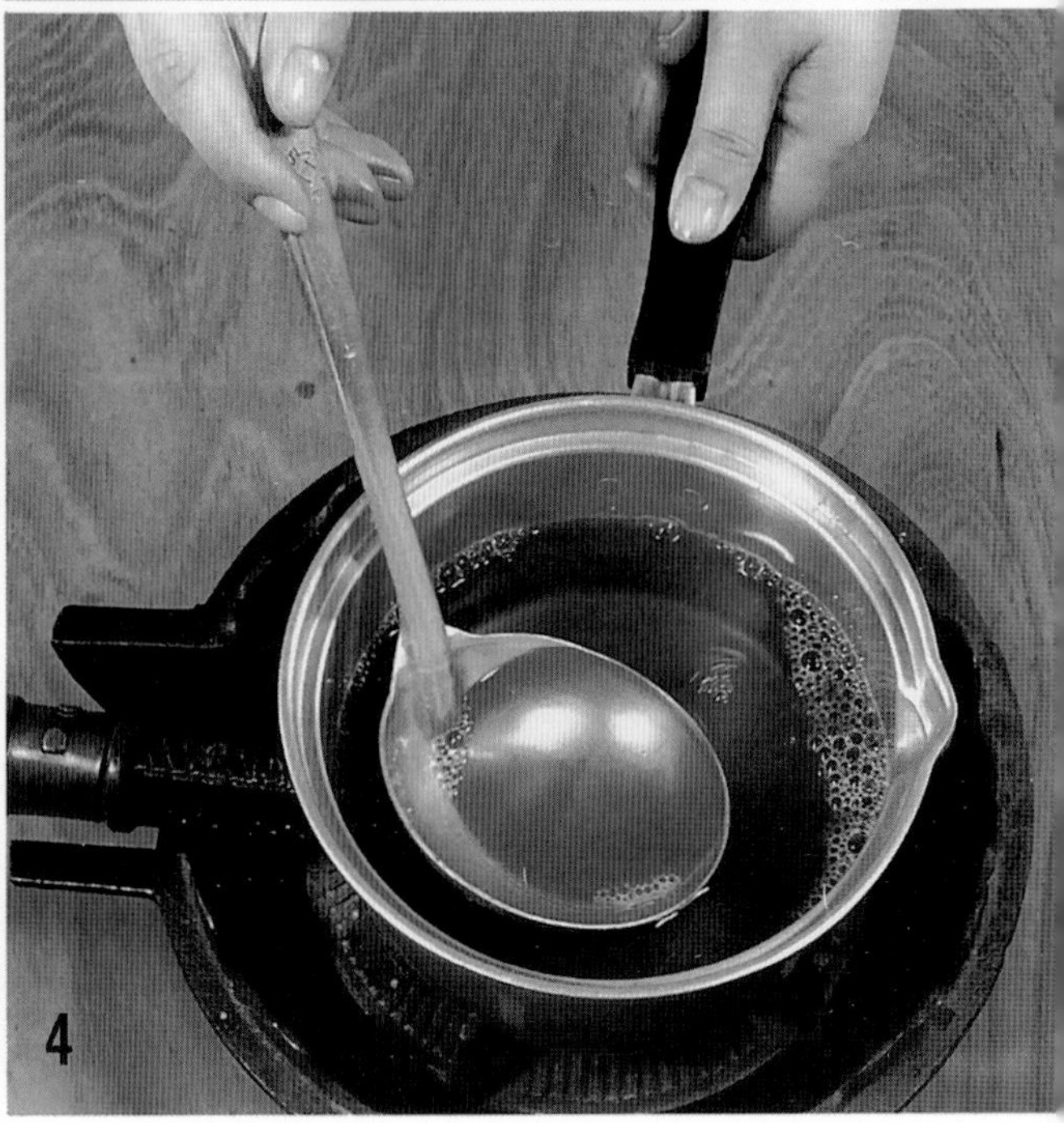
4

5

6

ます。

3　干椎茸はもどしてじくをとり、三つか四つに切って、水から入れてサッとゆで、ザルに上げておきます。ゆで汁はあとで使いますからとっておきます。

大根は皮をむいて4、5ミリ厚の半月に切り、ボールにとって塩を茶サジ1杯ほどまぶして二十分ほどおきます。

にんじんは3、4ミリ厚のイチョウに、しょうがはうす切りにして、それぞれ、歯ごたえがあるくらいに、サッと熱湯を通します。

4　はじめ合せ酢を作ります。ナベに酢カップ1杯、椎茸のゆで汁カップ1杯、水カップ1杯をとり、砂糖大サジ山2杯、塩茶サジ1杯、しょう油茶サジ2杯を入れて火にかけ、一度わかして、冷ましておきます。

5　つける用意をはじめます。大根はしんなりとなって水が出ていますから、水気をしぼります。大きめのボールに野菜をちらし、さばを並べ、これを何段かくり返して、一番上に野菜がくるようにします。

6　並べ終ったら、上から合せ酢をかけます。おとしブタをして、ラップかなにかをかけて冷蔵庫に入れておきます。少なくとも、二、三昼夜はつけます。つけるとき、こんぶを切ってまぜても、おいしくなります。

いただくとき、しぼりしょうがをたらします。

★野菜の量は好みで、もう少しふやして下さい。塩さばがなければ、生のさばを魚屋さんに三枚におろしてもらい、強めに塩をして、冷蔵庫に一晩おいてから使います。

157 いかとじゃがいものかき揚げ

イカとじゃがいもをいっしょに揚げてみたら、この取り合わせはなかなかでした。揚げすぎると、イカがかたくなるので早目に上げます。

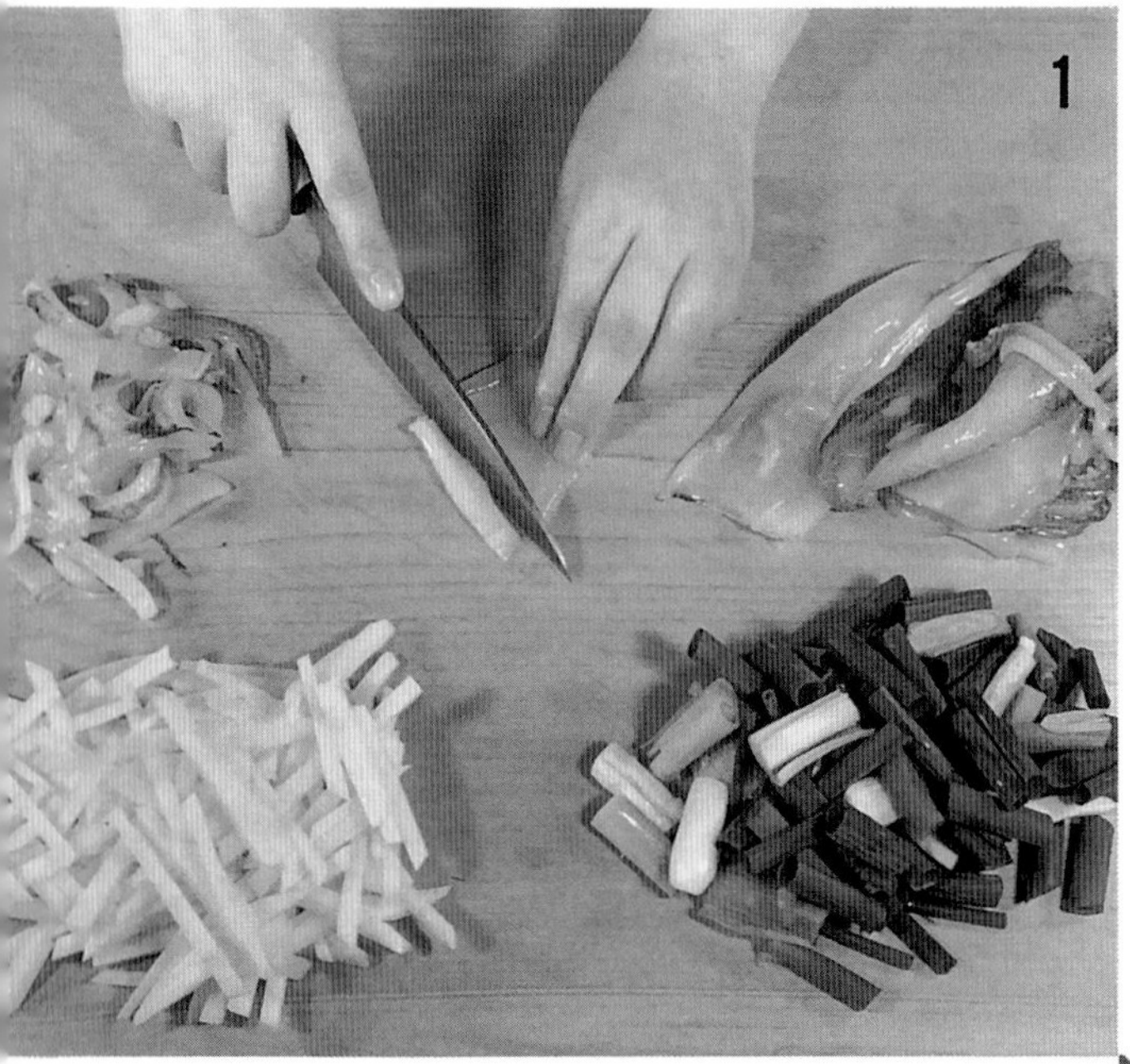

材料　イカ　中3ばい。じゃがいも　中2コ。ねぎ　2本。玉子　1コ。小麦粉。油。大根。しょうが。ミリン　（4、5人前）

作り方

1　イカはワタをぬき、身をタテに四つに切ってはしから細くきざみます。これに軽く塩をして、ザルにあげ、水気を切ります。

じゃがいもも、細くきざみます。ねぎは3センチほどにぶつぶつ切り、太かったらタテに割ります。

ボールに、玉子の黄味だけ1コわり入れ、水大サジ4杯と、小麦粉大サジ山4杯を加えてサッとかきまぜ、コロモを作ります。かき揚げのコロモは流れるようではゆるすぎます。

2　コロモの中に、イカ、じゃがいも、ねぎを入れて、まぶしつけます。

油をたっぷり熱くして揚げます。このときしゃもじにのせて形をととのえてから、油のなかにすべりこませると、形がきれいに揚がります。

かき揚げは、タネが格子のようにならんで間がすいているくらいのが、おいしいのです。いただくときは、天つゆに、しょうがをまぜたおろしをそえます。また、大根おろしと生じょう油をつけるだけでもいただけます。

★天つゆはミリン1、しょう油1、ダシ4の割に合せます。ミリンを煮切り、しょう油を加えて煮立ったところへダシを入れてのばし、いの一番か味の素を入れます。

1

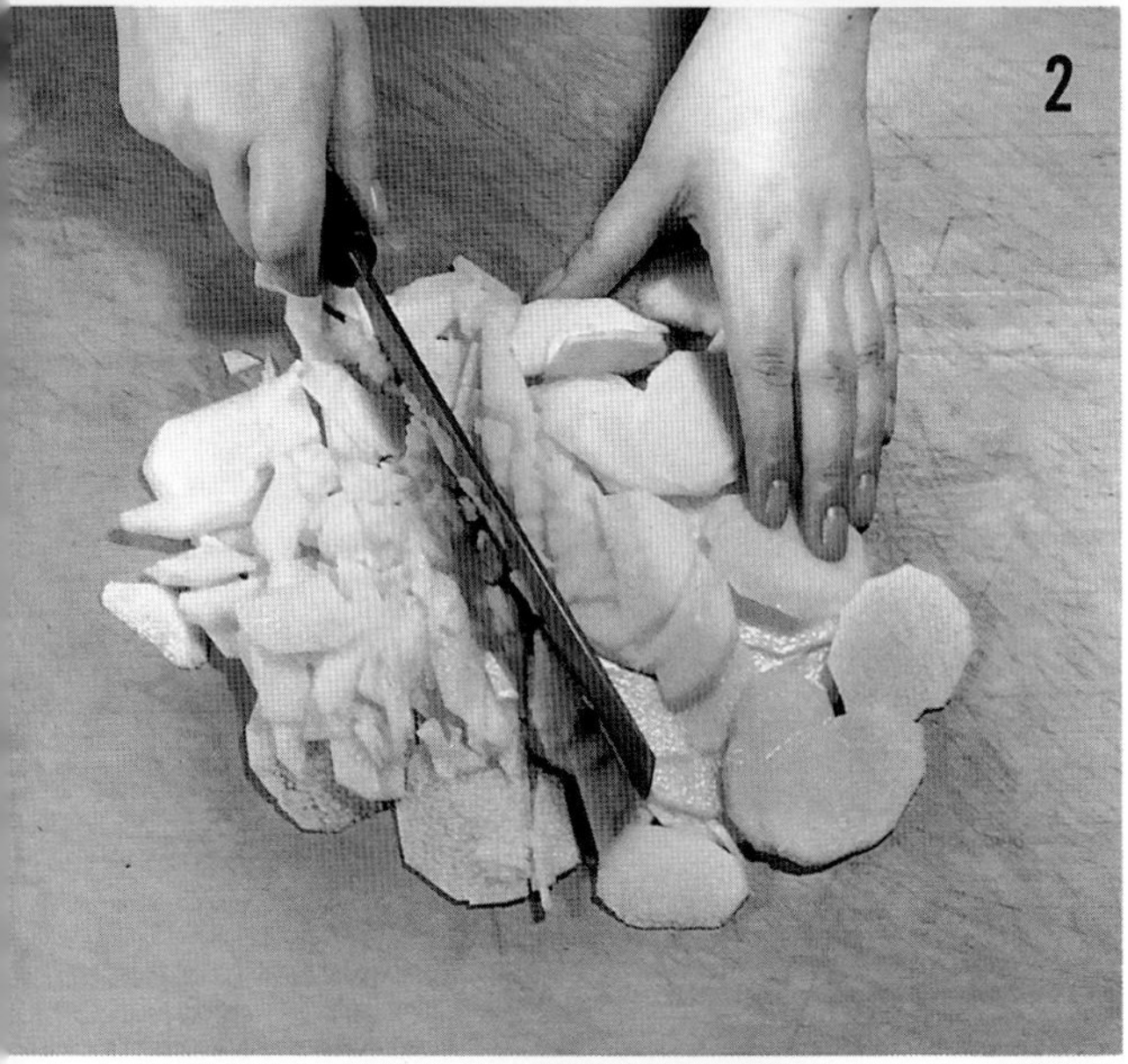

2

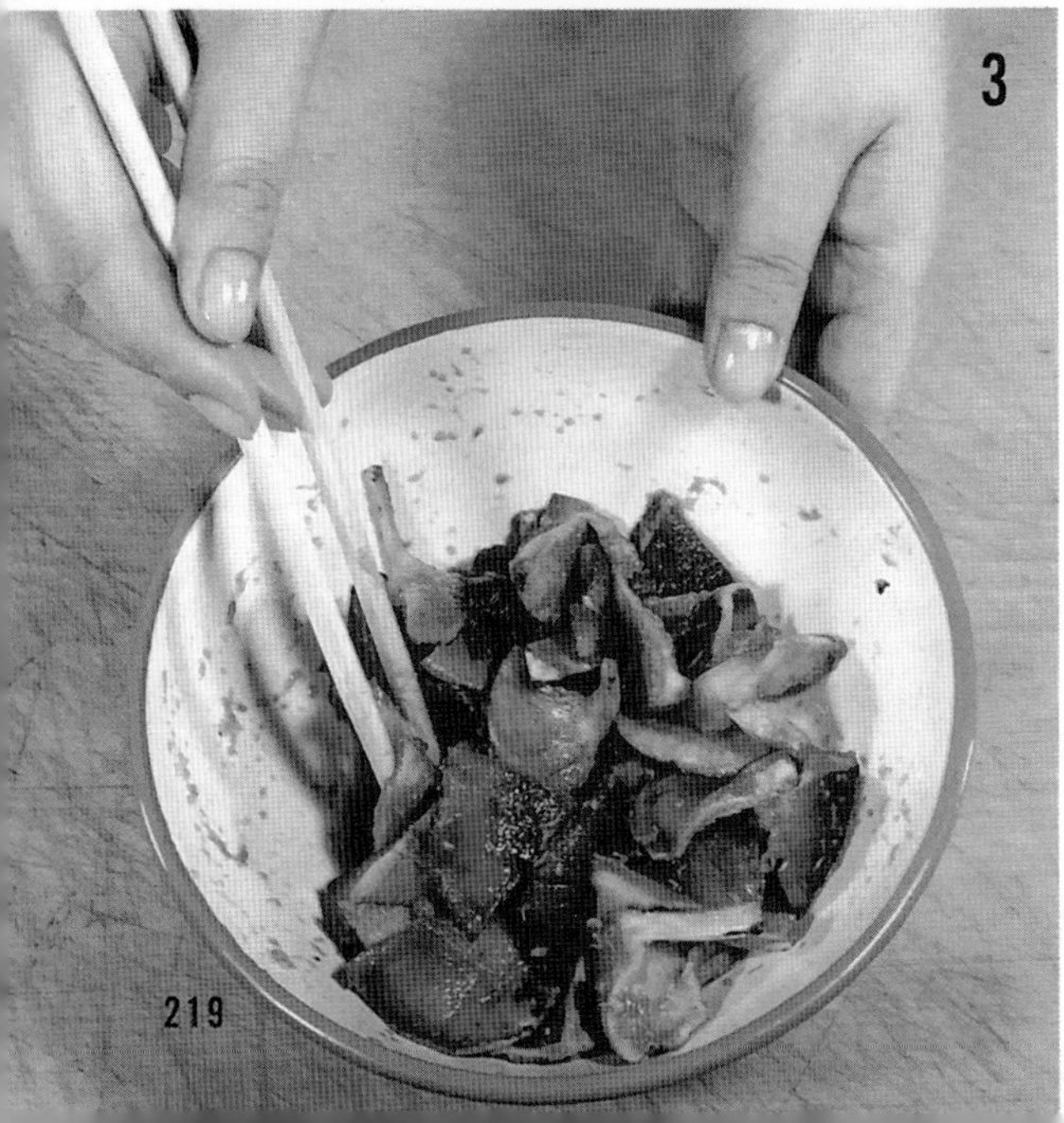

3

158 椎茸の山かけ

山かけといったらマグロですが生椎茸を使ってみました。マグロとはまたかわったおいしさで、ちょっぴり倹約になるのがミソです。

材料　生椎茸　大10コ（百80グラム）。長いも　4百グラム。わさび　少々。玉子の黄味　5コ。レモンか、だいだい、すだち　（5人前）

作り方

1　椎茸は洗ってから石づきをおとして、じくに十文字に切り目を入れます。これをアミで両面よく焼きます。

　焼けたら、四つに切ります。小さいのだったら、二つに切ります。

2　長いもは、少し厚めに皮をむいて、はしから薄切りにし、庖丁で手早くタテヨコによくよくたたいて、こまかいミジンにします。

　山のいもを使う時は、おろし金でおろして、すり鉢でよくすります。

3　ボールに、おろしたわさび茶サジ山1杯、レモン汁茶サジ1杯、しょう油大サジ3杯にいの一番か味の素を入れて、よくまぜ合せてから、椎茸を入れてあえます。

　これをそれぞれの器にもり、上から長いもをこんもりとかけます。この上から玉子の黄味だけをおとします。

　いただくときは、みんないっしょにまぜ合せて下さい。焼きのりをもんでかけてもいいものです。

159

しそごはん

白米にもち米を二割まぜて、炊き上げ、そこへしその葉をまぜるだけです。もち米の入ったごはんはおいしいもので、それにしその香りがよけい味をひきたてます。

材料　梅酢漬のしその葉　軽くしぼって百50グラ。米　カップ4杯。もち米　カップ1杯　(5、6人前)

作り方

1　しその葉の汁気を軽くしぼって、こまかくきざみます。

　このとき、まな板にしその赤い色がつきますから、さきにまな板を水でじゅうぶんにぬらしておくと、色のつきがずいぶんちがいます。

　白米にもち米をまぜて、塩茶サジ軽く1杯で味をつけ、いの一番か味の素を少し多めに入れて、水カップ5½杯入れ、ふつうのご飯のようにたきます。

2　ご飯が炊き上ったら、きざんだしその葉をご飯の上にちらして、しゃもじでサッサッとまぜ合せます。

　しそを少しまぜてはおひつに移し、少しまぜてはおひつに移し、というふうにまぜてゆきます。

　何度もこねるとべたべたしてきます。

1

2

160 やきとり

竹串に刺しただけで、こんなに感じがかわります。買物のついでに、竹串を買っておかれると、便利です。

材料　トリのひな肉　皮つき2百グラム。ねぎ2、3本。粉ざんしょう。ミリン。日本酒

(1人前3串あて、4、5人前)

作り方

1　ねぎは中身のつまった、かたいのをえらび、3センぐらいに切りそろえます。肉は二口ぐらいにたべられる大きさに切ります。

串にまずねぎを刺し、つぎに肉を刺し、またねぎを刺し、止めに肉をさして、一本出来上ります。

こうやってつぎつぎに刺してゆきます。

2　コンロに火をおこし、あまり強くせず、中火ぐらいにして、焼いてゆきます。すこしこげ目がついて、火が通ったら第一回のタレをかけます。それを火にかけてタレがかわいたら二回目、これがかわいたら三回目をかけて、つけ焼が出来上ります。

肉よりねぎの方がこげやすいので、注意して下さい。もちろん、ガス火でも魚焼アミを使ってじゅうぶん焼けます。

タレはミリン1、しょう油1、日本酒1/2の割に合せて、サッと煮たてます。ミリンの代りに砂糖でもけっこうです。

たべるとき、粉ざんしょうを、すこしふりかけます。

1

2

161 大根ととりだんごの煮こみ

大根のおいしいときです。これにトリのひき肉だんごをいっしょに煮こみます。豚のこまぎれを挽いても、けっこうです。熱くてもおいしいし、冷たくてもおいしいものです。少し多めに作っておくと、冬には便利です。

材料　大根　$1\frac{1}{2}$本(1キロ)。トリのひき肉　4百グラム。玉子　1コ。食パン　1枚。ミリン。七味とうがらし　(4、5人前)

作り方

1　大根はきれいに洗って、皮のまま、写真のような手つきで、そぎ切りにします。大きさが不ぞろいだと、煮え加減もちがってきますから、なるべく厚いのやうすいのができないように切ります。

2　トリはアブラの少ないところを二度びきにしてもらいます。

食パンは水をふくませてから、ふきんにつつんでしぼり、くずします。

1

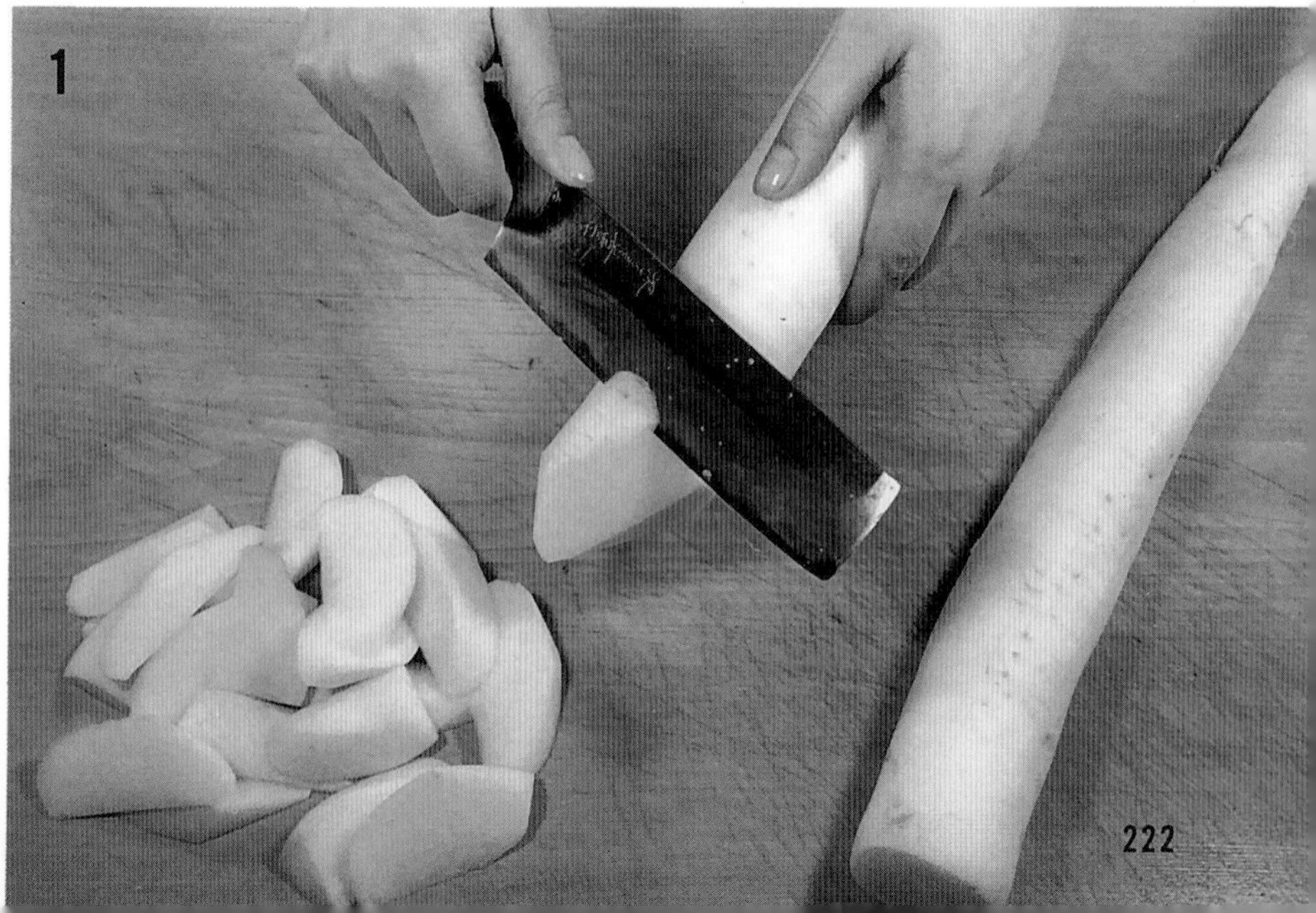

★この本に使っているカップ1杯は180ccです。大サジはテーブルスプーンで18cc、茶サジは6ccです。つまり、茶サジ3杯分が大サジ1杯、大サジ10杯がカップ1杯になります

すり鉢にトリ肉をとり、このパンと玉子をつなぎに入れ、しょう油大サジ1杯、ミリン大サジ1杯で下味をつけます。パンを全体にまぜこむように、よくよくすります。

3　深めのナベにお湯をカップ6杯ほどわかし、しょう油大サジ2杯、塩茶サジ軽く1杯、砂糖大サジ2杯に、いの一番か味の素を入れて、吸いものより少しうすいくらいの味にします。

　トリのすりみを左手に少しずつとって、おや指と人さし指のあいだからおしだしながらスプーンですくいとって、つぎつぎおとしていきます。なれないと形がうまくいきませんが、かまいません。スプーンはときどき水でぬらすと、くっつかずうまくできます。

　大きさは、大きいアメ玉ぐらいにまるめて下さい。

　浮き上ってきたら、火はとおっていますから、すくいとってボールにでもとっておきます。

4　トリをひきあげたあとへ大根を入れます。十分ぐらい煮て、やわらかくなったら、しょう油を大サジ2杯たし、七味とうがらしを二、三回、ふりこみます。

5　ここへあげておいたトリだんごをもどし、上、下にまぜ、いっしょに煮こみます。火加減にもよりますが、二、三十分ぐらいです。大根がうすいアメ色になり、汁もヒタヒタくらいになったら出来上りです。

162 おやこキャベツ

ねぎを使うかわりにキャベツを使ったトリの玉子とじです。それだけで、ちょっとハイカラな味になりました。

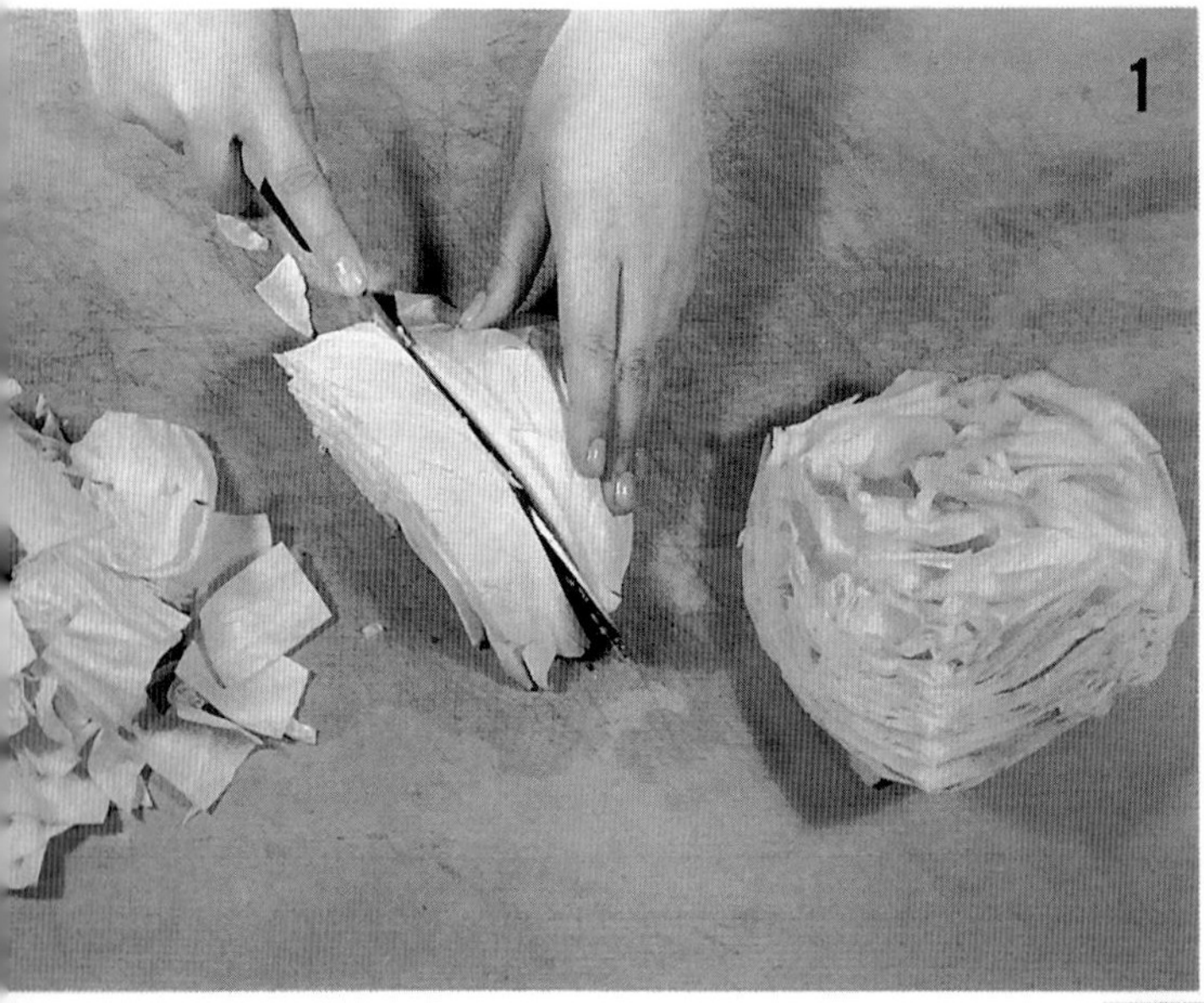
1

材料　キャベツ　中1/2コ。トリ肉　2百ｸﾞﾗﾑ。玉子　3コ。しょうが　少々（5、6人前）

作り方

1　トリ肉はうすく、そぎ切りにします。キャベツは2ｾﾝﾁぐらいにザクザク切ります。これを熱湯でゆがき、水に放します。

平たいナベにダシをカップ2杯入れて、この中に砂糖大サジ2杯、しょう油大サジ2杯、塩茶サジすり切り1杯に、いの一番か味の素を入れて火にかけます。まず、トリ肉を入れ、火が通ったら、キャベツの水をよく切って入れます。

2

2　玉子はよくときほぐしておきます。キャベツがじゅうぶん煮えて、味がしみこんだようだったら、火をよわめて、玉子を少しずつ流して、とじます。とじたら箸で穴をあけて、玉子を中の方へ流し込むようにします。玉子がかたまらないうちに火からおろします。

ダシが多いと、玉子がたくさんいるので、キャベツから水が出たりして多いようだったら、玉子を流しこむ前に、少しとって下さい。

器にもって、しぼりしょうがをかけます。

キャベツのおいしさを食べるのですから、あまり煮すぎると、とろけてクシャクシャになってしまいます。

163 たか菜といかのいりつけ

たか菜漬とイカをいためます。
たか菜の塩味がイカに移って、ほかになんにも味つけはいりません。

材料　たか菜漬　3百グラム。いか　2はい。
とうがらし粉　（4、5人前）

作り方

1　いかは足をとって、タテに二つぐらいに切ってから、幅5ミリぐらいに切ります。足もたべよく、小さく切ります。たか菜も小口から、できるだけこまかく、きざみます。

2　厚手の深めのナベに、油を流れるくらいとって、いかを入れ、つぎにたか菜を入れていためます。

3　だいたい火が通ったら、味の素か、いの一番をふります。好みでとうがらし粉を、軽くふります。

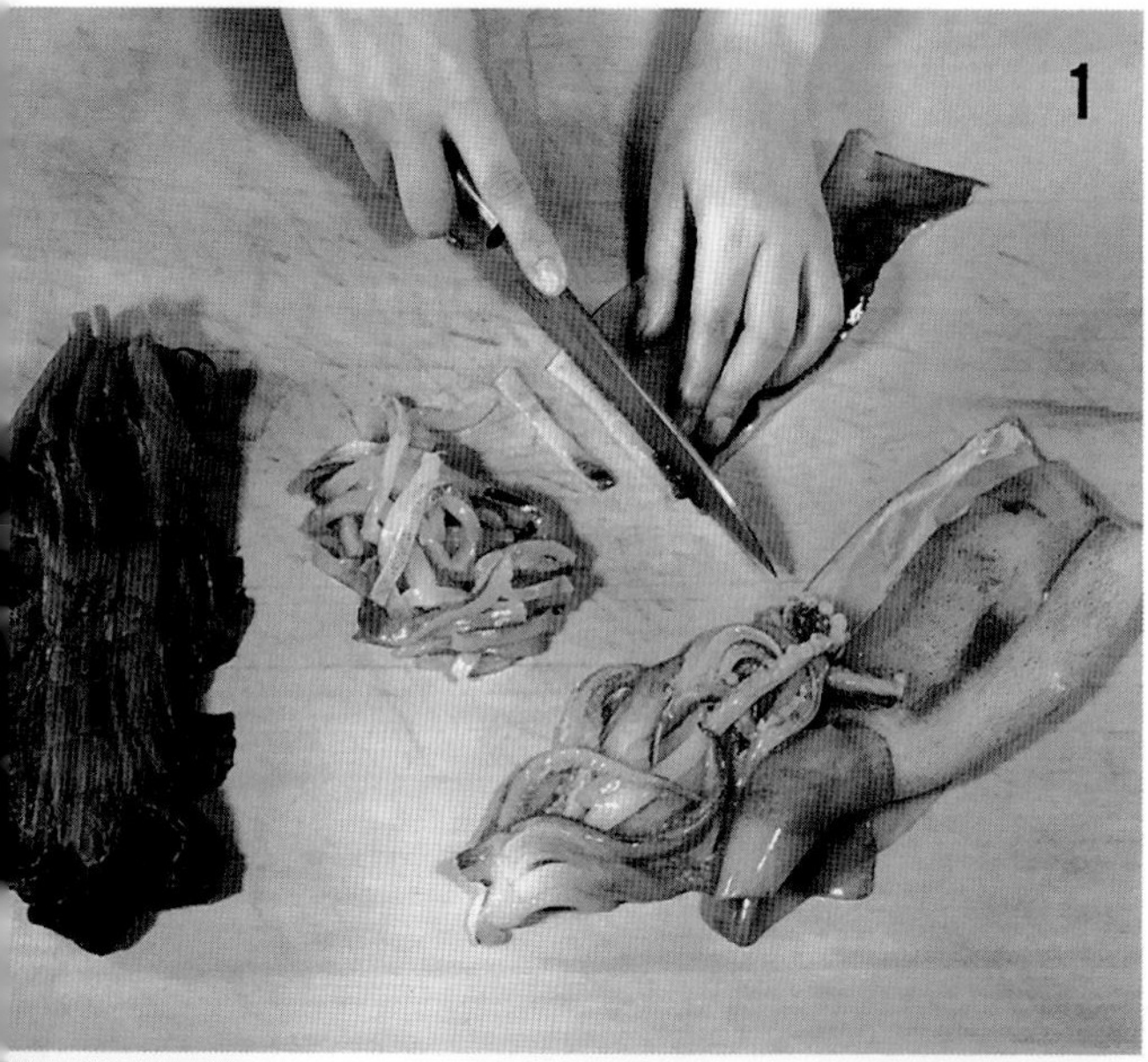
1

2

3

164 ぶりぞうに

いろんな暮し方が、だんだん日本中どこでもおなじになってゆくなかに、お正月の雑煮だけは、まだ家により、所により、作り方がいろいろのようです。
関東や東北で、年の暮に塩鮭を用意するように、関西は塩ぶりを用意します。
その塩ぶりを入れた雑煮はとりを入れたのとは、またかわったおいしさです。

★この本に使っているカップ1杯は180ccです。大サジはテーブルスプーンで18cc茶サジは6ccです。つまり、茶サジ3杯が大サジ1杯、大サジ10杯がカップ1杯になります

1

2

3

材料　塩ぶりの切身　2切れ。干椎茸　4コ。
にんじん　少々。三つ葉、ゆずの皮　少々。
餅。日本酒　（4人前）

作り方

1　ぶりのウロコをとって、二つに切ります。ナベか、ふかしがまにお湯を煮たて、そこへぶりをお皿になるべく平たくならべて、十分から十五分ほどむします。

　塩ぶりのないときは、生ぶりに少しきつめの塩をして、半日もおいて使います。

　昆布とかつおぶしで、少し濃いめのダシをさきにとっておきます。このダシをカップ5杯とり、そこへ日本酒大サジ2杯、しょう油茶サジ1杯、塩茶サジ軽く1杯を入れて味をつけ、少し煮てから、いの一番か味の素を加えます。

　椎茸はぬるま湯につけてもどしてから、じくをとり、タテヨコに十文字に庖丁を入れます。小ナベに椎茸を入れ、先に作ったダシをヒタヒタになるぐらい入れて、ちょっと火にかけ、しょう油を少したらして下味をつけます。

　にんじんは、タテに5㍉厚ぐらいに切ってゆでてから、大きめの短冊に切ります。三つ葉は一人2本から3本ぐらい、これも塩少々でサッとゆでて青くし、むすんでおきます。

2　餅を焼きます。関西は丸もち、関東は角もち。一人前1コか、小さいのなら2コ。

3　おわんにむし上ったぶりと、焼いた餅、椎茸、にんじん、三つ葉を入れます。これに、汁を、上からたっぷりそそぎます。上にゆずか、だいだいの皮をそいでのせます。

165 切干し大根と厚揚げの煮しめ

切干し大根は上手に煮ると、ほんとにおいしいものです。厚揚げといっしょに煮てみました。甘口の味加減に、厚揚げのうまさが大根にうつっています。

材料　切干し大根　50グラム。厚揚げ　2、3枚　（5人前）

作り方

1　切干し大根は、一時間ほど水につけて、もどしておきます。急ぐときはぬるま湯につけると、早くもどります。長いので、適当に切っておきます。

厚揚げも、適当に切ります。これはあとでつぶれるので、どんなふうにでも切って下さい。油抜きはしません。

2　煮干しのダシをカップ3杯ほど用意しておきます。

ナベに油を流れるくらい取って、まず切干し大根を入れ、じゅうぶんにいためてから、厚揚げを入れます。

全体に火が通ったらそこへ、一番はじめに砂糖大サジ3杯入れます。砂糖がとけて、ひとまわりしみこんだらダシを加え、しょう油大サジ5杯入れて味つけし、いの一番か味の素を加えます。

火は中火にして、ダシが煮つまるまで、ゆっくり煮てゆきます。

1

2

166 にしんの甘辛煮

にしんを甘辛くしょうがと煮たものです。日もちがするので、多めに煮ておいて、火入れさえすればいつまでもたべられます。

材料　生干しのにしん　半身にしたもの4百50《グラム》。しょうが　百《グラム》。日本酒
（5、6人前）

作り方

1　お湯をわかし、ぐらぐら煮立っているところへ、にしんを二枚ずつ入れては一呼吸おいてひき上げ、すぐ水に移します。こうすると、ウロコがとりやすいし、よごれもすっかりとれます。
　全部こうやってウロコをおとし、小骨も手にさわるものは抜きとります。

2　しょうがは、皮をむいて、マッチ棒くらいにきざみます。

3　浅いナベに、まずしょうがをパラパラとしき、上に、にしんをならべます。またその上に、しょうがをふり、にしんをならべして、最後に、残ったしょうがをふりかけます。
　ここに日本酒カップ1杯、水カップ2杯、砂糖大サジ山4杯入れ、おとしぶたをして、はじめ強火で、煮立ってきたら弱火におとしてぐつぐつと五分ほど煮ます。
　そこでしょう油カップ1杯に、いの一番か味の素を加え、またおとしぶたをして、ゆっくり汁気がつまるまで、煮てゆきます。

★よく干してあるものは、一晩お米のとぎ汁につけてやわらかくします。

1

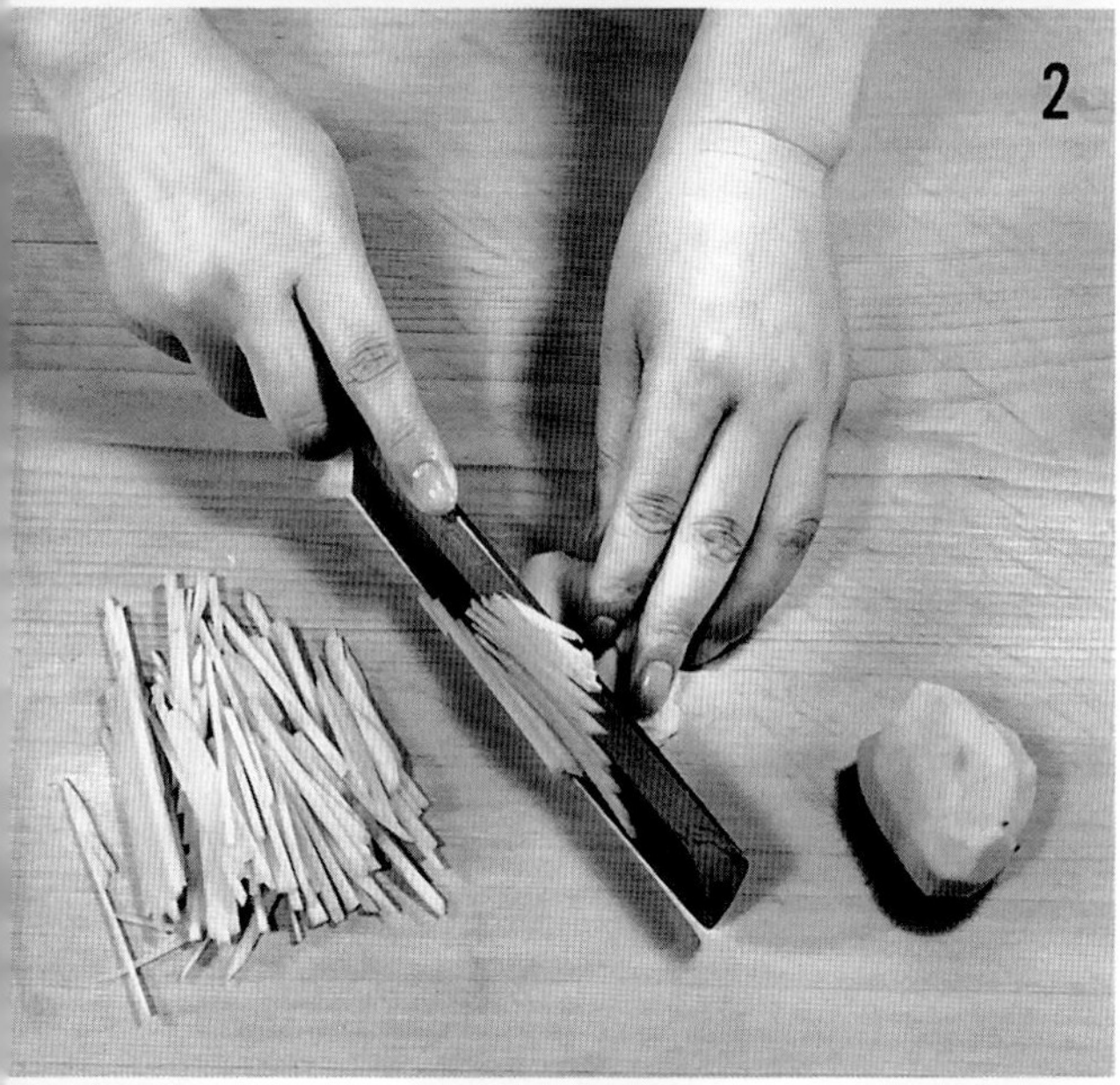
2

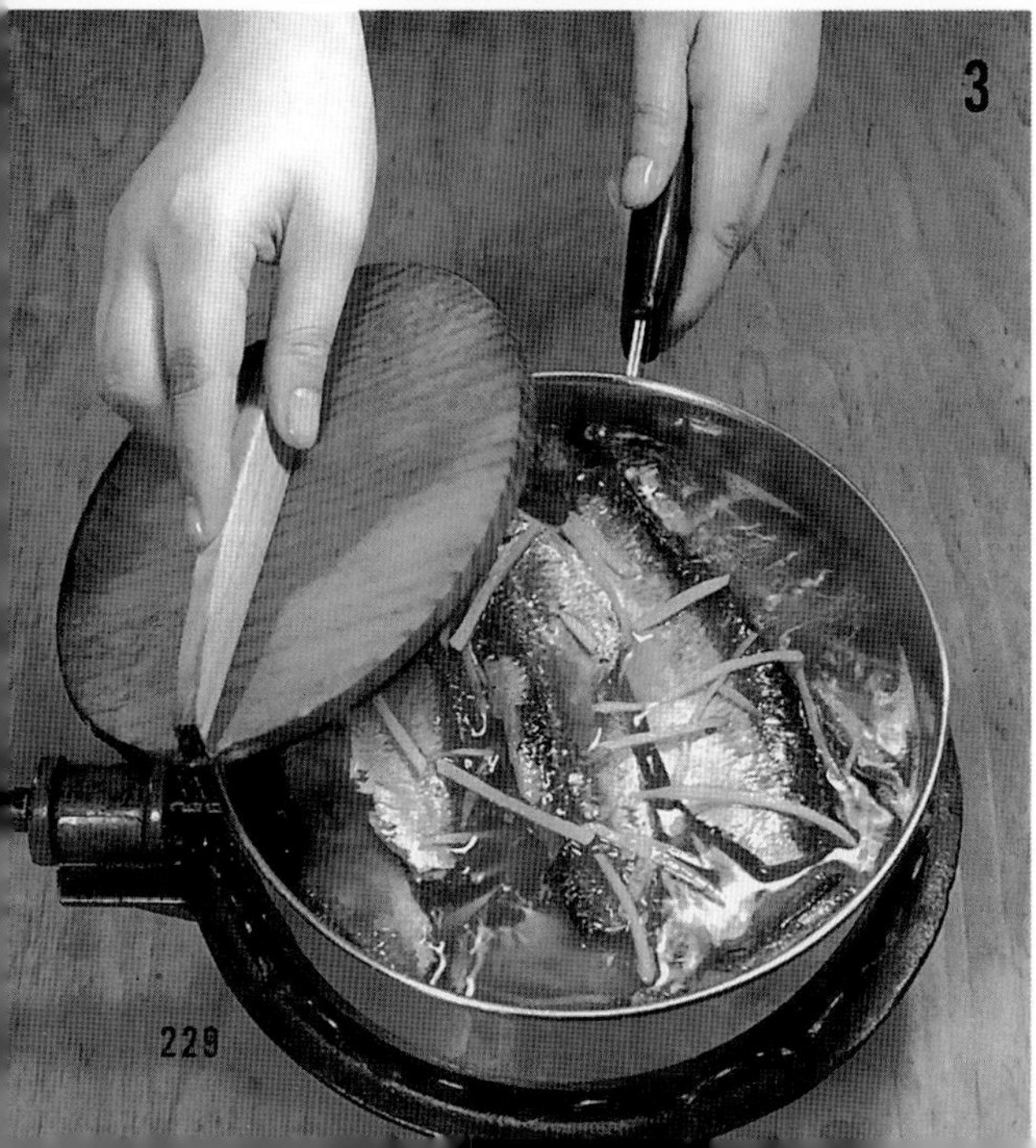
3

167 いかとちくわの油いため

ちくわは、そのままいただくか、煮るくらいですが、これは輪切りにしたいかを揚げていっしょにたき合せました。ちょっと酢をきかせたところがミソです。

ちくわでなくても、しろてんでも、さつま揚げでも、いかにはよくあいます。

材料　いか　2はい。竹輪　3本。あればグリンピース　少々。片栗粉。酢。油（5、6人前）

作り方

1　いかは足をぬいて、ワタをとり、7 8ミリの輪切りにします。足もたべよく、タテに二つか三つに切りわけ、長い足は二つに切ります。

　これをザルにのせて、上から熱湯をかけます。

　竹輪も7ミリぐらいの厚さの斜め切りにします。これもザルにとり、ザッと熱湯を通しておきます。

1

★この本に使っているカップ1杯は180ccです。大サジはテーブルスプーンで18cc茶サジは6ccです。つまり、茶サジ3杯が大サジ1杯、大サジ10杯がカップ1杯になります

2　まな板の上に片栗粉をひろげてそこへいかを移して、たっぷりまぶしつけます。

3　フライパンに油をとって、このいかをから揚げにします。油はあまり多くしないで、やっとかぶるくらいで、けっこうです。

いかは、粉をまぶしても、よく油がはねますから、盆ザルのようなもので、はねるのを防ぎながら揚げて下さい。

4　ナベに水をカップ2杯とって、そこに酢を大サジ2杯入れます。わいてきたら、いかと、竹輪を入れます。

そこへ砂糖大サジ1杯と、しょう油大サジ3杯入れて味をつけ、いの一番か、味の素をふりこんで、煮ます。これは水気がすくなくて片栗が入っているので、すぐこげつきますから、中火にして注意しながらかきまぜて、煮つめます。

とろみが出てきたら火を弱め、汁がすっかりいかにからみついたら、火をとめます。

最後に、色どりに、あればグリンピースをサッと熱湯にくぐらせてからちらします。

168 うどんなべ

関西では、寒いとき、よくやるナベです。こういうおどんを、ご飯のおかずにしていただくのも、おいしいものです。

材料　玉うどん　6コ。トリ肉　2百グラム。いか　1ぱい。かき　30コ。板かまぼこ　1枚。ゆでたけのこ　小2コ。白菜　3枚。春菊　2束。にんじん　1本。生椎茸　中4コ。くわい　5コ。ミリン　（5、6人前）

作り方

1　いかはタンザクに切って、足もいっしょに熱湯をかけておきます。トリ肉は一口にたべられるように切り、かきは水でサッと洗って、ザルかなにかに、色どりよくもり合せます。

たけのこは5ミリくらいの厚さに切って、サッとゆがいて水にさらしておきます。くわいは皮をむいて四つに切り、にんじんも5ミリ厚の輪切りにして、両方とも、サッとゆでておきます。

椎茸はじくをとって四つ割りにし、白菜はタテに二つに切って、5センチ幅にザクザク切り、春菊もたべよい大きさに切ります。かまぼこは3ミリぐらいの厚さに切ります。

おつゆはトリのダシか、昆布かかつおぶしのダシをカップ10杯ほど用意します。

ナベにミリンをカップ$\frac{1}{2}$杯とって煮切り、しょう油大サジ4杯とダシを入れます。煮上ってきたら、塩茶サジ$2\frac{1}{2}$杯入れて、いの一番か味の素を加えます。

土なべか、平たいナベにおつゆをとって、用意の材料を、このなかで煮ながらいただきます。おつゆが減ったらたしてゆきます。

★材料はこれだけそろえなくても、もっと違ったものでもけっこうです。おつゆは、これでは少ないので、この割でたして下さい。

169 えのき茸のたらこあえ

えのき茸は口あたりもよく、おいしいものです。おつゆのみにもよく、こういうあえものにも、けっこうです。

材料　えのき茸　3袋（3百グラム）。たらこ　1はら（80グラム）。大根おろし　カップ1杯。ポン酢　（5、6人前）

作り方

1　えのき茸は根を写真ぐらい切りおとし、根元のくっついているところを、手でほぐします。

2　ナベにお湯をわかし、えのき茸をパラパラと入れて、ちょっとしなっとするまでゆがいてから、水にさらして、あとよく水気を切っておきます。

　たらこは、生のまま、皮をとって中身をだしておきます。

　大根は、おろしてサッと水で洗い、軽くしぼっておきます。

3　大きめのボールに、ふきんで押さえてよく水気をとったえのき茸を入れ、大根おろしとたらこを入れます。全体にまぶるようにかきまぜながら、ポン酢としょう油を半々に合せて、大サジ2杯ぐらい入れ、いの一番か味の素をふって味をととのえます。

　このポン酢としょう油の量は、たらこの塩加減によってちがってきますから、味をみて加減して下さい。

　ポン酢の代りにレモンをしぼってもいいものです。

170 とうふのハンバーグふう

1

おとうふでカニと野菜をまとめて、それをハンバーグのようにして焼きます。焼きたての熱いところを、大根おろしをたっぷり入れた熱い天つゆで、フウフウいってふきながらいただく味は、なかなかです。

カニは冷凍ものを使います。

2

材料　カニの身　2百《グラム》ぐらい。木綿どうふ　2丁。生椎茸　中10コ。三つ葉10本ぐらい。青ねぎ　細いの3本。玉子2コ。大根。しょうが。ミリン　（4、5人前）

作り方

1　とうふをフキンにつつんで、まな板をのせて、二、三十分そのままにして、水を切っておきます。とうふの大きさにもよりますが、水気をしぼって3百50《グラム》ぐらいです。

これをすり鉢にとって、よくよくすり

3

5

4

6

つぶします。すれたら玉子を1コわり入れ、よくすってから、もう1コ玉子を入れ、すっかりすれたら塩茶サジすり切り1杯入れます。

2　中に入れる野菜は、青ねぎは1《センチ》に、三つ葉は葉先をとって2、3《センチ》に、それぞれ切ります。

　生椎茸はできるだけ薄切りにして、じくもこまかくきざんでおきます。

3　とうふの中に、カニをほぐして入れ、つづいてきざんだ野菜を入れて、よくまぜあわせます。

4　これを、手に植物油をぬって、おにぎりよりは少し平たい感じに丸めます。これでだいたい10コぐらいとれます。

5　フライパンに植物油を、いためるときよりは少し多くとって、油が熱くなったら丸めたとうふを入れて焼きます。

　火は、入れたら弱めにして、気長にゆっくり、ハンバーグを焼くように焼きます。ひっくり返し、ひっくり返しして、両面にすっかり焼色がつくまで焼きます。

6　さきに、天つゆを作ります。ミリンカップ1/2杯を煮切って、そこへしょう油をカップ1/2杯加えて煮ます。煮上ってきたら、ダシをカップ2杯加えてのばし、いの一番か味の素を加えます。

　大根おろしをカップ1杯ぐらいおろし、水気を軽くしぼって天つゆに入れ、煮上ってきたら火をとめます。

　うつわに盛り、天つゆをたっぷりかけて上からしょうがをしぼります。

171 こいもととりの照り煮

煮汁に片栗粉を入れどろりとさせると、照りが出ておいしそうになるし、汁ごとみんなたべられます。

材料　こいも　皮をむいて7百50《グラム》。トりのモモ肉　4百《グラム》。片栗粉　（5、6人前）

作り方

1　こいもは皮をむいたのを買ってきたら、ぬか一つかみ入れて、水からゆがきます。煮たってから五、六分ほどもゆでたら、ぬかをよく洗いおとし、水を切ります。

皮がついている場合は、すり鉢に入れ水を加えて、その中でまわして、皮をむいてからゆがきます。

トリは一口でたべられるくらいの大きさに切ります。

2　ナベにダシカップ5杯とり、こいもを入れて火にかけ、砂糖大サジ2杯、しょう油大サジ4杯で味をつけ、いの一番か味の素を加えて、中火でたきます。

煮立ってきたら、味をみてしょう油大サジ2杯ほどたし、トリを入れます。

こいもがやわらかくなり、汁気が半分くらいになったら、くずをひきます。片栗粉大サジ1杯を水大サジ2杯でといたものを、上からまんべんなく流しかけ、しずかにまぜます。これで、トロッとしたいい照りがでます。

★砂糖の量を大サジ1杯に減らすと、しょう油味がかって、この味もわるくありません。

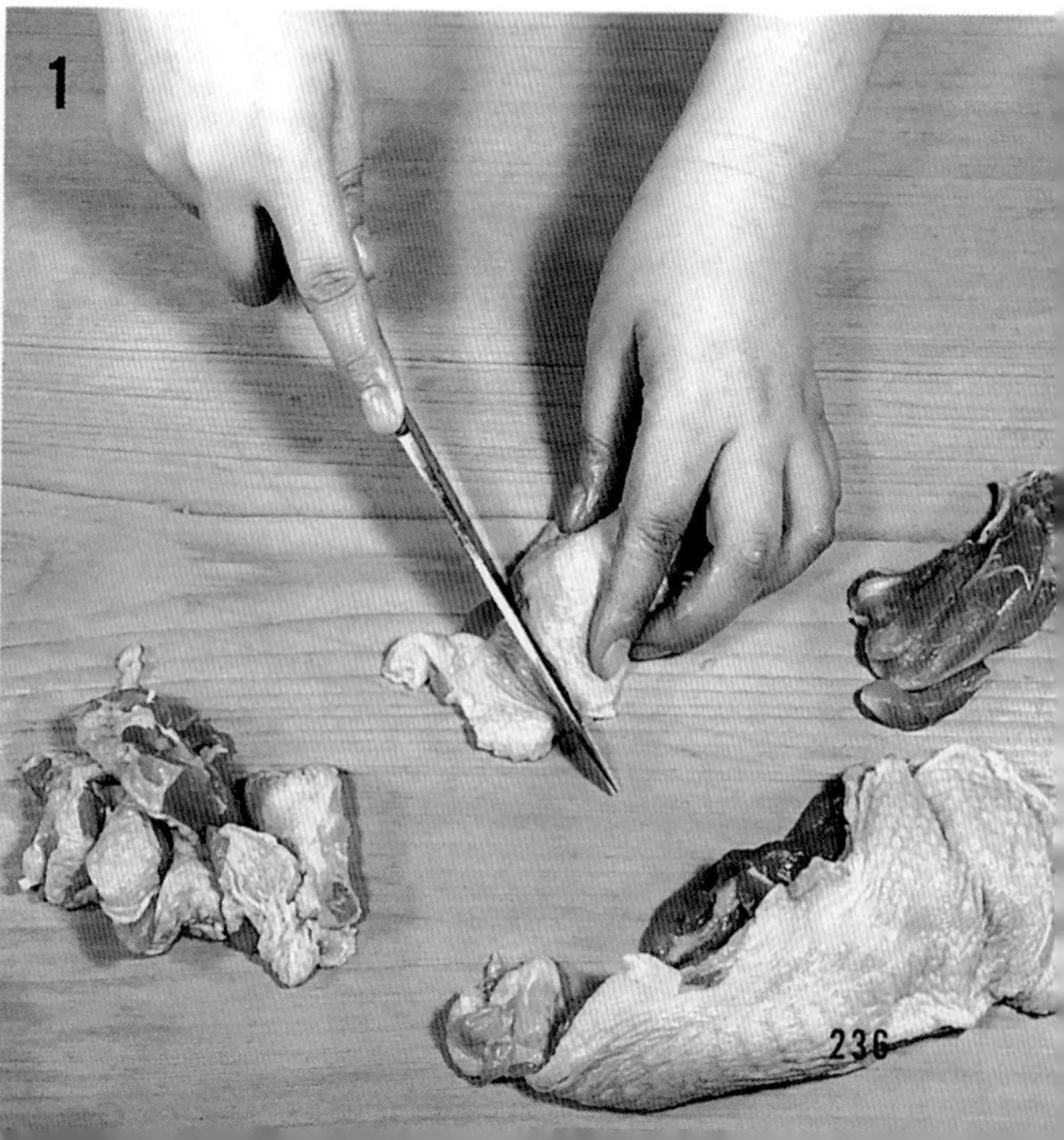

豚肉のおろしだき 172

豚肉というと、とかくこってりと煮ますが、これはまた、あっさりとした、しゃれた味の一皿。

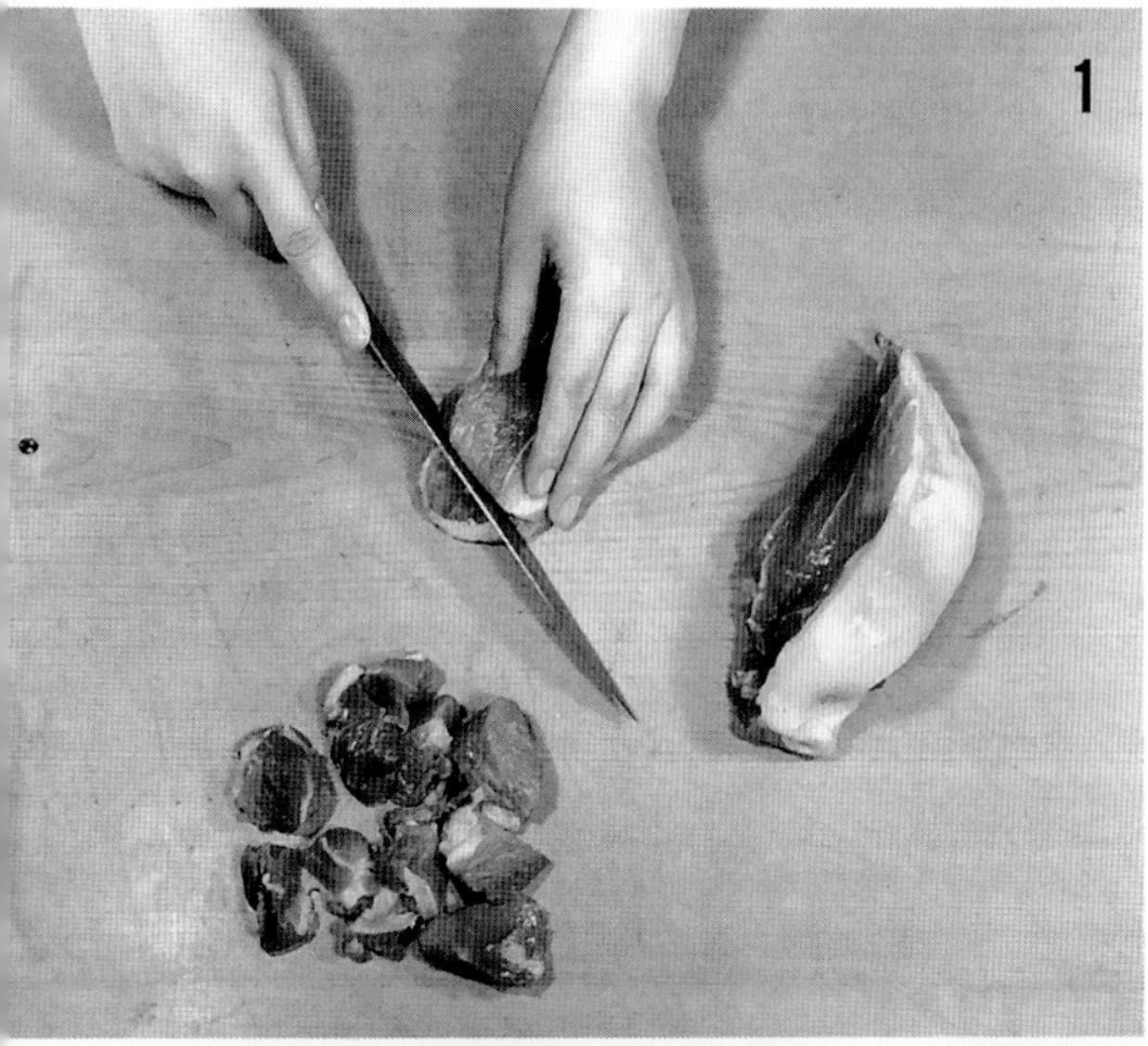

1

2

材料　豚肉　アブラの少ないところ4百《グラム》。大根　半本（4百《グラム》）。日本酒（4、5人前）

作り方

1　豚肉は3、4《センチ》角にコロッと、ちょうどシチューに使うように切ります。

ナベに水カップ5杯、日本酒カップ$1\frac{1}{2}$杯を入れて、豚肉を水から煮ます。はじめは強火にかけ、煮立ってから十分ほどしたら、アクをすっかりすくって味をつけます。塩茶サジ軽く1杯、しょう油大サジ1杯、砂糖大サジ1杯です。

2　味がついたら火を中火におとして、あと二十分から三十分ほどこのまま煮ます。この間に、大根をすりおろします。

ボールに水をはっておいて、おろした大根を、はしから水に入れてゆき、全部すり終ったら、ふきんか巻きすだれに上げて水気を軽くしぼります。

ナベの中の汁が煮つまり加減になってきた頃に、この大根おろしを入れます。おろしにサッと火が通ったら、火からおろします。大根はあまりグツグツたくとせっかくのうまみがなくなります。

173 いかと椎茸の塩辛あえ

カツオの塩辛を火にかけると、意外にも全部とけて、においもとんでしまって、おいしさだけが残ります。これでいかをあえてみましたが、一ビンそっくり作っておくと、焼き魚にかけたり、いろいろに使えて、重宝します。

1

材料　いか　中2はい。生椎茸　中10コ。かつおの塩辛　小1ビン。だいだいかレモン。日本酒　（5、6人前）
作り方
1　椎茸は、よく洗ってから石づきを落して、こがさないように注意して、両面を焼きます。

2

★この本に使っているカップ1杯は180cc です。大サジはテーブルスプーンで18cc 茶サジは6ccです。つまり、茶サジ3杯が大サジ1杯、大サジ10杯がカップ1杯になります

2　いかはお刺身にできるくらいに、いきのいいものでないと出来ません。足をぬいてから、薄皮をむいて、4、5センチ位に切り、身が厚かったら二枚か三枚にへいで、細く切ります。いかはかきまぜるとネバリがでるので、切ったら、サッと塩水で洗って水気を切っておきます。

椎茸は厚めのものは二枚にそいで、いかと同じくらいに、細くきざみます。

3　塩辛を全部小ナベにあけます。塩辛百グラ見当に、日本酒を大サジ1杯の割で入れて、中火にかけます。多少カスがのこりますが、みんなとけてしまいます。

とけたら火をとめて、布でこして、さましておきます。

4　ボールにいかと、椎茸を入れ、用意の塩辛を大サジ3杯入れて、よくまぜ合せます。この上から、だいだいの汁か、レモンの汁をしぼりこみ、いの一番か味の素を加えて、味をととのえます。

4

3

174 もち入り雑炊

大根とにんじんと油揚げの入った雑炊に、こんがり焼いたお餅を入れます、こうばしくて何杯もおかわりしたくなります。

材料　餅　小さめの9コ。大根　中約5センチ。にんじん　約5センチ。油揚げ　1枚。ご飯　茶わん3杯。日本酒　（3、4人前）

作り方

1　大根は皮をむいて、千六本に切ります。にんじんも大根にあわせて、できるだけ細く千六本に切ります。

油揚げは熱湯をかけて、油抜きしてから、ミジンにきざみます。

昆布とかつおぶしで、少し濃いめのダシをとっておきます。

土なべに、日本酒カップ1/2杯をとり、そこへ、ダシをカップ6杯加えます。少しあたたまってきたら、しょう油茶サジ2杯、塩茶サジ2杯を入れて、味をつけ、そこへ、まず大根を入れます。

ひと足おくれて、にんじんと油揚げを入れます。にんじんがすっかり煮えたら、ご飯をさばきながら入れます。

おひやご飯を入れるときは、ご飯を水で洗ってザルに上げ、ネバリをとっておくと、サラッとした口当りになります。

2　土なべを火にかけ、一方でお餅をこんがりと焼色のつくように焼きます。

ご飯に火が通ったら、お餅を入れます。雑炊は、煮えすぎてご飯がふくらんではまずくなりますから、お餅も、ご飯を入れたら、つづいて入れて下さい。

ここで味をみて、塩加減し、いの一番か味の素で味をととのえます。

火をとめる前に、あればせりか三つ葉をミジンにきざみ、上からちらします。

2

1

さわらのおろしむし

175

切身の上に大根おろしをのせて、むします。むし上ったら、アンをたっぷりかけ、熱いところを吹くぐらいにしていただくものです。

白身の魚ならなんでもけっこうです。

1

2

材料　さわらの切身　3切れ。玉子　1コ。大根。しょうが。日本酒。片栗粉（3人前）

作り方

1　さわらはうす塩をあてておきます。

　ふかしがまを煮たてて、さわらを、お皿にならべてむします。切身の大きさにもよりますが、五、六分もすると魚が白っぽくむし上ってきます。箸をさしてみて、スッと通ればよいのです。

　この間に、大根おろしをカップ1杯すりおろします。軽くしぼってからボールにとり、ここへ玉子を1コと、いの一番か味の素をいれて、よくまぜます。

2　さわらに火が通ったら、このおろしを、切身の上にそれぞれ山になるようにのせ、もう一度むします。今度は四、五分です。魚の上のおろしが、うすい玉子の黄味のような色にかたまります。

　アンは小さめのナベにカップ$1\frac{1}{2}$杯のダシとしょう油大サジ3杯、日本酒大サジ1杯、いの一番か味の素をいれて、火にかけます。煮たったら、片栗粉大サジ3杯を水大サジ4杯でといていれます。片栗粉が多いのですぐかたまりますから、よくよくかきまわします。これは、そうとうかたく、魚の上にドロッとのせるようなぐあいです。

　魚がむし上ったら、一切れずつ深めの皿にもり、アンをたっぷりかけて、すりしょうがを上にのせます。

176 ぶりと大根のなべ

大根は、舌の上でとけるくらいにやわらかく、そしてぶりのうま味がしみとおっています。
上げぎわにふる、ゆずのかおりが、いかにも冬の夜の食卓らしく、たのしめるおなべです。

材料　ぶりの切身　5、6切れ。大根　1本（1キロ）。日本酒。ゆずの皮　2コ分（4、5人前）

作り方

1　ぶりは切身を、火の通りのよいように、さらに三つか四つに切ります。

2　切ったら全体に塩を少し強めにふって、一時間ほどおいておきます。

3　大根はよく水で洗ってから、皮をむかないで、そのまま、2センチぐらいの輪切りにします。大きめのナベに水たっぷりで、お箸が通るぐらいまでゆでたら、ザルにあげ、ゆで汁をすてます。

つづいて、煮汁を用意します。ナベに日本酒をカップ1杯とって、煮切り、ダシをカップ5杯入れ、大根をもどします。そこへ、しょう油茶サジ2杯と砂糖大サ

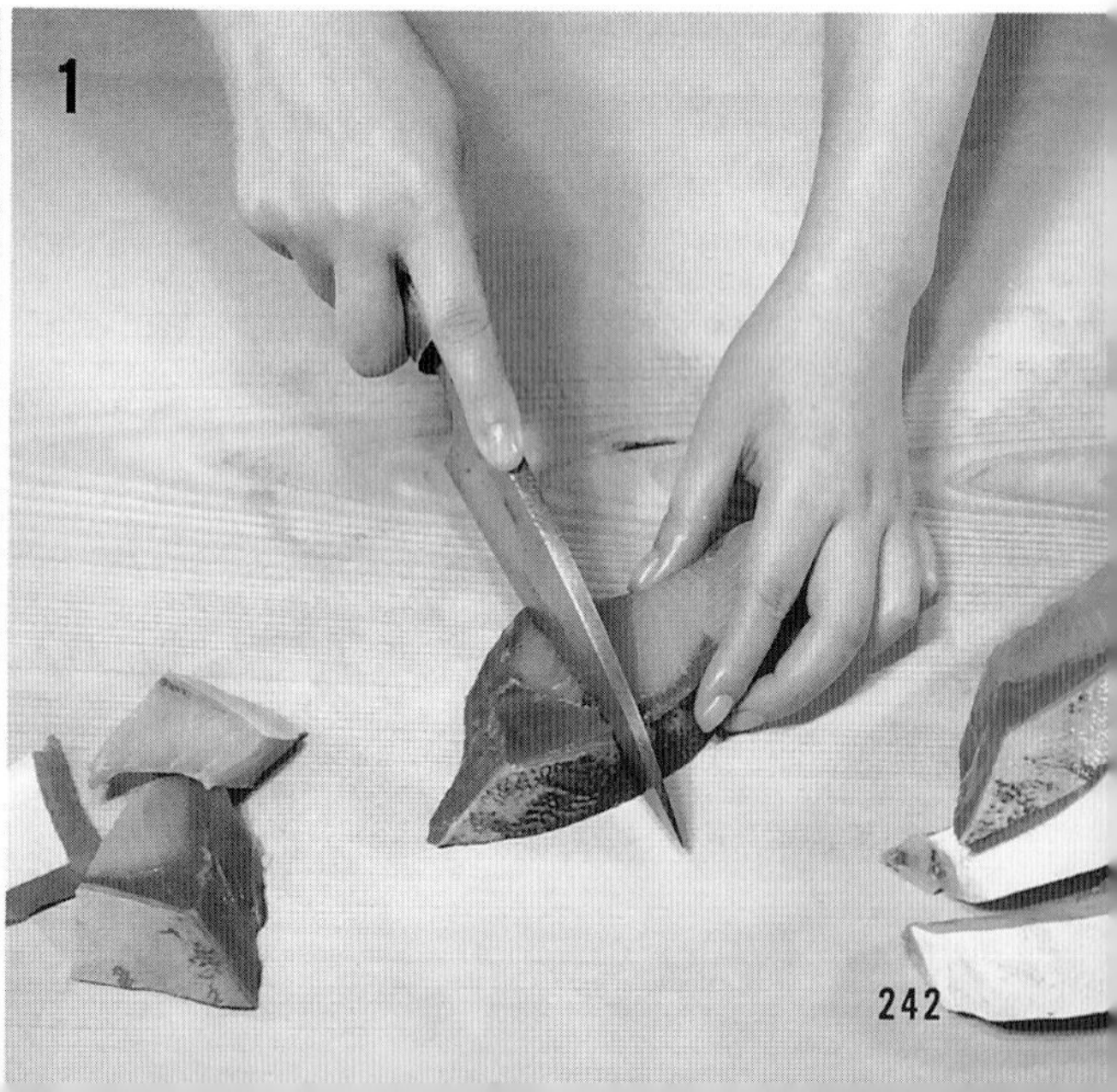
1

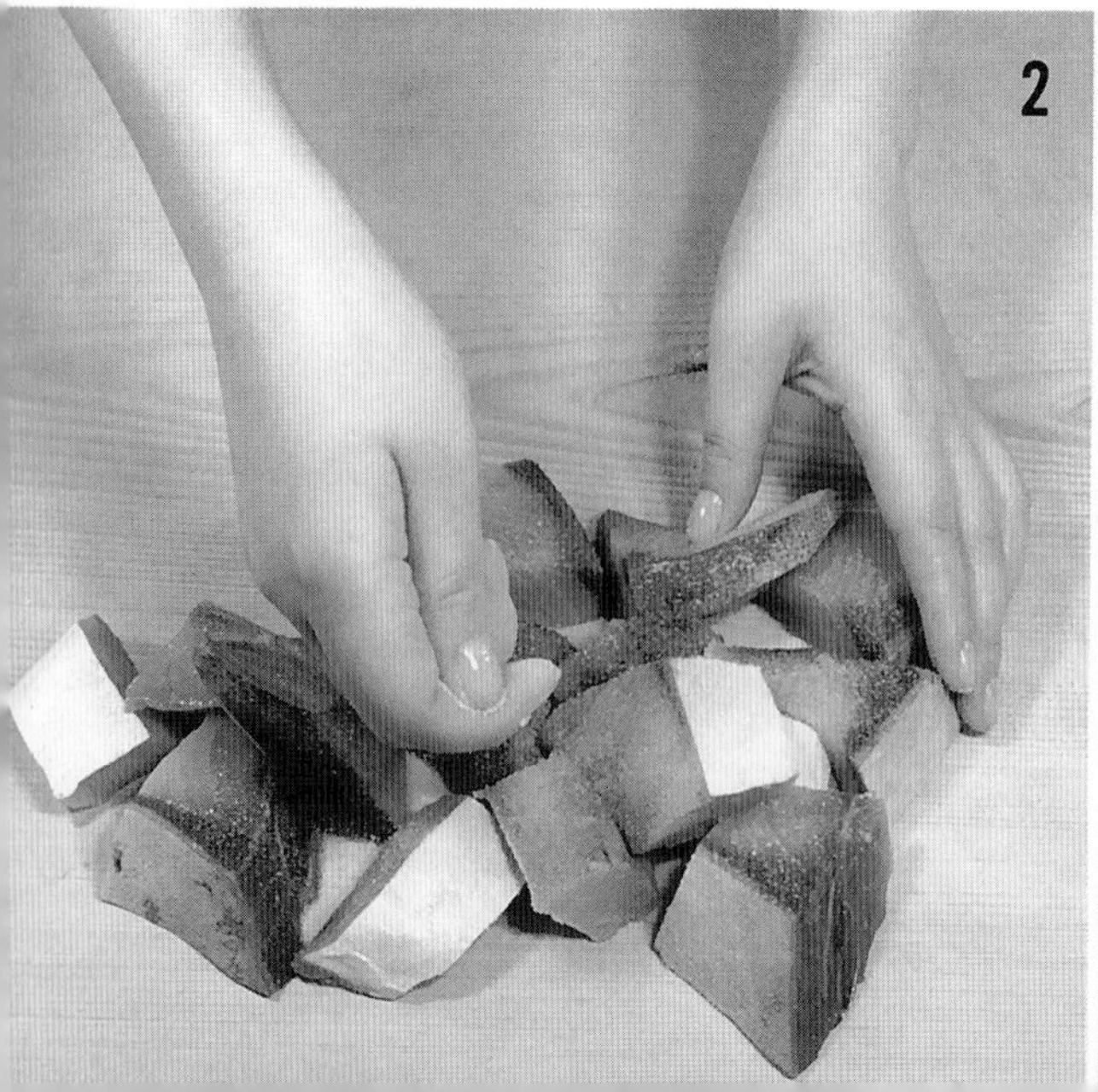
2

3

4

ジ1杯、塩茶サジ山1杯で味をつけ、いの一番か味の素で味をととのえ、二十分ほど煮て、大根に淡味をつけます。

4　切身に塩がしみたらボールにとり、サッと熱湯をかけ、そのお湯をすて、水で洗ってウロコなど手でよくとります。

5　大根が煮上ったら、上げて、この煮汁を土なべに移します。汁はたりない分は水かダシをたして、合計カップ5杯分用意します。ここに大根をもどし、ぶりを入れます。

味はよくみて、塩茶サジすり切り1杯としょう油大サジ1杯、砂糖茶サジ2杯ぐらいたすと、だいたいととのいます。大根があまいときは、甘みが出るので、この砂糖は加減して下さい。

ぶりが煮えてくるとアクが浮いてきますから、すくいとります。煮上ってきたら火を中火にして、大根に味のしむようにゆっくり煮ます。

6　ゆずの皮を2コ分ほどむいて、これを、こまかく針のようにきざみます。

いよいよ火を止める、というときに、全体にちらします。ゆずのないときは、針しょうがでも、わるくありません。

土なべのまま食卓に出し、とりながらいただきます。

このなべは煮れば煮るほど大根がおいしくなるので、ダシをたしながらゆっくり煮て下さい。分量は大根の量をもっと多くしても、けっこうです。

5

6

177 とうふのあんかけ

とうふの上に、トリのひき肉をかけたもの。トリのうまみがとうふとすっかりとけ合っています。熱いのをたべるのが身上です。

しかし、とうふは火を通しすぎると、スが立ってまずくなります。

材料　とうふ　2丁。トリのひき肉　百20グラム。トリのガラ　1羽分。片栗粉。しょうが（3人前）

作り方

1　とうふは1丁を二つに切るか、できれば2丁分を三つに切ってもらいます。

先にガラでダシをとっておきます。そのダシをカップ3杯とり、中火にかけ、これにしょう油茶サジ1杯、砂糖大サジ1杯、塩茶サジ1杯入れてうす味をつけます。

このダシがグラッと煮立ちそうになったら火を弱めて、とうふの水を軽く切って入れます。そして、時間にして、ものの五分もトロトロ味をしみさせて、火から下します。

べつの小ナベに、ひき肉をとり、いま、とうふを煮て残ったダシを、カップ2杯、これにとります。

2　これに、しょう油大サジ3杯、砂糖大サジ1杯を入れて煮ます。火は中火。

少し煮つまるような感じがでてきたら、片栗粉大サジ2杯を大サジ3杯の水でとかして手早くくずをひきます。

とうふをくずさぬように、器に盛ります。とうふの上に、このトリそぼろをどろりとかけます。上にすりしょうがを一つまみのせます。ダシが残りますから、野菜でも煮こむのに使います。

178 まぐろごはん

いよいよこれからというたべぎわに作ります。ご飯は熱いほどおいしいからです。冷めたらたべられません。

材料　マグロの刺身　2百50グラ。三つ葉　一つまみ。のり　1枚。わさび　おろして大サジ1杯。ご飯　茶わんに3杯　（3人前）

作り方

1　お刺身に切ってあるマグロを、二つか三つに小さく切ります。三つ葉はサッとゆがいてから、ミジンにきざみます。

2　ボールにわさびをとり、しょう油大サジ3杯加えてよくまぜ、ここにマグロを入れて、しょう油をしませます。

3　あつい炊きたてのご飯を茶わんにもり、マグロを三等分してのせ、三つ葉をちらします。残ったしょう油を少しずつかけます。

　のりを焼いて上にかけます。もちろん、粉わさびでも、けっこうおいしく出来ます。

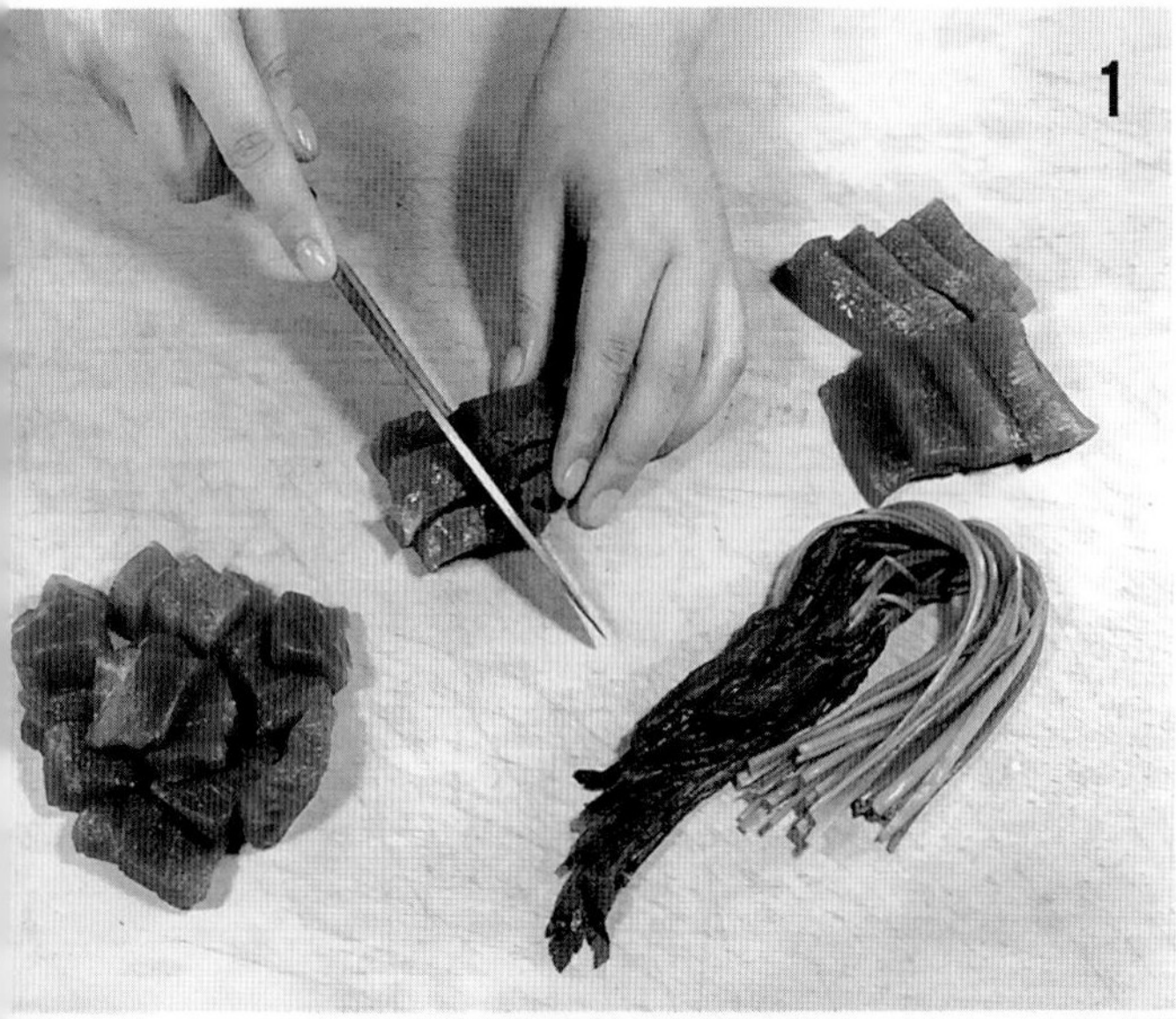
1

2

3

179 ぶりてき

材料　ぶりの切身　3切れ。ミリン。日本酒　（3人前）

作り方

一　ぶりは魚屋で切ってもらいます。よく大きくみせるために、身を斜めに切ってお皿の上にならべてありますが、あれでもけっこうですが、できることなら、3センチぐらいの厚みに、写真のように切った牛肉のステーキのときと同じように、

ぶりのステーキだから、ぶりてきというわけです。大阪あたりの呼びぐせです。早くいえば、ぶりをフライパンで照り焼きにしたようなものですが、それがどうして、へえ照り焼きかいな、などという味じゃありません。ビフテキに負けないおいしさです。

切身の方がおいしくできます。

フライパンに油をたっぷりとって、切身を入れ、とろ火でじわじわ焼いてゆきます。

だんだん焼けてくると、ぶりの身からもアブラが出て、すごくはじけてとびますから、ナベのフタか何かでフタをします。ときどきフタをしたままで、フライパンを前後左右にゆり動かして、焦げつくのを防ぎます。

2 そっと返してみて、きれいな濃い狐色になり、ハシを通して下まで通った頃合い、ものの六、七分というところで、裏返します。こんどはそんなにていねいに焼かなくても大丈夫です。

3 焼けたら火をとめて、そのままぶりの上に熱湯をザーッと注いで、表面のアブラを抜きます。

4 油ぬきした湯をすぐ捨てて、また火にかけます。火は中火。ここにミリン大サジ3杯、日本酒大サジ3杯、砂糖大サジ山3杯、しょう油大サジ6杯入れて煮立てます。

5 ねっとりとしたタレのなかで、こまめに何回もひっくり返してテリをつけます。すぐこげますから注意して下さい。四、五分もしたら下します。

お皿に盛ってから、ナベに残ったタレを等分にかけます。あれば生しょうがを甘酢につけるか、はじかみをそえます。

甘酢は酢大サジ2杯、水大サジ1杯、砂糖大サジ軽く1杯入れて、よくかきまぜます。

5

3

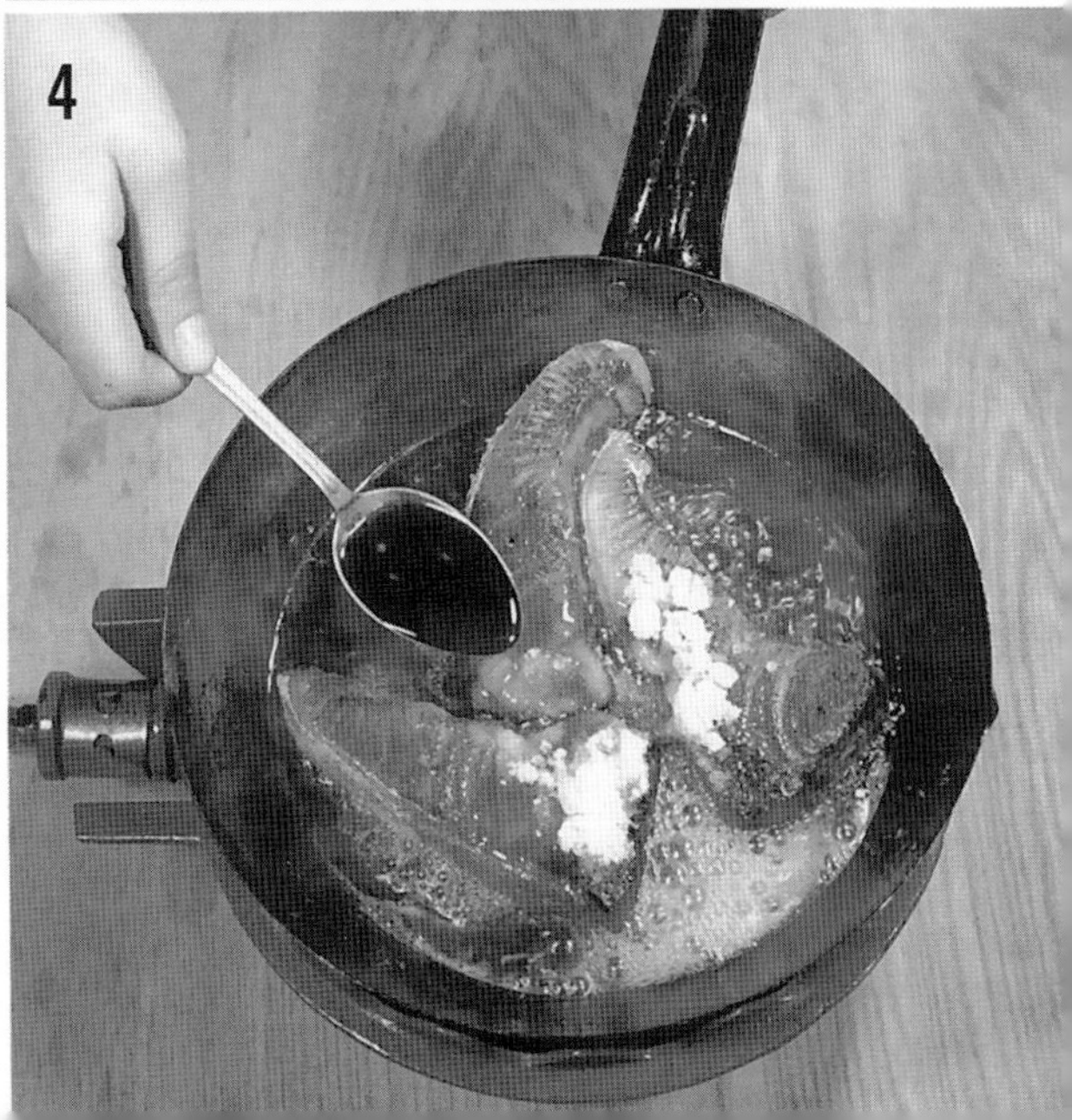
4

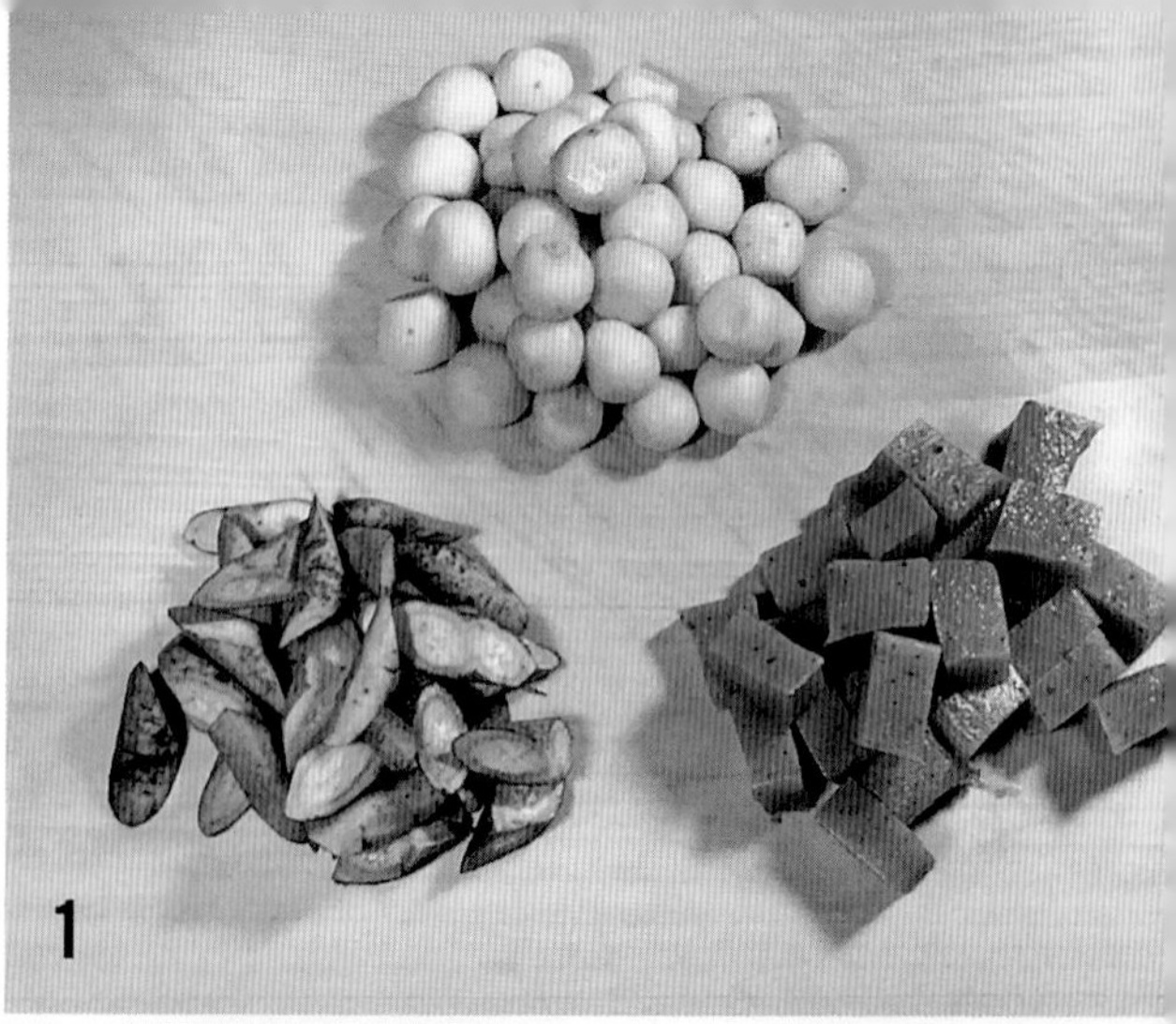

1

2

3

180 野菜とレバーの煮しめ

トリのレバーを野菜といっしょに、しっかり煮ておくと、あとで火さえいれれば長もちして、いいものです。

材料　トリのレバー　4百グラム。こいも4百50グラム。こんにゃく　1枚。ごぼう細めの1本　（4、5人前）

作り方

1　こんにゃくはサイコロのような角切りにして、水からゆがきます。

　こいもも、やはり軽くアクをぬく程度にゆがきます。ゆですぎると、あとで煮込むときにくずれます。ごぼうは皮をそぎ落し、よく洗って、小さめのまわし切りにし、水に放してアクぬきをしてからゆがきます。どれもザルにとって、水気をきっておきます。

2　レバーをボールにとって、上から熱湯をたっぷりかけて、霜降り程度にし、血やその他の汚れをとって、水にサッとくぐらせ、ザルに上げます。これをたべよいように切っておきます。

3　ナベに油を流れるくらいとって、レバーを入れ、いためたら、つぎにごぼう、こんにゃく、こいもを入れて、しばらくいためます。全体に火が通ってきたら、砂糖大サジ3杯を入れ、とけたらダシカップ5杯入れて、しょう油大サジ8杯にいの一番か味の素を入れ、よく色のつくように煮しめます。

　はじめは火を強くしますが、そろそろ水がひけるころ、中火にして、こがさないように注意します。

181 おろしぞうすい

ご飯を入れて、火が通ったと思ったら、それで出来上りです。ご飯粒が少しでもふくらんだら、もうまずくなってしまいます。

材料　豚肉　百《グラム》。大根　1/2本（3百《グラム》）。ねぎ　1本。玉子　2コ。ご飯　茶わんに3杯。日本酒。しょうがかポン酢（3、4人前）

作り方

1　豚肉はすき焼きにするときぐらいにうすく切ってもらいます。それを1《センチ》ぐらいにこまかく切ります。

大根はおろして、サッと水にさらして、よくしぼります。ねぎは小口から薬味のようにきざんだら、そのままではニオイがきついので、これもさらします。

2　ナベに湯をカップ5杯入れて火にかけ、豚肉を入れます。煮たってきたら大根おろしをほぐして入れます。

すぐに塩茶サジ1杯、しょう油茶サジ2杯、日本酒カップ1/3杯、いの一番か味の素で味をととのえます。

ここへ、ご飯をほぐして入れ、グツグツときたら、ねぎを全体にちらし、その上から、といた玉子を、むらのないように手早く流して火からおろします。冷たいご飯だったらお湯で洗っておきます。

いただくとき、しょうがをしぼるか、ポン酢としょう油をたらします。

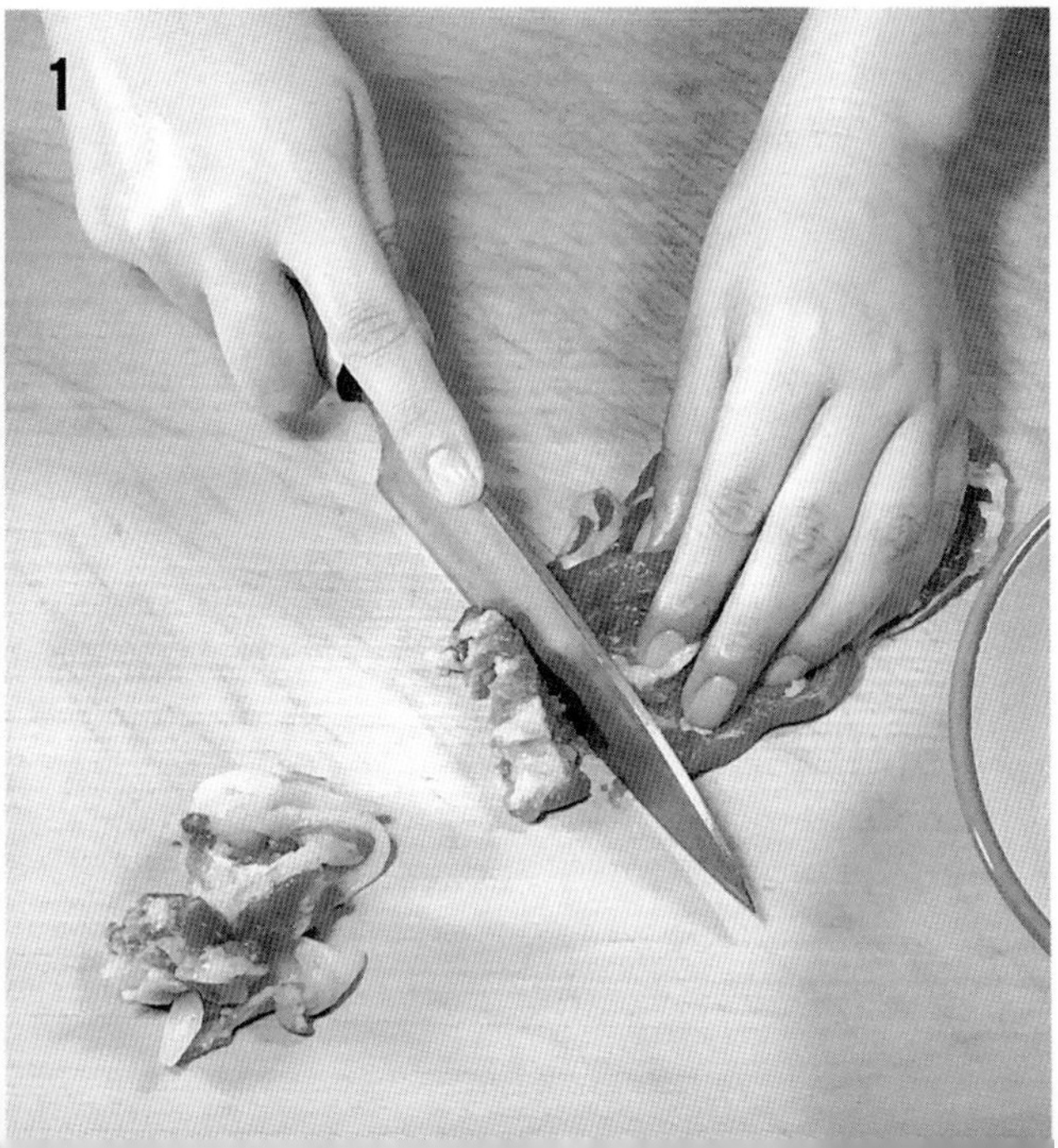

1

2

182 おろしもち

つきたてのお餅を、大根おろしでたべるのが、昔からよくやる「おろし餅」です。あの、家中でやった餅つきの日のたのしさ、おろし餅のおいしさをなつかしむ方もあるでしょう。これは、お餅を一度油で揚げて、おろしをまぶすやり方です。誰がたべてもおいしいものです。

材料　小さめの丸餅か切り餅（あまり固くなっていないもの）　6コ。大根おろし。木の芽。ミリン。油　（3人前）

作り方

1　大根をおろすのがちょっと苦労ですが、たっぷりおろしたら、水にさらし、これを巻きすだれでかたくしぼります。しぼって、カップ1杯くらいは、ほしいところです。

2

3

2　ミリン大サジ2杯を煮切って、ダシカップ$1\frac{1}{2}$杯を加え、塩を茶サジ1杯入れます。しょう油は使いません。これにおろした大根を入れて、手早く煮ます。あまり煮こむと味が変りますから、さっと煮たら火をとめます。

3　木の芽を庖丁でたたいておきます。木の芽でなくてもパセリとか、三つ葉のくきをミジンにきざんでもけっこうです。葉のものは、早く用意しすぎると色が変ります。これを、大根おろしの中に、火から下しぎわに入れて、かきまぜます。

4　フライパンに油をとって、お餅を揚げます。油の温度はほどほどに。あまり高いと外側ばかりが揚がってこげ目がつき、中が揚がらないことがあります。ほんのり狐色ぐらいがいいのです。

　おわんにお餅をとって、上から、煮た大根おろしをたっぷりかけます。これは熱いうちにたべるのが身上ですから、揚げながらたべるぐらいにして下さい。

4

ぶりのかす汁 183

冬の粕汁は、あったまっていいものです。関東では塩鮭、関西ではブリです。
野菜は、数をたくさん入れれば入れるほどおいしくなりますが、口あたりを考えて、薄くこまかく刻みます。

材料　塩ぶり　4百《グラム》。大根　1/4本（2百《グラム》）。　にんじん　中1/2本。ごぼう　小1/2本。青ねぎ　2本。こんにゃく　1枚。油揚げ　2枚。酒粕　2百《グラム》。赤みそ　80《グラム》　（5、6人前）

作り方

1　生ぶりだったら、前日から塩をしておきます。その日に使うのでしたら、塩をきつくして、時間を、おけるだけおきます。短かくても二時間はおきます。

ぶりは食べよく切って、ザルにとり、上から熱湯をかけてウロコやよごれをとります。

こんにゃくは薄切りにして、サッとゆがきます。油揚げは、はしから細くきざみます。

ごぼうは出来るだけ細いささがきにして水につけ、にんじんは細めの短冊に切ります。大根も同じように切ります。

ねぎは最後にちらすので、1《セン》ぐらいに切ります。

★この本に使っているカップ1杯は180ccです。大サジはテーブルスプーンで18cc茶サジは6cc

1

2　大きめのナベに水をカップ13杯ほどとり、まず、ぶりを入れて、強火でぐらぐら煮ます。

　煮えてきたら、こんにゃくを入れ、つぎにごぼう、にんじん、大根と煮えにくい順に、少しずつ、ずらしながら入れ、最後に油揚げを入れます。

　火は中火よりも少し強めで、煮てゆきます。

3　粕はかたかったら、前の日からひたひたにかぶるくらいの水に浸して、やわらかくしておきます。

　すり鉢にこの粕をとり、よくつぶします。そこへ、赤みそを入れてすり合せ、ナベのぶりの煮汁を少しずつ入れて、のばします。

4　粕がすっかりとけて、ドロリとしてきたら、これを少しずつナベにもどしてとかすようにしながら、全部入れてしまいます。

5　ここで、ふつうなら塩を茶サジ1杯ぐらい入れますが、塩ぶりのときは、ぶりの塩加減で、ずいぶん味がちがってきますから、味をみてからにします。

　煮上ってきたら、ねぎをちらして、火をとめます。

184

とろろのかげん酢

とろろに、えのき茸とカニをまぜ、加減酢に浮かした一品です。カニは冷凍のたらばがにでも缶詰でもかまいません。夏だったら、よく冷していただきます。

材料　つくね芋（伊勢芋）か、てのひら芋　1コ（4百《グラム》）。えのき茸2袋（2百《グラム》）。松葉がに1/2ぱいか、カニ缶1/2コ。しょうが　（5、6人前）

作り方

1　えのき茸は根をおとし、二つに切って、根元をざっとほぐし、熱湯でさっとゆでます。ゆだったら水にさらし、ザルに上げて水切りしてから、フキンで水気をとっておきます。

　カニはカラにタテに庖丁を入れて開き、ハシで身をとりだし、すじをとって、ざっとほぐします。

2　お芋は皮をむき、おろし金でおろして、すり鉢でよくすります。すればするほどふんわりとして、口あたりがよくなります。

3　いもをボールに移し、カニとえのき茸をまぜ合せます。

　加減酢は、酢大サジ3杯にしょう油大サジ3杯を合せ、砂糖大サジ山1杯といの一番か味の素をふりこんで、それにダシをカップ1杯より少し多めに加えて、おいしいと思う位の味にのばします。

　小井にこの加減酢を大サジ2杯ほどとり、合せたいもを、ハシでちぎって三つほど浮かせます。

　好みでしぼりしょうがをおとしさっとまぜていただきます。すっかりまぜてしまっては、せっかくの味が死にます。

1

3

2

大根のげそ煮

185

いかと大根を煮ると、大根も早くやわらかになり、いかもやわらかくなり、両方の味がしみ合って、けっこうな冬のおそうざいです。

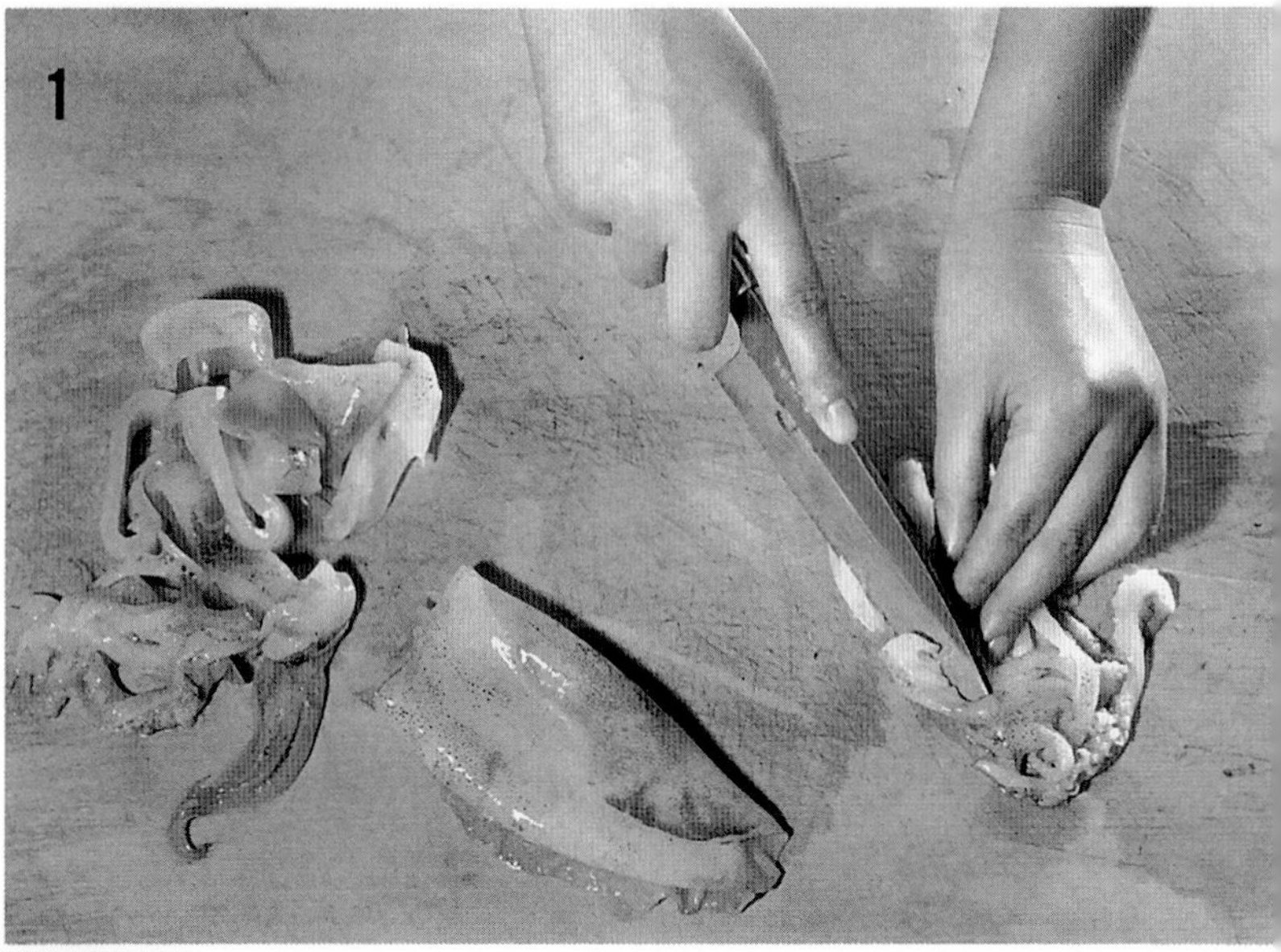

材料　大根　1本。いか　2はい
(5、6人前)

作り方

1　いかはまるまる使うなら、身は1センチ幅の輪切りにします。足はタテに三つくらいに切っておきます。刻まぬこと。

　大根はよく洗って皮をむかず、そのまま2センチくらいの輪切りにします。

2　大きめのナベに、カップ8杯ほどダシをとり、大根といかを入れ、砂糖大サジ山2杯と、しょう油大サジ1杯、塩茶サジ$1\frac{1}{2}$杯を加えて味をつけます。そこへいの一番か味の素を入れて、ゆっくり煮つめてゆきます。ダシがひたひたぐらいに煮つまってきたら出来上りです。

186 とりのじぶ煮

トリ肉と焼きどうふと、ほうれん草のおなべです。煮上りに針しょうがを加えると、また一段と味がひきしまる上に、なんとなく、体があったまってくるのが、冬の夜には、ありがたいご馳走です。

材料　トリ肉　２百《グラム》。焼きどうふ　１丁。ほうれん草、または水菜、ねぎ、セリなど。野菜はなんでもけっこうです。しょうが　大１コ。片栗粉。ミリン。日本酒（４人前）

作り方

１　トリ肉を、刺身にするぐらいの厚さに、うすくへぎます。皮やスジのあるところは庖丁でよくたたくなり、切り目を入れます。

肉をまな板の上にひろげ、薄塩して、その上から片栗粉をふりかけます。よくふりかけたら、上からよくまぶるように、手のひらで押さえます。

焼きどうふは四つに切っておきます。

1

2

2　ナベに湯を煮立たせて、この中に、トリ肉を入れます。片栗が煮上ってすきとおってきたら、湯をすてて、水をかけます。肉にうすいクズの皮がつきます。

　ほうれん草もサッとゆがき、4、5㌢に切ります。しょうがはうすく切ってから、針のようにきざみます。

3

3　ダシは、ミリン大サジ2杯と日本酒大サジ3杯をとり、煮切ります。

　この中にかつおぶしか、昆布の濃いダシカップ3杯を入れ、つぎに、砂糖茶サジ山2杯、しょう油大サジ$1\frac{1}{2}$杯、塩茶サジ山1杯にいの一番か味の素を入れて、中火にかけます。

　煮立ちそうになったらトリを入れ、トリに火が通ったら、焼きどうふとほうれん草を入れて、上から針しょうがをちらします。火が通りはじめたら、いただきます。ほうれん草と焼きどうふは煮すぎないように。

　土なべを使うときは、ダシは別のナベで作ります。

187 さつまいもとぶりのあらだき

ちょっと変った組み合せのようですが、さつまいもに、ブリのうまみがしみこみます。ブリのアラが魚屋さんに出たときなどちょっと気がきいたおかずになります。

材料　さつまいも　中5本。ブリのアラ6百50グラム。ねぎ　一つかみ　（5、6人前）

作り方

1　さつまいもは皮をむいて、タテに切ってから、二口にたべられるくらいの大きさに切ります。

　ブリのアラは熱湯をかけて血をとり、水にさらします。ねぎは3センチぐらいに切って、太かったら二つに割ります。

　大きめのナベにブリのアラを、敷くように入れます。そこへ水をカップ4杯加え、その上にさつまいもをのせるように入れます。そして、はじめに砂糖大サジ山2杯を全体にふり入れます。

2　煮あがってきたら、しょう油大サジ6杯を入れます。さつまいもがやわらかくなってきたら、ねぎを入れて、ねぎが煮えてきたら、火をとめます。

1

2

188 大根めし

千六本に切った大根と油揚げを入れた炊きこみご飯、おいしく作るコツは煮干しのダシです。電気釜でも同じ要領でできます。

材料　米　カップ3杯。大根　中くらい$\frac{1}{2}$本。油揚げ　2枚　（4、5人前）

作り方

1　お米を洗って水を切っておきます。

大根は、タテにセンイにそって、千六本に切ります。横に切ると、センイを切ってしまうことになるので、炊き上ったとき、大根がとけてしまいます。油揚げもできるだけ細く切ります。

2　煮干しのダシは、色のつくほど濃いめにとります。これをカップ3杯用意します。このダシにしょう油大サジ2杯、塩茶サジ軽く1杯加え、いの一番か味の素を少し入れて、味をつけます。この中にお米と大根と油揚げを入れて、いつもご飯をたくのと同じようにたきます。たき上ったら中の具をよくまぜ合せて下さい。

水加減は大根の水気の多い少ないでちがうし、お米の質にもよりますが、ここに書いたダシの分量では、どちらかというとかために炊き上りますから、やわらかいご飯が好きな方は、ダシを少し多めにして下さい。

189 カリフラワーのとりあんかけ

カリフラワーといえば、西洋料理に使うものですが、これを、普通の甘辛のしょう油味でたき、トリのアンをかけたら、おいしいおそうざいになります。

材料　カリフラワー　2コ（6百50グラム）。トリのひき肉　百50グラム。片栗粉（4、5人前）

作り方

1　カリフラワーの外葉をむき、クキを切り落して、三つか四つに切ります。あまり小さく切ると、煮ているうちに、バラバラにくずれてしまいます。

2　ナベにカリフラワーを入れ、水カップ6杯を入れて火にかけます。煮立ってきたら、すぐ砂糖大サジ2杯、塩茶サジ2杯、しょう油大サジ1杯を入れて味をつけ、いの一番か味の素を加えます。

3　十分ちょっとでやわらかくなりますから、火をとめます。

この煮汁をカップ3杯だけ小ナベに移し、ひき肉を入れます。砂糖茶サジ2杯、しょう油大サジ$1\frac{1}{2}$杯をたして、よく煮ます。あげぎわに片栗粉大サジ1杯を水ときして入れ、ドロリとさせ、アンを作ります。

カリフラワーを、小丼に花を上にして入れ、上からこのアンをたっぷりかけます。

あまり長く煮すぎると、花がバラバラにくずれ、とけるようになってしまいます。

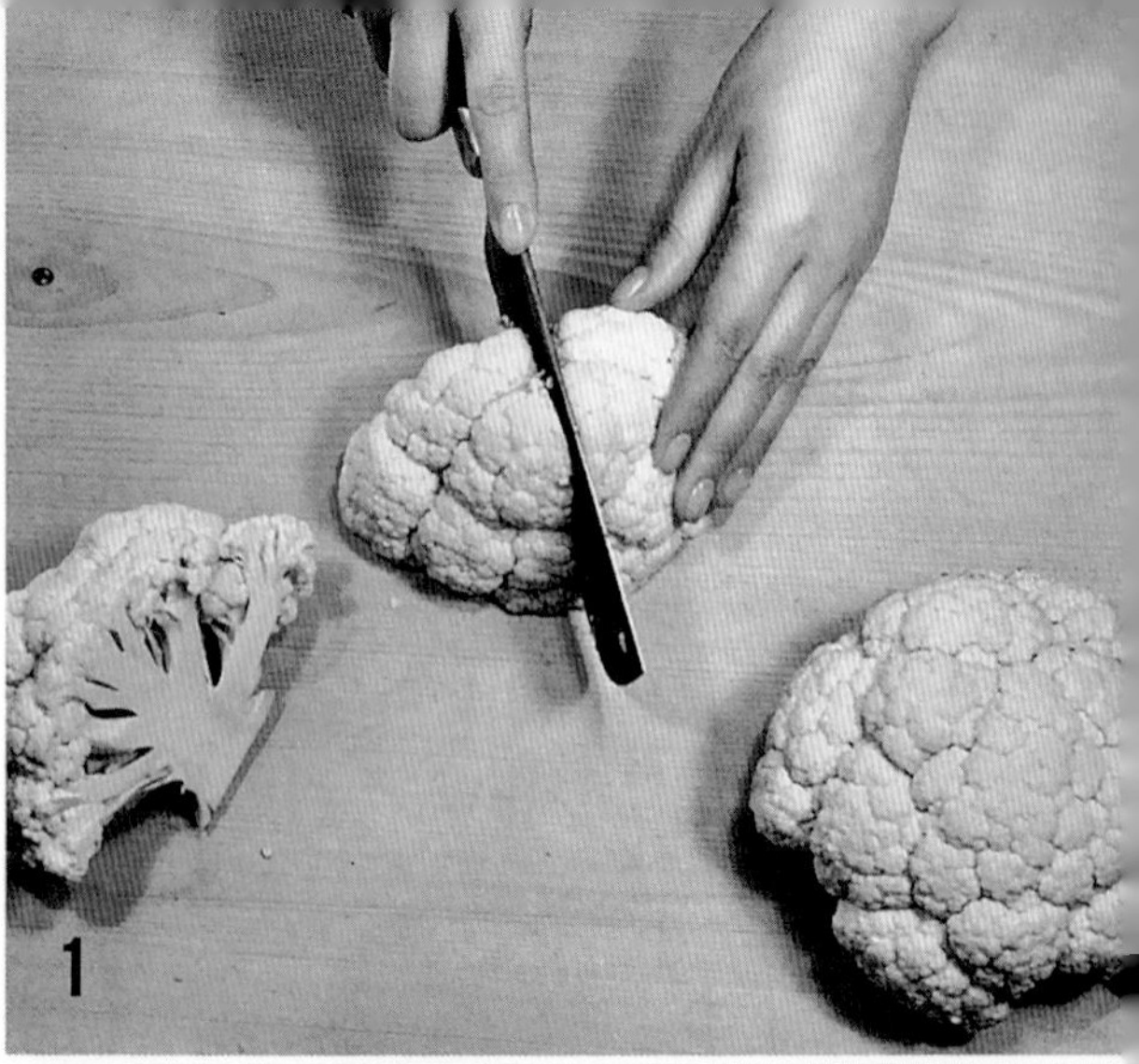

190 ちくわとほうれんそうのたまごとじ

竹輪でも、薄くきざんだだけで口当りが全然ちがってきます。それに、ほうれん草の玉子とじも、竹輪を入れただけで、ごちそうになります。

1

2

材料　細めの焼竹輪　2本。ほうれん草　約3百グラム。玉子　2コ。ミリン　（3人前）

作り方

1　ほうれん草はよく洗い、根をとって、熱湯に塩を落した中で、サッとゆがき、水に放します。ゆで加減は、おひたしにするくらいと思って下さい。水からあげて、かたくかたくしぼり水気を切って、3センチぐらいの長さに切ります。

竹輪は小口から、できるだけ薄く薄くきざみます。

2　煮汁を用意します。ミリン大サジ1杯を煮切って、ダシカップ1½杯入れて、しょう油茶サジ2杯、塩茶サジ½杯で味をつけ、煮立てておきます。

まず、平たいナベにほうれん草をひろげるように入れて、上から竹輪をちらします。この上から煮汁を入れて、火にかけます。

グツグツいって、煮上ってきたら、玉子をよくといて、上からとじるようにかけて、火をとめ、フタをします。

いただくとき、玉子が半熟ぐらいがよく、煮すぎると、玉子がブツブツになって、おいしくないし、早く出来上ってしまって冷えても、まずいものですから、注意して下さい。

191 甘鯛のむしもの

さも、ごちそうのように見えて、とてもカンタンに出来ます。甘鯛と野菜をむして、アンをかけるだけです。

甘鯛は魚屋さんで、三枚におろしてもらいます。

材料　甘鯛の切身（1切れ50《グラム》）　5切れ。生椎茸　中10コ。三つ葉　20《グラム》。玉子　2コ。日本酒。ミリン。しょうが。片栗粉　（5人前）

作り方

1　甘鯛の切身には小骨があるので、毛抜きで、ていねいに抜きます。マナ板に皮を下にしてならべ、全体に塩をふります。この塩が下味になるので、少しきつめにして下さい。そのまま、二十分くらいおきます。

2　生椎茸と三つ葉を切ります。生椎茸はカサだけを使います。5《ミリ》くらいに薄く切り、三つ葉は2、3《センチ》に切ります。

3

4

5

6

3　これをボールにとって、塩を茶サジ1/4杯ほど全体にふりかけます。これにはじめ玉子を1コ入れてかきまぜ、つづいてもう1コ入れて、よくまぜます。

4　平皿に切身を、皮を上にして並べます。蒸し器のお湯が煮上がってきたら、お皿を入れてむします。

5　二、三分くらいむしたところで、火を弱め、椎茸と三つ葉を切身の上に、それぞれ小山になるようにのせます。再び火を強くし、フタはずらしておきます。あと十分くらいで、むし上ります。

6　アンをつくります。小ナベに日本酒大サジ2杯とミリン大サジ1杯を入れ、火を入れて煮切ります。そこへダシカップ3杯入れます。

塩茶サジすり切り1杯としょう油大サジ1杯で味をつけて、いの一番か味の素で味をととのえます。片栗粉大サジ2杯半を水大サジ2杯半で、ときます。

少しずつ、固まらないように、まぜながら入れてゆきます。

むしあがった甘鯛をめいめいの皿にとって、アンをたっぷりかけます。上からしょうがのしぼり汁をかけます。

アンはどちらかというと、淡味になっていますから、好みで加減して下さい。

192 水菜とちくわのからしあえ

こういった水菜のようなあえものは、いただく直前に和えないと水気が出て、カンジンの辛子のカラミがきかないものです。

材料　水菜　半株（4百グラム）。細めの焼竹輪　3本。厚揚げ　2、3枚。からし。酢　（4、5人前）

作り方

1　水菜は全体を4センチぐらいに切って、熱湯に塩一つまみ入れて、サッとゆがき、水に放してから、ザルにでもとって、水を切ります。

　ゆですぎないように、たべたとき、歯ごたえがあるくらいがけっこうです。

　竹輪と厚揚げはそれぞれ熱湯をかけてから、厚揚げは和えたとき、くずれるぐらいの薄切りにし、竹輪はできるだけ薄く切ります。

2　早目に、からしをといてニガ味を消しておきます。ボールにこのからしを大サジ山1杯とって、そこへ、しょう油大サジ4杯、酢大サジ2杯を加えてよくときます。

3　ここへ、水菜を両手にはさむようにして、水気をよくよくしぼって入れ、つづいて厚揚げと竹輪を入れて和えます。このとき味をみて、好みでしょう油か酢を加え、いの一番か味の素を入れます。

1

3

2

かきどうふ 193

カキの季節です。カキは、煮すぎると、まずくなってしまいますから、あたためる程度、と思って下さい。第一、煮すぎると、見た目も小さくなって、損したようです。

材料　とうふ　2丁。かき　10コ(小さいのなら20コ)。ダシ昆布。名古屋みそ　2百グラム。玉子の黄味　1コ。日本酒。しょうが(3、4人前)

作り方

1　はじめに味噌をたきます。みそと玉子をまぜ合せ、そこへ砂糖大サジ山6杯、日本酒カップ1/2杯を入れて弱火にかけ、しゃもじでこげないように気をつけて、かきまぜながらたきあげます。

2　かきは水でよく洗って、ザルにあげておきます。

水を入れたナベにダシ昆布を敷いて、半分に切ったとうふを、順に入れます。これを中火にかけて、とうふがコトコトおどりはじめたら、かきを入れます。

かきを入れて火が通ったら火を止め、すぐにとうふを器にすくい上げます。汁が入るとまずくなりますから、穴あきお玉を使うなり、盛った器を傾けて、汁気を切るなりして下さい。

この上にかきを一人前ずつのせて上からみそをかけます。好きな人はおろししょうがをのせて下さい。熱いうちがねうちです。

1

2

194 ちくぜんだき

ごぼう、にんじん、こんにゃくに牛肉のうまみがしみこんで、ただの煮しめとはまたちがったおいしさになっています。

ちくぜんだきの肉は本来はトリ肉ですが、牛肉でやってみました。これなども、多めに作っておいて火を入れてはたべ、火を入れてはたべすると便利なおかずです。

材料　ごぼう　1本(2百《グラム》)。にんじん　3百《グラム》。れんこん　1節(3百《グラム》)。こんにゃく　2枚。牛肉　こま切れ2百《グラム》。グリンピース。片栗粉。油　(5、6人前)

作り方

1　野菜もこんにゃくも、みな親指の先くらいの大きさに切ります。ごぼうは庖丁の背で皮をこそげて、少しななめにまわし切りにし、ゆがきます。にんじんも皮をむいて1《センチ》にブツブツ切ってから四つに切り、サッとゆでます。れんこんも同じように切って、酢をちょっとおとして、ゆでます。

こんにゃくも小さくちぎり、サッとゆがきます。牛肉もたべよい大きさにきざみます。グリンピースは塩ゆでしておきます。

1

★この本に使っているカップ1杯は180ccです。大サジはテーブルスプーンで18cc茶サジは6ccです。つまり、茶サジ3杯が大サジ1杯、大サジ10杯がカップ1杯になります

2　厚手のナベに油を大サジ5杯とり、熱くなってきたら、まず、用意の野菜とこんにゃくを入れて、よくいためます。つづいて牛肉を入れ、野菜の水気が出るまで、七、八分強火でよくいためます。

3　いたまったら砂糖大サジ3杯入れ、砂糖がとけたらしょう油大サジ7杯と、水カップ4杯を加えて、いの一番か味の素をふりこみフタをして煮てゆきます。火加減は煮立ってきたら中火に落します。

だいぶ煮つまってきたら、一度味をみて、好みで砂糖をたすなり、しょう油をたすなりして下さい。

4　水気がひいて、汁がヒタヒタになってきたら、片栗粉茶サジ山3杯を同量の水でといて入れ、よくかきまぜ、かたまってきたら出来上がりです。

うつわに盛ったら、上からグリンピースをいろどりにちらします。

こういうものは、小人数でも、多めに作らないと味はでません。豚のこまぎれでも、わるくありません。

195

ひろうすのおろしだき

がんもどきは関西では〈ひろうす〉。たっぷりのダシで、中まで煮ふくめて、熱いうちにいただきます。

材料　がんもどき　5枚。大根おろしカップ1杯。しょうが。日本酒　（5人前）

作り方

1　ザルにがんもどきをならべ、上から熱湯をたっぷりかけて、油を抜きます。

ナベに日本酒カップ1/2杯をとって煮立て、マッチの火をつけて、アルコール分をとばして煮切ります。ここにダシカップ3杯と砂糖大サジ軽く1杯、しょう油大サジ2杯、塩茶サジすり切り1杯、いの一番か味の素を入れて味をつけ、この中にがんもどきを入れます。

落しブタをして中火で三十分くらいゆっくり煮ふくめます。

2　汁が煮つまってきて、がんもどきが大きくふくれ、ほぼ味がしみてきたら、大根おろしを入れます。おろしを入れてからは、二、三分、色のつかぬ程度でおろします。煮汁が煮つまりすぎているようでしたら、水をたして下さい。

大根おろしはフキンにつつんで水にさらしてかるくしぼります。いただくときしょうがをしぼります。

1

2

196 かす汁

粕は新しい方が、おいしくできます。白いのがよく、黄色くなったのは古い粕です。

材料　塩鮭の頭と尾（ぶりでもけっこうです）　2コずつ。厚揚げ2枚。大根　小1/2本。こんにゃく　1枚。にんじん　小1本。ねぎ　2本。酒粕　3百グラくらい（2杯ずつとして6、7人前）

作り方

1　鮭の頭と尾は小さく切って洗います。大根はタテにわって2ミリほどの厚さのタンザクに切ります。こんにゃくもヨコに半分にそいでから薄くタンザク切り。厚揚げ、にんじん、ねぎも同じような大きさに切ります。

2　粕をすり鉢に入れ、かぶるくらいの湯をさし、少しおいてから、これをすってときます。朝のうちに湯につけておけば、夕方には自然にどろどろになります。

鮭の頭と尾をナベにとり、カップ20杯の水をいれます。強火にして煮立ったら、三十分ぐらいグラグラたいてから、こんにゃく、大根、にんじんを入れます。少し間をおいて、厚揚げを入れます。野菜が煮えてきたら、といておいた粕を入れます。

粕がとけたら、しょう油大サジ1杯入れ、いの一番か味の素を入れます。塩は鮭の塩加減でちがってきますから、味をみて入れます。

煮上ってきたら、ねぎを入れて、すぐ火をとめます。ねぎはコリッとするぐらいがけっこうです。煮すぎないように。

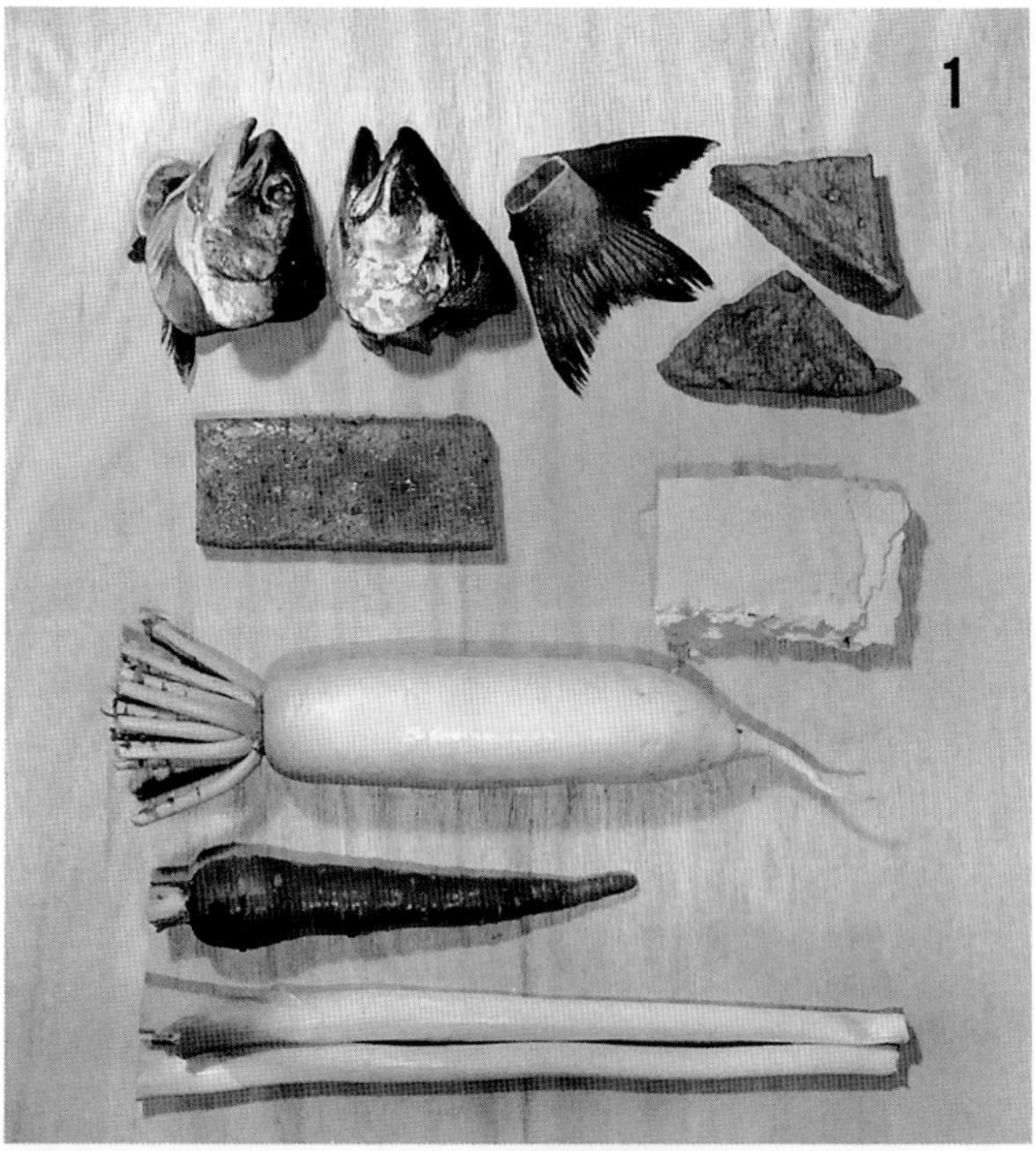

197
とりのみぞれなべ

かぶのおろしは、大根よりは早く火が通りますから、早めに火をとめます。煮すぎると、かぶの風味がにげてしまいます。

このなべはトリをたべるより、かぶのおろしをすする方がたのしみで、出来れば土なべでたきたいところです。かぶはなければ小さいかぶでもできますが、ほんとうは京都あたりでできる大きいかぶで作ります。

材料　若ドリ　もも2本（3百50グラム）。焼きどうふ　2丁。かぶ　5百50グラム。日本酒。しょうが　（3、4人前）

作り方

1　トリのももは出刃でたたくようにして2、3センチのぶつ切りにします。トリ屋さんで切ってもらえば便利です。

1

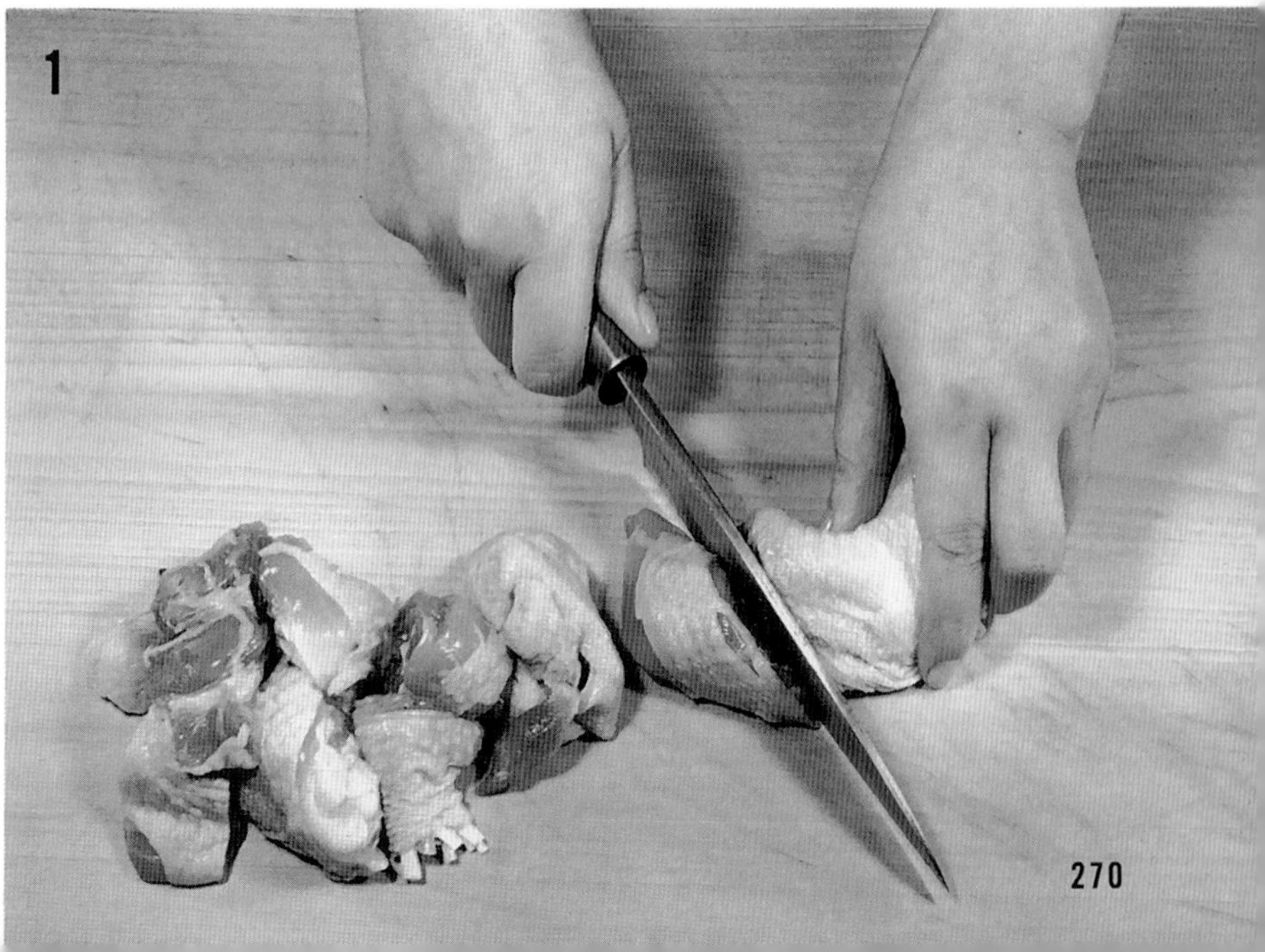

2

3

2　土なべか、厚手のなるべく平たいナベに水をカップ4杯とり、日本酒カップ1杯入れ、そこへトリを入れて煮はじめます。

3　かぶは大きいかぶでも、小さいかぶでもけっこうです。巻きすだれをひろげてその上ですります。こうすると、適当に水気が切れます。

4　トリに火が通ったら、砂糖大サジ1杯、しょう油大サジ3杯、塩茶サジ$1\frac{1}{2}$杯で味をつけ、いの一番か味の素を加えます。

全体に味がまわったら、焼きどうふを三つか四つに切って入れます。とうふに火が通ったら味をみます。このとき、甘味が勝った味になっていますが、あとでかぶを入れると、この甘味がちょうどよくなります。

塩味がうすいようだったら塩加減して下さい。

5　つづいて、おろしたかぶを、水気をきって、全体にちらすように入れてゆきます。

かぶが煮上ったら、味をみて、うすかったら、こんどは、しょう油をたして味加減し、火をとめます。

しょうがをたっぷりすってしぼります。

こういうなべは、だいたいの味つけを台所でやり、そのあと、食卓にはこんで、煮上ってくるのを待つぐらいにしていただきます。

4

5

198

ニラ雑炊

ニラずきの方には、やめられないほどおいしい雑炊です。ただし、こういった雑炊はあたためかえすとまずいので、顔をみたら炊きはじめるくらいにします。

材料　ニラ　2束（百グラムぐらい）。玉子　3コ。トリのガラ　2羽分。ご飯　茶わん3杯。日本酒。しょうが　（3人前）

作り方

1　スープはトリのガラで、濃いめにとっておきます。ニラはよく洗ってそろえ、はしから、2、3センチにきざんでおきます。

土なべにスープをカップ5杯とり、煮上ってきたら、日本酒大サジ3杯、塩茶サジ1杯、しょう油大サジ1杯に、いの一番か味の素を入れて味をととのえ、そこへ、ご飯をほぐして入れます。

ご飯に火が通って、煮上ってきたら、ニラをちらします。

2　さきに玉子をよくよくほぐしておき、ニラに火が通って、色がかわってきたところへ玉子を大サジかお玉にとって、ニラをとじるように、手早く全体にかけます。かけおわったら、火はとめます。

いただくときは、好みでしょうがをしぼります。

1

2

199
いかのわさびあえ

わさび漬とイカをあえました。イカは冷凍ものを使いますが、いきのいいお刺身イカだったら、湯を通さないで、そのまま使います。

材料　イカ　大きめの半ばい（2百グラム）。わさび漬　百グラム。だいだい　1コ。のり　（3、4人前）

作り方

1　イカは身の方をだいたい半分くらい。皮をむいて、身の厚いものだったら、二枚にそいで薄くしてから、長さ4、5センチの細切りにします。

2　熱湯に、なめてみて、やっと塩味を感じる程度に塩を落して、イカの上から、かきまぜながら、サッとかけ、すぐ水にとって、冷やします。これはよほど手早くしないと、イカが煮えてかたくなってしまいます。お湯をくぐらす程度です。すぐザルにとって、水気をきっておきます。

3　わさび漬に、しょう油大サジ3杯を入れ、いの一番か味の素を加えて、よくかきまぜます。

　ここへイカを入れて、だいだいのしぼり汁かポン酢、またはふつうの酢を大サジ1杯ぐらい入れます。

　小鉢に盛って、もみのりをちらします。

1

2

3

200

豚と大根の角煮ふう

ふつう角煮といえば、豚肉だけですが、厚く切った大根をいっしょにコトコト気長く煮ます。豚は脂の多いバラのところを使います。肉よりも大根の方が、はるかにおいしくできます。

材料　豚肉　ふつうバラ肉とも、三枚肉ともいっているところで、脂が段にさしているところ　8百グラム。大根　1本（1.4キロくらい）。しょうが　（5、6人前）

作り方

1　豚肉を5、6センチ角の大きさに切ります。少し大きいようですが、このくらいに切っておかないと、煮ているうちに身がくずれてしまいます。

2　大根はよく洗い、皮のついたまま3センチぐらいの厚さの輪切りにします。太かったら半分に切ります。

3　厚手の大きめのナベを用意し、豚肉と大根を入れて、水をカップ10杯ほど加えます。落しブタをして強火にかけ、煮たってきたら中火におとして、コトコトとたっぷり一時間は煮てゆきます。

途中で水がへってきますから、カップ3杯ほどたします。ときどきアクをすくいます。

4　豚にハシをさしてみて、すぐ通るぐらいやわらかくなったら、砂糖大サジ2杯、塩茶サジ1杯、しょう油大サジ4杯で味をつけ、いの一番か味の素を加え、またつづいて煮てゆきます。

5　時間は一時間ぐらい、汁がだいたいつまってきたら出来上りです。

器に盛って、上からしょうがをしぼってかけます。

1

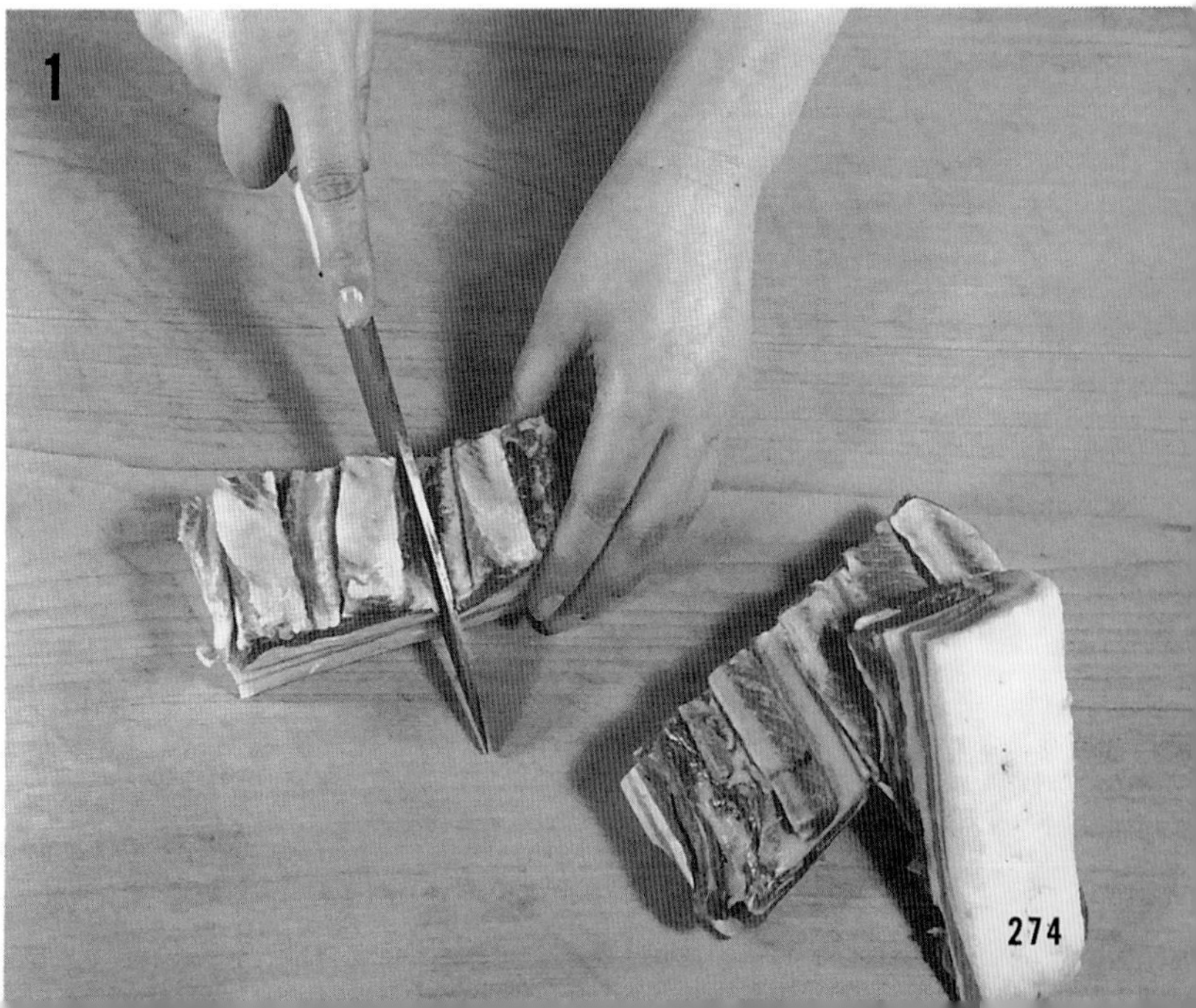

2

3

4

5

201

白菜のしのだなべ

白菜を厚揚げとか、しろてんなど、アクの出ないものといっしょに煮ます。ダシは具があっさりしていますから、しょう油をきかせました。七味とうがらしを忘れないように。

材料　白菜　半株。厚揚げ　3枚。白天やさつま揚げ　7、8枚。春雨15グラム。トリのガラ　2羽分　（5、6人前）

作り方

1　白菜は熱湯でゆがきます。ゆで上ったら巻きすだれをひろげ、葉先と茎の方と互いちがいに重ねてまき、そのまま握るようにして、水気を充分にしぼります。これを2センチぐらいの幅に切ります。もちろん白菜はゆがかないで、生からでもけっこうです。

2　厚揚げに熱湯をかけ、二口にたべられるくらいの大きさに切ります。

白天やさつま揚げは熱湯をかけて1.5センチ幅に切ります。春雨もザルにとり、熱湯をかけて、二、三カ所に庖丁を入れます。

ダシはトリのガラを小一時間ほど火にかけてとっておきます。

このダシをカップ7杯とり、火にかけて、砂糖大サジ1杯、しょう油大サジ3杯、塩茶サジ1杯に、いの一番か味の素をふりこみます。

土なべか平たいナベにダシを半分ほど入れ、つぎつぎ煮ながらいただきます。

ダシは味が淡くなってきたら足し、しょう油や砂糖も好みで足してゆきます。

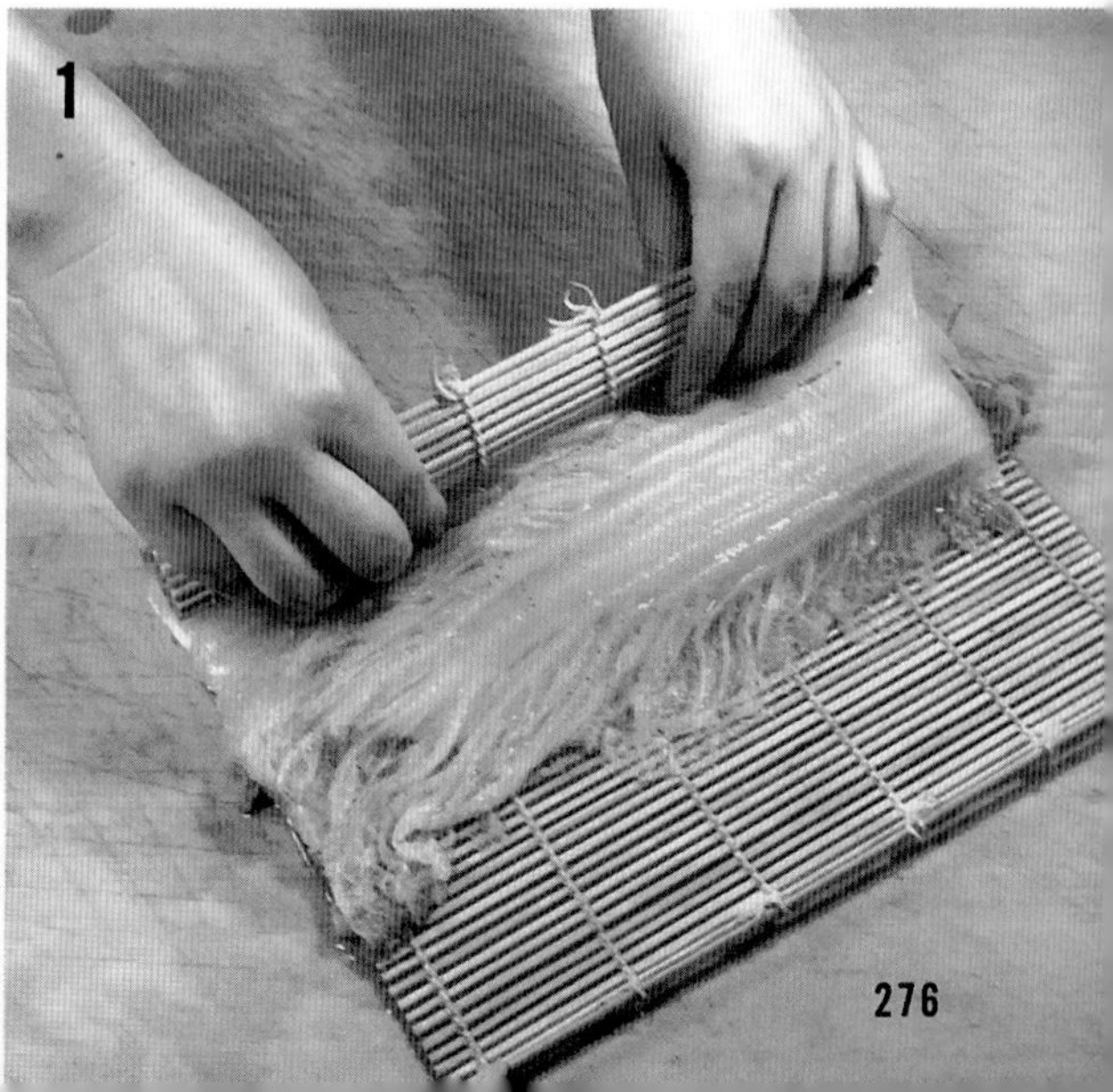

1

2

あとがき

この〈おそうざい十二ヵ月〉は暮しの手帖33号昭和三十一年二月から97号昭和四十三年九月まで、ほとんど毎号連載されたものです。その総数二八五種の中から二〇一種をえらんで、一冊にまとめました。

これまで、料理の記事や本というと、とかく見た目のきれいなものや、お客さま料理、料理屋で出す料理が多いように思います。

それもけっこうですが、毎日、三度三度のおかずに、そんなものばかり作っているわけにはいきません。むしろ、毎日のおかずをもっと大切にして、ほんの少しの心遣いで、ずっとおいしいものを作る、それを考えて、この〈おそうざい十二ヵ月〉の連載がはじまったのです。

小島信平さんは大阪の「生野」という料理屋のご主人で、若いじぶんは大阪の「吉兆」で育った人です。この「生野」は風格のある懐石料理を出す家で、小島さんはその道ですぐれた感覚と技術をもっている、いわば達人です。

こういうと、この「おそうざい」と「懐石料理」とは違いすぎるので、意外におもわれる方があるかもしれません。正直にいって、十二年前、はじめて、この仕事をやってもらいたい、と切り出したとき、小島さんは「おばんざいでっか」とこちらの顔をみたものです。

お客料理はいい料理、おそうざいは下等な料理と思っている人は、いまでも、たくさんいます。小島さんも、やっぱり「わたしに、おそうざいをさせるとは」とはじめは思ったようでした。何度も私たちは大阪に足を運んでいるうちに、最後にこう答えてくれました。

「やらしてもらいまっさ。お客料理はたまのこっちゃ、おばんざいは毎晩たべはる、それをちょっとでもおいしゅうたべてもらうようにしてもらう、大事な仕事でんな、お手伝いしましょう」ということになりました。

＊

どんなふうに、この〈おそうざい十二ヵ月〉の頁が作られたかを、少し書いてみましょう。

こんどの暮しの手帖には、どんな料理をのせるか、ということを、小島さんと、はじめは電話で何回も打ち合せます。

この料理を決めることが大切なことで、たとえば材料をえらぶにしても、札幌の人も鹿児島の人も、カンタンに安く買えて、そのへんの魚屋さんや八百屋さんで、手に入るもの、それを一番にして考えます。

こちらからも、こんどは寒い季節だから、あったかいナベものはどうか、とか、いまは豚が安いから、豚を使いたい、イカのいいときだからイカでなにか考えて下さい、というふうに注文します。小島さんからも、そのほかにこんなものはどうです、と言ってきて、大体いつも二十くらいの料理を小島さんがまとめます。その中から相談して七つか八つをえらびます。

料理がきまると、両方の都合のいい日を決めて大阪へカメラの松本政利さんと担当者がゆくわけです。

この松本さんはご存知のように、暮しの手帖の写真を1号からほとんど撮っている人です。きょうは大撮影があるという日には、必ず朝風呂に入って、朝ご飯にすき焼きをたべてくる人だけに、いざ撮影がはじまると、まわりがどんなにくたびれようが、どんな急用が出来ようが、ただ黙々として、美しい写真を撮ってゆきます。この本の出来栄えの一つには、松本さんの写真に負うところが多かったと思います。

＊

さて、大阪に着いた日は、小島さんに料理の作り方と手順を説明してもらい、それからひと通り作ってもらって、それをメモにします。

翌日は小島さんの指導を受けながら、私たちが料理を順々に作ってゆきます。それを松本さんが順々に写真で追ってゆきます。

こう書いてゆきますと、簡単なようですが、料理屋さんの料理場は写真を撮るようには出来ていませんから、冬はたいそう寒く冷たいし、夏はひどい暑さの上に、五百ワットのライトを何個もつけての撮影、それに加えて真夏には秋から冬にかけての料理をやるのですから、ナベには何かグツグツ煮えています。カメラをのぞく松本さんのヒタイから、うそのように汗が落ちて、マナ板をぬらします。

作り手の方も、ライトを頭から受けて、ときどき髪の毛がこげることもありますし、光線がマナ板に当って反射して、夕方になってくると目が痛くなってしまいます。

途中、たいてい昼食は抜きで、朝十時から夜の八時ごろまで、小島さんをはじめ、スタッフ一同立ちづめということです。ときには二日がかりということもたびたびでした。

じつはこの〈おそうざい十二ヵ月〉にもう一人大きな主役がいます、それは写真の中で、いろいろ料理を作っている手です。

この手はどんな手でもいいというわけにはいきません。まず美しい手でなければなりませんが、そうかといって、すらりと伸びすぎてもいけません、まるまると可愛いくてもいけません、親しみやすく、器用そうな手でなくてはなりません。

この手も、このおそうざいには、よくつとめました。ケガをしないように、虫にさされないように、年を取らせないように、毎晩のマッサージは顔よりていねいにし、夏でも日焼けを防ぐ意味から、手袋をしていました。

　結局、小島さん、松本さんとこの手の大橋鎮子の三人のイキのあった仕事ぶりから、この本が出来上ったといえるのでしょう。

＊

　そして東京に帰ると、私たちは原稿を作り、それをもとにして、料理全部を作ってみます。これを編集部の人たちに食べてもらい、その食べっぷりをみます。

　おいしい、おいしいと取り合いのようになって、何にも残らないものもあれば、いくらすすめても、なんとなく皿に残るもの、男の人がよろこんでたべるもの、そういう様子を気をつけてみます。そして、みんながなんとなく残した料理や評判のわるかったものは、やめにします。

　そして、これを今度の号にと決ったら、お料理をあまり作ったことのない人、担当でない人、或るときは男の人に、その原稿と写真を見ながら作ってもらいます。そうすると、原稿の言い足りなかったこと、わからないところが、はっきりするので、その点をなおしたり、足したりして、ここではじめて〈おそうざい十二ヵ月〉の原稿が完成するわけです。

　こうして、十二年間、六十一回の取材を重ねてまとまったものです。

＊

　もう一つ書いておきたいことがあります。この小島信平さんを紹介して下さったのは大阪屋の社長さんの福永政雄さんです。小島さんが吉兆を出て独立したころ、その店で「ここの主人は料理の名人で、熱心な人だ、なにか暮しの手帖のお役にたつかもしれんから」と紹介して下さって、小島さんと私どものつきあいが、はじまったわけです。福永さんがご紹介下さらなければ、この本も出来なかったでしょう。

　そのお心遣いを、忘れることができません。この本をまとめることに当りまして、厚くお礼を申しあげます。

（昭和44年1月初版のあとがき）

＊

　月日が去って、この初版が出来てから今年で二十五年がたち、グラビアで印刷することが不可能になりました。永年印刷をつづけてこられた千代田グラビアから、大日本印刷に移り、オフセット印刷で生まれ変りました。

　お台所での、この本の活躍を祈っております。

暮しの手帖編集部

料理別の総索引

材料別の総索引

＊材料名の下に線が引いてあるのが、主な材料で、線の引いてないのは、つけ合せ程度の材料です

肉類

魚介類

野　菜

玉子

乾物・加工品

米・麺類

おそうざい十二カ月

一九六九年一月一日　初版発行
一九九四年九月九日　改訂第二版初版発行
二〇二四年七月十一日　改訂第二版第十二刷

著　者　小島信平　暮しの手帖編集部
発行者　横山泰子
発行所　暮しの手帖社
東京都千代田区内神田一―一三―一　三階
印刷所　大日本印刷株式会社